2024-25年合格目標

大卒程度 **公務員試験**

本気で合格！ **過去問 解きまくり！**

③ **文章理解**

はしがき

1 「最新の過去問」を掲載

2023年に実施された公務員の本試験問題をいち早く掲載しています。公務員試験は年々変化しています。今年の過去問で最新の試験傾向を把握しましょう。

2 段階的な学習ができる

公務員試験を攻略するには，さまざまな科目を勉強することが必要です。したがって，勉強の効率性は非常に重要です。『公務員試験 本気で合格！過去問解きまくり！』では，それぞれの科目で勉強すべき項目をセクションとして示し，必ずマスターすべき必修問題を掲載しています。このため，何を勉強するのかをしっかり意識し，必修問題から実践問題（基本レベル→応用レベル）とステップアップすることができます。問題ごとに試験種ごとの頻出度がついているので，自分にあった効率的な勉強が可能です。

3 満足のボリューム（充実の問題数）

本試験問題が解けるようになるには良質の過去問を繰り返し解くことが必要です。『公務員試験 本気で合格！過去問解きまくり！』は，なかなか入手できない地方上級の再現問題を収録しています。類似の過去問を繰り返し解くことで知識の定着と解法パターンの習得を図れます。

4 メリハリをつけた効果的な学習

公務員試験の攻略は過去問に始まり過去問に終わるといわれていますが，実際に過去問の学習を進めてみると戸惑うことも多いはずです。『公務員試験 本気で合格！過去問解きまくり！』では，最重要の知識を絞り込んで学習ができるインプット（講義ページ），効率的な学習の指針となる出題傾向分析，受験のツボをマスターする10の秘訣など，メリハリをつけて必要事項をマスターするための工夫が満載です。

みなさんが本書を徹底的に活用し，合格を勝ち取っていただけたら，わたくしたちにとってもそれに勝る喜びはありません。

2023年12月吉日

株式会社　東京リーガルマインド
LEC総合研究所　公務員試験部

国家公務員（人事院・裁判所）の基礎能力試験が変わります！

巻頭特集

人事院や裁判所をはじめ，国家公務員試験で課される基礎能力試験が2024（令和6）年度から大きく変更されます。変更内容は出題数・試験時間・出題内容と多岐にわたっています。2024（令和6）年度受験生は要注意です！

1. 基礎能力試験の問題数・時間・出題内容の変更

2023（令和5）年度以前		2024（令和6）年度以降
〈総合職・院卒者試験〉		
30題／2時間20分 ［知能分野24題］ 　文章理解⑧ 　判断・数的推理（資料解釈を含む）⑯ ［知識分野6題］ 　自然・人文・社会（時事を含む）⑥	⇒	30題／2時間20分 ［知能分野24題］ 　文章理解⑩ 　判断・数的推理（資料解釈を含む）⑭ ［知識分野6題］ 　自然・人文・社会に関する時事，情報⑥
〈総合職・大卒程度試験〉		
40題／3時間 ［知能分野27題］ 　文章理解⑪ 　判断・数的推理（資料解釈を含む）⑯ ［知識分野13題］ 　自然・人文・社会（時事を含む）⑬	⇒	30題／2時間20分 ［知能分野24題］ 　文章理解⑩ 　判断・数的推理（資料解釈を含む）⑭ ［知識分野6題］ 　自然・人文・社会に関する時事，情報⑥
〈一般職/専門職・大卒程度試験〉		
40題／2時間20分 ［知能分野27題］ 　文章理解⑪ 　判断推理⑧ 　数的推理⑤ 　資料解釈③ ［知識分野13題］ 　自然・人文・社会（時事を含む）⑬	⇒	30題／1時間50分 ［知能分野24題］ 　文章理解⑩ 　判断推理⑦ 　数的推理④ 　資料解釈③ ［知識分野6題］ 　自然・人文・社会に関する時事，情報⑥
〈裁判所職員総合職（院卒）〉		
30題／2時間25分 ［知能分野27題］ ［知識分野3題］	⇒	30題／2時間20分 ［知能分野24題］ ［知識分野6題］
〈裁判所職員総合職（大卒）・一般職（大卒）〉		
40題／3時間 ［知能分野27題］ ［知識分野13題］	⇒	30題／2時間20分 ［知能分野24題］ ［知識分野6題］

2023年8月28日現在の情報です。

＜変更点＞

- ［共通化］：原則として大卒と院卒で出題の差異がなくなります。
- ［問題数削減・時間短縮］：基本的に出題数が30問となります（総合職教養区分除く）。それに伴い，試験時間が短縮されます。
- ［比率の変更］：出題数が削減された職種では，知能分野より知識分野での削減数が多いことから，知能分野の比率が大きくなります（知能分野の出題比率は67.5％→80％へ）
- ［出題内容の変更①］：単に知識を問うような出題を避けて時事問題を中心とする出題となります。従来，時事問題は，それのみを問う問題が独立して出題されていましたが，今後は，知識分野と時事問題が融合した出題になると考えられます。
- ［出題内容の変更②］：人事院の場合，「情報」分野の問題が出題されます。

2. 時事問題を中心とした知識

「単に知識を問うような出題を避けて時事問題を中心とする出題」とはどんな問題なのでしょうか。

人事院は，例題を公表して出題イメージを示しています。

人事院公表例題

【No. 】世界の動向に関する記述として最も妥当なのはどれか。

1. 英国では，2019年にＥＵからの離脱の是非を問う国民投票と総選挙が同時に行われ，それらの結果，ＥＵ離脱に慎重であった労働党の首相が辞任することとなった。ＥＵは1990年代前半に発効したリスボン条約により，名称がそれまでのＥＣから変更され，その後，トルコやウクライナなど一部の中東諸国や東欧諸国も2015年までの間に加盟した。

   └ 社会科学の知識で解ける部分

2. 中国は，同国の人権問題を厳しく批判した西側諸国に対し，2018年に追加関税措置を始めただけでなく，レアアースの輸出を禁止した。中国のレアアース生産量は世界で最も多く，例えば，レアアースの一つであるリチウムは自然界では単体で存在し，リチウムイオン電池は，充電できない一次電池として腕時計やリモコン用電池に用いられている。

   └ 自然科学（化学）の知識で解ける部分

3. ブラジルは，自国開催のオリンピック直後に国債が債務不履行に陥り，2019年に年率10万％以上のインフレ率を記録するハイパーインフレに見舞われた。また，同年には，アマゾンの熱帯雨林で大規模な森林火災が発生した。アマゾンの熱帯雨林は，パンパと呼ばれ，多種多様な動植物が生息している。

   └ 人文科学（地理）の知識で解ける部分

4. イランの大統領選で保守穏健派のハメネイ師が2021年に当選すると，米国のバイデン大統領は，同年末にイランを訪問し，対イラン経済制裁の解除を約束した。イランや隣国のイラクなどを流れる，ティグリス・ユーフラテス両川流域の沖積平野は，メソポタミア文明発祥の地とされ，そこでは，太陽暦が発達し，象形文字が発明された。

   └ 人文科学（世界史）の知識で解ける部分

5. （略）

この例題では，マーカーを塗った部分は，従来の社会科学・自然科学・人文科学からの出題と完全にリンクします。そして，このマーカーの部分にはそれぞれ誤りが含まれています。

　この人事院の試験制度変更発表後に行われた，2023（令和5）年度本試験でも，翌年以降の変更を見越したような出題がなされています。

2023（令和5）年度国家総合職試験問題

【No. 30】自然災害や防災などに関する記述として最も妥当なのはどれか。

1．日本列島は，プレートの沈み込み帯に位置し，この沈み込み帯はホットスポットと呼ばれ，活火山が多く分布している。太平洋プレートとフィリピン海プレートの境界に位置する南海トラフには奄美群島の火山があり，その一つの西之島の火山では，2021年に軽石の噴出を伴う大噴火が起こり，太平洋沿岸に大量の軽石が漂着して漁船の運航などに悪影響を及ぼした。

2．太平洋で発生する熱帯低気圧のうち，気圧が990 hPa未満になったものを台風という。台風の接近に伴い，気象庁が大雨警報を出すことがあり，この場合，災害対策基本法に基づき，都道府県知事は鉄道会社に対して，計画運休の実施を指示することとなっている。2022年に台風は日本に5回上陸し，その度に計画運休などで鉄道の運行が一時休止した。

3．線状降水帯は，次々と発生する高積雲（羊雲）が連なって集中豪雨が同じ場所でみられる現象で，梅雨前線の停滞に伴って発生する梅雨末期特有の気象現象である。2021年7月，静岡県に線状降水帯が形成されて発生した「熱海土石流」では，避難所に指定された建物が大規模な崖崩れにより崩壊するなどして，避難所の指定の在り方が問題となった。

4．巨大地震は，海洋プレート内で起こる場合が多い。地震波のエネルギーはマグニチュード（M）で示され，マグニチュードが1大きくなるとそのエネルギーは4倍大きくなる。2022年にM8.0を超える地震は我が国周辺では発生しなかったものの，同年1月に南太平洋のトンガで発生したM8.0を超える地震により，太平洋沿岸などに10 m以上の津波が押し寄せた。

5．（略）

> 自然科学（地学）の知識で解ける部分

　この出題でも，マーカーを塗った部分には，それぞれ誤りが含まれています。そのうえ，すべて自然科学（地学）の知識で判別することができます。
　マーカーを塗っていない箇所は，時事的な話題の部分ですが，この部分にも誤りが含まれています。

　これらから言えることは，まず，時事の部分の判断で正答を導けるということ。そして，時事の部分について正誤の判断がつかなくても，さらに社会・人文・自然科学の知識でも正解肢を判断できるということです。つまり，2つのアプローチで対応できるわけです。

3. 知識問題の効果的な学習方法

① 社会科学

社会科学は多くの専門科目（法律学・経済学・政治学・行政学・国際関係・社会学等）の基礎の位置づけとなる守備範囲の広い科目です。もともと「社会事情」として社会科学の知識と最新トピックが融合した出題はよく見られました。そのため，基本的に勉強の方法や範囲に変更はなく，今回の試験内容の見直しの影響はあまりないといえるでしょう。時事の学習の際は，前提となる社会科学の知識にいったん戻ることで深い理解が得られるでしょう。

② 人文科学

ある出来事について出題される場合，出来事が起こった場所や歴史的な経緯について，地理や日本史，世界史の知識が問われることが考えられます。時事を人文科学の面から学習するにあたっては，その国・地域の理解の肝となる箇所を押さえることが重要です。ニュースに触れた際に，その出来事が起こった国や地域の地理的条件，その国を代表する歴史的なトピック，周辺地域との関係や摩擦，出来事に至るまでの経緯といった要素を意識することが大事です。

③ 自然科学

自然科学は，身の回りの科学的なニュースと融合しやすいため，出題分野が偏りやすくなります。たとえば，近年の頻出テーマである環境問題，自然災害，DXや，宇宙開発，産業上の新技術，新素材といった題材では，主に化学や生物，地学と親和性があります。自然科学の知識が身の回りや生活とどう関わりあっているのか，また，科学的なニュースに触れたときには，自分の持つ自然科学の知識を使って説明できるかを意識しながら学習することを心がけていきましょう。

動画でさらにわかる！

2024年，国家公務員試験が変わります！！
～変更のポイントと対策法をすっきり解説！～

2024年から変わる「国家公務員採用試験」。どこがどう変わるのか，どんな対策をすればよいのか，LEC講師がわかりやすく解説します。

岡田 淳一郎　LEC専任講師

動画はこちらからアクセス！ ⇒

二次元コードを読み込めない方はこちら↓
lec.jp/koumuin/kakomon24_25/
※動画の視聴開始日・終了日は，専用サイトにてご案内します。
※ご視聴の際の通信料は，お客様負担となります。

本書の効果的活用法

👣STEP1 出題傾向をみてみよう

　各章の冒頭には，取り扱うセクションテーマについて，過去9年間の出題傾向を示す一覧表と，各採用試験でどのように出題されたかを分析したコメントを掲載しました。志望先ではどのテーマを優先して勉強すべきかがわかります。

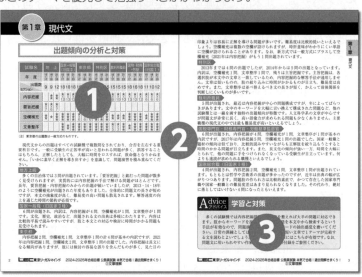

❶出題傾向一覧

　章で取り扱うセクションテーマについて，過去9年間の出題実績を数字や★で一覧表にしています。出題実績も9年間を3年ごとに区切り，出題頻度の流れが見えるようにしています。志望先に★が多い場合は重点的に学習しましょう。

❷各採用試験での出題傾向分析

　出題傾向一覧表をもとにした各採用試験での出題傾向分析と，分析に応じた学習方法をアドバイスします。

❸学習と対策

　セクションテーマの出題傾向などから，どのような対策をする必要があるのかを紹介しています。

●公務員試験の名称表記について
本書では公務員試験の職種について，下記のとおり表記しています。

地上	地方公務員上級（※1）
東京都	東京都職員
特別区	東京都特別区職員
国税	国税専門官
財務	財務専門官
労基	労働基準監督官
裁判所職員	裁判所職員（事務官）／家庭裁判所調査官補（※2）
裁事	裁判所事務官（※2）
家裁	家庭裁判所調査官補（※2）
国家総合職	国家公務員総合職
国Ⅰ	国家公務員Ⅰ種（※3）
国家一般職	国家公務員一般職
国Ⅱ	国家公務員Ⅱ種（※3）
国立大学法人	国立大学法人等職員

（※1）道府県，政令指定都市，政令指定都市以外の市役所などの職員
（※2）2012年度以降，裁判所事務官（2012～2015年度は裁判所職員）・家庭裁判所調査官補は，教養科目に共通の問題を使用
（※3）2011年度まで実施されていた試験区分

STEP2 「必修」問題に挑戦してみよう

　「必修」問題はセクションテーマを代表する問題です。まずはこの問題に取り組み、そのセクションで学ぶ内容のイメージをつかみましょう。問題文の周辺には、そのテーマで学ぶべき内容や覚えるべき要点を簡潔にまとめていますので参考にしてください。

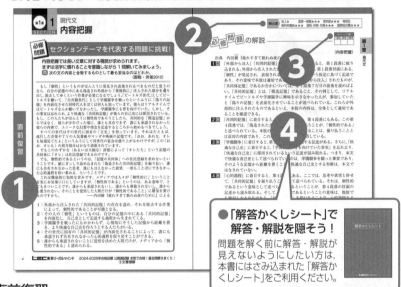

❶直前復習

　必修問題と、後述の実践問題のうち、LEC専任講師が特に重要な問題を厳選しました。試験の直前に改めて復習しておきたい問題を表しています。

❷頻出度

　各採用試験において、この問題がどのくらい出題頻度が高いか＝重要度が高いかを★の数で表しています。志望先に応じて学習の優先度を付ける目安となります。

❸チェック欄

　繰り返し学習するのに役立つ、書き込み式のチェックボックスです。学習日時を書き込んで復習の期間を計る、正解したかを○×で書き込んで自身の弱点分野をわかりやすくするなどの使い方ができます。

❹解答・解説

　問題の解答と解説が掲載されています。選択肢を判断する問題では、肢1つずつに正誤と詳しく丁寧な解説を載せてあります。また、重要な語句や記述は太字や色文字などで強調していますので注目してください。

STEP3 テーマの知識を整理しよう

　必修問題の直後に，セクションテーマの重要な知識や要点をまとめた「インプット」を設けています。この「インプット」で，自身の知識を確認し，解法のテクニックを習得してください。

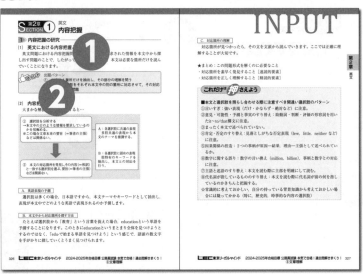

❶「インプット」本文

　セクションテーマの重要な知識や要点を，文章や図解などで整理しています。重要な語句や記述は太字や色文字などで強調していますので，逃さず押さえておきましょう。

❷ サポートアイコン

　「インプット」本文の内容を補強し，要点を学習しやすくする手助けになります。以下のようなアイコンがありますので学習に役立ててください。

● サポートアイコンの種類

補足	「インプット」に登場した用語を理解するための追加説明です。	**○○○**	「インプット」に出てくる専門用語など，語句の意味の紹介です。
ポイント	「インプット」の内容を理解するうえでの考え方などを示しています。	**注目**	実際に出題された試験種以外の受験生にも注目してほしい問題です。
具体例	「インプット」に出てくることがらの具体例を示しています。	**判例チェック**	「インプット」の記載の根拠となる判例と，その内容を示しています。
ミニ知識	「インプット」を学習するうえで，付随的な知識を盛り込んでいます。	**判例**	「インプット」に出てくる重要な判例を紹介しています。
注意！	受験生たちが間違えやすい部分について，注意を促しています。	科目によって，サポートアイコンが一部使われていない場合もあります。	

STEP4 「実践」問題を解いて実力アップ!

「インプット」で知識の整理を済ませたら,本格的に過去問に取り組みましょう。「実践」問題ではセクションで過去に出題されたさまざまな問題を,基本レベルから応用レベルまで収録しています。

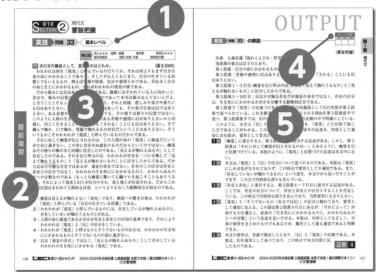

❶難易度

収録された問題について,その難易度を「基本レベル」「応用レベル」で表しています。
1周目は「基本レベル」を中心に取り組んでください。2周目からは,志望先の採用試験について頻出度が高い「応用レベル」の問題にもチャレンジしてみましょう。

❷直前復習, ❸頻出度, ❹チェック欄, ❺解答・解説

※各項目の内容は,STEP 2をご参照ください。

LEC専任講師が,『過去問解きまくり!』を使った「オススメ学習法」をアドバイス!⇒

講師のオススメ学習法

❓ どこから手をつければいいのか?

まず, 各章の最初にある「出題傾向の分析と対策」を見て, その章の中で出題数が多いセクションがどこなのかを確認してください。受験先における重要分野とさほど重要ではない分野を確認し, 出題数の多い分野を中心に学習を進めていきます。

🕐 演習のすすめかた

本試験で文章理解の解答に割くことができる時間の目安は, 1問あたり4分程度です。

❶1周目 (解法を運用できるようになることを意識する)

最初は解答に至るまで自分で考え抜くことが大切であり, 各セクションで重要となる解法を使いこなし, 本文を根拠にしてしっかりと正解が導ける力をつけることが重要となります。ですので, この段階では時間は気にせずに問題を解き, 多くの解法パターンを経験してください。なお, 間違えた問題については必ずその理由を検証し, 同じような誤肢のパターンに再度ひっかからないように留意して問題を解き続けていきましょう。

❷2周目 (4分程度:ただし, 時間内に解けなくてもよい)

問題集をひととおり終えて2周目に入ったときは, 1周目よりも早く解くことを意識して問題を解いていきましょう。ただし, 時間内に解けなくても気にしなくてよいです。1周目には気づけなかった, 肢の正否を判断するにあたって本文で重要となる部分, 誤肢の根拠を明らかにするという視点を持って問題にあたることは, 他の初見問題の正答率安定に寄与します。

❸3周目以降や直前期 (4分程度:時間内に解くことを意識する)

3周目以降や直前期は, これまでとは逆に解答時間を意識するようにしてください。ただし, すべての問題を4分程度で解けるようになる必要はありません。複数問をまとめて解いたときに, たとえば, 5問ならば20分, 10問ならば40分というように, 1問あたりの解答時間が平均して4分程度になることを目指してください。

また, このように, まとまった数の問題を一度に解く練習を繰り返すことで, 解答に時間のかかる問題を取捨選別し, 解答時間を適切に配分する力を養うことができます。

一般的な学習のすすめかた（目標正答率60～80%）

　現代文・英文とも，全試験種で内容把握または要旨把握の出題が多いですが，空欄補充，文章整序からの出題も見られます。受験先で出題される分野を確認し，その分野の過去問は原則的にすべて学習するようにします。

　問題を解く際には，肢とかかわる本文の重要部分を早くつかむことを意識するとともに，本文のどこを根拠に肢の正否を判断しているのかを自覚しながら問題を解くという姿勢が極めて重要です。とりわけ英文では，文法要素として仮定法，関係詞，比較，分詞の用法を確認しておくことが大切になります。また，単語や熟語を覚えるときは，ただやみくもに覚えるのではなく，問題文などを通して，文脈の中で理解を深めていきましょう。

短期間で学習する場合のすすめかた（目標正答率50～60%）

　試験日までの日数が少ない場合，学習効果が高い問題に絞って演習を進めることにより，短時間で合格に必要な得点が取れることを目指します。そこで，内容把握，要旨把握を中心に，必修問題，そして，誤肢のパターンを確認しながら「講師が選ぶ『直前復習』50問」を解いてください。問題を解く過程で本試験の傾向に早く慣れることが肝要です。

講師が選ぶ「直前復習」50問

直前復習

必修問題8問 +

実践4	実践44	実践80	実践119	実践144
実践6	実践45	実践84	実践122	実践154
実践9	実践48	実践88	実践127	実践159
実践11	実践51	実践89	実践128	実践161
実践13	実践54	実践91	実践131	実践162
実践17	実践57	実践103	実践132	実践163
実践23	実践59	実践106	実践133	実践166
実践33	実践66	実践108	実践134	実践171
実践36	実践69	実践109	実践142	実践173
実践38	実践76	実践113	実践143	実践174

文章理解をマスターする 10 の秘訣

① 過去問は合格への羅針盤。

② 問題演習が合格への鍵。

③ 解法を身につけろ！

④ 過去問を通じて傾向をつかめ！

⑤ 正解は本文中に必ずある。

⑥ 出題者のメッセージを読み取れ！

⑦ 用語，単語，知識をおろそかにしてはいけない。

⑧ 演習がスピードを生む！

⑨ 実力は急に伸びない。日々の研鑽が合格につながる。

⑩ 焦っても良いことはない。確実に"読み""解く"こと。

第**1**章

現代文

SECTION

① 内容把握
② 要旨把握
③ 空欄補充
④ 文章整序

出題傾向の分析と対策

試験名	地上			国家一般職（旧国Ⅱ）			東京都			特別区			裁判所職員			国税・財務・労基			国家総合職（旧国Ⅰ）		
年度	15-17	18-20	21-23	15-17	18-20	21-23	15-17	18-20	21-23	15-17	18-20	21-23	15-17	18-20	21-23	15-17	18-20	21-23	15-17	18-20	21-23
出題数 セクション	9	12	12	18	18	18	15	15	15	14	15	15	15	15	15	18	18	18	11	10	12
内容把握		★★	★★	★12	★13	★12	★6	★6	★6				★8	★10	★10	★13	★12	★12	★6	★6	★6
要旨把握	★8	★7	★7								★9	★9									
空欄補充	★	★	★	★★	★★	★★	★6		★6	★★	★★	★★	★★	★★	★★	★★	★★	★★	★★	★★	★★
文章整序		★	★	★★	★★	★★	★★	★★	★★	★★	★★	★★	★5	★3	★★	★★	★★	★★	★★	★★	★★

（注）東京都の出題数は一般方式のものです。

　現代文からの出題はすべての試験種で複数問なされており，合否を左右する重要科目です。一般に受験生の正答率が高いと思われる問題が多く，誤答することはもちろん，正解したとしても，大幅に時間をロスすれば，致命傷となりかねません。「いかに素早く正解を導き出すか」を意識して，問題演習を積み重ねてください。

地方上級

　多くの自治体では3問が出題されています。「要旨把握」と銘打った問題が数多く見受けられますが，実質的には内容把握の手法で解ける問題がほとんどです。長年，要旨把握・内容把握のみからの出題が続いていましたが，2013・14・18年のように空欄補充が出題された年度もありました。全体的に問題文の長さが短めですが，本文の抽象度が高く，難易度の高い問題も散見されます。解答速度の向上を通じた時間の節約が必須です。

国家一般職（旧国家Ⅱ種）

　6問が出題され，内訳は，内容把握が4問，空欄補充が1問，文章整序が1問です。文化，歴史，政治など，出題される文の出典は多岐にわたります。内容は比較的平易で読みやすいですが，肢と本文との対応や検討に時間がかかる問題も見受けられます。

東京都

　内容把握2問，空欄補充1問，文章整序1問の計4問が基本の内訳ですが，2021年は内容把握1問，空欄補充2問，文章整序1問の出題でした。内容把握は長文になる傾向がありますが，肢には検討の容易な誤りを含んだものが多く，見た目の

印象よりは容易に正解を導ける問題が多いです。難易度は比較的低いといえるでしょう。空欄補充は複数の空欄が設けられますが，時折意味がわかりにくい単語に空欄が設けられることがあります。

特別区
2013年までは4問の出題でしたが，2014年からは5問の出題となっています。内訳は，空欄補充1問，文章整序1問で，残りは主旨把握です。主旨把握は，各選択肢が本文中の文章と一致しているため，内容把握的な解答手法が通用しません。文章は短いものの，肢の絞り込みに時間がかかるものが目立ち，難易度は高めです。また，文章整序は並べ替えるべき文の長さが短く，かえって前後関係を判断しにくいものが多いです。

裁判所職員
5問が出題され，最近は内容把握が中心の問題構成ですが，年によってばらつきがあります。文中のキーワードを大幅に言い換えて構成された問題など，他の試験種とは一線を画す独特の出題傾向が特徴です。人文科学系の文章が中心ですが問題文が非常に長く，高い語彙力が求められる問題も少なくありません。主要職種の現代文の中では最も難易度が高いといえるでしょう。

国税専門官・財務専門官・労働基準監督官
6問が出題され，内容把握が4問，空欄補充が1問，文章整序が1問が基本の内訳ですが，2017年は内容把握5問，空欄補充1問の出題でした。国家一般職と題材の傾向は似ており，比較的読みやすいながらも正解肢を絞り込もうとすると時間のかかる問題が目立ちます。また，長文化の傾向が強い一方，時間を大幅にとられて，他の問題に手をつけられなくなっている受験生が目立っています。何よりも速読が求められる職種といえるでしょう。

国家総合職（旧国家Ⅰ種）
4問が出題され，内容把握2問，空欄補充1問，文章整序1問が出題されています。もともとは哲学や芸術系の出題が多かったのですが，近年は出典の幅が広がりつつあります。問題肢の作られ方は比較的素直で，かつて存在した国家専門職や国家一般職との難易度差はあまり見られなくなりました。その代わり，絶対に落としてはいけない4問になったともいえます。

Advice アドバイス 学習と対策

多くの試験種では内容把握問題への対策を整えれば大半の問題に対応できます。肢からキーワードを抽出し，対応する語を本文中から検索するという手法が有効なので，問題演習を通じて，キーワードの抽出感覚を磨いてください。日常の訓練としては，新書や社説など，短い文章で1テーマが完結する文を読むとよいでしょう。要旨把握問題の対策にはこちらが有効です。なお，問題文に用いられやすい作家については本書の付録をご参照ください。

必修
問題
セクションテーマを代表する問題に挑戦！

内容把握では長い文章に対する精読が求められます。
まずは活字に慣れることを意識しながら1問解いてみましょう。

問 次の文の内容と合致するものとして最も妥当なのはどれか。

（国税・労基2010）

　もし「個性」というものがほんとうに発見され表現されるべきものだと思うのなら，自分の記憶の中にある偽造され外部から「事後的に」注入された部分を選り出し，除去してゆくという作業が必要になるでしょう。「ビートルズ世代」としてビートルズを聴いて，「全共闘世代」として学園闘争を戦ったというふうに「偽りの記憶」を内面化させた同時代人をぼくは何人も知っています。彼らはリアルタイムではビートルズなんか聴いてなかったし，学園闘争にも背を向けていた。しかし，その事実は忘れられ，より快適な「共同的記憶」が彼らの自己史には採用されている。もし，この人たちがほんとうに個性的であろうとしたら，共同的な「模造記憶」からではなく，彼らが少年だった頃に，誰とも共有できず，誰にも承認されなかった彼らの内密で，ユニークな幻想や情念を記述するところから始めるべきでしょう。

　すべての世代はその世代に固有の「正史」を持っています。それはたとえば，流行した音楽やTVの人気番組やマンガや映画の記憶です。「おお，あれな，オレも毎週見てたよ」というふうにして同世代の宴会は盛り上がるわけですが，この「おお，オレも」の相当部分はかなり誇張されています。

　でもこのわずかな（あるいは大幅な）誇張によって「オレたち」という記憶の共同体に「オレ」は住民登録できるわけです。

　でも，個性的であるというのは，「記憶の共同体」への住民登録を求めないということです。頭にぎっしり詰め込まれた「偽造された共同的記憶」を振り払い，誰にも共有されなかった思考，誰にも言えなかった欲望，一度もことばにできなかった心的過程を拾い集める，ということです。

　これは徹底的に知的な営みです。メディアでは人々が「個性的に」ということを実にお気楽に口にしていますが，「個性的である」というのは，ある意味で，とてもきついことです。誰からも承認されないし，誰からも尊敬されないし，誰からも愛されない。そのことを覚悟した人間だけが「個性的であること」に賭金を置けるのですから。

——内田樹『疲れすぎて眠れぬ夜のために』による

1：外部から注入された「共同的記憶」の存在を認め，それを除去する作業によって，個性的であることが可能となる。
2：その人の「個性」というものは，自分の記憶の中にある「共同的記憶」を内面化し，自己史として記述する過程から生まれてくる。
3：学園闘争を戦ったにもかかわらず，心情的にそうした記憶から距離を置き，より快適な自己史を作ろうとする人たちがいる。
4：その世代に固有の「共同的記憶」が内面化されることによって，誰にも承認されず共有されなかった心的過程を取り戻すことができる。
5：誰からも承認されないことに覚悟を決めた人間だけが，メディアから「個性的である」と認められる。

**の解説**

〈内容把握〉

出典　内田樹『疲れすぎて眠れぬ夜のために』角川書店

1〇　「外部から注入」「共同的記憶」の双方の語に着目すると，第1段落に絞り込まれる。外部から注入された部分を除去することは，第1段落冒頭にある，「個性」が発見され，表現されるべきものと思うという仮定に基づく記述であり，その意味で本肢は適切である。この「外部から注入」されたものが，「共同体記憶」であるか否かについては，第1段落7行目の前後を読めばよい。「共同的記憶」とは，「模造記憶」であること，その例として，リアルタイムでビートルズや学園闘争に興味を示さなかった人が，参加していたと「偽りの記憶」を表面化させていることが述べられている。これらが外部的に注入されたものであるといえ，本肢の内容は，全体として適切であることを確認できる。

2✕　「共同的記憶」に着目すると，第1段落のほか，第4段落にもある。この第4段落では，「偽造された共同的記憶」を振り払うことが，「個性的である」と述べられている。本肢のように，「内面化」することは，振り払うこととは反対の内容であり，この点で本肢は本文と矛盾している。

3✕　「学園闘争」に着目すると，第1段落前半に該当する記述がある。さらに，「快適な自己史」に着目すると，「学園闘争に背を向けていた事実」を忘れ去り，「快適な自己史」に採用されているという記述が読み取れる。つまり，本文で快適な自己史として述べられているのは，学園闘争を闘った事実であり，そのような記憶から距離を置くことを快適な自己史とする判断は，本文ではなされていない。

4✕　「心的過程」に着目すると，第4段落にある。ここでは，思考や欲望と併せて，「共同的記憶」を振り払うこととして述べられている。それは，個性的であるという意味として述べられているということが，第4段落の冒頭の記述から読み取れる。そして，個性的であるということの意味は，他肢でも検討したとおりである。「共同的記憶」を振り払うことで，心的過程などを取り戻すことができると述べられており，この点で，「内面化」としている本肢が矛盾していることを確認できる。

5✕　「個性的である」に着目。この語は第5段落にある。そこでは，「個性的である」ということについて，誰からも承認されず，尊敬されず，愛されないことを覚悟することであると述べられており，本肢前半は正しい。しかし，本文ではメディアについて，「個性的に」ということを気軽に口にするという第5段落冒頭の記述しかなされておらず，メディアが「個性的である」と認めるとする記述を本文中から読み取ることはできない。

正答 **1**

LEC東京リーガルマインド　2024-2025年合格目標 公務員試験 本気で合格！過去問解きまくり！
③文章理解

5

内容把握

① 内容把握とは

内容把握問題は，問題肢の内容が問題文の内容と合致しているか否かを問うものです。肢が本文の要旨である必要はありません。

たとえば，「私はAである。なぜならBであるからだ。実際，Cであり，Dである」という文章があった場合，要旨把握問題ではAのみが正解となりますが，内容把握であれば，「Aである」「Bである」「Cである」「Dである」のいずれも正解となる可能性があります。選択肢の内容と問題文中の記述内容が合致しさえすれば正解となりうるため，出題方法は重箱の隅をつついたものになりやすく，選択肢の検討も丁寧に行うことが求められます。

なお，内容把握問題の中には，複数の段落にまたがった内容を1つの選択肢にまとめた問題や，問題文中に引かれた下線部の意味を問う問題（下線部解釈）もあります。

② 内容把握問題攻略のための解法

(1) 問題肢のキーワードを探す

内容把握問題の正解肢には，必ず問題肢と文章との対応箇所があります。したがって，肢のキーワードを探し，本文との対応箇所を探すことが重要です。もっとも，問題肢とまったく同じ言葉遣いがなされているとは限りません。その場合は，適切に言い換えられた箇所を探し，その周辺の文脈が，問題肢と合致しているかを検討する必要があります。

(2) 文節ごとに，本文と合致しているか否かを検討する

問題肢が短いものであれば，(1)の検討法だけで足りますが，2～3行にわたる長いものである場合，肢を文節ごとに区切って，(1)の作業を繰り返す必要があります。こうしないと，全体の文章を流し読みしてしまい，「なんとなく合ってそう」という漠然とした根拠により，誤った肢を選んでしまいがちになるからです。

(3) マーク・アンダーラインを活用する

内容把握問題におけるマークやアンダーラインは，キーワードや文節単位で行うことがポイントです。まずは，問題文と問題肢の間で，適切な対応関係があるか否かを確認するために用いましょう。そのうえで，対応関係があるとみられる問題文の部分について，肢に合致する適切な因果関係が述べられているかを確認する必要があります。

INPUT

③ 選択肢の吟味方法

　問題肢を読む際に注意すべきなのは，キーワードの抽出方法です。

　肢の中で特徴的なキーワードを探し出し，それを本文中から検索するようにしましょう。

　有効なのは，固有名詞や長いカタカナ語，あるいはカッコ書きがされた言葉（「　」，『　』）です。このような言葉は，本文中から探し出すのが楽であり，読解速度の向上につながります。

　なお，誤肢のパターンは大別すると以下のようになります。

---

① 本文で記述がない

　一般論や常識を掲げているが，その内容は本文中で一切述べられていないものをいう。

② 本文の内容と反対

　「〜でない」と本文で述べられているのに，「〜である」と問題肢で記されているパターン。落ち着いて読めば，消すのは容易である。

③ 言いすぎ

　問題肢の内容が，本文に記されている範囲を超えて勝手な解釈を含んでいるもの。「必ず」「絶対」「常に」などの言葉が問題肢にある場合，一度は疑ってかかるべきである。

④ 因果関係の不存在

　「AゆえにB」「CゆえにD」という2つの論理関係にある記述がある場合に，「AゆえにD」と問題肢にあるような場合がこれにあたる。語句だけは問題文中にあるため，語句を断片的に拾っているだけで内容を吟味しないと，間違ってしまうことがある。

⑤ 因果関係の逆転

　中途半端な読み方をすると，かえって陥りやすい誤肢である。「AゆえにB」という問題文に対して，「BゆえにA」という問題肢があった場合がこれにあたる。アンダーラインを用いて文の流れを適切に把握することが，適切に肢を消すための秘訣である。

LEC東京リーガルマインド　2024-2025年合格目標 公務員試験 本気で合格！過去問解きまくり！
③文章理解

7

第1章 現代文 内容把握

● 必修問題の検討方法 （解説はP5）

　もし「個性」というものがほんとうに発見され表現されるべきものだと思うのなら，自分の記憶の中にある①偽造され外部から「事後的に」注入された部分を選り出し，除去してゆくという作業が必要になるでしょう。「ビートルズ世代」としてビートルズを聴いて，「全共闘世代」として学園闘争を戦ったというふうに「偽りの記憶」を内面化させた同時代人をぼくは何人も知っています。彼らはリアルタイムではビートルズなんか聴いてなかったし，③学園闘争にも背を向けていた。しかし，その事実は忘れられ，より快適な「共同的記憶」が彼らの自己史には採用されている。もし，この人たちがほんとうに個性的であろうとしたら，共同的な「模造記憶」からではなく，彼らが少年だった頃に，誰とも共有できず，誰にも承認されなかった彼らの内密で，ユニークな幻想や情念を記述するところから始めるべきでしょう。

　すべての世代はその世代に固有の「正史」を持っています。それはたとえば，流行した音楽やTVの人気番組やマンガや映画の記憶です。「おお，あれな，オレも毎週見てたよ」というふうにして同世代の宴会は盛り上がるわけですが，この「おお，オレも」の相当部分はかなり誇張されています。

　でもこのわずかな（あるいは大幅な）誇張によって「オレたち」という記憶の共同体に「オレ」は住民登録できるわけです。

　でも，②個性的であるというのは，「記憶の共同体」への住民登録を求めないということです。頭にぎっしり詰め込まれた④「偽造された共同的記憶」を振り払い，誰にも共有されなかった思考，誰にも言えなかった欲望，一度もことばにできなかった心的過程を拾い集める，ということです。

　これは徹底的に知的な営みです。メディアでは人々が「個性的に」ということを実にお気楽に口にしていますが，「個性的である」というのは，ある意味で，とてもきついことです。誰からも承認されないし，誰からも尊敬されないし，誰からも愛されない。そのことを覚悟した人間だけが「個性的であること」に賭金（かけきん）を置けるのですから。

⑤

①：外部から注入された「共同的記憶」の存在を認め，それを除去する作業によって，個性的であることが可能となる。

②：その人の「個性」というものは，×自分の記憶の中にある「共同的記憶」を内面化し，自己史として記述する過程から生まれてくる。

③：×学園闘争を戦ったにもかかわらず，心情的にそうした記憶から距離を置き，より快適な自己史を作ろうとする人たちがいる。

④：×その世代に固有の「共同的記憶」が内面化されることによって，誰にも承認されず共有されなかった心的過程を取り戻すことができる。

⑤：誰からも承認されないことに覚悟を決めた人間だけが，×メディアから「個性的である」と認められる。

memo

SECTION ① 現代文
第1章 内容把握

実践 問題 **1** 〈基本レベル〉

頻出度	地上★	国家一般職★★★	東京都★★★	特別区
	裁判所職員★★★	国税・財務・労基★★★	国家総合職★★★	

問 次の文章で述べられていることとして，最も妥当なのはどれか。

（東京都2019）

　ラジオを聴くことは，語彙の拡充と日本語の観察にきわめて有効な手段の一つである。さらに，情報や娯楽を享受する聴取者にとって，ラジオにはもう一つの重要な使途がある。それは，ラジオが日本語の使い方とコミュニケーションのとり方を学ぶ格好の道具だということである。

　音楽を流し続ける番組でないかぎり，ラジオからはさまざまな種類の日本語が聞こえてくる。有名人から無名の人まで，老若男女を問わず，いろいろな考えを持った，おまけに話しぶりも多様な人々が登場する。個人の日常生活のなかで会って話を聞くことなどまずできない人の話が聞ける。著名人には講演や読書を通して接することも可能だが，事情によっては講演会場に足を運べなかったり，読書ができなかったりすることもある。もっと接することが難しいのは，どこかの町や村で黙々と働いている農業従事者，職人，商店主，会社員，主婦らだ。そういう人たちが取材の対象となってマイクを向けられたり，聴取者参加番組で電話討論したりすることによって，市井の人の声がラジオを聴く者の耳に届く。

　もちろんテレビでも同様のことが可能だが，ラジオがテレビと決定的に異なる点は，出演者の容姿や衣装や動作に気をとられることがない分，音声情報に集中できるという点だ。別の言い方をすれば，映像や文字のない分，耳から聞こえてくる情報だけをたよりに，自由にイメージをふくらませることができる。また，ラジオはテレビと違って，言葉を尽くさなければならないことを知っている。発音がいい加減だったり，早口でしゃべったり，もぞもぞ言ったりした場合に，発言をなぞってくれる字幕スーパーは出ないのだ。同時にラジオは，映像や文字で間をもたせるテレビと異なり，言葉と言葉の間，音が途切れた間に意味を込めることを知っている。

　人間の想像力は，視覚情報の代わりになりうる。ラジオでサッカー中継を聴いていて，アナウンサーの実況とスタジアムの歓声で，ピッチのようすがありありと見えてきたことがある。見えたと思えるほど，深く聴くことができると言うべきだろうか。

　このことから思い起こされるのは，人間の肉体というものは飽食に耐えるようにはできておらず，少しだけ飢えさせておいたほうが，生命力がわいてきて健康

でいられるという事実だ。視覚情報を提供しないラジオに，聴き手はほんの少し飢餓感を覚える。そして，多少の飢餓感から猛然と生命力がわいてくるように，聴取者は耳から取り込んだ情報をもとに，想像力や思考力を十全に発揮することができるのだ。

　だから，深く聴ける。だから，見えてくる。話し手の真摯な態度も，見習いたい日本語の表現も，また一方で，耳障りな話し方も，薄っぺらな発言も，すべてがそのまま伝わってくる。聴く者が情報や知識を得，娯楽に興じ，同時に自分の日本語を反省することのできるのがラジオだ。きわめて利用価値の高いメディアであり，この点で最も手軽なツールと言えよう。

（野口恵子「かなり気がかりな日本語」による）

1：ラジオは，さまざまな種類の日本語を全ての番組から聞くことができるので，日本語の使い方を学ぶ格好の道具である。

2：ラジオがテレビと決定的に異なる点の一つは，個人の日常生活のなかで会って話を聞くことなどまずできない人の話が聞けることである。

3：ラジオはテレビと違って，字幕スーパーが出ないので，早口でしゃべったり，もぞもぞ言ったりすることで言葉と言葉の間に意味を込めている。

4：ラジオでサッカー中継を聴くとき，健康なアナウンサーが実況すると，ピッチのようすがありありと見えてきて，深く聴くことができる。

5：ラジオは，きわめて利用価値の高いメディアであり，聴く者が，情報や知識を得，娯楽に興じ，同時に自分の日本語を反省することができる。

実践 問題 **1** の解説

〈内容把握〉

出典 野口恵子『かなり気がかりな日本語』集英社

1× 「ラジオ」「さまざまな種類の日本語」に着目すると，第2段落1～2行目が見いだせる。本肢前半の内容について，本文では「音楽を流し続ける番組でないかぎり」と示されていることから，「全ての番組から聞くことができる」の部分は本文に反している。

2× 「ラジオがテレビと決定的に異なる点」に着目すると，第3段落1～3行目が見いだせ，この点について本文では，音声情報に集中でき，それを頼りに自由にイメージを膨らませられることだと説明している。確かに，ラジオを通じて「個人の日常生活のなかで会って話を聞くことなどまずできない人の話が聞ける」ことは第2段落3～4行目で述べられている。しかし，このことは「ラジオがテレビと決定的に異なる点」としては説明されていないことから，本肢は本文に反すると判断できる。

3× 「ラジオは…字幕スーパーが出ない」に着目すると，第3段落後半が見いだせる。「字幕スーパーが出ない」こと，「早口で…もぞもぞ言ったりする」こと，「言葉と言葉の間に意味を込めている」ことについて，それぞれ本文で指摘はある。しかし，本文では「字幕スーパーが出ない」ことと「早口で…もぞもぞ言ったりする」こと，「早口で…もぞもぞ言ったりする」ことと「言葉と言葉の間に意味を込めている」ことの双方に因果関係を持たせる記述は存在しない。

4× 「ラジオでサッカー中継を聴く」に着目すると，第4段落が見いだせる。しかし，アナウンサーの実況について「健康な」アナウンサーに限定する記述は本文にはない。

5○ 「ラジオ」「利用価値の高いメディア」に着目すると，第6段落4～5行目が見いだせる。本肢は同段落3～5行目の内容に合致している。

正答 **5**

memo

実践 問題 2 基本レベル

頻出度	地上★	国家一般職★★★	東京都★★★	特別区
	裁判所職員★★★	国税・財務・労基★★★	国家総合職★★★	

問 次の文の内容と合致するものとして，最も妥当なのはどれか。　（国Ⅰ2010）

　ところでよく指摘されるように，この世阿弥の著わした書の多くは「花」という字を表題に含んでいる。すなわち『風姿花伝』『至花道』『花鏡』『拾玉得花』『花習内抜書』『却来花』等である。彼にとって「花」とはそのまま「生」の意味を含むものでもあったであろう。『風姿花伝』は，およそ七歳から五十有余にいたるまでの演者の芸と姿とを跡づけ，この全体を「花」のあり方としてあらわしている。その花の美が「幽玄」である。十二，三の頃は「童形なれば，なにとしたるも幽玄なり」といわれるが，しかしそれは「まことの花にはあらず，たゞ時分の花なり」と釘がさされる。世阿弥のいう「まことの花」は芸を通してのみ得られる。芸による花は「失せざらん花」でもある。世阿弥は，五十二歳で死んだ自分の父・観阿弥が死のわずか十日あまり前に舞った能に触れ，その芸が「老骨に残りし花」であったと讃嘆している。

　生が「花」にたとえられたということは，ただの感傷ではない。世阿弥のいう花は，いずれ散っていく「時分の花」だけではなくて，失せることなく「老骨に残りし花」をも含んでいる。おそらくここでは，「花」という文字に含まれる「化」の意味が決定的であろう。「化」とは移りかわる，もしくは移りかわった姿という意味である。但し何か実体的なものの移りかわった姿ということではない。実体的とみえるものそれ自体が「化」なのである。世阿弥において生にたとえられる「花」は，実体としての花ではない。そういう花は「まことの花」にはあらず，といわれる。まことの花は，移りかわりそのものとしての「化」を芸にあらわすところに見られている。生の全体がそのような「化」として美的にとらえられているのである。

　このような「花」の持つ「美」は，醜と対立する美ではない。いわゆる鬘物とよばれる種類の能のなかに，「小町物」の一群がある。それは，老醜の身と化した小町が，華やかなりし往昔を回顧して語るというパターンをもっている。そのとき，花の美は老いた小町において見られている。盛りの花は老骨に残った花との二重映しにおいて，はじめて「まことの花」の美をあらわす。

1：世阿弥は，自分の父の観阿弥がその死の直前に舞った能に「まことの花」を見いだし，「まことの花」は多年の修行を経た老骨でないと表現できないものであるとした。

2：世阿弥は，12，3歳の頃の演者の芸と姿には「幽玄」である美はみられるものの，「花」とは無関係なものであるとした。

3：世阿弥は，いずれ散っていく「時分の花」の中に物事の移りかわりとしての「花」が存在するとして，「時分の花」に「まことの花」が存在するとした。

4：「小町物」における「まことの花」の美は，小町が老いた身となり，もはや移りかわることがなくなったがために見いだされることが可能となった。

5：世阿弥は，生を「花」に例え，移りかわりを意味する「化」としてとらえて，それを芸にあらわすところに，「まことの花」は得られるとした。

実践 **問題 2** **の解説**─────────────────

〈内容把握〉

出典　大橋良介『「切れ」の構造：日本美と現代世界』中央公論社

1 ×　「観阿弥」に着目。この人名がある第1段落終盤では，観阿弥が死の直前に舞った芸について「老骨に残りし花」であったと評価されている。これを「まことの花」と見いだす記述はない。また，「まことの花」は，芸を通してのみ得られるという記述はあるものの，これが多年の修行を経ることを要するか否かについては述べられていない。

2 ×　「12，3歳の頃」に着目。この言葉がある第1段落では，12，3歳の頃の芸について，「なにとしたるも幽玄なり」と，幽玄である美の存在を認めている。しかし，その後には「まことの花にはあらず，たゞ時分の花なり」と釘をさした一節がある。つまり，12，3歳の頃の芸について，「時分の花」という評価を下しており，「花」と無関係ということはできない。

3 ×　「時分の花」に着目。この言葉がある第1段落におけるこの言葉の位置づけは，肢2を参照。世阿弥は「時分の花」は「まことの花にはあらず」と明確に語っており，「まことの花」が存在するとは述べていないので，誤りである。

4 ×　「小町物」に着目。この言葉がある第3段落では，「まことの花」の美をあらわすという記述もあり，本肢は一見正しいように見える。しかし，本肢は，「まことの花」を見いだす原因の記述に誤りがある。「まことの花」の美があらわれるのは，盛りの花と老骨に残った花の二重写しによるのであり，小町がもはや移り変わることがなくなったからではない。本肢のような記述を本文中から見いだすことはできない。

5 ○　「化」に着目。この言葉は第2段落全体を通じて用いられているが，「生を『花』に例える」という着目キーワードを増やすと，第2段落6行目に該当する記述がある。そこでは，「まことの花」に関する考え方が述べられ，移り変わりそのものとしての「化」を芸にあらわすという内容が示されている（第2段落8行目）。したがって，本肢の内容は本文第2段落の内容と合致していることがわかる。

正答 5

memo

実践 問題 3 基本レベル

頻出度	地上★	国家一般職★★★	東京都★★★	特別区
	裁判所職員★★★	国税・財務・労基★★★	国家総合職★★★	

問 次の文章で述べられていることとして，最も妥当なのはどれか。 （地上2010）

　中教審の審議のまとめ「新しい時代における教養教育の在り方について」（2000年12月25日）を読む機会があった。中央教育審議会（当時・根本二郎会長）のまとめの文書としては非常にユニークな出来映えだと思う。それは，教養という観念を生涯にわたるものとしてとらえ，大人もつねに教養を高めるために学ぶ意義を強調するなど，教育の危機を大人と子どもが一体となって乗り切ろうとする熱意が伝わってくるからだ。

　子どもたちに対して，努力する大人の姿を見せることは重要である。子どもだけに学習を要求しておいて，自らは向上心を放棄した教師。学生だけに予習や勉強を過度に期待しておきながら，自分は満足に研究しない大学教授。これらの身勝手な姿はすでに珍しくなく，ことさら驚くに値しないのかもしれない。

　しかし，子どもに学ぶ意欲をおこさせるには，彼らに大人社会が努力の結晶の評価される場所であり夢や希望をもてる空間であることを教えなくてはならない。それをいくら理屈や押しつけで語っても仕方がない。必要なのは，大人が真摯に学ぶ姿を観察する機会をつくることだという中教審のまとめは間違っていない。「大人が真摯に努力し，苦労し，そして充実感を味わっている姿を子どもたちに見せ，話し，伝えていく努力を行わなければならない」。小中学校に大人がＩＴ技術を学びに来るのも，子どもたちが大人の真摯な努力を身近に見る機会になるというのだ。

　たしかに，テレビやインターネットに氾濫する風俗や芸能情報を見ると，どの地域の少年少女であっても，真面目に働くのが馬鹿馬鹿しくなるほど安易に生活の糧を得られそうに思えるのかもしれない。しかも，芸能タレントや低俗な評論家たちが面白おかしく政治家や官僚を茶化すのを眺めると，社会事象をきちんと理解しようという気分も若い時分から失せてしまうのだろう。

　だからこそ，大人が学問や技芸を生涯かけて学び，良い意味で教養を楽しむことを21世紀の子どもたちに示す必要があるのだ。今こそ大人は，子どもたちがめざすべき目標となる魅力ある社会をつくらなくてはならない。

1：大人が教養を高める努力をすれば大人の教育の危機については解決することになるが，子どもの教育の危機の解決にはつながらないというのが，中教審の審議のまとめの考え方である。

2：子どもだけが学習を要求されたり，学生だけが過度の予習や勉強を期待されたりするのは，教師や大学教授が教育に情熱を傾け，熱心に取り組んでいるからである。

3：大人は，子どものときから学習をしてきたので，子どもと違って真摯に努力し，苦労し，充実感を味わったりする必要はないが，努力する大人の姿を子どもに見せることは重要である。

4：子どもが社会事象をきちんと理解しようという気持ちが失せてしまうのは，小中学校に大人がIT技術を学びに来るのを見て，安易に生活の糧が得られる世の中であることを知ってしまったからである。

5：大人社会が夢や希望をもてる空間ではないと，子どもたちが思わないように，大人が学問や技芸を生涯かけて学び，良い意味で教養を楽しむことを子どもたちに示す必要がある。

実践 問題 **3** の解説

〈内容把握〉

出典　山内昌之『歴史と政治の間』岩波書店

1 × 「中教審の審議」に着目。この言葉は第1段落にあり，審議の内容についても同じく第1段落で示されている。そこで，肢の「教育の危機」という言葉に着目すると，5行目に該当する記述があるが，ここでは，教育の危機について「大人と子どもが一体となって乗り切ろう」とすることが述べられているのみである。本肢のように，危機の解決法について大人と子どもを分けて述べる論法はとっていない。

2 × 「教師や大学教授」に着目。この言葉は第2段落にあるが，教師については「自らは向上心を放棄した」，大学教授については「自分は満足に研究しない」と述べられている。子どもや学生に対する要求の記述は正しいが，それが「熱心に取り組んでいるから」であるとする記述を読み取ることはできない。

3 × 「真摯に努力」に着目。この言葉は第3段落にある。そこでは，中教審のまとめの一節として，「大人が真摯に努力し，苦労し，そして充実感を味わっている姿」を子どもたちに見せることの重要性が示されている。本肢のように，大人自身が充実感などを味わう必要はないという記述はなく，むしろ重要であることが述べられている。

4 × 「ＩＴ技術」に着目。この言葉は第3段落にあり，大人たちが学びにくることで，子どもたちが大人の努力を見る機会になるという形で用いられている。一方，「安易に生活の糧」という言葉に着目すると，第4段落に該当する記述があるが，これは真摯な努力を身近に見ない結果，子どもたちが得る印象であり，第3段落の内容の重要性を，現状に対する批判の観点から述べたものである。第3段落の内容を原因として，第4段落の結論が導かれるという関係にはない。

5 ○ 「学問や技芸」に着目。この言葉は最終段落にあるが，ここでは，学ぶことの必要性，よい意味で教養を楽しむことを子どもたちに示す必要性が述べられている。「夢や希望」に着目すると，この内容は第3段落にあり，子どもたちに大人社会が夢や希望をもてる空間であることを教える必要性が示されている。いずれも，本肢の内容を踏まえており，内容として妥当である。

正答 5

memo

問 次の文章で述べられていることとして，最も妥当なのはどれか。

(東京都2009)

　郊外という場所は，そこに人が住み，生きることが"たまたまの偶然"として現れてくるような場所であり，そのような"たまたまの場所"が連なり広がって，分厚い膨らみとなった場所である。そして今，その郊外という分厚い膨らみはその偶有性，その共異体＝共移体としての移ろいやすさゆえに，そのなかに積み重なり，隣接するさまざまな層を集合的記憶のなかに定着させることなしに忘れ去り，その分厚い広がりのなかに住む人びとや地域は互いに交わす視線も持たぬままに，収縮する未来を迎えようとしているかのようだ。通勤・通学に向かう途上で，互いに言葉も交わさず，視線もほとんど投げかけぬまま，これから乗る電車に間に合うために黙々と歩く人の流れは，郊外のそのようなあり方を凝縮して示しているようでもある。

　そうした郊外のあり方に対し，記憶の共有と継承や，郊外内部の地域の相互理解や連帯を説く人もいる。郊外生活者の選択として，そうした記憶の共有と継承や，地域間の相互理解の促進というのはありうるだろうし，一定の意味もあるとは思う。だがしかし，そうした共有や継承を容易に生み出さない時間性や歴史性と，並存するさまざまな場所をみることなしにその分厚い膨らみを均質な広がりとしてイメージしてしまう空間的な想像力が，郊外という場所と社会には内包されている。そしてそれは，郊外という場所を生み出した社会の構造やメカニズムに深く根ざし，条件づけられている。そのことをみることなく，ただ共有や継承や相互理解を説くことは，郊外という場所を生きる人びとの生の形と決定的にすれ違ってしまうだろう。逆にいえば，そのことを出発点としたときのみ，歴史や記憶の共有や継承，地域や住民の相互理解の試みはリアルなものになる。

　かつてそこにあったものも，そこで起こり，生きられたことも"忘れゆく場所"であること。互いに互いを見ない場所や人びとの集まりや連なりであること。そこに郊外という場所と社会を限界づけるものがあると同時に，人びとをそこに引き寄せ，固有の神話と現実を紡ぎ出させてきた原動力もある。そんな忘却の歴史と希薄さの地理のなかにある神話と現実を生きることが，郊外を生きるということなのだ。

OUTPUT

1：郊外は大都市の周辺に分厚い膨らみとなって存在しており，郊外に住む人びとは，他の地域に出ることなく暮らしている。
2：郊外は共異体＝共移体としての移ろいやすさを持ちながら，今後その範囲はますます拡大していく。
3：郊外は均質な広がりを持っており，そこでは同じ職業の人びとが集まり，互いに関係を持たずに暮らしている。
4：郊外は人びとがたまたまそこに住んでいる場所であり，各地域において，記憶の共有と継承や地域間の相互理解の促進を行う必要はない。
5：郊外は“忘れゆく場所”であり，人びとの関係は希薄であるが，そこに人びとを郊外に引き寄せてきた原動力もある。

実践 問題 **4** の解説

〈内容把握〉

出典 若林幹夫『郊外の社会学』筑摩書房

1 ✕ 「分厚い膨らみ」に着目。この言葉が用いられている第1段落では，"たまたまの場所"の連なりと述べられているのみで，本肢のように「大都市の周辺」と明記されているわけではない。また，「郊外に住む人びと」に着目すると，第1段落6行目以降に該当する記述（分厚い広がりのなかに…）があるが，ここでは通勤・通学の途上の様子について述べられているものの，「他の地域に出ることなく」暮らしているかどうかは明らかにされていない。

2 ✕ 「共異体＝共移体」に着目。この言葉が用いられている第1段落では，郊外の性質として述べられているので，この点は正しい。しかし，郊外の範囲について明記した記述はなく，その範囲が拡大するか否かについても明らかでないため，本肢後半の内容は，本文に記述がないということになる。

3 ✕ 「均質な広がり」に着目。この言葉が用いられている第2段落では，郊外という社会が内包する空間的な想像力の一要素として述べられている。しかし，「同じ職業」に着目すると，本文中に対応する記述はない。本文で「職業」について言及した部分がまったくない以上，本文の内容に合致していると判断することはできない。

4 ✕ 「相互理解の促進」に着目。この言葉がある第2段落前半では，「郊外生活者の選択」としてありうるものの1つとして述べられている。そして，本文では，ありうるのみならず，「一定の意味もあるとは思う」と評価されており，本文のように「必要はない」という記述を見いだすことはできない。

5 ○ 「"忘れゆく場所"」に着目。この言葉がある第3段落では，互いに互いを見ない場所や人々の集まりや連なりと併せて，郊外という場所の位置づけの1つとして述べられている。人々の関係が希薄という記述は，この「互いに互いを見ない場所や人びとの集まり」という点を言い換えたものと判断できる。また，「原動力」に着目すると，「そこに…固有の神話と現実を紡ぎ出させてきた原動力もある」と述べられている。「そこ」が指すものは，指示語の前にあるのが基本であり，郊外であることがわかる。したがって，本肢は本文の内容に合致していると判断できる。

正答 5

memo

実践 問題 **5** 〈 基本レベル 〉

頻出度	地上★ 国家一般職★★★ 東京都★★★ 特別区 裁判所職員★★★ 国税・財務・労基★★★ 国家総合職★★★

問 次の文章で述べられていることとして，最も妥当なのはどれか。

(東京都Ⅰ類B 2020)

　ある特権的瞬間に過去の経験が再構造化されるということは，それほど珍しいことではない。動物にさえも，こうしたことは認められる。以下の話は，動物は現在だけを生きていると言った先ほどの話と齟齬するように聞こえるであろうが，動物にとっても現在は瞬間的なものではなくある厚み，ある幅をもっている。神経系の分化が進めば，その幅も増してくるであろうが，以下の話は現在のその幅のなかでのことと思っていただきたい。

　心理学の中心テーマの一つに，動物がいかにして新しい行動様式を学習するかを実験的に解明しようとする＜学習理論＞がある。アメリカ心理学の先駆者の一人ソーンダイクの提唱した有名な＜試行錯誤＞説は，たとえばカンヌキをかけられた檻のなかにネコを入れ，そのネコがカンヌキをはずしてエサをとるという新しい行動様式をどのように学習するかを観察し，次のような結論に達した。つまり，ネコがランダムに反応を繰りかえしているうちに，解決にいたる反応では報酬（エサ）が与えられ，解決にいたらない反応では報酬が与えられないので，しだいに報酬の与えられる反応だけが高い頻度で繰りかえされるようになり，それが定着するというのである。

　だが，この考え方には欠陥がある。というのも，この実験はネコが正しい解決にいたれば終結するのが普通である。頻度から言えば，失敗の方がはるかに多く，正しい解決にいたる反応は，ばあいによれば一度だけでも定着するのである。

　そこで，ゲシュタルト心理学の創唱者の一人であるヴォルフガング・ケーラーは，チンパンジーを使って同じような実験をおこない，こうした課題解決行動の学習は，けっして反応の頻度によってではなく，状況へのある種の＜洞察＞によっておこなわれるものであることを明らかにした。

　このばあい，成功した反応が学習され，定着するというのは，その反応がおこなわれたとき，つまりある志向が充たされた特権的瞬間に，数々の失敗をふくむこれまでの経験が再構造化され，それらがこの成功にいたるための試行にすぎなかったという意味を与えられたということであろう。そのとき，いわゆる＜「ああ，そうか」という体験＞（Aha-Erlebnis—ドイツの心理学者カール・ビューラーの用語）がおこなわれるのである。

(木田元「偶然性と運命」による)

OUTPUT

1：動物にとって，現在は瞬間的なものではなくある厚み，ある幅をもっているものなので，過去の経験が再構造化することはない。

2：心理学の中心テーマの一つである学習理論とは，動物がいかにして新しい行動様式を学習するかを実験的に解明しようとするものである。

3：ソーンダイクの提唱した試行錯誤説では，ネコが新しい行動様式をどのように学習するかを観察し，ある反応が高い頻度で繰りかえされるとともに，それが定着することはないとしている。

4：ヴォルフガング・ケーラーは，チンパンジーを使った実験をおこない，課題解決行動の学習は，反応の頻度を問わず，偶然によるものであることを明らかにした。

5：成功した反応が学習され，定着するというのは，これまでの経験が再構造化されることなく，成功にいたるという意味である。

実践 問題 **5** の解説

〈内容把握〉

出典　木田元『偶然性と運命』岩波書店

1 ✕ 「動物」「過去の経験が再構造化」に着目。すると，第1段落1～2行目が見いだせる。「過去の経験が再構造化することはない」とする本肢は，動物でさえも過去の経験の再構造化が認められるとする本文に反している。

2 ○ 「心理学の中心テーマ」「学習理論」に着目。すると，第2段落1～2行目が見いだせる。この文，ならびに，同段落の内容と本肢の内容とは合致している。

3 ✕ 「ソーンダイクの提唱した試行錯誤説」に着目。すると，第2段落3行目が見いだせる。この語を含む同段落2，3文目では報酬の与えられる反応だけが高い頻度で繰りかえされて定着すると述べられており，「それが定着することはない」とする本肢後半は本文に反している。

4 ✕ 「ヴォルフガング・ケーラー」に着目。すると，第4段落が見いだせる。本文では，課題解決行動の学習は＜洞察（アインジヒト）＞によっておこなわれると述べている。この内容を「偶然によるもの」とする本肢は本文に反する。

5 ✕ 「成功した反応が学習され，定着する」に着目。すると，第5段落1行目が見いだせる。この文で「成功した反応が学習され，定着するというのは，…これまでの経験が再構造化され，…ということであろう。」と述べられている。この定義内容を覆す説明は本文にないことから，「これまでの経験が再構造化されることなく」とする本肢は本文に反する。

正答 **2**

memo

実践 問題 6 基本レベル

頻出度	地上★	国家一般職★★★	東京都★★★	特別区
	裁判所職員★★★	国税・財務・労基★★★	国家総合職★★★	

問 次の文の内容と合致するものとして，最も妥当なのはどれか。 （国Ⅱ2009）

私は白川先生から「祖述者」という立ち位置の重要性を教わった。

白川先生は人間の知性がもっとも活性化するのはある理説の「創始者」ではなく，その「祖述者」の立ち位置を取るときであると考えていた。先生はそれを孔子から学んだのである。

孔子が治世の理想としたのは周公の徳治である。けれども，孔子もその同時代人ももちろんその治世を現認したわけではない。孔子の時代の魯の国において，周公の治績はすでに忘れ去られようとしていた。孔子はその絶えかけた伝統の継承者として名乗りを上げたのである。その消息について白川先生はこう書いている。

「過去のあらゆる精神的遺産は，ここにおいて規範的なものにまで高められる。しかも孔子は，そのすべてを伝統の創始者としての周公に帰した。そして孔子自身は，みずからを『述べて作らざる』ものと規定する。孔子は，そのような伝統の価値体系である『文』の，祖述者たることに甘んじようとする。しかし実は，このように無主体的な主体の自覚のうちにこそ，創造の秘密があったのである。《中略》」

「述べて作らず，信じて古を好む」という構えのうちに，共同体の伝統の「創造的回帰」の秘密はある。「起源の栄光」なるものは，「黄金時代はもう失われてしまった」という欠落感を覚える人によって遡及的に創造されるのである。「周公の理想的治績」のおそらく半ばは孔子の「作り話」である。孔子のオリジナリティーは「政治について私が説くことは，私のオリジナルではなく，先賢の祖述にすぎない」という一歩退いた立ち位置を選択した点に存する。

孔子は「かつて理想の統治が行われていたのだが，それはもう失われ，現代の政治は見るかげもなく堕落してしまった」と嘆くことによって，人間には理想的な徳治をなしうる潜在能力がある（なぜなら人間はそれを失うことができたのだから）という「物語」を人々に信じさせた。

何かが存在することを人に信じさせるもっとも効果的な方法は「それが存在する」と声高に主張することではない。「それはもう失われてしまった」とつぶやくことである。これは誰の創見でもない。「起源」を厳密な仕方で基礎づけようと試みた哲学者たちは多かれ少なかれ似たような語法にたどりつく。

1：孔子は，祖述者が，ある理説について創始者から一歩退いた立ち位置を選択したときにこそ人間の創造性が発揮され，知性が最も活性化すると考えた。

2：白川先生は祖述者という立ち位置から，自らが理想とした周公の徳治について，その欠落感を強調することで，起源の栄光を遡及的に創造しようとした。

3：孔子が自らを「述べて作らざる」ものと規定したのは，過去の理想の政治について祖述を行っても，過去の伝統の価値体系の創造の秘密を明らかにできないと自覚していたためである。

4：祖述者は，自らを「述べて作らず」という無主体的な立場に置きながら，それを自覚しつつ伝統を祖述するところに創造がある。

5：孔子は，周公の理想的治績の祖述により，徳治をなしうる潜在能力を人々に信じさせたが，こうした手法を取り得たのは彼のみである。

実践 問題 **6** の解説

〈内容把握〉

出典　内田樹『白川先生から学んだ二三のことがら』新書館

1× 「祖述者」に着目。この言葉は第1〜2段落にある。ここでは，人間の知性がもっとも活性化するときとして，「祖述者」の立ち位置を取るときであると述べられている。そして，この内容を主張したのは，孔子ではなく白川先生である。「白川先生は〜と考えていた」という第2段落第1文の内容から，この文の主語を判断できる。

2× 「周公の徳治」に着目。この言葉は第3段落にある。そこでは，「孔子が治世の理想としたのは周公の徳治である」と述べられている。本肢と本文では，この点において主語が異なっている。なお，「周公」に関する記述は，ほかに第5段落にもあり，「周公の理想的治績」というものを見いだせる。しかし，これも「おそらく半ばは孔子の『作り話』である」とあるように，孔子が述べたのであり，白川先生が述べたわけではない。

3× 「述べて作らざる」に着目。この言葉はカッコ書きで書かれており，第4段落に該当する記述がある。ここでは，孔子が自らを規定したものとして述べられている。ここで後半のキーワードに着目する。「創造の秘密」に着目すると，孔子が祖述者に甘んじた，無主体的な主体の自覚に，「創造の秘密があった」と述べられている。本文では，創造の秘密の自覚に関する記述はない。自覚していたのは，あくまで無主体的な主体の自覚である。

4○ 「述べて作らず」に着目。この言葉は第5段落にある。また，「述べて作らざる」という言葉は肢3で検討したとおり第4段落にあり，これらが孔子の構えであることが読み取れる。この構えは，無主体的な主体という自覚を有しており（肢3解説参照），かつ祖述者に甘んじようとするとあるため，この点で本肢前半は正しい。続いて肢後半の「伝統の祖述」という言葉に着目する。「伝統の」と明記したものがないが，すでに検討していた第4〜5段落に改めて目を通すと，「先賢の祖述」という言葉がある。「先賢」ということは，古い時代，すなわち伝統であると推測できる。そして，この「先賢の祖述」は，孔子（＝祖述者）のオリジナリティーであると述べられており，この点で後半も正しい。全体として，第4〜5段落の内容を適切にまとめたものと判断できる。

5× 「理想的治績」に着目すると，第5段落に該当する記述がある。ここでは，孔子が半ば作り話を交えながらも，これを祖述したことが述べられている。

この結果として，潜在能力を信じさせたという記述も第6段落で述べられている（キーワードは「潜在能力」である）。しかし，孔子だけがこういう手法を取ったとは述べられていない。「孔子のオリジナリティー」を，孔子が祖述者の手法を最初に取ったと読むことはできるが，これだけをもって，他に同じ手法を取った人がいないとはいえない。

第1章 現代文

正答 **4**

実践 問題 **7** 基本レベル

頻出度	地上★ 国家一般職★★★ 東京都★★★ 特別区
	裁判所職員★★★ 国税・財務・労基★★★ 国家総合職★★★

問 次の文章の内容に合致するものとして最も妥当なものはどれか。

(裁判所職員2018)

　環境教育の第一の原則は,「自分たちの環境の変化を的確に知るために, 身の回りの生活圏にいる生物の分類名を知り, 観測しなければならない」ということである。子どもたちが,「草」とか,「雑草」とかの言葉を使わないで, ヘラオオバコとか, ノウルシとか言うようになれば, 日本人の植物にかかわる文化が目に見えて向上すると思う。

　第二の原則は,「どのような生物種も絶滅の危険にさらしてはならない」ということだ。しかし, 個体としての生物を「殺すな」というのではない。「種」という集団を絶滅させてはいけないという基本のルールを学ばせなくてはならない。「一木一草, 一虫一鳥も殺すべからず」という方針を掲げることは, 生物の保護には役立たない。

　よく仏教関係者には, 自分たちは「一木一草に仏性あり」という考え方を持っているから, 仏教こそが自然保護にとって重要だという主張をする人がいる。とんでもない。人間が自然の生物を殺害してもいい許容限度を示すのでないならば, 自然保護には役に立たない。一本も木を切るなというのであれば, 寺院を建てるべきではない。一本の草を摘むなというのであれば, 米を食べることもできない。「すべての生物個体を殺すな」というのは, 絶対に守ることのできないルールである。

　もちろん, 実際に殺虫剤の撒布をすべきか, 止めていいかは, しっかりした調査をして決めなくてはならない。何となく「今までやってきたから殺虫剤の撒布をする」というような惰性で生物を殺すようなことは止めるべきだ。

　第三の原則は「絶滅のおそれがない限りは, 生物を採集したり, 標本化したり, 利用すべきだ」ということだ。さまざまの生物は相互の依存関係の中で生きている。この依存関係を知るということが, 生態系を知るということである。依存関係というのは, 違った種類の生物が相互に協力し合って生存条件を作っている場合もあるが, 食物連鎖のことを考えればすぐわかるように, ありていに言えば,「生かし合いは殺し合い」ということである。殺すことの訓練も環境教育には含まれる。標本を作るということは, 生物を殺して, 観察するということである。どんな生物にも驚くほどたくさんの情報が含まれている。

　このような原則的な視点の上にたって，自然の美しさの教育を考えるべきだろう。花は美しい。鳥は美しい。森は美しい。動物たちは美しい。

　現代芸術論などと難しいことを言うのは止めよう。考えてみよう。子どもに向かって「これは実に美しい。これを見てごらん」と言えるようなものにどんなものがあるか。私は，永年にわたって美術に親しみ，現代芸術にも強い愛好心を抱いているが，ルネッサンス以来，西洋美術は俗悪になる一方だという見方に加担してもいい。東洋の美術も，「最高のピーク」は遠い過去の時代に属するのではないかと思う。最近感動した画像は，すべて自然の生態観察のドキュメントである。

　環境芸術という新しい領域にも興味深い作品群が見られるようになった。しかし，環境芸術はアート（人工美としての芸術）が自己を否定するための手法ではないかと思う。自然そのものの美へと，美の中心は移動している。それは文化全体の中心に自然への愛が位置づけられる時代の到来を告げているのではないだろうか。

（加藤尚武『技術と人間の倫理』日本放送出版協会より）

1：環境教育には，生物の分類名を知ること，いかなる生物種も絶滅させないこと，さらには必要に応じて生物を殺すことの訓練まで含まれる。

2：「一木一草に仏性あり」という考え方を持っているから仏教こそが自然保護にとって重要だと主張する仏教関係者もおり，そのままの考えは受け入れ難いが，しっかりした調査を踏まえてルールを決めれば，自然保護の役に立つ。

3：子どもに向かっては，花は美しく，鳥は美しく，森は美しく，動物たちは美しいとだけ言えば，それが環境芸術という新しい領域の教育となり，やがては現代芸術論につながっていく。

4：ルネッサンス以来，西洋美術は俗悪になる一方であるが，東洋の美術は，自然への愛を美の中心に位置づけたことで「最高のピーク」がまもなく到来しようとしている。

5：環境芸術という新しい領域にも興味深い作品群が見られるようになったのは，美の中心が自然そのものの美へと移動しているからであり，いずれ環境芸術が文化の中心となる。

S ECTION ①
第1章

現代文
内容把握

チェック欄		
1回目	2回目	3回目

実践 問題 **7** の解説

〈内容把握〉

出典　加藤尚武『技術と人間の倫理』日本放送出版協会（NHKライブラリー）

1 ○　「環境教育」のみに着目すると，第1～6段落と対象範囲が広くなる。そこで，併せて「生物の分類名を知る」「いかなる生物種も絶滅させない」「生物を殺す」も含めて絞り込みを行うと，それぞれ，第1段落1～2行目，第2段落1～2行目，第5段落5～6行目が見いだせる。本文で環境教育の原則は3つ説明されているが，本肢はそれぞれの内容と合致していることが本文から確認できる。

2 ×　「『一木一草に仏性あり』」「仏教こそが自然保護にとって重要」に着目。すると，第3段落1～2行目が見いだせる。本肢前半は本文に合致するが，本肢後半「自然保護の役に立つ」について，同段落3～4行目で「人間が…自然保護には役に立たない」と否定されている。「しっかりした調査を踏まえてルールを決め」ることについては第4段落1～2行目に言及があるものの，この部分は「自然保護には役に立たない」という主張を覆すものではない。

3 ×　「花は美しく，鳥は美しく，森は美しく，動物たちは美しい」「現代芸術論」に着目。すると，第6段落2行目～第7段落1行目が見いだせる。本文では現代芸術論について，この部分で「現代芸術論などと難しいことを言うのは止めよう」と述べており，それ以降では説明していない。以上から，本肢後半の「やがては現代芸術論につながっていく」は誤りだと判断できる。

4 ×　「東洋の美術」「『最高のピーク』」に着目。すると，第7段落5行目が見いだせる。しかし，この部分で「東洋の美術も，『最高のピーク』は遠い過去の時代に属するのではないかと思う」と述べており，本肢は明らかに本文に反している。

5 ×　「環境芸術」「興味深い作品群」に着目。すると，第8段落1行目が見いだせ，「環境芸術という新しい領域にも興味深い作品群が見られるようになった」ことが指摘されている。また，「美の中心が自然そのものの美へと移動している」ことも同段落3行目で述べられている。しかし本文では，前者と後者との間に因果関係は存在していない。「前者の理由が後者である」としている本肢は，本文にはない因果関係が捏造されている。

正答 **1**

memo

実践 問題 **8** 基本レベル

頻出度	地上★	国家一般職★★★	東京都★★★	特別区
	裁判所職員★★★	国税・財務・労基★★★	国家総合職★★★	

問 次の文章で述べられていることとして，最も妥当なのはどれか。

（東京都2014）

　日本語には元来，事と言との区別がなかった。「古代社会では口に出したコト（言）は，そのままコト（事実・事柄）を意味したし，また，コト（出来事・行為）は，そのままコト（言）として表現されると信じられていた。それで，言と事とは未分化で，両方ともコトという一つの単語で把握された」（『岩波古語辞典』，「こと」の項）。ところが奈良・平安時代以後になると両者は次第に分化してきて，「言」は「コト（言）のすべてではなく，ほんの端にすぎないもの」（同，「ことば」の項）を表す「ことのは」，「ことば」として事から独立するようになった。

　このようにして，言葉というものは本来のことのごく表面的な一端を表現するにすぎないものと考えられるようになった。しかし，それから長い歴史を経た今日に至っても，事と言の分化がすっかり完成しているとはまだ到底いえない。この花が赤いということは，もちろんその全部が「この花は赤い」ということばによって表現されつくせるものではない。そしてそのかぎりでは，このことばは，この花が赤いということ，赤い花が私の眼の前にあるということ，私がそれを眺めて美しいと感じていること等々の，現在私のもとに現前していることの世界のごく一端を言い表しているにすぎない。しかしそれにしても，「この花は赤い」ということばを用いなかったならば，この花が赤いということを表現したり伝達したりすることは不可能である。ものはその実物を眼の前に示すことによって確認を求めることができるだろう。これに反して，ことは眼に見えるように呈示することができない。ことはことばによって語り，それを聞くことによって理解する以外ないのである。

　ものが眼の前に示されるものであり，眼で見られるものであるということは，外部空間に位置を占める可視的な物体について言われうるだけではない。個々の三角形として可視的なものとなる以前の，三角形のイデアのようなものも，肉眼によってではないにしても，なんらかの意味で見られるものであることに変りはない。ギリシャ以来の西洋の思想においては，事物の本質はエイドスすなわち形相として「見る」はたらきの対象とされてきた。

　これとほぼ並行したことが，ことについてもいえる。ことはことばによって語

OUTPUT

られ，聞かれるものである。しかし，これは必ずしも言語的に分節され，構音された言葉として語られたり聞かれたりすることにかぎられるわけではない。ことばの語源が教えてくれるように，言葉によってとらえられるのはことの表層部分にすぎない。ことの本質は，むしろ言語によっては語り出しえず，言語からは聞き取りえないところに潜んでいる。しかしそのような場合でも，われわれはやはり「聞く」という言いかたができるだろう。西田幾多郎が「声なきものの声を聞く」と書いたのも，まさしくその意味においてであったのだろう。

　もの的にとらえられた「存在」が見る対象として客観的に理論化されるのとは違って，あくまでこと的な性格を失わない「あるということ」は，一つの沈黙の声として聞くという仕方でしか知りえない。

1：日本語には元来，事と言の区別がなかったが，奈良・平安時代以後から両者は次第に分化してきて，今日では明確に区別されている。
2：この花が赤いということは，赤い花の実物を眼の前に示すことによって確認を求めることができる。
3：三角形のイデアのような外部空間に位置を占める可視的な物体でなくても，ものは眼の前に示されるものであり，肉眼によって見られるものである。
4：ことはことばによって語られ，聞かれるものであるが，言葉によってとらえられるのはことの表層部分にすぎない。
5：こと的な性格を失わない「あるということ」をもの的にとらえれば，見る対象として客観的に理論化される。

実践 **問題 8** **の解説**

〈内容把握〉

出典　木村敏『時間と自己』中央公論新社

1 ✕　「日本語には元来，事と言の区別がなかった」に着目。この指摘は第1段落1文目にあり，奈良・平安時代以後になると両者は次第に分化してきたこともこの段落で説明されている。しかし，本文第2段落に「今日に至っても，事と言の分化がすっかり完成しているとはまだ到底いえない」とあり，「今日では明確に区別されている」とする本肢は本文に反している。

2 ✕　「この花が赤いということ」に着目。この言葉は第2段落3〜4行目にある。第2段落は，後半部分で「もの」と「こと」の違いを対比している点が内容的に重要である。「ものはその実物を眼の前に示すことによって確認を求めることができるだろう。これに反して，ことは眼に見えるように呈示することができない」と述べられている。したがって，「こと」に属する「この花が赤いということ」は，実物を目の前に示すことで確認を求められるものではない。

3 ✕　「三角形のイデア」に着目。この言葉は第3段落3行目にあり，「なんらかの意味で見られるものであることに変りはない」と述べられてはいる。しかし，「肉眼によってではないにしても」とあり，肉眼によって見られることを本文では否定している。

4 ○　「ことの表層部分」に着目。この言葉は第4段落4行目にあり，ここで「言葉によってとらえられるのはことの表層部分にすぎない」と本肢後半の内容が提示されている。かつ，「ことはことばによって語られ，聞かれるものである」ことも同段落2文目に明示されていることから，本肢は本文内容に合致している。

5 ✕　「あるということ」に着目。この言葉は第5段落にあり，「あくまでこと的な性格を失わない『あるということ』は」と本文では規定されている。「あるということ」について「もの」的に捉えられるものではないことがここから読み取れる。

正答 4

memo

問 次の文章の内容に合致するものとして最も適当なものはどれか。

（裁判所職員2015）

　私たちがコーヒーを飲むとき，飲む前の"鼻から吸い込む香り"が「アロマ」，飲んだあとの喉から"鼻に抜ける香り"が「フレーバー」とされています。「風味」は，料理を食べたときの，おもに味とにおい，すなわち味とフレーバーを合わせた総合的な感覚とされています。料理中の風味には，味と同等もしくはそれ以上にフレーバーの貢献度が大きいにもかかわらず，味が重要だと思ってしまうのはなぜでしょうか。その要因のひとつとして，「解剖学的な構造の重要性」が指摘されています。

　ヒトとイルカのにおいを感じる経路には違いがあることがわかっています。ヒトでは，アロマとフレーバーを感じるふたつの経路があるのに対し，イルカの場合，口内と鼻腔がつながっていないため，アロマしか感じることができません。外気中のにおい分子を直接鼻から吸って生じる嗅覚は「オルソネーザル嗅覚（前鼻腔性嗅覚）」，食べものを口にした際に食べものの分子が咽頭から鼻に抜ける嗅覚は「レトロネーザル嗅覚（後鼻腔性嗅覚）」と呼ばれています。

　ヒトは口の中から発散されたにおいを，喉の奥を通して鼻で感じることができる構造的な特徴を持っているため，味とにおいを同時に感じることができ，このことが味とにおいの区別をしにくくしているのではないかと考えられています。

　味とにおいという別々の情報が，風味として再構成される意義は，進化の過程での生存戦略だとも考えられています。味の種類は五種類しかありませんが，数十万種類といわれるにおいの情報と組み合わせることで，食べる前により詳細に食べものを判断することができます。その結果，摂取できるもの，避けるべきものを選択するうえでの確実性が向上します。このように，動物の生存にとって味とにおいの相互作用は重要です。

　カレーのスパイシーな香りを嗅げば，大抵の人はカレーの味が想像できるでしょう。このように，特定のにおいから味が連想されるというのは，嗅覚と味覚がシンクロしているということです。おいしい料理を生み出すうえでも，味は味覚，においは嗅覚と別々の感覚器からの刺激ですが，異なった感覚間でどのよう

な相互作用が起こっているかを把握できれば，そのヒントが得られるかもしれません。たとえば，キャラメルフレーバーティーは，キャラメルの甘いにおいによって，甘さが増したような感覚になり，甘味の満足感を得つつ糖分を減らすことができます。また，減塩醤油に，醤油のにおいを添加することで，塩味に対する不足感を和らげる商品なども開発されています。これは，醤油のにおいが塩味を補強したと考えられます。

　食品の風味には，いろいろな感覚が関与していますが，味覚と嗅覚だけを取り上げても，そこには多くの味分子とにおい分子が関わっており，さらにこれらの組み合わせによる膨大な相互作用が料理の中で繰り広げられています。

1：食物に甘いにおいや醤油のにおいを加えることで，満足感を保ちつつ糖分や塩分を減らすことができるが，それは味覚と嗅覚がシンクロしているからである。
2：ヒトには「オルソネーザル嗅覚」と「レトロネーザル嗅覚」の両方を有するという構造的な特徴があるのに対し，イルカには「レトロネーザル嗅覚」しかない。
3：人間は，五種類の味の情報と数十万種類のにおいの情報とを「フレーバー」として再構成することで，動物の生存に重要な食物に関する情報を得てきた。
4：「風味」とは，主に料理を食べたときの「味」と「鼻から吸い込む香り」とを組み合わせた総合的な感覚であり，風味には香りの貢献度が大きいとされている。
5：人間は，味覚と嗅覚のみからは風味に関する必要な情報が得られないが，視覚や触覚等から情報を補うことで，風味に関する豊かな情報を得ることができる。

〈内容把握〉

出典　石川伸一『料理と科学のおいしい出会い：分子調理が食の常識を変える』化学同人

1○　「甘いにおいや醤油のにおい」「味覚と嗅覚がシンクロ」の語に着目。これらは第5段落で説明されている。甘いにおい，また，醤油のにおいを加えるという内容は，同段落前半で述べられているとおり，嗅覚と味覚がシンクロしていることの具体例として提示されたものである。ゆえに，本肢は第5段落に合致している。

2✕　「オルソネーザル嗅覚」「レトロネーザル嗅覚」の語に着目。ヒトとイルカの嗅覚に関しては，第2段落で説明されている。ここで，イルカの場合は，アロマしか感じることができないと指摘されている。アロマについては，第1段落で「鼻から吸い込む香り」だと定義されている。この嗅覚は，第2段落で「オルソネーザル嗅覚」にあたると指摘されている。これを「鼻に抜ける香り」である「レトロネーザル嗅覚」と捉えている本肢は，本文に反している。

3✕　「五種類の味の情報と数十万種類のにおいの情報」「『フレーバー』」の語に着目。五種類の味の情報と数十万種類のにおいの情報に関する説明は，第4段落でされている。本肢の「これらを『フレーバー』として再構成」にあたる内容は，同段落1文目で「味とにおいという別々の情報が，風味として再構成される意義」と指摘されている。風味とは，本文第1段落によれば，「味とフレーバーを合わせた総合的な感覚」のことである。にもかかわらず，本肢は「『フレーバー』として再構成」のみしか表しておらず，味の内容が欠如している点で，本文に反している。

4✕　「風味」「総合的な感覚」の語に着目。両者とかかわる内容は，第1段落で説明されている。ここで，風味とは「味とフレーバーを合わせた総合的な感覚」だと定義されており，フレーバーとは「鼻に抜ける香り」のことだと指摘されている。本肢は，このことを「鼻から吸い込む香り」であると，フレーバーと対概念となっているアロマの内容を用いて述べている点で，本文に反している。

5✕　「味覚と嗅覚」「風味」の語に着目。これらとかかわる内容は第4〜6段落にかけて説明されている。特に，第6段落で味覚と嗅覚だけを取り上げても風味とかかわる必要な情報の得られることが説明されている点で本文に反する。また，本肢後半の内容は，本文でまったく説明されていない。

正答 **1**

memo

実践 問題 **10** 基本レベル

頻出度	地上★	国家一般職★★★	東京都★★★	特別区
	裁判所職員★★★	国税・財務・労基★★★	国家総合職★★★	

問 次の文の内容と合致するものとして最も妥当なのはどれか。

（国税・財務・労基2014）

　知と愛とは普通には全然相異なった精神作用であると考えられている。しかし余はこの二つの精神作用は決して別種の者ではなく，本来同一の精神作用であると考える。然らば如何なる精神作用であるか，一言にていえば主客合一の作用である。我が物に一致する作用である。何故に知は主客合一であるか。我々が物の真相を知るというのは，自己の妄想臆断即ちいわゆる主観的の者を消磨し尽して物の真相に一致した時，即ち純客観に一致した時始めてこれを能くするのである。たとえば明月の薄黒い処のあるは兎が餅を搗いているのであるとか，地震は地下の大鯰が動くのであるとかいうのは主観的妄想である。然るに我々は天文，地質の学において全然かかる主観的妄想を棄て，純客観的なる自然法則に従うて考究し，ここに始めてこれらの現象の真相に到達することができるのである。我々は客観的になればなるだけ益々能く物の真相を知ることができる。数千年来の学問進歩の歴史は我々人間が主観を棄て客観に従い来った道筋を示した者である。次に何故に愛は主客合一であるかを話して見よう。我々が物を愛するというのは，自己をすてて他に一致するの謂である。自他合一，その間一点の間隙なくして始めて真の愛情が起るのである。我々が花を愛するのは自分が花と一致するのである。月を愛するのは月に一致するのである。親が子となり子が親となりここに始めて親子の愛情が起るのである。親が子となるが故に子の一利一害は己の利害のように感ぜられ，子が親となるが故に親の一喜一憂は己の一喜一憂の如くに感ぜられるのである。我々が自己の私を棄てて純客観的即ち無私となればなる程愛は大きくなり深くなる。親子夫妻の愛より朋友の愛に進み，朋友の愛より人類の愛にすすむ。仏陀の愛は禽獣草木にまでも及んだのである。

1：我々が物の真相を知るためには，主観的妄想により物を愛さなければならない。例えば，月の薄黒い部分は兎が餅を搗いているところであると考えることで，より月を愛するようになり，月の真相に到達することができる。

2：我々が物を愛するということは，自己をすてて自分を物に一致させることである。我々が無私となればなる程，愛は深くなる。

3：我々が物の真相を知るためには，自己の想像を豊かにする必要がある。天文学や地質学といった学問の進歩は，我々人間が可能な限り客観をすて，自己が想定した法則に従って研究してきた成果である。

4：親の子に対する愛は，子を主観的に見て自分と一致させることで深まり，子の親に対する愛は，親を朋友と捉えて主客の間隙を広げることで深まる。

5：物の真相を知ることと，物を愛することという二つの精神作用は異なるものであり，それは我々が客観的な態度で臨むか，主観的な態度で臨むかといった違いによるものである。

実践 問題 10 の解説

〈内容把握〉

出典 西田幾多郎『善の研究』岩波書店

1 × 「主観的妄想」に着目。この言葉は本文7～8行目にあり，このうち9～10行目において「全然かかる主観的妄想を棄て，純客観的なる自然法則に従うて考究し，ここに始めてこれらの現象の真相に到達することができるのである」と説明されている。ゆえに，「主観的妄想により物を愛さなければならない」とする本肢は本文内容とはっきりと食い違っている。

2 ○ 「物を愛する」「自分を物に一致」に着目。これらは本文13～14行目で「我々が物を愛するというのは，自己をすてて他に一致するの謂である」と説明されている。かつ，本肢2文目についても，本文19～20行目で「我々が…無私となればなる程愛は大きくなり深くなる」と明記されている。ゆえに，本肢は本文に合致している。

3 × 「物の真相を知る」に着目。この言葉を含む本文5～6行目では「いわゆる主観的の者を消磨し尽して物の真相に一致した時，即ち純客観に一致した時始めてこれを能くする」と説明されている。これに対し，本肢にある「自己の想像を豊かにする」ことは内容的に主観を含むものであるため，本肢は本文内容に反することになる。

4 × 「親の子に対する愛」「子の親に対する愛」に着目。これらについて，本文17～19行目で「親が子となるが故に子の一利一害は己の利害のように感ぜられ，子が親となるが故に親の一喜一憂は己の一喜一憂の如くに感ぜられるのである」と説明されている。本肢はこの部分の内容に明らかに反している。

5 × 「二つの精神作用」に着目。この言葉は本文2行目にあり，「この二つの精神作用は決して別種の者ではなく，本来同一の精神作用である」と述べている。「この二つの精神作用」は本文において知と愛を指しており，知が「物の真相を知る」こと，愛が「我々が物を愛する」ことを表すことが本文から読み取れる。この両者は「本来同一の精神作用」＝主客合一の作用であると本文全体を通じて主張されていることから，「二つの精神作用は異なるもの」とする本肢は本文内容に反していることになる。

正答 2

memo

実践 問題 **11** 〈 基本レベル 〉

頻出度	地上★ 国家一般職★★★ 東京都★★★ 特別区 裁判所職員★★★ 国税・財務・労基★★★ 国家総合職★★★

問 次の文の内容と合致するものとして最も妥当なのはどれか。

(国税・財務・労基2015)

　責任（リスポンシビリティ）とは，第一次的には，互いに応答（リスポンス）が可能だという，間柄の特質である。これは，個人のつながりが，人の間であるための根本的な条件である。いかに機能的には効率のよいコロニーを形成していようとも，蟻たちや蜂たちの間には責任は存在しない。

　個人ないし行為主体に帰せられる責任とは，そうした呼応可能な間柄を維持し，育てていく態度に他ならない。呼応可能性を支える信頼関係を引き受け，自分の出方についてのコミットメントを引き受けていく。こうした態度を備えた個人が，「責任ある」主体であり，重要な場面で，こうした態度を放棄する人は，無責任な人なのである。こうした責任は，人の間としての主体にとって不可欠な条件である。

　したがって，過去の行為の「責任を問う／問われる」ばあいにも，（過失の糾明や，埋め合わせの請求という側面をともなうとしても）より本質的なのは，その行為の理由であり，そうした理由によって行為した相手との共生の可能性である。共に生きていくかぎり，過失があろうとなかろうと，そもそも互いに，自他の行為の理由（わけ）を理解できなければならない。そのためには，自分の行為の理由を問われたなら，その問いかけを無視せずに，行為の理由を説明する，少なくとも説明しようと努力する姿勢が不可欠である。

　こうした姿勢で呼応可能性を担っていく，ということは，当然のことながら，間違いが判明したなら，非を認めて謝り相手の許しを乞う，ということをともなう。自分の行為に正当な理由がなく，むしろ，そう行為しない理由があった，と判明したならば，率直に詫びなければならない。しかし，それは，第一次的には，とりわけ倫理的には，過失を埋め合わせてフリーになることではなく，関係の修復へのコミットメントの引き受けなのである。

《中　略》

　責任がある・責任を担う，ということは，「なぜ，どういう理由（わけ）で，そうするの？」という問の前に立たされることを含意する。しかし，この問は，ガウンをまとった審判者からの詰問ではない。たしかに問われた場面だけを抜き

出すと，そうした詰問でしかないように思えることも多々あろう。しかし，その問いかけは，根底的には，共生を模索し，よりよき共生を求めるがゆえの，呼びかけなのである。責任がある，ということは，裁判所から灰色の呼び出し状が来ることでもなく，弁済や配慮の負担を課されることでもなく，なお呼応可能な人―間でありえている，という悦ばしい報せなのである。

1：無責任な人とは，自分の行為の理由を説明しようと努力する姿勢があっても，その説明ができない人をいう。

2：過失がなければ，過去の行為の責任を問われたばあいでも，相手に対してその行為の理由を説明する必要はない。

3：自分の行為の間違いを相手に詫びることは，過失を埋め合わせて倫理的にフリーになることを意味する。

4：過去の行為の責任を担うということは，その行為の理由を問われることも含意し，その詰問の中で自分の過失を判断することである。

5：責任とは，互いに応答が可能だという，間柄の特質であり，責任があるということは，なお呼応可能な間柄を維持していることを意味する。

実践 問題 **11** の解説 ─────────────────────────

〈内容把握〉

出典　大庭健『「責任」ってなに？』講談社

1 ✕　「無責任な人とは」という本肢の定義に着目。すると，第2段落が見いだせる。このキーワードを含む文にある「こうした態度」という指示語は「呼応可能性を支える信頼関係を引き受け，自分の出方についてのコミットメントを引き受けていく」を指しており，この態度を放棄する人が「無責任な人」だと本文では述べている。そのことと，本肢の内容とは明らかに食い違っている。

2 ✕　「過失がなければ」「その行為の理由を説明する必要はない」に着目。すると，第3段落「共に生きていくかぎり，過失があろうとなかろうと，そもそも互いに，自他の行為の理由（わけ）を理解できなければならない。」を見いだせる。本肢はこの一文に反する。

3 ✕　「自分の行為の間違いを相手に詫びること」に着目。すると，第4段落の記述を見いだせる。ここで，率直に詫びることは「倫理的には，過失を埋め合わせてフリーになることではなく」と説明されており，このことを肯定している本肢は本文に反する。

4 ✕　「過去の行為の責任を担うということ」に着目。すると，第5段落「責任がある・責任を担う，ということは」の記述を見いだせる。この一文で「その行為の理由を問われることも含意し」という内容も述べられ，上記のような問いは詰問ではなく，「根底的には，共生を模索し，よりよき共生を求めるがゆえの，呼びかけ」と説明されている。しかし，本肢のような「その詰問の中で自分の過失を判断すること」という内容は，本文で指摘されていない。

5 ◯　「責任とは」という本肢の定義に着目。すると，第1段落が見いだせ，本肢は本文の定義内容に合致する。かつ，「責任があるということは」に関しても第5段落に記述があり，最終文で「なお呼応可能な人一間でありえている，という悦ばしい報せなのである」と説明されている。これを肢で「なお呼応可能な間柄を維持していることを意味する」と言い換えていると捉えられる。以上から，本肢は本文に合致している。

正答 **5**

memo

実践 問題 12 基本レベル

頻出度	地上★	国家一般職★★★	東京都★★★	特別区
	裁判所職員★★★	国税·財務·労基★★★	国家総合職★★★	

問 次の文中で述べられていることとして，最も妥当なのはどれか。（東京都2023）

　このように，同じ環境に対する適応においてさえ，もし伝播の道がかたく閉ざされていたとするならば，可能性の範囲内において，お互いにかなりちがった生活様式を，あるいは文化を，もった二つの社会の形成されることが，ないとはいえないのである。すなわち，進化にはつねに分化の契機が，はらまれているのであって，同じ環境に対してさえ，分化がおこるものとしたら，ちがった環境に対する適応の結果として，ちがった文化の形成されることは，いうまでもない，といわねばならなくなるだろう。しかし，注意しなければならないことは，このように分化をおこす進化というものは，たとえ文化が対象になっていようとも，まだ生物レベルの進化である，ということである。

　そこでここのところを，もう一度生物の進化と比較しておく必要があるだろう。生物の適応にだって，やはり可能性の限界を認めねばならないのであるが，それにしても，身体のつくりかえを待たねばならない生物の適応ないしは進化は，時間のかかることおびただしく，そのうえようやく適応をとげたときには，もはや一種のスペシャリストの社会として，他の生物すなわち他のスペシャリストたちの社会から完全に独立し，それ自身でその持ち場を守るだけのものになってしまう。いいかえるならば，生物の進化は結果において，つねに種（スペシース）の分化ということにならざるをえない。

　人間も生物でゆこうとするかぎりは，もちろんこの道からはずれるわけにゆかなかったであろう。しかるに人間は，身体のつくりかえをやらずに，文化を用いて適応する道を開いたから，生物とは比較にならぬ短時間のあいだに，よく適応をとげることができたばかりでなく，つくりかえをしないですんだ身体のほうは，さいわい人間として，いまなおどこの人間も人間性を共通にしており，人間性ばかりでなく，人間としての潜在能力をもまた，共通にしているかのようである。そして，この人間性にしたがうかぎり，たとえある環境に適応して，特殊な文化をつくりあげたものであろうとも，なおその特殊性を乗りこえたところにおいて，人類全体に共通した進化と，結びついているのでなければならない。またここにこそ，生物とはちがった人間レベルの進化が，認められるのでなければならない。

（今西錦司「私の自然観」による）

1：同一の環境下であれば，そこで形成される社会は，それぞれが必ず同一の生活様式や文化を持つこととなる。

2：伝播の道がかたく閉ざされていても，ちがった環境に対する適応の結果，同一の文化が形成されることは，可能性の範囲内において，ないとはいえない。

3：人間以外の生物であっても，おびただしい時間をかけさえすれば，最終的には人間と同じように独自の文化をつくりあげることができるに違いない。

4：人間は，身体のつくりが極めて高度に進化した結果，様々な環境に適応できるようになったので，身体のつくりかえをする必要がなくなった。

5：生物が，特定の環境に適応して特殊な文化をつくりあげたとしても，それだけでは，人間レベルの進化が達成されたことにはならない。

実践 問題 **12** の解説

〈内容把握〉

出典　今西錦司『私の自然観』講談社

1✕ 「同一の環境下」「同一の生活様式や文化」に着目。すると，第1段落1文目が見いだせる。本文では「同じ環境に対する適応においてさえ，…可能性の範囲内において，お互いにかなりちがった生活様式を，あるいは文化を，もった二つの社会の形成されることが，ないとはいえない」と述べているのに対し，「同一の環境下であれば，…必ず同一の生活様式や文化を持つ」とする本肢内容は本文に反する。

2✕ 「伝播の道」に着目。すると，第1段落1文目が見いだせる。伝播の道が固く閉ざされていたことを仮定する本文1文目の内容は同2文目で言い換えられている。「ちがった環境に対する適応の結果として，ちがった文化の形成されることは，いうまでもない，といわねばならなくなる」と述べる本文に対して「同一の文化が形成されることは，可能性の範囲内において，ないとはいえない」とする本肢は本文に反する。

3✕ 「おびただしい時間」に着目。すると，第2段落2文目が見いだせる。この文で，おびただしい時間をかけて人間以外の生物が適応をとげたときには他のスペシャリストたちの社会から完全に独立することは説明されている。しかし，本肢後半の内容は本文で述べられていない。なお，文化をつくりあげる進化は他の生物と違った人間レベルのものであることが第3段落で説明されている。

4✕ 「様々な環境に適応」「身体のつくりかえ」に着目。すると，第3段落2文目が見いだせる。この文で，人間は身体のつくりかえをしなかったからよく適応をとげられたことが説明されている。本肢後半は本文と因果関係が逆転する内容となっている。

5◯ 「特殊な文化」「人間レベルの進化」に着目。すると，第3段落3・4文目が見いだせる。本肢はこの部分の内容に合致している。

正答 **5**

memo

実践 問題 **13** 〈基本レベル〉

頻出度	地上★	国家一般職★★★	東京都★★★	特別区
	裁判所職員★★★	国税・財務・労基★★★	国家総合職★★★	

問 次の文の内容と合致するものとして最も妥当なのはどれか。

(国家一般職2012)

　私たちは，自分の利害に関係がなくても，他人の感情や行為に関心をもつ。そして自分が他人と同じ境遇にあったならば，どのような感情をもつだろうか，どのような行為をするだろうかと想像する。

　さらに私たちは，想像される自分の感情や行為と，実際に観察される他人の感情や行為を比較し，それらが一致する場合には，その人の感情や行為を適切なものとして是認し，著しく異なる場合には，不適切なものとして否認する。このような心の働きが「同感」である。

　社会生活を続けるなかで，私たちは，他人もまた自分の感情や行為に同感し，是認や否認をすることを知るようになる。私たちは，できるだけ多くの人から是認されたいと願うのだが，複雑な利害関係のなかで，すべての人から同時に是認されることは困難である。

　そこで私たちは，自分の心の中に「公平な観察者」を形成し，胸中の公平な観察者が自分の感情や行為を是認するか否認するかによって，それらの適切性や不適切性を判断する。

　胸中の公平な観察者は，世間（実在の観察者）との交際を通じて経験的に形成されるのであるが，世間とは異なる評価を与えることがある。世間は，私が置かれている境遇，そして私の感情や行為の動機について正確に知ることができないため，目に見える結果に強い影響を受けた判断を下すのに対し，胸中の公平な観察者は私自身であるので，私の内面について完全な情報をもった上で公平な判断を下すからである。胸中の公平な観察者は，道徳的判断を私に告げる，もう一人の私であるといえる。

　胸中の公平な観察者は，他人の生命・身体・財産・名誉を傷つけること，つまり正義を侵犯することを是認しない。不正な行為を受ける人の憤慨に同感し，そのような行為が処罰に値すると判断する。人間は，この判断にしたがって正義の法を作り，それを遵守しようとする。こうして，社会秩序が形成される。

　一方，世間は，大きな富や高い地位など，目に見える快適な結果に高い評価を与える傾向をもつ。私たちは，世間から是認や称賛を得るために富や地位を求める。富や地位への野心は，人間の弱さのあらわれなのであるが，勤勉，節約，創

意工夫などを通じて社会の繁栄に貢献する。

　ただし，野心が繁栄に貢献するのは，それが正義感覚によって制御されている場合のみである。制御されない野心は，社会の繁栄を妨げ，さらに秩序を乱すことにもなりかねない。

　人間は，他人との同感を繰り返すなかで，何をなすべきか，何をなしてはならないかを判断する「倫理」を身につけ，同時に，自分の人生の「目標」を見いだすことができる。

1：できるだけ多くの他人から「同感」されるためには，他人から適切と認められるような行動をとらなければならない。

2：胸中の公平な観察者の形成には，私たちの内面について完全な情報をもたない世間とは距離を置くことが必要である。

3：人々の心の中にある公平な観察者が行う，正義への侵犯を是認しないとする判断によって，社会秩序は形成される。

4：富や地位への野心は，人間の弱さのあらわれであり，社会の繁栄のためには不適切なものとして否認されるべきである。

5：他人との同感を繰り返すなかで，倫理を身につけることができない人間には，自分の人生の目標を見いだすことは難しい。

〈内容把握〉

出典 堂目卓生『日本の復興と未来（中央公論2011年8月号）』中央公論新社

1✕ 「同感」という言葉に着目すると，第2段落に該当する記述がある。そこでは，自分の感情や行為と観察される他人の感情や行為の比較の一致不一致による是認・否認が同感であると述べられている。そして，是認されることについて，続く第3段落で，「できるだけ多くの人から是認されたい」という記述が見受けられるが，本肢のように，できるだけ多くの人から「同感」されるための方法論については言及がない。

2✕ 「胸中の公平な観察者」という言葉に着目すると，第5・6段落に該当する記述がある。ここでは，「世間と異なる評価を与える」，「完全な情報」をもつなどの性質が述べられている。しかし，これが本肢のように，世間とは距離を置くべきとするような内容を当該部分から読み取ることはできず，この点で誤りがある。

3◯ 「正義への侵犯」という言葉に着目すると，「正義を侵犯」という類似の表現が第6段落にある。これは，「胸中の公平な観察者」が，正義の侵犯を是認しないと述べられており，この点で本肢前半は正しい。そして，「社会秩序」という言葉に着目すると，第6段落末尾に該当する記述があり，「正義への侵犯を是認しない→不正な行為が処罰に値すると判断→正義の法を作り→社会秩序の形成」という流れが，第6段落全体で述べられていると読み取れる。本肢は中間を省略しているが，全体の論旨を損ねておらず，内容として妥当である。

4✕ 「富や地位への野心」という言葉に着目すると，第7段落に該当する記述がある。ここでは，「人間の弱さのあらわれ」と述べられており，この点は正しい。しかし，続く文章では，「社会の繁栄に貢献する」とある。つまり，不適切なものと位置づけているわけではないことが読み取れ，この点で本肢の内容は，本文と合致していない。

5✕ 「倫理を身につける」，あるいは「人生の目標」という言葉に着目すると，いずれも最終段落に該当する記述がある。ここでは，「倫理」を身につけ，同時に人生の「目標」を見いだせると述べられている。しかし，倫理を身につけることができない人間が，人生の目標を見いだすことが難しいとは述べられていない。論理的には，本文命題の裏といってもよい記述であるが，命題が正しいとしても，裏は必ずしも正しいとは限らない。

正答 3

memo

実践 問題 **14** 〈基本レベル〉

頻出度	地上★ 　 国家一般職★★★ 　 東京都★★★ 　 特別区
	裁判所職員★★★ 　 国税・財務・労基★★★ 　 国家総合職★★★

問 次の文の内容と合致するものとして最も妥当なのはどれか。

(国家総合職2015)

　苦しみはそれ自体としては無意味である。私の苦しみも，他者の苦しみも。その苦しみの極限に死がある。だから，死こそ極限の無意味である。私の死も，他者の死も。しかし，死ぬ者があげる呻き声が，助けを呼ぶ叫びが，他者を求めるとき，そこに他者の応答が現れるならば，そして，それによって間人間的な対話（絆）が生まれるならば，この対話（絆）が苦しみを一挙に有意味化する。苦しみは意味をもつ。もし，この間人間的な対話（絆）を愛と呼べば，苦しみは愛を呼び起こす血路として意味をもちうるのである。

　この場合，対話とは認識ではないことに留意せねばならない。認識とは，フランス語の "comprehension"，ドイツ語の "Begriff" が示しているように，捉えること，包み込むこと，相手を把握して己のうちに取り込み，消化し，我有化することに他ならない。相手が物ならば，それで一向に差し支えない。物とは対象であり，対象は分析され，分解され，実験され，ひっくり返され，裏の裏まで見透かされて，認識者の道具になりうるものだからである。

　しかし，相手が人間ならば，この認識という態度は根本的に挫折する。それは，相手を人間とは認めないことになるからである。人と対するときに，相手の出自を調べ，能力を測定し，学歴や社会的地位や業績や人間関係や，挙句の果てには，弱点まで探ろうとする人がいる。そのとき，その人は，その態度自体によって，すでに相手から拒絶されている。なぜなら，その人は，相手に，やがて操縦可能となりうる物として対しているのであり，相手（人間）は，物としての諸性質の塊を屍骸として置き去りにして，認識の「かなた」へ立ち去っているからである。

　人と人との間には深淵がある。対話とは，この深淵を開くことであり，同時に，この深淵を跳び越えることである。さまざまな認識という媒介があるにしても，そういうこととは本質的にかかわりなく，対話は瞬間的に起こる。それは，深淵が口を開けると同時にそれを跳び越えて，人と人とが直接に触れる，という出来事である。それは，人が傍らに居る，という出来事の到来である。言葉はこの出来事のきっかけではあっても，この出来事そのものは言葉を超えている。同時に，それは，いつも，瞬間の出来事であって，物のようには持続しない。その意味で，

対話は，つねに，一期一会の出来事なのである。

　他者に出会うとは，顔に対面することである。顔は対象ではなく，装われたあらゆる表現が守り隠している，裸と窮乏と虚無と死の露出である。人間が本質的に苦しむ者であるのは，人間が本質的にこのような者であるからである。この本質において，人は人に本当に出会うのである。

1：対話は，つねに，一期一会の出来事であり，物のようには持続しないため，言葉を超えた本質的な認識であるといえる。

2：対話とは，人と人との間の深淵を開くことであり，同時に，この深淵を跳び越え，人と人とが直接に触れる，という出来事である。

3：人間を認識するという態度は，認識される相手である人間との対話を拒絶することで，操縦可能な物として人間を見ることである。

4：人間は，本質的な苦しみを隠すため，裸と窮乏と虚無と死が顔に露出しないよう装っている。

5：人間の苦しみは，他者の応答が現れなかったとしても，他者の助けを求めるときに一挙に有意味化する。

実践 問題 **14** の解説

〈内容把握〉

　出典　岩田靖夫『レヴィナス哲学における「苦しみ」の意味：レヴィナスの「神」再論』岩波書店

1 ×　「一期一会の出来事」「言葉を超えた本質的な認識」の語に着目。これらは第4段落後半で説明されており，本肢前半は本文に合致している。加え，「言葉を超え」るという記述も同段落にはある。しかしこの部分で，瞬間的に起こる対話は言葉を超えているのだと説明されており，「言葉を超えた本質的な認識」とは述べられていない。

2 ○　「人と人との間の深淵を開く」の語に着目。第4段落前半で，対話の定義としてこの内容が述べられており，本肢前半は本文内容に合致する。かつ，対話が「人と人とが直接に触れる，という出来事」であることについても，第4段落中頃で説明されている。

3 ×　「人間を認識するという態度」の語に着目。すると，第3段落が見いだせる。本肢では「人間を認識するという態度は…である。」となっているが，同段落1文目では「相手が人間ならば，この認識という態度は根本的に挫折する」，つまり，人間を認識するという態度は本文において不成立になることが読み取れる。また，操縦可能なものとして人間を見ることを示す根拠として，第3段落では「相手の出自を調べ，能力を測定し，学歴や社会的地位や業績や人間関係や，挙句の果てには，弱点を探ろうとする」態度を挙げているのに対し，本肢では相手との対話の拒絶をその根拠としていることからも，本肢は内容的に誤っている。

4 ×　「本質的な苦しみ」「裸と窮乏と虚無と死が顔に露出」の語に着目。両者を含む内容は第5段落で説明されている。しかし，「本質的な苦しみ」について，本文ではそれを隠すという内容は示されていない。

5 ×　「他者の応答」「一挙に有意味化」の語に着目。これらは第1段落で指摘がある。本文では，「他者の応答が現れるならば，…有意味化する」と述べていることから，「他者の応答が現れなかったとしても」とする本肢は本文の内容に反する。

正答 2

memo

実践 問題 **15** 〈基本レベル〉

頻出度	地上★　　国家一般職★★★　東京都★★★　特別区
	裁判所職員★★★　国税・財務・労基★★★　国家総合職★★★

問 次の文の内容と合致するものとして最も妥当なのはどれか。

（国税・財務・労基2012）

　いまの社会を生きていると，いったいどういうものの見方が正しいのか分からなくなる。あなたはあなた，私は私でいいじゃないか，という相対主義の感覚が人々に受け入れられているから，お互いに迷惑をかけないかぎりは，どんな考え方をしていても，どんな価値観を持っていてもかまわないというのである。

　たしかに，このような態度は，成熟した社会にふさわしいものであるだろうし，それぞれの人が自分の幸せを追求できるのだから，なにも悪いことはない。むしろ，「これこそが正しい考え方だ」と声高に押しつけてくる人々をこそ，警戒しなければならない。

　しかしながら，問題はここからである。有史以来，人々は「本物の正しさ」を求めてきた。その気持ちは，今日でもまったく変わってないはずだ。

　その証拠に，相対主義の考え方が蔓延したかのように見えるすべての先進国で，伝統宗教やカルト宗教がいまだ栄えているのは，彼らが「本物の正しさ」や「本物の真理」なるものを教えてくれるからだ。そして，それを求める気持ちが，多くの人々の心の中にあるからだ。

　「いろんな考え方があるとはいっても，やはりどこかに本物の正しい考え方や，唯一の真理があるのではないか」という内なる声を，けっして甘く見てはいけない。そしてこの声こそが，哲学というものを立ち上げる巨大な原動力なのである。

　今日における哲学の意義とは，唯一の真理を押しつけてくる宗教からは徹底的に距離を取りつつ，「唯一の真理なんてないのさ」という成熟社会の相対主義に何度も何度も疑問を投げかけ，どうすれば唯一の真理に近づけるのかというプロセスを素手で模索するところにのみあるのだと，私は考えている。

1：成熟した社会では相対主義の感覚が人々に受け入れられているから，真理を探究する哲学を有用と考える人は少なくなりつつある。

2：宗教と哲学は，相対主義の考え方が浸透している成熟社会において，人々に唯一の真理を示してくれるという点では同じである。

3：哲学という学問の営みの原動力となっているのは，人間の心の内にある，本物の正しさや唯一の真理を求める気持ちである。

4：今日における哲学の意義は，唯一の真理は存在しないという相対主義の前提のもとに，各人が有用と考える真理を探究するプロセスを模索することにある。

5：今日における哲学の意義は，宗教が教える本物の正しさや本物の真理を手がかりとして，唯一の真理を模索することにある。

実践 問題 **15** の解説 ─────────────────────────

〈内容把握〉

出典　森岡正博『33個めの石：傷ついた現代のための哲学』春秋社

1 ✕　「相対主義」という言葉に着目すると，文全体でこの言葉が用いられているが，さらに「真理」という言葉に着目すると，第4段落以降に該当する記述がある。この部分に最初から目を通すと，第4段落で，すべての先進国で伝統宗教やカルト宗教が栄えている理由として，（真理を）求める気持ちが，多くの人々の心の中にあることが示されている。本肢の成熟した社会は，先進国と読み替えることが可能であり，この点で本肢は本文と反対の内容を述べている。

2 ✕　宗教の特徴については，肢1解説でも述べたとおり，「本物の正しさ」，「本物の真理」を教えることにある。一方，哲学の特徴については，最終段落に「唯一の真理を押しつけてくる宗教からは徹底的に距離を取（る）」とあり，人々に唯一の真理を教えるわけではないことがわかる。この部分を探し出すには，「唯一の真理」という言葉に着目することで，第5段落と最終段落に絞り込める。

3 ◯　「原動力」という言葉に着目すると，第5段落に該当する記述がある。この部分では，本物の正しい考え方や唯一の真理があるのではないかという内なる声が，哲学を立ち上げる原動力であると述べられている。本肢では，内なる声は，心の内にある気持ちと言い換えられ，学問の営みという言葉が追加されているが，本文の内容を変化させるようなものではない。

4 ✕　「相対主義」という言葉に着目すると，第1段落と最終段落にある。このうち，哲学との関連を示している内容は最終段落にある。そこでは，「成熟社会の相対主義に…疑問を投げかけ」と述べられている。相対主義に対する疑問の立場をとっている以上，これを前提と解することはできない。

5 ✕　「唯一の真理」に着目すると，哲学の意義として最終段落で述べられている。しかし，肢2でも検討したとおり，宗教からは徹底的に距離を取ることが哲学の意義として述べられており，本肢のように，宗教が教えるものを手がかりとするとは述べられていない。

正答 **3**

実践 問題 **16** 基本レベル

頻出度	地上★	国家一般職★★★	東京都★★★	特別区
	裁判所職員★★★	国税・財務・労基★★★	国家総合職★★★	

問 次の文の内容と合致するものとして最も妥当なのはどれか。

(国家総合職2016)

　今日，われわれの社会は高度な科学技術知識を用いるようになった。ところが他方で，われわれ現代人は個人としては次第に無知になってきてもいる。「無知」を，有用な知識を理解できない度合いによって測るとすれば，有用な知識が急増しているがために，「相対的な」無知が増大していると言えよう。事実，われわれは毎日，現代技術の産物，多種多様な製品を使っているが，ほとんどその仕組みを知らない。科学技術に多くを依存しながら，だがそれに心を閉ざして，人々は「都会的野蛮人」の生活を送っている。そう言われてきた。

　しかしだからこそ，分野ごとにそこでの問題を熟知している専門家がいる。知的分業が行われ，それらがうまくつながって社会全体は首尾よく機能しているとみな考えている。だから専門家に相談し，自分達の問題の管理を任せる。それが合理的であると。

　しかし一方では，こうすることで，われわれの無知，無能化がさらに進んでいるのではないかということもある。なぜなら，今日の社会ではすでに，専門家達のやっていることは，相談を受けた問題に解決策を提供するという範囲を越えているからだ。そもそも何が問題なのかをよく知っているのは専門家である。その問題の解決策をよく知っているのも専門家である。この点では，医者と患者の関係がひとつの例になる。科学技術が複雑になるにしたがって，ますます専門家達がわれわれの知らない専門知識を用いて，われわれの知らない，気づいてない問題を指摘するようになっている。そしてそれは期待されていることでもある。

　しかしこうした状況のもとでは，人々は自分にとっての必要（ニーズ），問題が何であるかも自分では決められず，ましてその解決方法も知らず，しかも自分が適切に援助されたのかもよく判らない無能な者になりつつあるのではないか。専門家に任せることで，こうして三重に無能化され，ますます専門家に従属せざるをえなくなる。ここには，自己決定権（すなわち人権）をもった市民はいない。自分にとっての必要を自分で決め，その解決策もいくつかの中から自分で選択でき，その結果も自分で評価できる，そうした自立した市民のありかたは難しくなっている。

1：高度な科学技術知識を用いるようになった今日においては，我々は「都会的野蛮人」の生活を抜け出し，より多くの専門知識を理解することが期待されている。

2：高度な科学技術知識を用いる社会を機能させるためには，市民と専門家との間で知的分業を行い，専門家から解決策の提供を受けることが必要不可欠である。

3：専門家には，そもそも何が問題なのか，また，どのように解決するのかについて，専門知識を持たない人々にもよく分かるように指摘することが求められている。

4：市民が自己決定権を持つことが難しくなった背景には，市民の無知，無能化が進み，市民が専門家に一層従属しなければならなくなっているという状況がある。

5：市民が自立するためには，専門家に任せることなく，市民自らが科学技術に心を開いて，問題への適切な解決策を生み出し，選択する必要がある。

実践　問題 16 の解説

〈内容把握〉

出典　小林傳司編『公共のための科学技術』玉川大学出版部2004年——木原英逸「専門性と共同性」

1 ✕　「高度な科学技術知識を用いる」「『都会的野蛮人』」に着目。すると，第1段落が見いだせる。その後の文章で「都会的野蛮人」の生活を送っているとみなされる人々と専門家との関係が説明されているが，最終段落で「人々は自分にとっての必要，問題が何であるかも自分では決められず，…無能な者になりつつある」と結論づけられている。本肢のように，多くの専門的知識を理解することへの期待については本文からは読み取れない。

2 ✕　「知的分業」に着目。すると，第2段落が見いだせる。しかし本文では，「知的分業が行われ，…機能しているとみな考えている」と述べられており，本肢のように「必要不可欠」だと断じてはいない。なお，肢の後半も同様であり，専門家が市民に解決策を提示するのが期待されていることは第3段落で説明されているが，それが「必要不可欠」だとは述べていない。いわゆる言いすぎの選択肢である。

3 ✕　「専門家」「専門知識」に着目。すると，第3段落後半が見いだせる。ここで，専門家達が専門知識を用いてわれわれの知らない問題を指摘することが期待されていることは述べられている。しかし，「専門知識を持たない人々にもよく分かるように指摘」という内容は本文から読み取れない。一般的に言われているゆえに妥当性を持つという先入観で内容に合致するとしないように注意したい。

4 ◯　「自己決定権」に着目。すると，最終段落後半が見いだせる。この部分から，市民が自己決定権を持つことが難しくなっていることが読み取れる。かつ，その理由について説明している同段落1〜5行目の内容も本肢後半に合致している。

5 ✕　「市民が自立」に着目。すると，類似表現がある部分として最終段落7〜8行目が見いだせる。この文で「自立した市民のありかたは難しくなっている」と結論づけられており，市民が自立するための方法については本文で説明されていない。

正答 **4**

memo

問 次の文の内容と合致するものとして最も妥当なのはどれか。

(国家一般職2014)

　小集団の価値観やルールは，それを批判するメタレベルの価値規準が存在しない現在の状況では，集団メンバーの合意やリーダー格の人間の判断によって，容易にルール変更が生じやすい。そのため，絶えずリーダー格の人間や他のメンバーの言動に留意し，それなりに調子を合わせる必要性が生じてくる。このような状況下では，もはや集団内で共有されていたもともとの価値への信憑は薄れ，承認を維持することだけが目的化されやすい。集団の価値観を直接信じるというより，みんなが信じるからそれを信じるのであり，その集団の価値を本当は信じていなくとも，あえて「信じるふり」をし，承認を得ようとするのだ。

　したがって，リーダーや幹部がその価値観を修正すれば，容易に従来の価値観を捨て，それについていくことになりやすい。結局，集団内の承認のほうが，共有されている価値観よりも重要なのである。

　信じるふりをするだけの価値観さえ共有されていない集団や人間関係においては，承認の不安はさらに深刻になる。学校の仲間集団などは，特定の価値観を共有していないことが多いため，より直接的に承認を求め合うゲームとなりやすい。友だちと共有している感覚や趣味から逸脱した言動はしない，その趣味が好きなふりをし続ける，といった面はあるのだが，そのような承認の規準は価値観より曖昧で容易に変わりやすい。

　また，価値への信憑が存在しない分だけ，承認されることへの執着も大きくなる。信じるものを持たない人間は，何をすれば価値があるのか，価値のある人間として認められるのか，まったく見当のつかない状況に陥りやすい。それに，共有された価値を信じるふりは必要ないが，その分，他者の言動に同調しなければ，承認を維持することが難しくなる。その結果，承認への不安は強くなり，底なしの承認欲望から脱け出せなくなってしまうのだ。

　いま多くの人々が，社会の承認という呪縛から解き放たれ，社会の抑圧を感じることもなくなっている反面，身近な人々の承認に固執し，せっかく手にしたはずの自由を自ら手放している。自由の足枷と思われた伝統的な価値観は，それが失われるや否や，強い承認不安を引き起こし，自由と引き換えにしてでも承認を得たい，そう望む人々を生み出している。

直前復習

　しかし，すでに私たちが自由の意識を獲得し，自由への欲望を抱く存在である以上，このようなやり方では自己不全感に陥るのは目に見えている。

1：学校の仲間集団などにおいては，直接的に承認を求め合うことが起こりやすく，メンバー共通の価値観を信じることで，承認欲望を満たそうとする。

2：特定の価値観を共有しない人間関係においては，承認されることへの執着が大きくなる一方で，承認の規準は曖昧で変わりやすく，承認への不安は強くなる。

3：現在，多くの人々は，伝統的な価値観やルールの呪縛から解き放たれて自由を手に入れるために，価値観の共有よりも集団内の承認を重視している。

4：現在の小集団では，メタレベルの価値規準によってルールが容易に変わりやすく，承認を維持することが目的化されやすくなっている。

5：価値への信憑が存在しない人間関係においては，相手の承認を確実に得られる方法がないため，自由を引き換えにしない限り，自己不全感に陥ってしまう。

実践 問題 17 の解説

〈内容把握〉

出典　山竹伸二『「認められたい」の正体：承認不安の時代』講談社

1 ✕　「学校の仲間集団」に着目。この語を含む第3段落で「学校の仲間集団などは，特定の価値観を共有していないことが多いため，より直接的に承認を求め合うゲームとなりやすい」と述べている。この指摘と，本肢後半「メンバー共通の価値観を信じることで，承認欲望を満たそうとする」こととは，内容が食い違っている。

2 ◯　「承認されることへの執着」に着目。「特定の価値観を共有しない人間関係」については本文全体で説明されているが，「承認されることへの執着」に関しては第4段落1行目で述べており，その記述と本肢の内容は合致している。かつ，そのような人間関係において「承認の規準は曖昧で変わりやすく，承認への不安は強くなる」ことについても第3段落で論じている。ゆえに，本肢は本文内容に合致する。

3 ✕　「ルールの呪縛」という語に着目。これとかかわる語として，第1段落1〜3行目に「容易にルール変更が生じやすい」とはあるが，「ルールの呪縛から解き放たれて」ということは本文で述べていない。また，「自由を手に入れる」という語に着眼しても，第5段落で「いま多くの人々が…せっかく手にしたはずの自由を自ら手放している」と指摘しており，本肢はこの部分の内容にも反する。

4 ✕　「メタレベルの価値規準」に着目。この語を含む第1段落1〜2行目では「メタレベルの価値規準が存在しない現在の状況」と述べている。他方，「現在の小集団では，メタレベルの価値規準によってルールが容易に変わりやすく」とする本肢はメタレベルの価値基準が存在すると捉えていることから，本文内容に合致していない。なお，現在の小集団においてルールが変わりやすい要因については，本文第1段落で「集団メンバーの合意やリーダー格の人間の判断によって，容易にルール変更が生じやすい」からだと説明されている。

5 ✕　「自己不全感」に着目。この語を含む第5〜6段落では，現在，自由を手放し，それと引き換えにしてでも承認を得たいと望む人々が生み出されているものの，そもそも我々は自由への欲望を抱く存在であるから，そのようなやり方では自己不全感に陥るのだと説明している。本肢は，多くの人々が自由を自ら手放しているという本文の指摘，ならびに，自己不全感に陥る要因が本文とは異なっている。

正答 2

memo

実践 問題 **18** 〈基本レベル〉

頻出度	地上★ 国家一般職★★★ 東京都★★★ 特別区
	裁判所職員★★★ 国税・財務・労基★★★ 国家総合職★★★

問 次の文章の内容に合致するものとして最も妥当なものはどれか。

（裁判所職員2023）

　私たちは，そもそも問うことに慣れていない。私たちがもっぱらやってきたのは，与えられた問いについて考えることだけである。典型的なのは，やはり学校である。

　学校で使う教科書には，たくさん「問い」がのっている。それらは，望んでもいないのにいきなり目の前に突き出される。だがそうした教科書の問いは，テストも成績評価もなかったら，まして学校から離れたら，誰も「面白そう！」とか「解きたい！」などと思わないだろう。それでも問答無用で「解け！」と言われる。それで仕方なく解く。

　このような問いは，決められた手続きが分かっていれば，答えにたどり着くことができるが，それが分からなければ，答えは出ない。正解以外は答えではなく，自分の思うように考えて自分なりの答えを出すことは許されていない。それを解くプロセスを「考える」と呼び，「考えて解け！」と言われる。

　だが，教科書に出てくる問いを見て，「これこそ私が考えたかったことだ！」と思う人は，おそらくただの一人もいないだろう。そのように押しつけられた，興味もない問いを「解く」ことは，考えることではない。考えさせられているだけで，強いられた受け身の姿勢を身につけるだけである。

　しかも，いやいや解いているので，答えが出てしまえば，さらに問い，考えることにはつながらない。それで，終わってしまう。自ら問わなければ，考えることはないのだ。では自ら問うとはどういうことか。

　考えるには，考える動機と力がいる。自分自身が日ごろ，疑問に思っていることはつい考えたくなる。考えずにはいられない。こういう考える力をくれる問い，つい考えたくなる問い，考えずにはいられない問い，それが自分の問いであり，そうした問いを問うのが，自ら問うことである。

　私たちは誰しも，年齢や境遇によって，いろんな自分の問いをもっているはずだ。小さい子どもであれば小さい子の，思春期なら思春期の，社会人なら社会人の，子育てをしていれば子育て中の，年をとったらそれなりの，介護されていれば介護されているからこその問いがある。

　そこまで生活に密着していなくてもいい。哲学対話のイベントや授業では，（テーマは決まっていることも決まっていないこともあるが）参加者が自ら考えて問いを

出すことを大切にしている。自分たちが問いたいことを問うため，自ら問うことに慣れるためである。

　参加者がいろんな問いを出して，他の人がどんなことを疑問に思っているのかを共有する。それは，自分がまったく疑問に思わない，とても個性的な問いであったり，「たしかにそれって分かんないよね」と共感する問いであったりする。

　そして問いそのものについて話し合い，問いについてさらに問うていく。「何でそれが疑問なのか？」「他にこういうことも問えるんじゃないか？」と，問いじたいをさらに深めていく。

　　　　（梶谷真司『考えるとはどういうことか　０歳から100歳までの哲学入門』より）

1：自ら問う問いは正解にたどり着かないものであり，それこそが考えずにいられない，考える力をくれる問いである。

2：与えられた問いに答えを出すのではなく，自分自身が日ごろ疑問に思っていることを問うことが，考えることにつながる。

3：問うこと，考えることに慣れていない私たちが考えを深めるために，学校の教科書には自らが問うことができるようになる工夫が必要である。

4：正解以外は答えではないような，決められた手続きで解く問いは，単に与えられた問いであって，本当の問いとはいえない。

5：考えるには動機と力が必要であり，年齢や境遇によってその立場が違うのだから，人が日ごろ持つ疑問はつい考えたくなる問いでなければならない。

実践 問題 **18** の解説

〈内容把握〉

出典　梶谷真司『考えるとはどういうことか：0歳から100歳までの哲学入門』幻冬舎

1 ✗　「自ら問う問い」「考える力をくれる問い」に着目。すると，第5段落最終文〜第6段落が見いだせる。第6段落で，自ら問う問いが考える力を与える問いであることは説明されている。しかし，それらが「正解にたどり着かないもの」とする内容は本文で示されていない。

2 ○　「与えられた問い」「自分自身が日ごろ疑問に思っていることを問う」に着目。後者については第6段落2文目が見いだせ，本肢後半はこの部分に合致する。前者については第1段落〜第5段落2文目とかかわり，本肢前半はこの部分の内容に合致する。以上から，本肢は本文内容に合致していると判断できる。

3 ✗　「学校の教科書には自らが問うことができるようになる工夫」に着目。教科書の問いとかかわる内容は第2〜5段落で説明されている。しかし，本肢後半の工夫の必要性については本文で述べられていない。

4 ✗　「決められた手続きで解く問い」「本当の問い」に着目。前者については第3段落1文目が見いだせる。このような問いが「与えられた問い」であることは第1〜4段落から読み取れる。他方，後者について，自ら問う問いがいかなる問いであるかは第6段落で説明されている。しかし，「本当の問い」とは何かということについては本文で述べられていない。

5 ✗　「年齢や境遇」「考えたくなる問い」に着目。前者については第7段落，後者については第6段落が見いだせる。しかし，本肢に表されている因果関係は本文で示されていない。加えて，本肢後半「人が日ごろ持つ疑問はつい考えたくなる問いでなければならない」と強調する内容も本文から読み取れない。

正答 2

memo

実践 問題 **19** 基本レベル

頻出度	地上★　　国家一般職★★★　東京都★★★　特別区
	裁判所職員★★★　国税·財務·労基★★★　国家総合職★★★

問 次の文の内容と合致するものとして最も妥当なのはどれか。

(国家総合職2020)

　共生の進化史は，環境からの独立の進化史でもある。厳しい環境変化に生物はどのように対応してきたのか？答えは，「お互いの協力」によってである。共生は，様々な生物同士が協力して環境に対抗する方法である。環境変化には「1人」で対応するより「2人」，「2人」より「3人」で対応したほうが，その力は増す。様々な生物が，そのようにして，共生関係を築いてきた。

　生物の進化史は真正細菌や古細菌の作る共生系の膜状の群体，バイオマットに始まり，原核生物の共生による真核生物の誕生，多数の細胞が共生した多細胞生物へと進む。そして，動物に顕著な共生細胞の組織・器官への細胞分業，陸上への進出に伴う共生の強化，熱帯雨林など共生生態系の成立等々，まさに共生の進化史である。

　共生することにより，過酷な環境へ新たに進出し，存続が可能になった。実際は，環境が変化し古い体制の生物が絶滅して，新しい過酷な環境に放り出された。そうして，長い時間ののちに，やむなく新しい共生法を編み出して，過酷になった新しい環境に適応した新しい共生体制を進化させた生物群が繁栄した。共生という手段はもっとも有効な生き残り方法だったのである。厳しい環境で存続することは，環境からの影響を少なくしたことと同じである。

　ダーウィンの自然選択理論以来，「生存競争」や「弱肉強食」など，「勝てば官軍」思想が流行り，「強者」の進化が提唱され続けてきた。一方で共生は，生物学，その中でも生態学でわずかに扱われるだけで，今まであまり注目を浴びなかった。しかし，生物の進化からみると，共生は，古くから環境変化に対応する生物の知恵だった。生物は共生によりまず繁栄をするが，いつかは破綻して絶滅する。そして，しばらくしてまた，新しい共生システムが繁栄する。

《中　略》

　現生の生物群にも，同じように，共生することにより環境変化に対して有効に対応している生物がいる。藻類と菌類の共生体の地衣類（ライケン）だ。地衣類では，藻類が光合成を，菌類が栄養の分解と水分の供給を受け持っている。地衣類は，藻類と菌類の組合せのみでしか生存できず，それは絶対共生と呼ばれている。つまり，藻類だけ，菌類だけと別々には存続できず，お互いを必要としてい

る関係にあり，藻類と菌類を合わせて，個体と呼ぶにふさわしい生物である。

　写真などで見た人もいると思うが，亜高山帯の針葉樹林にぶら下がっている薄緑色のぼろ雑巾は，地衣類のサルオガセだ。サルオガセは，枝にぶら下がっているだけで，樹木からは栄養を得ることはない。水分（乾燥）や栄養，温度など多くの点で，変化の激しいとても厳しい環境にいるが，「共生」という関係により，そのような環境での生存・存続を可能にしている。

1：共生の進化史は，「弱肉強食」の世界において弱者が強者にとって有利な環境から独立する進化史であり，共生は強者に対抗するための生物の知恵である。

2：生物の進化史は，看過されがちであるが，厳しい環境変化に適応しようとする様々な共生の進化史でもあり，現生する地衣類のサルオガセは共生の一例である。

3：個々の生物は，古い体制の生物が絶滅するような過酷な環境でも繁栄することを想定して，群体，多細胞生物，細胞分業といった共生体制を編み出し，選び取ってきた。

4：共生関係を築いた生物群の中では，絶対共生関係を築いた地衣類のように，より強固な共生関係を進化させた生物群ほど繁栄している。

5：地衣類のサルオガセが過酷な環境でも生存できるのは，栄養を除く多くの点で樹木との共生関係を築くなど，共生関係を築く対象を拡大・強化したからである。

実践 問題 **19** の解説

〈内容把握〉

出典　吉村仁『強い者は生き残れない：環境から考える新しい進化論』新潮社

1 ✕　「共生の進化史」「『弱肉強食』の世界…独立する進化史」に着目。「弱肉強食」とかかわる内容は，第4段落前半でダーウィンの自然選択理論以来提唱され続けてきた思想として取り上げられている。だが，同段落4行目の逆接の接続語「しかし」に明らかなように，この内容と共生の進化史の内容とは対立関係にある。本肢はそれらを関連づけて内容を捏造している選択肢である。

2 ◯　「生物の進化史」「厳しい環境変化…共生の進化史」「サルオガセ」に着目。本肢前半について，生物の進化史が共生の進化史であることは，第2段落をはじめ，本文で繰り返し説明されている。かつ，共生の進化史が厳しい環境変化への適応であることも第1・3・4段落で述べられている。「看過されがちであるが」についても，第4段落2〜3行目から読み取ることが可能である。また，本肢後半について，サルオガセが共生によって環境変化に有効に対応している生物であることは第6段落で説明されている。ゆえに，本肢は本文に合致する。

3 ✕　「個々の生物」「群体，多細胞生物，細胞分業といった共生体制」に着目。後者については第2段落で説明されている。しかし，個々の生物が過酷な環境でも繁栄することを想定して共生関係を選び取ってきたことを示す内容は本文から読み取れない。

4 ✕　「絶対共生関係を築いた地衣類」に着目。すると，第5段落を見いだせる。しかし，本肢後半のように「より強固な…ほど繁栄している」と強調する説明は本文にはない。

5 ✕　「地衣類のサルオガセ」に着目。すると，第6段落が見いだせる。共生関係によって過酷な環境でもサルオガセが生存していることは同段落に述べられている。しかし，本肢後半のような「共生関係を築く対象を拡大・強化した」との説明は本文にはない。

正答 **2**

memo

実践 問題 20 基本レベル

頻出度 | 地上★ 国家一般職★★★ 東京都★★★ 特別区
裁判所職員★★★ 国税・財務・労基★★★ 国家総合職★★★

問 次の文の内容と合致するものとして最も妥当なのはどれか。

(国税・財務・労基2015)

　本来の「私」は「私は，私ならずして，私である」であった。そしてこの「私は，私ならずして，私である」ところの「私」は，現実には多くの場合「私ならずして」が抜けてしまって一押しに「私は私である」という自己固執になるか，あるいは「私は私ならずして」で立ち消えして「私である」と立ち上がれない自己喪失になるか，多かれ少なかれ実存の病とも言うべき変容態になってしまっている。それが自覚され，直される可能性が示されるのは，本来のあり方からである。このことは，「私と汝」において，ことにその運動の基本的な遂行形態である「対話」において，強く現れてくる。「私と汝」として「話し合う」というきわめて単純な（単純に見える）構造の対話であるが，それは，片方に定位して言えば「自分として言うべきことを言う」と「相手の言うことを聞く」の交互交替に尽きる。しかしこの単純なことが現実にはどれほどむずかしいか，私たちが痛切に経験するところである。「私」として言うべきことをもたない自己喪失（「私」が確立していない），他者の言うことを聞くことができない自己固執（「私なし」が欠けている）。対話し得ない私たちの現実は，実際に対話することのなかでのみ自覚されるのであり，その際「話し合う」という構造である対話は，対話しつつある双方に対して「話し合うべし」という要求となって迫り，その要求のもとで対話し得ていない自分が反省されるのである。そのように反省された自分が対話し得るあり方へと訓練されてゆくのも，現実に遂行される対話の反復においてであり，対話の反復によってのみである。相手の言うことをよく聞かない「私」は，事実相手が居ることによって，他者が相手であることによって，対話の反復のうちで，しかも相手からの否定によって，相手の言うことを聞くことを学ぶであろう。また自分として言うべき考えがはっきりしない場合も，対話の反復のうちで次第に形成されてゆき，しばしば相手に迫られて自分の考えをはっきり言うことを学ぶであろう。対話とはそもそも「話し合う」ことだからである。どこかで対話し得るような人間になってきて，対話するのではない。おじぎをすることによって真におじぎのできる人間になるのである。ことに，おじぎのように「形式の精神」が身体のあり方を定め身体の型になっている場合，型に則った身体の運動のうちに精神が受肉し，い

わゆる「身心一如」的に自己が現成する。身体は「私」すなわち「私ならざる私」の具体である。おじぎをすることによって，身体で「私」すなわち「私ならざる私」のあり方を学ぶのである。この意味でおじぎをすることも行である。

1：「私は，私ならずして，私である」という本来の「私」になるには，まず自己固執の状態となり，その上でその状態を直すことが要求される。

2：私たちは，対話することによってのみ対話し得ない現実を自覚し，対話の反復によってのみ対話し得るあり方へと訓練されてゆく。

3：真の対話ができない人は，おじぎをすることで，「私」すなわち「私ならざる私」のあり方を学ばなければならない。

4：身体の運動のうちに精神が受肉し，「身心一如」的に自己が現成するということは，おじぎをすることによって，私が他者である「私ならざる私」を受け入れるということである。

5：私たちが，「私」すなわち「私ならざる私」のあり方を学ぶには，「形式の精神」を身に付けた上で，型に則った身体の運動をすることを要する。

実践 問題 **20** の解説

〈内容把握〉

出典　上田閑照『私とは何か』岩波書店

1 ✕ 「本来の『私』」「自己固執」の語に着目。「私は，私ならずして，私である」というのが本来の「私」であることは，本文1行目で提示されている。しかし，本文において「自己固執」になるのは，「私ならずして」が抜けてしまった「私は私である」という状態であると説明されており，この状態は本来の「私」ではないことを意味している。ゆえに，本肢にある「本来の『私』になるには，まず自己固執の状態となり」というのは本文に反する。

2 ◯ 「対話し得ない現実」「対話の反復」の語に着目。前者は本文中盤で「対話し得ない私たちの現実は，実際に対話することのなかでのみ自覚される」と説明されている。かつ，後者も，次文で対話によって対話し得ていない自分が反省されると述べているのを受け，「そのように反省された自分が対話し得るあり方へと訓練されてゆくのも，現実に遂行される対話の反復においてであり，対話の反復によってのみである」という指摘に合致している。

3 ✕ 「真の対話ができない人」の語に着目。この語は本文にはなく，その内容も本文からは読み取れない。

4 ✕ 「『身心一如』的に自己が現成」「『私ならざる私』」の語に着目。これらについて本文後半に指摘がある。しかし，この文脈の中では「おじぎをすることによって，身体で『私』すなわち『私ならざる私』のあり方を学ぶ」と述べている。本肢のように「私ならざる私」が「他者である」と位置づける説明は本文にはない。また，「学ぶ」ということと「受け入れる」ということとでは，内容的にも食い違っている。

5 ✕ 「『形式の精神』」「身体の運動」の語に着目。この両者は，本文後半部分で「おじぎのように『形式の精神』が身体のあり方を定め身体の型になっている場合，型に則った身体の運動のうちに精神が受肉し，」と説明されている。本肢のような「『形式の精神』を身に付けたうえで，型に則った身体の運動をすることを要する」という順序は提示されてなく，本肢は本文にはない因果関係を捏造したものである。

正答 2

memo

実践 問題 **21** 〈基本レベル〉

頻出度	地上★ 国家一般職★★★ 東京都★★★ 特別区
	裁判所職員★★★ 国税・財務・労基★★★ 国家総合職★★★

問 次の文章の内容に合致するものとして最も適当なものはどれか。

（裁判所職員2017）

　江戸前期の国学者契沖は，五十音図の重要性を強調し，宣長，加茂真淵などの中・後期の国学者たちに影響を与えた。碁盤の目状に分割した条里制の都市空間の秩序に，丸山隆司は，五十音図の秩序を比定している。契沖が構想した五十音図と，徂徠が構想する碁盤の目状の都市空間との間に同一の構図が存在していたのである（「五十音図──その言説空間」）。両者の類比は突飛に思われるかもしれない。しかし，五十音図とは，一二〇以上ある「日本語」の音韻から濁音・半濁音・拗音などの雑音を排除して，整然とした音韻体系を作り出すことによって成立した一つのフィクションであり，碁盤の目状の都市空間も，無宿人やカブキモノといった都市空間の秩序を乱す様々なノイズを排除することによって構築されたフィクショナルな政治的都市という点では共通性を持つのである。言語も人間も混沌とした存在であり，単純な図式に押し込めることはできない。しかし，五十音図も碁盤の目状の都市も，そこからノイズを排除して，整然たる体系を作ろうとする一つの権力意志なのだ。

　五十音図の認識は，江戸後期には国学者たちの議論と出版資本主義によって江戸の民衆レベルにまで広まっていった。江戸初期には，出版は京都や大坂が中心であったが，後期になると江戸を含めた三都や全国各地に拡大していく。一例として，第二章で紹介した『利根川図誌』などは，二〇〇〇部を印刷したという。これは，例外的に多い数かもしれないが，貸本屋の流行なども考慮に入れれば，江戸後期の出版の隆盛は疑うべくもない。そして国学者たちは，五十音図を通して音声の世界の特権性を主張したにもかかわらず，そういった主張を文字言語，しかも印刷言語によって行ったのである。さらに，江戸の後半には多くの地図が出版され，江戸の民衆にとって，町人地が碁盤の目状に区切られていることは明瞭であった。そこから，都市空間と言語空間を対比する意識が生まれてくる。

　そのような意識の一例として，川村湊は，赤穂浪士の討ち入りをあげている。赤穂浪士の討ち入りは，寛延元年（一七四八）に初演された『仮名手本忠臣蔵』で庶民に知られるようになった。そこでは，「あこう（赤穂）」の「あさの（浅野）」家を再興しようとする，「おおいし（大石）」──彼らの頭文字はすべて「あ

行」であるを筆頭とする,「いろは四七文字」を背番号のように背負った四七人の義士たちが,「か行」を頭文字とする「きら・こうずけのすけ」を討つのである。ここには,碁盤の目状の都市空間を舞台とした,「あ行」と「か行」の戦いという文字のゲームが隠されているという。そして,こういった「文字遊び」が,『仮名手本忠臣蔵』だけではなく,式亭三馬や為永春水などの黄表紙といった庶民的な文学ジャンルにまで浸透していたことを述べている(川村湊『近世狂言綺語列伝』)。黄表紙に登場する悪玉・善玉が実際に「悪」や「善」の文字を顔につけているといったような例もある。ここには,〈声〉の文化が文字の文化へ転換しつつある江戸後期の民衆文化の状況が端的に示されている。国学者の〈声〉の文化の主張が,いかにアナクロニズムに満ちたものであるかが分かるだろう。国学者が主張したのは,文字の文化の大衆化に支えられた〈声〉の文化にすぎなかったのではないだろうか。

1：江戸期の国学者の〈声〉の文化の主張と,五十音図の秩序との両者の間には類比関係があると考えられる。
2：都市空間と言語空間を対比する意識が発展したことで,五十音図の認識は民衆レヴェルにまで広まった。
3：徂徠が構想した五十音図と,契沖が構想する碁盤の目状の都市空間との間には同一の構図が存在していたと考えられる。
4：江戸後期の,碁盤の目状の都市空間と五十音図を対比する意識の出現を表す一例として,『仮名手本忠臣蔵』が挙げられる。
5：江戸後期の国学者は,〈声〉の文化が文字の文化へ転換しつつある江戸後期の民衆文化の状況の中で,五十音図という一つのフィクションを作り上げた。

実践 問題 **21** の解説 ────────────────

〈内容把握〉

出典　櫻井進『江戸のノイズ：監獄都市の光と闇』日本放送出版協会（ＮＨＫブックス）

1×　「〈声〉の文化の主張」「五十音図の秩序」に着目。すると，前者については第３段落後半，後者については第１段落３行目が見いだせる。しかし，両者を連関づける説明は本文にない。第１段落で「五十音図の秩序」と類比関係にあると述べられているのは「基盤の目状の都市空間」である。

2×　「五十音図の認識」「民衆レヴェル」に着目。すると，第２段落１～２行目が見いだせる。ここでは，「五十音図の認識」が「民衆レヴェル」まで広まったのは，江戸後期の国学者たちの議論と出版資本主義による，と述べられている。本文では「五十音図の認識」の広まりに加えて，地図の出版により都市空間と言語空間を対比する意識が生まれた，と述べており，本肢は因果関係が逆になっている。

3×　「徂徠が構想した五十音図」「契沖が構想する基盤の目状の都市空間」に着目。すると，第１段落３～５行目が見いだせる。この部分では，五十音図を構想したのが契沖，都市空間を構想したのは徂徠であると述べられており，構想者の主体が本文と肢とですり替えられている。また，この部分について，本文では丸山隆司の比定として説明されており，それを一般論のように指摘している点も本文に反している。

4○　「対比」「仮名手本忠臣蔵」に着目。すると，第２段落最終文，ならびに，第３段落１～３行目が見いだせる。本文では五十音図を言語空間と言い換えているが，本肢の内容は上記部分に合致している。

5×　「五十音図という一つのフィクション」に着目。すると，第１段落中頃が見いだせる。しかし本肢では，江戸後期の国学者がフィクションを作り上げたとしているが，フィクションを作り上げた主体は本文では明確にされていない。また，江戸前期の国学者の契沖が五十音図の重要性を強調，とあることから，江戸後期の国学者が作り上げたのでないことは明らかである。

正答 **4**

memo

実践 問題 **22** 〈基本レベル〉

| 頻出度 | 地上★　　国家一般職★★★　東京都★★★　特別区
裁判所職員★★★　国税・財務・労基★★★　国家総合職★★★ |

問 次の文の内容と合致するものとして最も妥当なのはどれか。

（国家一般職2020）

　現代とは，137億年の時空で，宇宙，地球，生命，文明を語ることができる時代です。137億年の時空という視点に立つことで，我々が知らない領域がどこにあるのか，我々は何を分かっていないのかを，ようやく知ることができるようになった時代に，我々は生きているということです。

　我々は他と関わることで自らの世界を築いてきました。ホモ・サピエンスの歴史がそのことを物語っています。常にその時々の生活空間，あるいは自らの内部モデルの境界線を踏み越え，その外に出て，関わっていくことで，自らの時空を拡げてきたのです。

　その営みは，知の世界でいえば「辺境に普遍を探り続けてきた」ということになります。普遍を探るとは，拡大する時空の中で，自らの知の限界を問い直すという行為です。それは，他との関わりの中で我という存在の意味を問うことでもありました。人間圏の拡大を振り返れば，むしろ，そのことのために，我々は拡大を繰り返してきたのではないかとさえ思えます。

　「我々はどこから来たのか　我々は何者か　我々はどこへ行くのか」

　人間圏がひとつの岐路に立っていた19世紀の終わり，ゴーギャンが絵画を通して投げかけた問いに対して，21世紀に生きる我々は，こう答えたいと思います。すべての答えは，「我々がどこに行こうとしているのか」の中にある，と。地球を俯瞰する視点を持った人類として，我々は，こう答えるべきなのです。

　もちろん，それは，新たな岐路に立つ人間圏の未来に対する答えでもあります。「我々はどのような人間圏を築こうとしているのか」

　文明に関するすべての問いかけの答えは，すべてここに行き着きます。

　今，我々は，時空の境界とどのように関わろうとしているかを問われています。その時空とは137億年の時空です。その時空との関わりの中で普遍を探り続けること，すなわち我々とは何かを問い続けることこそ，我々が存在することの意味なのではないでしょうか。

　「我関わる，ゆえに我あり」──。

　人間は，人間が存在することの意味を，他との関わりの中で問うていく存在です。人間とは何か。それに対する答えは，我々が普遍を探る，自らの思索と行動の中にこそあるのです。

OUTPUT

1：人間は，137億年の時空の中で，宇宙，地球，生命を解明できる存在として歴史を刻んでおり，知の世界の普遍を探ることで，原理原則を発見してきた。

2：我々は，活動範囲を広げて自らの知の限界を問い直すことで，他と関わり自らの世界を築いていくことができるようになってきた。

3：地球を俯瞰する視点を持つホモ・サピエンスは，他との関わりの中でこそ，自らの存在意義を見いだすことができる。

4：19世紀は，不確実性の時代であり，ゴーギャンが「我々はどこへ行くのか」などの問題提起をしたが，そこには21世紀になって登場する時空との関わりという観点は含まれていなかった。

5：人間圏が肥大化すれば，自らの内部モデルの境界線を越えた外側にも大きな影響を及ぼすことになり，自らの知の限界を問い直す活動が徐々に困難となっていく。

〈内容把握〉

出典 松井孝典『我関わる，ゆえに我あり：地球システム論と文明』集英社

1✕ 「137億年の時空」に着目。すると，第1・8段落が見いだせる。しかし，「原理原則を発見」という指摘が本文にないことにも明らかなように，137億年の時空の中で原理原則を発見してきたという内容は本文から読み取れない。

2✕ 「自らの知の限界を問い直す」「自らの世界を築いていく」に着目。すると，第2・3段落が見いだせる。肢にある「活動範囲を広げて自らの知の限界を問い直す」「他と関わり」「自らの世界を築いていく」の関係について，第2段落1行目では「我々は他と関わることで自らの世界を築いてきました」と説明されている。この内容は，第3段落冒頭で「その営み」と受けられ，辺境に普遍を探り続けてきたと言い換えられている。このうち，「普遍を探る」ことについて「拡大する時空の中で，自らの知の限界を問い直すという行為」と言い換えられている。以上から，本肢のような因果関係は本文からは読み取れないと判断できる。

3◯ 「ホモ・サピエンス」「自らの存在意義」に着目。前者に着目することで第2段落，後者に着目することで第8・10段落が見いだせる。第2段落で，ホモ・サピエンスの歴史として他との関わりの中で自らの世界を築いてきたことが説明されており，第3段落1行目で「『辺境に普遍を探り続けてきた』ということ」と言い換えられている。この内容は第8段落3～4行目でも説明されており，「我々とは何かを問い続けることこそ，我々が存在することの意味」と言い換えられている。肢前半にある「地球を俯瞰する視点を持つ」という内容は第5段落で述べられており，この文にある「人類」を「ホモ・サピエンス」と捉え返すことは内容的に不自然ではない。他の4肢が明らかに本文に合致しないと判断できることからも，本肢が本文に合致するものとして最も妥当だと判断できる。

4✕ 「19世紀」「21世紀」に着目。すると，第4・5段落が見いだせる。肢後半で述べられている21世紀の時代認識は第5～7段落より読み取れる。しかし，19世紀が不確実性の時代だと規定する説明は本文にはない。

5✕ 「人間圏が肥大化」「自らの知の限界」に着目。すると，第6～8段落が見いだせる。しかし，本肢のような内容は本文でまったく説明されていない。

正答 3

memo

頻出度	地上★　　　国家一般職★★★　東京都★★★　特別区
	裁判所職員★★★　国税・財務・労基★★★　国家総合職★★★

問 次の文の内容と合致するものとして最も妥当なのはどれか。

（国税・財務・労基2019）

　アメリカの原住民のいくつかの社会の中にも，それぞれにちがったかたちの，静かで美しく，豊かな日々があった。彼らが住み，あるいは自由に移動していた自然の空間から切り離され，共同体を解体された時に，彼らは新しく不幸となり，貧困になった。経済学の測定する「所得」の量は，このとき以前よりは多くなっていたはずである。貧困は，金銭をもたないことにあるのではない。金銭を必要とする生活の形式の中で，金銭をもたないことにある。貨幣からの疎外の以前に，貨幣への疎外がある。この二重の疎外が，貧困の概念である。

　貨幣を媒介としてしか豊かさを手に入れることのできない生活の形式の中に人びとが投げ込まれる時，つまり人びとの生がその中に根を下ろしてきた自然を解体し，共同体を解体し，あるいは自然から引き離され，共同体から引き離される時，貨幣が人びとと自然の果実や他者の仕事の成果とを媒介する唯一の方法となり，「所得」が人びとの豊かさと貧困，幸福と不幸の尺度として立ち現れる。（豊かさと貧困の近似的な尺度として存立し，幸福と不幸の一つの基礎的な次元として成立する，というべきだろう。）

　人はこのことを一般論としてはただちに認めるだけでなく，「あたりまえ」のことだとさえいうかもしれない。けれども「南の貧困」や南の「開発」を語る多くの言説は，実際上，この「あたりまえのこと」を理論の基礎として立脚していないので，認識として的を失するだけでなく，政策としても方向を過つものとなる。

　1日に1ドル以下しか所得のない人が世界中に12億人もいて，75セント以下の「極貧層」さえ6億3000万人もいるというような言説は，善い意図からされることが多いし，当面はよりよい政策の方に力を与えることもできるが，原理的には誤っているし，長期的には不幸を増大するような，開発主義的な政策を基礎づけてしまうことになるだろう。巴馬瑶族の人たちもアマゾンの多くの原住民も，今日この「1日1ドル以下」の所得しかない12億人に入っているが，彼らの「所得」を「1ドル以上」とするにちがいない政策によって，幸福のいくつもの次元を失い，不幸を増大する可能性の方が，現実にははるかに大きい。（視える幸福とひきかえに視えない幸福の次元を失い，測定のできる幸福とひきかえに測定のできない幸福の諸次元を失う可能性の方が大きい。）

1：人々が金銭を必要とする生活の形式の中にあってはじめて，貨幣からの疎外という貧困の概念が生まれる。

2：豊かな社会においては，貧困の概念に捕らわれず，静かで美しい自然の中で，伝統的な共同体を維持することができる。

3：開発主義的な政策は，当面の経済的な発展において有効であるだけではなく，長期的な発展にも資する必要がある。

4：「所得」が人々の豊かさや幸福の尺度として存立すると，貨幣を媒介としてしか豊かさを手にすることができなくなる。

5：経済学の測定する「所得」の量は，人々の豊かさと貧困，幸福と不幸の尺度として普遍的に成立している。

実践 問題 23 の解説

〈内容把握〉

出典　見田宗介『現代社会の理論：情報化・消費化社会の現在と未来』岩波書店

1 ○　「金銭を必要とする生活の形式」「貨幣からの疎外」「貧困の概念」に着目。すると，第1・2段落が見いだせる。第2段落で，「貨幣を媒介としてしか豊かさを手に入れることのできない生活の形式の中に人びとが投げ込まれる時，…貨幣が人びとと自然の果実や他者の仕事の成果とを媒介する唯一の方法となり，『所得』が人びとの豊かさと貧困，幸福と不幸の尺度として立ち現れる」ことが説明されている。この貧困については，第1段落で「金銭を必要とする生活の形式の中で，金銭をもたないこと」と述べられ，このことを「貨幣からの疎外の以前に，貨幣への疎外がある」とまとめている。以上の部分を根拠に本肢のように述べることは可能である。

2 ×　「豊かな社会」「伝統的な共同体」に着目。「豊かさ」「共同体」の言葉から第2段落を見いだせるものの，本肢のような内容は本文でまったく述べられていない。

3 ×　「開発主義的な政策」に着目。すると，第4段落が見いだせる。同段落で，世界中に貧困層や極貧層が多くいるという言説が「長期的には不幸を増大するような，開発主義的な政策を基礎づけてしまうことになるだろう」と指摘はされている。しかし，開発主義的な政策は，長期的な発展にも資する必要がある，とは述べられていない。

4 ×　「『所得』」「人々の豊かさ」「貨幣」に着目。すると，第2段落が見いだせる。本文から，貨幣を媒介としてしか豊かさを手に入れられない生活形式の中に人々が投げ込まれると，その結果，「所得」が人々の豊かさや幸福の尺度として存立するという内容は読み取れる。しかし，この因果関係が逆になった場合に本肢後半のようには必ずしも断定することはできないことから，本肢は本文に反する。

5 ×　「経済学の測定する『所得』の量」に着目。すると，第1段落4行目が見いだせる。この部分に本肢後半内容とかかわる言及はない。念のため，本文の他の部分も確認すると，「所得」について第2段落5～7行目で「豊かさと貧困の…尺度」との関係が説明されている。この部分では「基礎的な次元として成立する」と述べており，本肢のように「普遍的に成立」していることは本文から読み取れない。

正答 1

memo

実践 問題 **24** 応用レベル

頻出度	地上★ 国家一般職★★★ 東京都★★★ 特別区
	裁判所職員★★★ 国税・財務・労基★★★ 国家総合職★★★

問 次の文の内容と合致するものとして最も妥当なのはどれか。

(国家一般職2019)

スミスの『道徳感情論』は，ハチスン，ヒュームの思想を敷衍して，共感（sympathy）という概念を導入し，人間性の社会的本質を明らかにしようとしたのであった。人間性のもっとも基本的な表現は，人々が生き，喜び，悲しむというすぐれて人間的な感情であって，この人間的な感情を素直に，自由に表現することができるような社会が新しい市民社会の基本原理でなければならないと考えた。しかし，このような人間的感情は個々の個人に特有なもの，あるいはその人だけにしかわからないという性格のものではなく，他の人々にとっても共通のものであって，お互いに分かち合うことができるようなものである。このような共感の可能性をもっているということが人間的感情の特質であって，人間存在の社会性を表現するものでもある。

この，人間的な感情を素直に，自由に表現することができるような社会が，新しい市民社会の基本原理でなければならない。しかし，このような市民社会を形成し，維持するためには，経済的な面である程度ゆたかになっていなければならない。健康で文化的な生活を営むことが可能になるような物質的生産の基盤がつくられていなければならないとスミスは考えて，それから20年の歳月を費やして，『国富論』を書き上げたのである。

スミスの『国富論』に始まる古典派経済学の本質を極めて明快に解き明かしたのが，1848年に刊行されたジョン・スチュアート・ミルの『経済学原理』（*Principles of Political Economy*）である。その結論的な章の一つに定常状態（Stationary State）という章がある。ミルのいう定常状態とは，マクロ的に見たとき，すべての変数は一定で，時間を通じて不変に保たれるが，ひとたび社会のなかに入ってみたとき，そこには，華やかな人間的活動が展開され，スミスの『道徳感情論』に描かれているような人間的な営みが繰り広げられている。新しい製品がつぎからつぎに創り出され，文化的活動が活発におこなわれながら，すべての市民の人間的尊厳が保たれ，その魂の自立が保たれ，市民的権利が最大限に保障されているような社会が持続的（sustainable）に維持されている。このようなユートピア的な定常状態を古典派経済学は分析の対象としたのだとミルは考えたのである。

国民所得，消費，投資，物価水準などというマクロ的諸変数が一定に保たれな

がら，ミクロ的にみたとき，華やかな人間的活動が展開されているというミルの定常状態は果たして，現実に実現可能であろうか。この設問に答えたのが，ソースティン・ヴェブレンの制度主義の経済学である。それは，さまざまな社会的共通資本（social common capital）を社会的な観点から最適な形に建設し，そのサービスの供給を社会的な基準にしたがっておこなうことによって，ミルの定常状態が実現可能になるというように理解することができる。

宇沢弘文「経済学は人々を幸福にできるか」東洋経済新報社より

1：スミスが提唱した共感という概念は，各人固有の人間的感情の中から共通のものを見いだし，人々が協調することで市民社会の形成・維持の基盤となるものである。

2：古典派経済学では，人間的な感情を自由に表現できるという基本原理を実践することで，経済的な豊かさが維持されるような社会が理想とされている。

3：古典派経済学における定常状態とは，経済活動が一定の割合で拡大を続けながら，『道徳感情論』で理想とされた華やかな人間的活動が展開される状態である。

4：社会的共通資本の最適化は，活発な経済的・文化的活動の下，市民的権利を最大限に保障する社会の持続的な維持に寄与するものとされている。

5：ソースティン・ヴェブレンの制度主義の経済学は，社会的な観点から，実現可能な定常状態を定義し，国民所得などの諸変数に従って社会的共通資本を建設・供給するための学問である。

〈内容把握〉

出典　宇沢弘文『経済学は人々を幸福にできるか』東洋経済新報社

1× 「スミスが提唱した共感という概念」「人間的感情」に着目。すると，第1段落を見いだせる。この概念における人間的感情が各人特有のものではなく他の人々にとっても共通のものであると同段落後半では説明されており，「各人固有の人間的感情の中から共通のものを見いだ」すものではない。また，スミスが考えた新しい市民社会の基本原理は人間的感情を素直に自由に表現できることにあり，この点の捉え方も本肢は本文に反している。

2× 「古典派経済学」に着目。すると，第3段落が見いだせる。古典派経済学の本質を明快に解き明かした本であるスチュアート・ミルの『経済学原理』内にある「定常状態」について述べている部分で，「スミスの『道徳感情論』に描かれているような人間的な営み」，人間的な感情を自由に表現できることが繰り広げられることは述べられている。しかし，それを実践することで経済的な豊かさが維持される，という因果関係については本文で明示されていない。

3× 「古典派経済学における定常状態」に着目。すると，第3段落が見いだせる。「経済活動が一定の割合で拡大を続けながら」について，本文に「新しい製品がつぎからつぎに創り出され」とは述べられているが，華やかな人間的活動が『道徳的感情論』で理想とされた，とは説明されていない。スミスの『道徳感情論』に描かれている人間的な営みと説明されているにすぎない。

4○ 「社会的共通資本の最適化」「市民的権利を最大限に保障する社会の持続的な維持」に着目。すると，前者は第4段落，後者は第3段落に見いだせる。第3段落では，ミルのいう定常状態について「新しい製品がつぎからつぎに創り出され，文化的活動が活発におこなわれながら，…市民権利が最大限に保障されているような社会が持続的(sustainable)に維持されている」と述べられている。そして第4段落では，ミルの定常状態が社会的共通資本の最適化によって可能であることが説明されている。以上から，社会的共通資本の最適化について本肢内容のように読み取ることができる。

5× 「ソースティン・ヴェブレンの制度主義の経済学」に着目。すると，第4段落を見いだせる。しかし，ソースティン・ヴェブレンの制度主義の経済学について，本肢後半のような学問であるとは述べられていない。

正答 4

memo

頻出度	地上★	国家一般職★★★	東京都★★★	特別区
	裁判所職員★★★	国税・財務・労基★★★	国家総合職★★★	

問 次の文の内容と合致するものとして，最も妥当なのはどれか。　　(国Ⅰ2010)

　「芸術の自律的価値」も「芸術崇拝」も西欧の18世紀中葉の啓蒙主義が生みだした西欧独自の，世界史の中では例外的で特異な思想である。芸術が宗教や宮廷や社会的な諸要求から独立して，宗教価値，政治的要求，社会の倫理的・道徳的価値に規定されない，独自の自己の内面要求にのみ由来する価値をもち，それを自由に無拘束的に追求できるなどとは，西欧以外の文明圏では発想もされなければ，主張されることもありえなかったであろう。なぜなら，啓蒙主義を生み出し，それによってつくり変えられた西欧世界以外の文明圏において，人間の作為によってつくり出される工作物たる「芸術作品」が自律的価値を持つなどという考えが出てくるはずはないからである。西欧以外のいわゆる伝統社会は，中国の儒教社会であれ，ギリシアのフィロゾフィ社会であれ，西欧中世のキリスト教社会であれ，すべての「価値」は人間社会の人為的努力が届かない，「天命」とか「イデア」とか「神の摂理」という超越的な存在者によって規定されるものだからである。

　人間が人間社会の価値を自ら創り出しうるというのは西欧啓蒙主義の世界史上類例を見ない「革命」的な思想だったのである。この思想を創り出したのが，「進歩」という観念である。啓蒙主義はこの進歩の観念を科学，技術，芸術，道徳のみにとどまらず，人間活動の全領域にまで広めて適用させていくことで，人間社会全体の改良，改革，発展を可能にしうるという理論を開発していったのである。「芸術」も進歩するものである。なぜならそれは神が創り出した「自然」という神の摂理の枠内で，それを模倣する自然模倣の活動ではなく，芸術家が自らの内に見出した内なる神の指示によって，これまで自然の中に存在しなかった新しい「美」，新しい価値を発見していく活動だからである。

　このように社会がこれまで見出しえなかった「新しい価値」を発見し，また創り出していくのが芸術家であり，芸術家の「天才」であるというのが啓蒙主義が発見した芸術の「進歩」思想である。芸術家が新しい価値の発見者であるということは，既存の価値の更新者であると同時に，既成の社会秩序の変革者，改革者でもありうるという思想をも創り出してくる。

1：西欧啓蒙主義より前の時代においては，真の意味での芸術作品が生まれる土壌はなかった。

2：西欧啓蒙主義より前の時代においては，芸術が進歩するという考え方はなかった。

3：西欧啓蒙主義においては，哲学の思想を芸術によって表現することが行われた。

4：西欧啓蒙主義において，芸術は，キリスト教世界から古代ギリシア哲学の世界に回帰した。

5：西欧啓蒙主義において，芸術そのものが価値をもつとした従来の思想からの脱却が図られた。

〈内容把握〉

出典　松宮秀治『芸術と近代国民国家（大航海No.70）』新書館

1×　「芸術作品」に着目すると，第1段落8行目に該当する記述がある。その直前部分から目を通すと，西欧世界以外で，「芸術作品」が自律的価値を持つという考えが出ないという内容が示されている。しかし，ここでは「真の意味での」という内容をうかがわせる記述がない。真の意味での芸術作品というものの定義づけがなされていない以上，本肢は妥当でない肢となる。

2○　「芸術が進歩する」に着目する。この語を明示した箇所はないが，西欧啓蒙主義，芸術の双方の語が用いられているのは，第2段落冒頭と第3段落である。このうち，第3段落は，「このように」と総括の接続詞が用いられていることから，第2段落冒頭だけを検討する。ここでは，啓蒙主義が進歩の観念を芸術に広げたことが述べられている。そして，西欧啓蒙主義の思想について第2段落冒頭から目を通すと，「進歩」という観念が作り出したこと，西欧啓蒙主義思想が世界史史上類を見ないことが明らかにされている。つまり，西欧啓蒙主義より前の時代には，進歩という考え方がなかったといえ，当然に芸術が進歩するという考え方もなかったことになる。本肢の内容は，このような本文の内容をまとめたもので，妥当である。

3×　「哲学の思想」に着目。この語を明示した箇所はないが，「フィロゾフィ社会」が第1段落後半にある。ここで「フィロゾフィ社会」と述べられているのは，超越的存在者によって規定される伝統社会である。本肢のような，西欧啓蒙主義と哲学とのかかわりが明らかにされた箇所はないため，妥当でない。

4×　「キリスト教世界」「古代ギリシア哲学の世界」に着目。この語はともに第1段落後半で述べられているが，これは，いずれも「西欧以外の伝統社会」の例示として述べられているにとどまる。西欧啓蒙主義をきっかけとするという内容も，キリスト教世界から古代ギリシア哲学の世界というような，変化の過程に関する記述も，本文中から見いだすことはできない。

5×　「芸術そのものが価値をもつ」に着目。この語は直接明示されていないが，「芸術の自律的価値」として，第1段落で用いられている。「自律」には，自分の立てた規律に従って規制するという意味があり，規律を立てることが一種の価値基準を持つものであるため，本肢のような言い換えは妥当である。しかし，これに基づいて第1段落冒頭を見ると，西欧の啓蒙主義が生み出した思想であると述べられている。脱却したわけではなく，むしろ反対であることがわかる。

正答 2

memo

実践　問題 **26**　〈応用レベル〉

頻出度	地上★	国家一般職★★★	東京都★★★	特別区★★
	裁判所職員★★★	国税・財務・労基★★★	国家総合職★★★	

問 次の文章（原文縦書き）に関するＡ～Ｅの記述のうち，文章の内容と合致するもののみを全て挙げているものはどれか。　　　　　（裁判所職員2014）

　一般的に年中行事とは，任意の集団において，毎年同じ暦時がやってくると，しきたりとして共同的に営まれる伝承的な行事のことである。したがって行事は，それが慣行として実践されねばならないというように，個々人に対して共同体としての拘束性を発揮することになる。また逆にいえば，そうした拘束性が，参加実践する個々人を共同体の成員であるとして証すことにもなる。そして，これは人々に対して，生活共同体における各自の生を確認させる形式であるともいえよう。

　このような年中行事は，慣行によって集団と個人をそのような形式でつなぎとめる点で，いわゆる通過儀礼とも共通している。通過儀礼が人間の一生の時間帯において行われる慣行であるのに対して，これは人間生活の一年という時間帯を単位として行われる。そのように一年周期という意識に発しているのであるから，年中行事が稲作生活のなかから発生してきたものであることは明らかである。農業生産に従事する，その生活時間の節目節目を顧みる意識が，長い歴史のなかで保ち続けられているうちに，行事という共同の形式が産み出されてきたものと思われる。

　たとえば，古代には歌垣という行事があった。これを裏づける資料はきわめて乏しいが，『常陸風土記』『肥前風土記』『万葉集』などを綜合してみると，ほぼ次のようなことになる。春または秋，男女が山の上に登って神を祭り，たがいに飲食して歌舞に興じあう。ここでの春と秋は，農業生産の始めと終り，つまり予祝の時と豊祝の時をさす。山の上とは，神の降りる場所。飲食・歌舞は，神を祭るための行為，しぐさであろう。そして，男と女がことさら強調されるのはおそらく，人間の生存を支えてくれる稲作豊穣の驚異的な力に，種族の永続繁栄をもたらす性の神秘的な力を，神の偉力として重ねあわせる発想によっていよう。繰り返される生活時間の周期のなかで，節目を節目とする共同の感情が，一つの信仰的な形式として定着する。それが年中行事の発生であったと目されるのである。

　古代の共同体が律令国家として統合されていく過程において，右のような共同体のはぐくんできた諸行事が，意外なほど多く国家の行事として吸収されたらしい。もちろん，早くから朝廷には中国移入の諸行事がおびただしく採用されては

いたらしいが，国家経営の根幹をなす儀礼には古来の伝統的習俗が重々しく踏襲されていた。もとより一年の国家儀礼のうち最も重要なのは，年のはじめの正月行事と年の終り近くの新嘗祭であった。それらは，いうまでもなく古来の共同体における農耕の予祝と豊祝，いわば死と再生の儀礼に対応している。後世の村々の民間習俗としても，春のはじめ高所に登って祝福の言葉を発する，いわゆる国見が行われていたが，それはおそらく，国家以前の昔から長く続けられてきた共同体の新春行事だったにちがいない。

Ａ：古代の年中行事は，個々人それぞれで通過する儀礼を集積したものである。

Ｂ：個々人が共同体の成員であることを確認するために，年中行事は発生した。

Ｃ：古代に行われた歌垣という行事は，死と再生の儀礼に通ずる発想を有する。

Ｄ：中国伝統の諸行事が古代の共同体へ流入することで，国家儀礼が整えられた。

Ｅ：古代の国家儀礼は，その多くが共同体の伝統的習俗に基づいている。

Ｉ：Ａ，Ｄ
Ｉ：Ａ，Ｅ
Ｉ：Ｂ，Ｃ
Ｉ：Ｂ，Ｄ
Ｉ：Ｃ，Ｅ

第1章
SECTION 1 現代文
内容把握

チェック欄		
1回目	2回目	3回目

実践 問題 26 の解説

〈内容把握〉

出典　鈴木日出男『源氏物語歳時記』筑摩書房

A ✕ 「年中行事」と「通過する儀礼」に着目。これらの関係性は，第2段落1〜2行目で説明されている。ここでは，「慣行によって集団と個人をそのような形式（＝生活共同体における各自の生を確認させる形式）でつなぎとめる点で，いわゆる通過儀礼とも共通している」と述べている。本肢のような「個々人それぞれで通過する儀礼を集積したもの」ということは，本文で説明されていない。

B ✕ 「年中行事は発生」に着目。これに類する語として，第3段落最終行に「それが年中行事の発生であった」との指摘がある。「それ」の指示内容＝年中行事の発生要因については，この前の文で説明されている。その内容と，本肢前半「個々人が共同体の成員であることを確認するために」とは内容が食い違ってしまっている。

C ◯ 「歌垣という行事」に着目。この行事の概要は，本文第3段落で説明されており，その3〜5行目で「予祝の時と豊祝の時」にこの行事が行われていたことが述べられている。そして，第4段落において，農耕の予祝と豊祝は，いわば死と再生の儀礼に対応していることが説明されている。ゆえに，本肢のように，歌垣は死と再生の儀礼に通ずる発想を有していると読み取ることは可能である。

D ✕ 「中国伝統の諸行事」に着目。この言葉とかかわる内容は，中国移入の諸行事に言及している第4段落3〜5行目で説明されている。中国移入の行事の採用については従属節として指摘される内容であり，主節において「国家経営の根幹をなす儀礼には古来の伝統的習俗が重々しく踏襲されていた」と述べていることから，本肢前半の内容は本文と異なることになる。

E ◯ 「国家儀礼」と「伝統的習俗」に着目。これらの関係性は，本文第4段落4〜5行目で説明されている。Dの解説に見たように，国家儀礼は伝統的習俗を踏襲したと述べられていることから，本肢のようにいうことは可能である。

　以上から，本文の内容と合致するものは，CとEであり，それらのみをすべて挙げているのは肢5である。よって，正解は肢5である。

正答 **5**

memo

実践 問題 **27** 〈応用レベル〉

頻出度	地上★	国家一般職★★★	東京都★★★	特別区
	裁判所職員★★★	国税・財務・労基★★★	国家総合職★★★	

問 次の文章の内容に合致するものとして最も適当なものはどれか。

(裁判所職員2016)

　色が感覚だというのならば，誰も見ていないところでは物は色をもたないことになる。例えば，いま我が家の居間には誰もいない。居間に一輪の赤いバラが飾られているとしよう。だが，誰も見ていないのであれば，それは赤くないということになる。私がそこに行き，そのバラを見るとき，それは赤くなる。そして私が目をそらせばそれは赤さを失う。だが，これはいかにも奇妙ではないだろうか。誰が見ていなくとも，赤いバラは赤い色をしている。無色の世界が私の心に色感覚を引き起こすのではなく，世界そのものが色に満ちている。私はそう考えたい。

　では，暗闇でバラはなおも赤いのだろうか。色が物の性質ならば，暗闇でも赤いバラは赤いと考えねばならないように思われる。しかし，ここで私はひっかかるものを感じていた。いっさいの光を奪われた真の暗闇，その中でもバラは赤いのか。宇宙船が轟音とともに爆破される映画の一シーンがあったような気もするが，暗闇のバラが赤いと考えることにおいて，私はそれと同じまちがいを犯しているのではないか。言わずもがなのことであるが，真空中では音は伝わらない。離れたところにいるかぎり，いくら耳を澄ましても宇宙船は無音のままに爆発する。しかし，うっかりすると私たちは想像の世界で宇宙空間が真空であることを忘れる。同じように，私は暗闇のバラを想像するときにそこに光がないことを忘れているのではないか。

　こうして私は，暗闇ではバラは赤くないのだという考えに傾いた。冷蔵庫に入れたトマトは赤くないのであり，冷蔵庫から出したときにそれは赤くなる。しかし，それはつまり，色が物の性質ではないということなのではないか。光があろうとなかろうと，物そのものに変化はない。しかし，光がなければ色は失われる。ならば色は物の性質ではない。色はあくまでも，物から光が反射して，それによつて主観の内に引き起こされる感覚なのではないか。そしてそうだとすれば，誰も見ていないところではバラは赤くないということになる。だが，そうは考えたくない。

　というわけで，私は困っていたのである。

　そんなことがどうにも頭にひっかかっていたある日，私は虹のことを思った。

OUTPUT

そのとき私の困惑は晴れたのである。光がなければ虹はできない。だが，だからといって虹が心の中にあるなどと考えるひとはいない。虹は世界の中にある。光は虹が世界の中に存在するための条件の一つなのである。色も同様ではないか。光は主観の内に色感覚を引き起こすための条件ではなく，虹の場合と同じく，色が存在するための条件なのだ。だから，誰が見ていなくともバラは赤いのだが，暗闇ではバラはもはや色を失うのである。

　だが，光がなくなったからといって物の性質が変化するというのは変じゃないか。私はここでもう一歩先に進んだ。あ，そうか。色は感覚でも物の性質でもないんだ。それは音のようなあり方をしている。音は振動する媒体がなければ存在しない。しかし，だからといって音は心の内にあるのではなく，世界の内にある。雷鳴は心の中ではなく世界の中のある場所で響いている。雷鳴は物の性質ではなく，世界の中で生じたできごとである。色もそうなのだ。色は，感覚でも，物の性質でもなく，世界の中に生じたできごとなのだ―。

（野矢茂樹『哲学な日々―考えさせない時代に抗して』より）

1：人間の外部にある世界は無色で，人間が外部を観察するたびに人間の内部に色感覚が引き起こされるという考え方は，一般には広く受け容れられている。

2：色が感覚ならば誰もいない暗闇では赤いバラも無色であるが，色が物の性質ならば暗闇でも赤いバラは赤い。

3：真空中では音源があっても音が伝わらないように，暗闇の中では光源があっても光が伝わらないので，暗闇の中のバラは色をもつことができない。

4：光は，主観の内に色感覚を引き起こすだけではなくて，虹を世界に存在させるように，色が存在するための条件としても重要である。

5：色は，各人の心の内にある感覚でもなければ物に固有の性質でもなくて，世界という共同体が全体として認識するできごとである。

〈内容把握〉

出典　野矢茂樹『哲学な日々：考えさせない時代に抗して』講談社

1×　「人間の外部にある世界は無色」「人間の内部に色感覚が引き起こされるという考え方」に着目。すると、「無色」「色感覚」から、第1段落6～7行目が見いだせる。しかし、この文で筆者が述べている「無色の世界が私の心に色感覚を引き起こすのではなく、世界そのものが色に満ちている」という考え方は、本肢にある「人間の外部にある世界は無色で、人間が外部を観察するたびに人間の内部に色感覚が引き起こされるという考え方」と内容が逆であるとともに、両者とも「一般には広く受け容れられている」という考え方であるとする説明は本文にない。

2○　「色が感覚」に着目すると第1段落1行目、「暗闇では赤いバラも無色」に着目すると第3段落1行目、ならびに、第5段落7行目が見いだせる。本肢前半は、これらの部分に合致している。また、「色が物の性質ならば暗闇でも赤いバラは赤い」ことになるという記述も第2段落1～2行目に見いだせることから、本肢は本文に合致しているといえる。

3×　「真空中」「暗闇の中のバラは色をもつことができない」に着目。すると、それぞれ第2段落後半、第3段落前半・第5段落7行目が見いだせる。本肢前半は本文に合致している。しかし、暗闇の中のバラが色を持つことができない理由について、本文では第3段落で「光がなければ色は失われる」と指摘されており、この趣旨は第5段落後半でも説明されている。これらと「暗闇の中では光源があっても光が伝わらない」ということとは内容が反している。

4×　「主観の内に色感覚」「色が存在するための条件」に着目。すると、第5段落5～6行目が見いだせる。この文で「光は主観の内に色感覚を引き起こすための条件ではなく、…色が存在するための条件」だと述べている。「Aではなく、B」はBのみを肯定する形であるのに対し、本肢にある「Aだけではなく、B」はAもBも肯定する内容であることから、本肢は本文内容に反している。

5×　「世界という共同体が全体として認識するできごと」に着目。すると、第6段落6～7行目が見いだせる。この文では「世界の中に生じたできごと」と述べており、これを「世界という共同体が全体として認識するできごと」としている本肢は本文に反している。

正答 **2**

memo

実践 問題 28 応用レベル

頻出度	地上★ 国家一般職★★★ 東京都★★★ 特別区
	裁判所職員★★★ 国税・財務・労基★★★ 国家総合職★★★

問 次の文の内容と合致するものとして，最も妥当なのはどれか。

(国家一般職2012)

　行政施策の執行は，行政が保有する資源についての不平等な価値配分を伴う。地方行政の平等な執行は，行政の公共性の証と言えるかもしれないが，行政は価値の偏在的な配分執行であることも事実である。受益者すべてに平等な事業施策はあまりない。地方政府の事務事業は誰かのためになる場合も多い。行政の守備範囲の広がりとともに行政の自由裁量の拡大が避けがたい今日では，価値の権威的配分が政治であり，行政はその配分の決定を執行するだけとする政治と行政の二分論の強調だけでは，価値の偏在的配分を伴う行政の執行が合理的であるとする説明には不十分だろう。

　行政が価値の偏在的な配分執行であると考える私は，行政による偏在的な価値配分の執行が，合理的なものであるとする根拠をどこに見ればよいのだろうか。ここでは，それを探ってみる。受益者に偏りがある価値配分も，公共性があれば，理にかなっていると言えると思う。今日，そのような公共性が何であるかが問われている。価値を偏在的に配分するのは不平等であり，公共性に反するとの形式的な建前を，われわれは考えがちである。しかし，行政が偏在的な価値の配分執行である以上，その実質的な不平等が合理的なものとされるメカニズムが必要となる。そこで私は，その実質的な不平等を問題にしなくなる人々の側の意識に注目して，そのメカニズムを捉えてみる。

　行政の公共性は，偏在的な価値の配分執行が人々に受け入れられることで担保されるのではなかろうか。誰かがより利益を受けているのではないかという，実質的な不平等を人々が重視しない意識が，その事業施策を公共的なものにすると考える。あえて言えば，不平等な価値配分への人々の了解こそが，行政の公共性，つまり，行政が公共のものであることの証である。しかし，不平等な価値配分が効率的に行われているということだけで，人々はその事業施策を公共的なものとして了解することはできない。今日では，その事業施策の執行が民主的な手続きを経た政治的な決定の結果との説明でも納得されにくい。そこで，人々の側で，地方政府の行政施策を了解するメカニズムが重要になってくる。

OUTPUT

1：行政施策の執行は，価値の偏在的な配分執行であるから，地方行政を平等に執行することは不可能であり，受益者すべてに平等な行政施策は全くない。

2：行政が保有する資源の配分を政治が決定し，行政がこれを執行するという役割分担が重要となっている。

3：価値を偏在的に配分するのは不平等であり，公共性に反するという建前が存在する以上，どんなに合理的な価値配分を行っても公共的な事業施策を執行することはできない。

4：行政の公共性を担保するためには，不平等な価値配分への人々の了解が必要であるが，そのためには，不平等な価値配分が効率的に行われているだけでは足りない。

5：地方政府の行政施策を人々が了解するメカニズムが完成され，受益者が行政施策の執行を了承することによって平等な価値配分の実現が可能となる。

実践 問題 **28** **の解説**

〈内容把握〉

出典　村山皓『「民」による行政』法律文化社

1 × 「偏在的な配分執行」に着目すると数多いが，「行政施策の執行」に着目すると第1段落に該当する記述がある。ここでは3〜4行目に，「受益者すべてに平等な事業施策はあまりない」と述べられており，本肢のように「まったくない」とは述べられていない。いわゆる言いすぎの肢といえよう。

2 × 政治と行政の役割分担を明示した記述は本文中にないが，「政治が決定」「行政が執行」という政治と行政に関する記述は，第1段落4行目以降に見られる。ここでは，権威的配分を行う政治と，その配分の決定を執行する行政の二分論だけでは，不十分であることが述べられている。本肢のように「重要である」という内容を読み取ることはできない。

3 × 「価値を偏在的に配分」という言葉に着目したうえで，「公共性に反する」という言葉を抽出すると，第2段落に該当する部分がある。そこでは，「公共性に反するとの形式的な建前」を考えがちであることが述べられているが，本文ではこれに続く形で，「実質的な不平等が合理的なものとされるメカニズム」の必要性を述べている。また，第2段落3〜4行目では，偏りがある価値配分について「公共性があれば，理にかなっている」と述べており，本肢のように，公共的な事業施策の執行の可能性を否定しているわけではない。

4 ○ 不平等な価値配分は，偏在的な配分とほぼ同義と考えられるので，あえて注目せず，「人々の了解」という言葉に着目する。この言葉が含まれる第3段落では，不平等な価値配分への人々の了解が，行政の公共性の証であると述べられ，この点で本肢前半は正しい。また，これが効率的に行われていることだけで，人々が事業施策を公共的なものとして了解することはできないと述べられていることから，本肢後半の内容もそのまま示されている。これらから，本肢の内容が本文に合致しているということができる。

5 × 「メカニズム」という言葉に着目すると，第3段落最終文に該当する記述がある。この語を含む一文は，地方政府の行政施策の了解するメカニズムの重要性という形で示されており，その理由として，政治的決定の結果という説明だけでも納得されにくいことが述べられている。この部分が導かれる過程として肢4で検討した内容も含まれるが，これらが目的とするものは，第3段落4〜5行目にある，「不平等な価値配分への人々の了解」であり，本肢のような「平等な価値配分の実現」ではない。

正答 **4**

memo

実践 問題 **29** 応用レベル

頻出度	地上★	国家一般職★★★	東京都★★★	特別区
	裁判所職員★★★	国税・財務・労基★★★	国家総合職★★★	

問 次の文の内容と合致するものとして，最も妥当なのはどれか。　　(国Ⅱ2007)

伎楽面が顔面における「人」を積極的に強調し純粋化しているとすれば，能面はそれを消極的に徹底せしめたと言えるであろう。伎楽面がいかに神話的空想的な顔面を作っても，そこに現わされているものはいつも「人」である。たとい口が喙になっていても，我々はそこに人らしい表情を強く感ずる。しかるに能面の鬼は顔面から一切の人らしさを消し去ったものである。これもまた凄さを具象化したものとは言えるであろうが，しかし人の凄さの表情を類型化したものとは言えない。総じてそれは人の顔の類型ではない。能面のこの特徴は男女を現わす通例の面においても見られる。それは男であるか女であるか，あるいは老年であるか若年であるか，とにかく人の顔面を現わしてはいる。しかし喜びとか怒りとかというごとき表情はそこには全然現わされていない。人の顔面において通例に見られる筋肉の生動がここでは注意深く洗い去られているのである。だからその肉づけの感じは急死した人の顔面にきわめてよく似ている。特に尉や姥の面は強く死相を思わせるものである。このように徹底的に人らしい表情を抜き去った面は，おそらく能面以外にどこにも存しないであろう。能面の与える不思議な感じはこの否定性にもとづいているのである。

ところでこの能面が舞台に現われて動く肢体を得たとなると，そこに驚くべきことが起こってくる。というのは，表情を抜き去ってあるはずの能面が実に豊富きわまりのない表情を示し始めるのである。面をつけた役者が手足の動作によって何事かを表現すれば，そこに表現せられたことはすでに面の表情となっている。たとえば手が涙を拭うように動けば，面はすでに泣いているのである。さらにその上に「謡」の旋律による表現が加わり，それがことごとく面の表情になる。これほど自由自在に，また微妙に，心の陰影を現わし得る顔面は，自然の顔面には存しない。そうしてこの表情の自由さは，能面が何らの人らしい表情をも固定的に現わしていないということに基づくのである。笑っている伎楽面は泣くことはできない。しかし死相を示す尉や姥は泣くことも笑うこともできる。

1：能面が舞台の上では表情豊かに見えてくるのは，一見無表情な中に生きた人間の表情の基本要素だけが無駄なく凝縮されているからである。

2：人の死相に基づいて作られた能面に生きた人間以上の豊かな表情を感じさせ

るためには，修練を積んだ役者によって動作が付け加えられることが必要である。

3：能面は，人の顔面を現してはいるが，特定の感情と結びついた表情の類型ではなく，このことにより舞台の上では自然の顔面以上の表情の自由さや微妙さを現すことができる。

4：能面の表情は役者の仕草や謡の旋律が加わることによって完結するのが特徴であり，伎楽面の表情は役者の大きな動作により表情が消え去ってしまうところが特徴である。

5：鬼の面は，凄さを獲得するために人らしさを消し去ることを徹底したため，もはや人の顔を現すものとはいえなくなっているところが通常の男女の能面とは大きく異なっている。

実践 問題 **29** の解説

〈内容把握〉

出典　和辻哲郎『和辻哲郎随筆集：面とペルソナ』岩波書店

1 ×　「表情豊か」に着目。この語は，「豊富きわまりのない」という形で，第2段落で述べられている。そこでは，表情がないはずの能面が豊富な表情を見せるとある。一方，「人間の表情」に着目すると，第2段落中盤に「人らしい表情」という言葉がある。しかし，この一文は，「能面が何らの人らしい表情をも固定的に現わしていない」とある。本文の見解によれば，能面は人の表情を現していないのであり，本肢のように「表情の基本要素だけが…凝縮」ということはできない。

2 ×　「死相」に着目。この語が含まれているのは，第1段落後半と，第2段落最終文であるが，第2段落は，「泣くことも笑うこともできる」とあるのみなので，第1段落後半に着目する。そこでは，尉や姥の面について，「強く死相を思わせる」と述べられている。しかし，死相という言葉を用いた表現はこれだけであり，本肢のように，「人の死相に基づいて作られた」という内容を見いだすことはできない。

3 ○　「表情の自由さ」に着目。この語が含まれているのは，第2段落中盤である。ここでは，「この表情の自由さ」が，「能面が何らの人らしい表情をも固定的に現わしていない」と述べられている。本肢の，「特定の感情と結びついた表情の類型ではなく」は，この言い換えであると判断できる。また，「この表情」が指すものに着目すると，直前にある，自由自在で，微妙に，心の陰影を表しうる顔面について述べていることがわかる。これは，「自然の顔面には存しない」とあることから，自然の顔面よりも，能面が自由に表情を表現できると述べているものであることがわかり，本肢が全体的に内容を適切に現しているものと判断できる。

4 ×　「謡の旋律」に着目すると，第2段落に該当する記述がある。ここでは，「謡」の旋律が加わり，ことごとく面の表情になると述べられているが，本肢のように，「完結する」とまでは述べられていない。この点で，本肢は言いすぎの肢であると判断することができる。また，「伎楽面の表情」については，第1段落冒頭と，第2段落末尾で述べられているが，ここでは，人を積極的に強調することと，笑っている伎楽面が泣くことができないという2点について述べられているのみである。本肢のように，「大きな動作により表情が消え去（る）」という内容は示されていない。

OUTPUT

5 × 　「鬼の面」に着目すると，第1段落に該当する記述がある。ここでは，「凄さを具象化した」と述べられているが，その目的については述べられていない。「具象」とは，はっきりさせるという意味であるが，本肢のように，何かを得るという意味は持たない。

正答 **3**

必修問題 セクションテーマを代表する問題に挑戦！

文章のつながりを読み取るのが要旨把握の基本です。
速読を意識しながらまずは1問解いてみましょう。

問 次の文の主旨として，最も妥当なのはどれか。 （特別区2008）

　目の前にコップがある。全員が「これはコップだ」という。そこで，「いや，これは花瓶です」という発想があるか。

　作家というのは，何かを見るときに人と考え方や観点が違うから，絵なり音楽なりで表現したくなる。人と同じ発想しかしていないのであれば，特殊な才能でもなんでもない。僕はそんな人の音楽をわざわざ聴きたいとは思わない。

　コップを見て，花瓶に見えることがすごいわけではない。コップであることがわかっていながら，あえて「これは花瓶です」といってしまえるセンスを持っているか。概念に縛られないでものが見られるか。イマジネーションがそれだけ豊かかどうか。これはものをつくる人間にとって本質的な部分だ。

　いろいろな事物に対して，そういう縛られない自由な気持ち，縛られないものの見方ができるようになると，ある種の直感，あるいは本質に到達する力が強くなる。

　例えば，曲づくりをしていて途中で行き詰ってしまうことがある。そういうときは，大抵入り口を間違えている。または，どこかで方向性がブレたりしている。こういう場合は，頭を切り替えないとどうしようもない。ある程度までできている曲であっても，思い切って捨ててしまうくらいの気持ちが必要だ。

　しかし，人間は固執する。時間を費やし，手間をかけ，これでいいと自分を信じてつくってきたものだ。なかなか捨てられない。思い入れがあるほど始末が悪い。だが，どこかで間違えてねじれてしまったものは，そのままずるずるつくりつづけても，結局ねじれたまま。納得できるものに大変身することはありえない。

　行き詰まり，自分の間違いに気づいたとき，そこから撤退する踏ん切りがつくか。潔くケリをつける後押しをしてくれるのは，縛られない自由な発想だ。スパッと意識を切り替える思い切りのよさもまた，直感力である。

　　　　　　　　　　──久石譲『感動をつくれますか？』による

1：人と同じ発想しかしていないのであれば，特殊な才能でもなんでもなく，目の前にあるコップを「これは花瓶です」という発想こそが作家には必要である。

2：概念に縛られないでものが見られるか，イマジネーションが豊かかどうかは，ものをつくる人間にとって本質的な部分である。

3：物事に対して，縛られない自由な気持ち，縛られないものの見方ができるようになると，ある種の直感，あるいは本質に到達する力が強くなる。

4：どこかで方向性がブレている場合は，頭を切り替え，ある程度までできている曲でも，思い切って捨ててしまうくらいの気持ちが必要である。

5：行き詰まり，自分の間違いに気づいたとき，スパッと意識を切り替える思い切りのよさは，直感力である。

必修問題の解説

〈要旨把握〉

出典　久石譲『感動をつくれますか?』角川書店

各段落の要点は以下のとおり。

第1・2段落：作家がものを見るときに，他の人と考え方や観点が違うから表現したくなること。

第3段落：概念に縛られないこと，イマジネーションが豊かなことが，ものをつくる人間にとって本質的部分であること。

第4段落：そういう自由な気持ち，ものの見方ができると，本質に到達する力が強くなること。

第5・6段落：行き詰ったとき，頭を切り替える必要があるが，人間は固執すること。

第7段落：行き詰ったとき，踏ん切りをつけるのは，縛られない自由な発想であること。

第1・2段落は，コップを花瓶と表現する例を挙げて，第3段落の「概念に縛られないこと」の重要性を述べている。第4段落は，「そういう縛られない自由な気持ち」とあるように，第3段落以前の内容をまとめている。第5段落は，「例えば」で始まっているとおり，第4段落の主張を裏づける例であり，第6・7段落もまた，第5段落の頭の切り替えの重要性を，現状をあるべき方向の両面を示しながら，縛られない自由な発想の重要性を裏づけている。

このように，本文は第4段落を要旨として，第1～3段落が導入，第5段落以降が具体例という論の展開をとっていることを確認できる。第4段落の，「縛られない自由な気持ちを持つ」ことが手段，「本質に到達する力が強くなること」が目的として述べられている。

1 ✕　第1・2段落をまとめた肢である。これは，概念に縛られないことの重要性を述べる一例を示した部分であり，導入部分にすぎない。

2 ✕　第3段落をまとめた肢である。本肢は手段にしか触れられていない点で要旨とはいえない。

3 ○　第4段落をまとめた肢である。目的，手段の双方に触れており，要旨として妥当である。

4 ✕　第5段落をまとめた肢である。本肢は，第4段落を裏づける例示にすぎない。

5 ✕　第7段落をまとめた肢である。第5段落の例示の続きにすぎず，本文全体の構造からは，目的にしか触れられていないといえる。

正答 3

1 要旨把握とは

　要旨把握問題とは，問題文中に示された筆者の主張を読み取る問題です。

　「要旨（主旨）として正しいのはどれか」，「筆者が最も言いたいこととして正しいのはどれか」などの設問がなされるのが通常です。要旨と主旨は厳密には意味が異なりますが，試験ではほぼ同一の意味と捉えて構いません。

　ただし，内容把握と同じ解法で正解にたどり着けるものも少なくありません。内容把握で紹介した誤肢のパターンは，要旨把握でもそのまま通用します。要旨として正しいということは，内容として正しいことを前提としているからです。

　そこで，まずは内容把握的手法を用いて肢を絞り込みましょう。これで複数の肢が残った場合に，以下の誤肢パターンに注意を払う必要があります。

> ★　要旨として不足している
> 一般論としては正しい，内容としては正しいが，要旨でないものを含んでいるものをいう。
> 主張の前提にすぎなかったり，複数の条件を満たすべき場面でその一部にしか触れていない場合がこれにあたる。

2 要旨把握問題攻略のための解法

(1) 接続語・指示語に注意！

　要旨把握問題の解法は，端的にいえば，「文中に埋もれた主題を探す」という点に尽きます。そのためには，文章全体がどのような構造になっているのかを理解しなくてはなりません。接続語や指示語は文章の構造を理解するためのカギとなる言葉です。以下に，代表的なものを掲げます。

> ① 順接：後の文を強調する関係にあり，前の文は要旨になりにくい。
> 　　例）だから・したがって・すると・それゆえ
> ② 逆接：後続の文は，前の文に比べて筆者の主張に近づいている場合が多い。
> 　　例）しかし・だが・ところが・けれども
> ③ 添加：具体例の例示や根拠に終始している場合が多い。この場合は前後ともに要旨とならない。
> 　　例）そして・しかも・さらに・また
> ④ 転換：前文の内容は前置きにすぎず，要旨でない場合が多い。
> 　　例）さて・次に・そもそも・ところで

INPUT

⑤　対比：筆者は後文の内容を強調しており，要旨により近づいている。

　例）あるいは・もしくは・むしろ・かえって

⑥　総括：文章の最後にある場合，後に続く内容が本文の要旨である可能性が高い。

　例）すなわち・要するに・つまり

⑦　補足：筆者の主張は前文にあり，後の文章は裏づけにすぎない場合が多い。

　例）なぜなら・ただし・もっとも

(2)　一般論と主張を読み分ける

　文章理解問題で出題される評論文は，過剰ともいえる言い回しや修飾によって，論旨の把握が困難になっているものが少なくありません。そのような場合，文章の骨格だけを探り当てることが必要です。その際に，一般論と筆者の主張を明確に区別しながら読んでいく必要があります。当然，要旨となりうるのは筆者の主張の部分です。これと同時に，筆者の主張には「論」と「例」が含まれることを意識してください。「論」は，筆者の意見・主張が表され，全体の内容が集約されている部分であり，「例」は，「論」を立証するために説明する，主張の補強にすぎない部分です。要旨把握では，筆者の主張である「論」が何かを見つけ出す作業が必須です。

(3)　マーク・アンダーラインを活用する

　先に掲げた，接続語や，一般論・主張の関係は，文章を読み進めていくうちに，どこにあったかわからなくなってしまいがちです。これを，視覚的にわかりやすくするために，マークやアンダーラインを活用します。（必須問題）について，マーク・アンダーラインの例を次のページに記載しました。1つの参考にしながら，自分なりのマーク・アンダーラインの活用法を練り上げてください。

● **必修問題の検討方法**（解説はP125）

目の前にコップがある。全員が「これはコップだ」という。そこで，① 「いや，これは花瓶です」という発想があるか。 _{要旨×}

作家というのは，何かを見るときに人と考え方や観点が違うから，絵なり音楽なりで表現したくなる。人と同じ発想しかしていないのであれば，特殊な才能でもなんでもない。僕はそんな人の音楽をわざわざ聴きたいとは思わない。

コップを見て，花瓶に見えることがすごいわけではない。コップであることがわかっていながら，あえて「これは花瓶です」といってしまえるセンスを持っているか。②概念に縛られないでものが見られるか。イマジネーションがそれだけ豊かどうか。これはものをつくる人間にとって本質的な部分だ。

③いろいろな事物に対して，そういう縛られない自由な気持ち，縛られないものの見方ができるようになると，ある種の直感，あるいは本質に到達する力が強くなる。

例えば，曲づくりをしていて途中で行き詰ってしまうことがある。そういうときは，大抵入り口を間違えている。または，④どこかで方向性がブレたりしている。こういう場合は，頭を切り替えないとどうしようもない。ある程度までできている曲であっても，思い切って捨ててしまうくらいの気持ちが必要だ。

しかし，人間は固執する。時間を費やし，手間をかけ，これでいいと自分を信じてつくってきたものだ。なかなか捨てられない。思い入れがあるほど始末が悪い。だが，どこかで間違えてねじれてしまったものは，そのままずるずるつくりつづけても，結局ねじれたまま。納得できるものに大変身することはありえない。**ポイント**

⑤行き詰まり，自分の間違いに気づいたとき，そこから撤退する踏ん切りがつくか。潔くケリをつける後押しをしてくれるのは，縛られない自由な発想だ。スパッと意識を切り替える思い切りのよさもまた，直感力である。 _{要旨×}

1：人と同じ発想しかしていないのであれば，特殊な才能でもなんでもなく，目の前にあるコップを「これは花瓶です」という発想こそが作家には必要である。

2：概念に縛られないでものが見られるか，イマジネーションが豊かかどうかは，ものをつくる人間にとって本質的な部分である。

▶3：物事に対して，縛られない自由な気持ち，縛られないものの見方ができるようになると，ある種の直感，あるいは本質に到達する力が強くなる。

4：どこかで方向性がブレている場合は，頭を切り替え，ある程度までできている曲でも，思い切って捨ててしまうくらいの気持ちが必要である。

5：行き詰まり，自分の間違いに気づいたとき，スパッと意識を切り替える思い切りのよさは，直感力である。

memo

実践 問題 **30** 〈基本レベル〉

頻出度	地上★★★	国家一般職	東京都	特別区★★★
	裁判所職員	国税・財務・労基		国家総合職

問 次の文の主旨として，最も妥当なのはどれか。 (特別区2010)

　私はデカダンス自体を文学の目的とするものではない。私はただ人間，そして人間性というものの必然の生き方をもとめ，自我自らを欺くことなく生きたい，というだけである。私が憎むのは「健全なる」現実の贋道徳で，そこから誠実なる堕落を怖れないことが必要であり，人間自体の偽らざる欲求に復帰することが必要だというだけである。人間は諸々の欲望と共に正義への欲望がある。私はそれを信じ得るだけで，その欲望の必然的な展開に就ては全く予測することができない。

　日本文学は風景の美にあこがれる。然し，人間にとって，人間ほど美しいものがある筈はなく，人間にとっては人間が全部のものだ。そして，人間の美は肉体の美で，キモノだの装飾品の美ではない。人間の肉体には精神が宿り，本能が宿り，この肉体と精神が織りだす独特の絢は，一般的な解説によって理解し得るものではなく，常に各人各様の発見が行われる永遠に独自なる世界である。これを個性と云い，そして生活は個性によるものであり，元来独自なものである。一般的な生活はあり得ない。めいめいが各自の独自なそして誠実な生活をもとめることが人生の目的でなくて，他の何物が人生の目的だろうか。

1：人間は諸々の欲望と共に正義への欲望がある。
2：欲望の必然的な展開に就ては全く予測することができない。
3：人間の美は肉体の美で，キモノだの装飾品の美ではない。
4：生活は個性によるものであり，元来独自なものである。
5：人生の目的は，各自の独自なそして誠実な生活をもとめることである。

実践 問題 **30** の解説 ──────────

〈要旨把握〉

出典　坂口安吾『堕落論（「坂口安吾全集14」）』筑摩書房

各段落の要点は以下のとおり。

第1段落1〜3行目：私はただ，人間性の必然の生き方を求め，自らを欺くことなく生きたい。

第1段落3〜7行目：私は，贋道徳からの堕落を恐れず，正義への欲望を信じ，偽らざる欲求への復帰が必要と考える。

第2段落1〜5行目：人間にとっては，人間の肉体の美ほど美しいものはなく，肉体と精神が織り出すものは，永遠に独自な世界である。

第2段落5〜8行目：これが個性という元来独自なもので，これを求めることが人生の目的である。

第1段落は，冒頭で示された生き方を望むという結論が先に示され，そう考える理由が3行目以降で述べられている。一方，第2段落は，個性を求めることが人生の目的であると述べている。5行目の「これ」は，「各人各様の発見が行われる永遠に独自なる世界」を意味する。

このように，本文は全体を通じて，「どう生きるか」がテーマとなっている。第1段落と第2段落の重要度の優劣はつけ難いが，少なくとも，第1段落1〜3行目か，第2段落5〜8行目の内容を踏まえてないものを，要旨と判断することはできない。

1✕　第1段落5行目の記述である。第1段落冒頭の「欺くことなく生きたい」ことの理由づけにしかなっておらず，要旨とはいえない。

2✕　第1段落6〜7行目の記述である。本文は，「どう生きるか」がテーマであり，欲望の展開が主題となっているわけではない。

3✕　第2段落2〜3行目の記述である。これは，人間の肉体の美が最も美しいとする主張を，対立する立場の否定を行うことで強調しようとする記述にすぎない。この肉体の美の美しさの記述自体が，個性の言い換えであり，これを求めるという記述がないため，要旨としては不足している。

4✕　第2段落6行目の記述である。肢3でも述べたが本問の主題は「どう生きるか」であり，第2段落は，「個性を求めて生きること」が主題となっている。「個性」そのものではない。そのため，本肢も要旨としては不足しているということになる。

5◯　第2段落7〜8行目の記述である。本文の構造検討でも述べたが，要旨である「どう生きるか」というテーマに即した肢はこれしかない。

正答 **5**

実践 ▶ 問題 **31** ◆ 基本レベル

頻出度	地上★★★	国家一般職	東京都	特別区★★★
	裁判所職員	国税・財務・労基		国家総合職

問 **次の文の主旨として，最も妥当なのはどれか。** （特別区2009）

　科学が万能でないことは，科学がいちばんよく知っている。その科学の限界を超えた発展をするためには，次元の異なった世界に対して一歩を踏み出していかなくてはならない。

　二千五百年前の古代ギリシアのピタゴラスは，世界の根源は数にあると考えるようになって，数の研究に熱中した。そして，有名な「ピタゴラスの定理」などを発見して，今日の数学の基礎を築いた。自然の仕組みについて考察を重ねた哲学者であるが，その哲学的考察が数学や天文学へと発展していったのである。

　その時代の人たちが考える枠組みを超えて考えていった結果である。この世の中で人々が一般に考えていることは，それが現実という限りにおいては，一つの真実であり無視することはできない。しかし，その枠の中だけで考えていたのでは，いくら集中的に努力をしても，大きな進歩は望めない。宇宙という広い視野から見ると，うろうろと暗中模索をしているのと同じである。

　いたずらに周囲の雑音に惑わされないで，自分ひとりで静かに深く考えてみる。人間の奥深いところは，その思考力にある。落ち着いて沈思黙考すれば，かなり深遠なところまで考えを至らせることができる。毎日の忙しいスケジュールに追いかけられている現代の人たちは，深く考えようともしないで適当なところで結論を出してしまう。だからこそ，その場限りの一時的で妥協的な結論しか出ないのである。

　広くこの世の中のことであれ，ビジネス社会におけることであれ，もっと奥深く考えていって，もっと普遍性のある真理の探究に邁進するべきだ。「考える」ということに，もっと重点を置いた生活やビジネスに対する姿勢をとる必要がある。ピタゴラスに習って，何か定理を発見するくらいの熱意をもたなくてはならない。

1：科学の限界を超えた発展をするためには，次元の異なった世界に対して一歩を踏み出していかなくてはならない。

2：ピタゴラスは自然の仕組みについて考察を重ねた哲学者であるが，その哲学的考察が数学や天文学へと発展していったのである。

3：この世の中で人々が一般に考えていることは，それが現実という限りにおいては，一つの真実であり無視することはできない。

4：人間の奥深いところは，その思考力にあり，落ち着いて沈思黙考すれば，かなり深遠なところまで考えを至らせることができる。

5：「考える」ということに，もっと重点を置いた生活やビジネスに対する姿勢をとる必要がある。

実践 問題 **31** の解説 ────────────

〈要旨把握〉

出典　山﨑武也『本物の生き方』ＰＨＰ研究所

各段落の要点は以下のとおり。

第1段落：科学は万能でなく，科学の限界を超えるには次元の異なる世界に踏み出す必要がある。

第2段落：ピタゴラスの哲学的考察は，数学や天文学に発展した。

第3段落：ピタゴラスの業績は，当時の人の考える枠組みを超えた結果で，枠の中で考えるだけでは，大きな進歩は望めない。

第4段落：人間の奥深さは思考力にある。

第5段落：生活やビジネスに対して，「考える」ということにもっと重点を置くべきである。

第2段落で述べられたピタゴラスの業績を例に取り，第1・3段落でその時代における枠組みを超えて考えることの重要性をまとめている。第4段落では思考力の重要性を述べ，第5段落では「考える」ことに重点を置いた生活，ビジネスへの姿勢をとる必要性を述べている。

このように，本文の要旨は，第5段落の『「思考力」に重点を置くこと』であるといえる。第2段落は，第1・3段落の見解を裏づける具体例の記述にすぎず，第1・3段落もまた，「思考力」に重点を置く一例として，「その時代の人たちが考える枠組みを超え」ることが示されているにとどまる。そして，第4段落は「思考力」の重要性を述べているが，これに「重点を置くこと」を含んでいなければ，筆者の主張としては不足していることになる。

1 ×　第1段落の内容である。「思考力」に重点を置く一例としての記述であり，要旨としては不足している。

2 ×　第2段落の内容である。ピタゴラスの業績は，本文の構造から考えると，例示の例示にすぎない。

3 ×　第3段落の内容である。第3段落の要旨は上述のとおりであり，そもそも筆者の主張からずれている。

4 ×　第4段落の内容である。「思考力」の重要性を述べているが，本文の要旨は「思考力」そのものではなく，「思考力」に重点を置くことである。

5 ○　第5段落の内容である。考えること，すなわち思考力に重点を置いた生活，ビジネスの必要性を述べており，「重点を置くこと」にも適切に触れた肢といえる。

正答 **5**

実践 問題 **32** 〈基本レベル〉

頻出度	地上★★★	国家一般職	東京都	特別区★★★
	裁判所職員	国税・財務・労基		国家総合職

問 次の文の主旨として，最も妥当なのはどれか。　　　　　　　（特別区2023）

　子どもの本について広く行われてきたのは，子どもの本を段階的に囲って，年齢や学年によって区切って，大人の本へむかう入門か何かのように，本に親しませるための過程的な考え方で，子どもの本をとらえる考え方です。しかし，そういうふうに考えるのでなく，子どもの本という本それ自体を，本のあり方の一つとして考えなければならない。そう思うのです。

　大人の本の世界の前段階にあるというのでなく，大人の本の世界とむきあっているもう一つの本の世界としての，それ自体が自立した世界をもつ，子どもの本という本のあり方です。

　年齢や段階といった考え方を第一にするのは，言葉について言えば，間違いです。そうしたやり方が，どれほど言葉のありようをゆがめるか。何歳でこの文字を覚えなければいけない，あの言葉を覚えなければいけないというふうに決めるのは，逆に言えば，知らない言葉に対する新鮮な好奇心をうばってゆく危うさももっています。

　何事も段階的にということを前提に考えることは，何事も制限的にしかとらえることをしないということです。そんなふうに制限的な考え方が最初に当然とされてしまうと，子どもの本と付きあうことにおいてもまた，子どもっぽさを優先する考え方が，どうしても支配的になってしまいがちです。

　子どもの本のあり方をいちばん傷つけてしまいやすいのは，何にもまして子どもっぽさを優先する，大人たちの子どもたちについての先入観だと，わたしは思っています。子どもっぽさというのは，大人が子どもに求める条件であり，子どもが自分に求めるのは，子どもっぽさではありません。子どもが自分に求めるのは，自分を元気づけてくれるもの，しかし大人たちはもうそんなものはいらないとだれもが思い込んでいるもの，もしこういう言葉で言っていいのなら，子どもたちにとっての理想主義です。

（長田弘『読書からはじまる』による）

1：子どもの本について，年齢や学年によって区切って，大人の本へ向かう入門のように捉えられてきた。
2：子どもの本自体を，自立した世界をもつ本のあり方の一つとして考えなければならない。
3：言葉について，年齢や段階といった考え方を第一にするのは間違いである。
4：何事も段階的を前提とする考えは，何事も制限的にしか捉えられない。
5：子どもの本のあり方を一番傷つけてしまいやすいのは，子どもっぽさを優先する，大人たちの子どもたちについての先入観である。

OUTPUT

実践 問題 **32** の解説 ──────────────

〈要旨把握〉

出典　長田弘『読書からはじまる』：日本放送出版協会

各段落の要点は以下のとおりである。

第1段落：子どもの本について，子どもの本という本それ自体を，本のあり方の一つとして考えなければならない。

第2段落：それは，大人の本の世界とむきあっているもう一つの本の世界としての，それ自体が自立した世界をもつ，子どもの本という本のあり方である。

第3段落：年齢や段階といった考え方を第一にするのは，知らない言葉に対する新鮮な好奇心をうばってゆく危うさももっている。

第4段落：制限的な考え方が最初に当然とされると，子どもの本と付きあうことにおいても，子どもっぽさを優先とする考え方が支配的になってしまいがちである。

第5段落：子どもの本のあり方をいちばん傷つけてしまうのは，何にもまして子どもっぽさを優先する，大人たちの子どもたちについての先入観だと，わたしは思う。

第1段落では子どもの本の捉え方について筆者の主張が示されている。続く第2段落でも，第1段落の内容を具体的に述べ，主張を強調している。これらに対し，第3～5段落では第1・2段落のように言える理由を表している。

つまり，この本文は結論が最初に示されている「頭括型」の文章となっており，主題は子どもの本のあり方についてであると読み取れる。主旨は第1・2段落に示されていると判断できる。一般的には結論が最後に示される「尾括型」，最初と最後に示される「総括型」の文章構成のものが多いが，本問のような形の文章もあるので留意したい。

1 ×　第1段落1文目に基づく選択肢である。しかし，本肢内容は同段落最終文で「そういうふうに考えるのでなく」と否定されている。

2 ○　第1段落最終文に基づく選択肢であり，主旨として妥当である。上記解説を参照のこと。

3 ×　第3段落1文目に基づく選択肢である。言葉のあり方を主題として捉えている点でも主旨たりえない。

4 ×　第4段落1文目に基づく選択肢である。「何事も段階的を前提とする考え」を主題として捉えている点でも主旨たりえない。

5 ×　第5段落1文目に基づく選択肢である。主旨に対して理由の説明にとどまることから，主旨として妥当ではない。

正答 **2**

実践 問題 **33** 〈 基本レベル 〉

頻出度	地上★★★	国家一般職	東京都	特別区★★★
	裁判所職員	国税・財務・労基		国家総合職

問 次の文の趣旨として，妥当なのはどれか。 (国Ⅱ2000)

　われわれは何を「現実」と呼んでいるのだろうか。それは何よりもまず自分自身の命にかかわることであろう。そしてそれとともにまた，自分の生きている状態とでもいえるもの，例えば苦痛や快楽，気分や感情とかである。否応なく自分の命と生とにかかわるもの，それがわれわれの現実の核である。

　だから痛みには幻はありえないのである。激痛におそわれている人に向かって，君は今，痛みの幻覚におそわれているのであって本当は痛みなんてないんだよ，と言うことこそもっとも非現実的であろう。それと同様，悲しみや喜びや怒りにも幻はありえない。幻の賞金で喜ぶことはあっても，その喜び自体は幻ではありえない。ある妄想のため怒ることはあっても，その怒りは怒りの幻覚ではない。このように人間の生きることそのものである苦痛や感情に幻がありえないのと同様に，同じく生きることの核心である「さわる」ことにも幻はありえない。手で摑んで触れ，口で触れ，胃腸で触れるものが幻だということはありえない。そういうものこそわれわれが「現実」と呼んでいるものだからである。

　それに対して幽霊が幻とされるのは，この人間の命の「現実」に疎遠だというがために過ぎない。この世に存在せぬ虚妄のものだからというのではない。幽霊はその傍らの柳の木と同様に存在したのである。「見えるが触れえぬもの」として存在したのである。それを幻と呼ぶのは，われわれが存在を二つに分類して「見えて触れうるもの」と「見えるが触れないもの」とに区分したからである。だから幻は不可触な存在ではあるが，虚妄の非ではない。存在のこの区分は存在と非在との区分ではなく，われわれの生き死ににかかわるものと，かかわらぬものとへの分類なのである（もっとも幽霊に驚いて心臓マヒを起こすこともありうるが）。それによって現実と幻とが区分けされ，真と偽とが区別される。だからこれらの区別はきわめて人間的な区別，というよりもむしろ動物的な区別なのである。

1：幽霊は見えるが触れえない「現実」であり，幽霊への驚き自体は，われわれが「現実」と呼んでいる「自分の生きている状態」である。

2：われわれが「現実」と呼んでいるものには，存在しているが触れえぬものと，存在していないが触れうるものとがある。

3：人間の命に疎遠であるか否かが存在と非在との区別の基準であり，それによりわれわれは「現実」と「幻」の区分をしている。

4：われわれが「現実」と呼ぶものとそうでないものの区分は，われわれの生き死ににかかわるものとそうでないものの別に過ぎない。

5：幻は「虚妄の非在」ではなく，「見えるが触れえぬもの」として存在しているわれわれの生き死ににかかわる「現実」である。

OUTPUT

実践 問題 **33** の解説

〈要旨把握〉

出典　大森荘蔵『流れとよどみ：哲学断章』産業図書

各段落の要点は以下のとおり。

第1段落：自分の命にかかわるものが，現実の核である。

第2段落：苦痛や感情に幻はありえず，「現実」と呼ぶ「さわる」ことにも幻はありえない。

第3段落1～5行目：幽霊を幻と呼ぶのは，存在を「見えて触れうるもの」と「見えるが触れないもの」に区分したからである。

第3段落5～10行目：幻は不可触な存在だが虚妄の非在ではなく，存在の区分は，生き死ににかかわるか否かを分離する動物的区分である。

第1段落で「現実」の定義づけを行い，現実の対義語として幻の性質が第2段落で述べられている。これを踏まえて，幽霊が幻とされる理由を第3段落前半で述べ，第3段落後半では，幻の定義づけを，現実との比較の中で明確にしている。

このように，本文は「幻」の定義づけとその性質を，「現実」との比較で論じた文であることがわかる。この記述がある第3段落後半の記述を，内容として適切に含む肢が，要旨として妥当ということになる。

1 ×　「幽霊」に着目すると，第3段落前半に相当する記述がある。しかし，第3段落は「それに対して幽霊が幻とされるのは…」とあるように，幽霊を幻と位置づけている。本肢のように，「現実」と位置づけた記述は本文中にない。

2 ×　本文は，「現実」と「幻」の区分について述べたものである。本肢は，「現実」にしか言及がなされておらず，この時点で要旨として不適切である。また，「存在していないが触れうるもの」という語を，本文中から見いだすことができず，この点で内容的な誤りも含んでいる。

3 ×　「存在と非在」に着目すると，第3段落6～7行目に該当する記述がある。ここでは，存在の区分について，存在と非在との区分とすることを否定している。この時点で内容的な誤りを含んでおり，当然要旨にもなりえない。

4 ○　「現実」と「そうでないもの（本文では幻）」の区分に触れており，要旨として適切に見える。この語は第3段落9行目にあるが，「それによって」が指すものを遡ると，直前の「生き死ににかかわるものと，かかわらぬものとへの分類」という記述を見いだせる。本肢は，内容としても正しく，全体の要旨をまとめたものでもあるため，趣旨として最も適切であると判断できる。

5 ×　本文の要旨は，冒頭で検討したとおり，「幻」と「現実」の比較である。本肢は，幻を現実として述べており，この時点で本文内容に反したものである。

正答 4

実践 問題 **34** 〈 基本レベル 〉

頻出度	地上★★★	国家一般職	東京都	特別区★★★
	裁判所職員	国税・財務・労基		国家総合職

問 次の文はファッションに関するエッセイの一部分であるが，趣旨として妥当なのはどれか。 (国Ⅱ1999)

　仮面の装着，すなわち違ったメイクをし，違った服を着こむことによって，わたしたちは自分を，そうありえたかもしれないもうひとりの〈わたし〉へとずらしてしまおうとする。しかしそれは，同時にきわめて危うい行為でもある。

　服装を変えればたしかにわたしたちの気分は変わる。気分が変われば，ひととのつきあい方にも変化が現われる。ひとの自分を視る眼が変わる。そうしてわたしは別の〈わたし〉になりきれる—たしかによくできた話である。しかし，こうしたかたちでの〈わたし〉の変換は，〈わたし〉が次第に重力を喪っていく過程，すなわち〈わたし〉が消失してゆく過程でもないだろうか。

　衣服の取り替えによる可視性の変換を，そして，それのみをてこにして〈わたし〉の変換を企てるというのは，可視性のレヴェルで一定の共同的なコードにしたがって紡ぎだされる意味の蔽いでもって，〈わたし〉の存在を一度すっぽり包みこむことを意味する。そうすると，わたしはたしかに別なわたしになりうるにしても，そのような〈わたし〉の変換そのものは，〈わたし〉が他の〈わたし〉とともに象られている意味の共通の枠組を，いわばなぞるかたちでしか可能とならないであろう。可視性の変換を通じて〈わたし〉はたしかにその位置をずらしていきはするが，それは同時に，自らの位置決定を共同的なものにゆだねることでもある。このとき〈わたし〉の変換は，たぶん定型の反復でしかないだろう。言いかえると，〈わたし〉の変換は共同的なコードによってほぼ全面的に拘束され，〈わたし〉の身体的＝可視的な存在は「記号による外科手術」を施され，それらの記号の藪のなかに〈わたし〉はすっかりまぎれこみ，他との区別がつきにくくなる。属性だけが残って，〈わたし〉はむしろ消散してしまうことになる。

1：ファッションとは，人が共同的なコードに従って自分を様々に変換させ，本来の自分とは全く異なる人格へと変貌を遂げていく過程である。

2：自分の個性を失わないためには，ファッションの選択を共同的なものに委ねるのではなく，自分の決定によらなければならない。

3：ファッションには，常に人の存在を規格化する傾向があり，これに対抗して個性を主張するためには，意識的に主体性を打ち出していく必要がある。

4：人は共同的なコードに従うことによって個性を奪われる可能性を理解しながらも，新しい自分への変貌を求めてファッションを追い求めていく。

5：人はファッションによって新しい自分を獲得しようとするものの，共同的なコードによって記号のなかに埋没し自分の存在を失っていく。

OUTPUT

実践 問題 **34** の解説 ─────────────────────

〈要旨把握〉

出典　鷲田清一『モードの迷宮』筑摩書房

各段落の要点は以下のとおり。

第1段落：違うメイクや服を着ることで，もう一人の〈わたし〉にずらすことは危うい行為である。

第2段落：別の〈わたし〉になるという〈わたし〉の変換は，〈わたし〉が消失する過程ではないか。

第3段落1～7行目：可視性の転換による〈わたし〉の変換は，他者と象られる共通の枠組みをなぞるかたちにしかならない。

第3段落7～13行目：可視性の変換により，共同的なコードで拘束され，他との区別がつきにくくなり，〈わたし〉はむしろ消散する。

第1段落で服やメイクを変えることで〈わたし〉をずらすことの危うさを述べ，第2段落で，危うさの意味を〈わたし〉が消失する過程と述べている。第3段落では，なぜ危うくなるのかの理由を，可視性の変換の過程を述べながら示している。

このように，本文は，新しいファッションをする心理と，その危うさを述べたものである。①：新しいファッションをしようとする心理が「危うい」ものであること，②：「危うさ」の内容が〈わたし〉が却って消失するというものであることを述べたものが，要旨として適当であると判断できる。

1× 　要旨①で示した，ファッションの「危うさ」について述べた記述がないため，要旨として不足している。また，「共同的なコード」に着目した場合，第3段落に該当する記述があるが，別な〈わたし〉になるという内容を，「まったく異なる人格」とまで解釈するのは言いすぎである。

2× 　ファッションが自分の個性を失わせるという記述は本文中にあるが，失わないための方法について述べた部分はない。この時点で，内容的な誤りを含んでいることがわかる。

3× 　すでに述べた要旨②によれば，ファッションの危うさについて，〈わたし〉を消失させることであると述べられている。「人の存在を規格化する傾向」という記述を見いだすことはできない。

4× 　「共同的なコード」に着目すると第3段落に該当する記述がある。個性を奪われるということは，〈わたし〉が消失，消散するという言葉の言い換えとして妥当といえるが，これを「理解しながら」ということをうかがわせる記述が本文中にない。結果的に，内容の誤りを含んだ肢となる。

5○ 　上述した要旨①，②を適切に踏まえており，妥当な肢である。ファッションが新しい自分を獲得するために行うことは第1段落で，その結果として自分の存在を失うことは第3段落で述べられている。

正答 **5**

実践 問題 **35** 〈 基本レベル 〉

頻出度	地上★★★	国家一般職	東京都	特別区★★★
	裁判所職員	国税·財務·労基		国家総合職

問 次の文章の主旨として最も適当なのはどれか。　　　　　（裁事・家裁2007）

　単純きわまりないものが，どうして一つの芸術として大成され，さらには精神的修養となるのか，その例として「茶の湯」を取りあげよう。わが国ではお茶一つ飲むことですら芸術になるのである。それは砂遊びで絵を描く子どもたちや，岩に彫刻をした未開人にも，ラファエロやミケランジェロのような芸術の芽生えがあるのと同じことだ。それゆえに，ヒンズー教の隠者の瞑想とともにはじまった喫茶の風習には，宗教や道徳の侍女へと発展する資格は十分に含まれているばかりか，遥かに大きい要素が秘められているといえる。

　茶の湯の基本である心の平静さ，感情の静謐さ，立ち居振る舞いの落ち着きと優雅さは，正しき思索とまっとうな感情の第一要件である。

　騒がしい世俗の喧噪から離れた，塵ひとつない茶室の清潔さは，それだけで私たちの心から現実を忘れさせてくれる。何もない室内は，西洋の客間に飾られた絵画や骨董品のように人目をひくものはなく，「掛け物」の存在は，色彩の美しさより構図の優美さに心ひかれる。茶の湯は趣を極限まで洗練させることが目的であり，そのためにはいかなる虚飾も宗教的な崇敬をもって排除されるのである。

　戦乱や戦闘の噂がたえなかった時代に，一人の瞑想的な隠遁者によって茶の湯が考案されたという事実が，この作法が遊戯以上のものであることを証明している。茶の湯に集まり来る人々は，静かな茶室に入る前に，血腥い刀とともに戦場での残忍さや政治的なわずらわしさなどを捨て去り，この茶室の中に平和と友情を見出したのである。

　それゆえに茶の湯は礼法以上のものである。それは芸術であり，折り目正しい動作をリズムとする詩であり，精神修養の実践方式なのである。茶の湯の最大の価値はこの最後の点にある。茶の湯の愛好家の中にはそれ以外の点に重点を置く者もいるが，だからといって茶の湯の本質が精神的なものではない，という証明にはならない。

1：茶の湯は，戦争や政治的な煩雑さといった世俗的な世界から離れ，洗練された情趣をもたらす芸術である。

2：瞑想を起源とする茶の湯は，宗教や道徳を発展させるための重要な要因となった芸術である。

3：茶の湯は，瞑想的な隠遁者の風習を基にして発展してきた，孤高の精神で離俗を目的とする芸術である。

4：茶の湯は，精神や感情を安定させ，正しい思索と人間的な感情を培うひとつの要件としての芸術である。

5：茶の湯は，精神修養の具体的方策を真の目的とする，きわまりないほど単純で洗練された芸術である。

実践 問題 **35** の解説

〈要旨把握〉

出典　新渡戸稲造『武士道』(岬龍一郎訳) ＰＨＰ研究所

各段落の要点は以下のとおり。

第1段落:単純なものが芸術となり，精神的修養となる例としての「茶の湯」は，宗教や道徳の侍女となる以上の要素がある。

第2～3段落:茶の湯の基本である，心の平静さ，感情の静謐さなどは正しい思索とまっとうな感情の第一要件で，趣を極限まで洗練させることが目的である。

第4段落:茶の湯の作法は遊戯以上のものがあり，平和と友情を見いだせる。

第5段落:茶の湯は礼法以上のもので，最大の価値は精神修養の実践方式にある。

第1段落で茶の湯の価値を指摘し，茶の湯の基本や目的を第2～3段落で紹介している。この作法が遊戯以上のものであることを，考案背景を述べながら第4段落で述べ，これらを総括して第5段落で茶の湯が礼法以上のものであり，最大の価値が精神修養の実践方式であるとまとめている。

したがって，本文の要旨は第5段落で示された「茶の湯の最大の価値が精神修養の実践方式」という点にある。第1段落は，第5段落の結論を導くための，漠然とした高い価値の存在の指摘にとどまる。第2・3段落は，茶の湯の基本と性質を述べているが，価値の判断はない。第4段落は，遊戯以上の価値の存在を指摘しているが，礼法，すなわち宗教や道徳の段階との比較には至っていない。

1×　第3・4段落の内容である。しかし，本肢の内容は，茶の湯の特徴について述べたものにとどまり，「最大の価値」への言及がない。

2×　第1段落の内容である。本肢の「重要な要因」とは，本文では「侍女」と言い換えられている。ただし，肢1と同様，茶の湯の「最大の価値」への言及がないため，要旨としては不足がある。

3×　第4段落の内容である。しかし，本段落の内容は遊戯以上の価値の段階に関する説明でしかない。本肢では，遊戯以上の価値と，礼法以上の価値を分けて述べており，茶の湯の最大の価値は後者の段階であるので，本肢は要旨を適切に捉えているとはいえない。

4×　第2段落の内容である。本肢で述べられているのは，茶の湯の基本である。また，第2段落で第一要件と述べられているのは，本肢でいう「精神や感情を安定」という部分にあり，茶の湯そのものではない。

5○　第5段落の内容である。本肢では，「実践方式」が「具体的方策」と言い換えられているが，冒頭で述べた「茶の湯の最大の価値」である，「精神修養の実践方式」という言葉を適切に押さえている。単純で洗練という内容は第1段落冒頭の記述であり，内容としても妥当である。

正答 5

実践 問題 **36** 基本レベル

頻出度	地上★★★	国家一般職	東京都	特別区★★★
	裁判所職員	国税·財務·労基		国家総合職

問 次の文の主旨として，最も妥当なのはどれか。 (特別区2015)

　シェークスピアの文章は若干のいいまわしや古い表現を除けば今のイギリスの中高生ならそのまま読めると言われていますが，日本語は違います。単語や文体や表記法，字体も様変わりしましたが，日本の王朝時代の書物はもちろん，明治以前に書かれたものは，大人でもいまやなかなか読めないものになっています。それだけ違ってしまったものは，すでに一種の異文化と言っていいと思うのです。同じ文化だという思いこみで対すると，その過去の日本文化を正確に理解できず，ひいては現在の日本文化についても誤った理解に到達するおそれがあります。過去の書物の正確でかつ面白い読み方は，それらに対してきちんと異文化として対するところから始まるような気がします。

　同様に，日本の過去の文化全体に対しても，異文化理解という視点からもう一度見つめ直す必要があると思います。日本の古代や中世と現在では，言語や制度や基本的な文化要素もかなり違います。文章同様，過去と現在とを安易に連続的なものとして捉えることは，自国の歴史や自文化についても正確な理解に達せられない部分があるのではないでしょうか。

（青木保「異文化理解」による）

1：シェークスピアの文章は若干のいいまわしや古い表現を除けば今のイギリスの中高生ならそのまま読めると言われているが，日本語は違う。

2：日本の王朝時代の書物はもちろん，明治以前に書かれたものは，大人でもいまやなかなか読めないものになっている。

3：明治以前に書かれた過去の書物の正確でかつ面白い読み方は，それらに対してきちんと異文化として対するところから始まる。

4：日本の過去の文化全体に対しても，異文化理解という視点からもう一度見つめ直す必要がある。

5：過去と現在とを安易に連続的なものとして捉えることは，自国の歴史や自文化についても正確な理解に達せられない。

直前復習

OUTPUT

実践 ▶ **問題 36** ▶ **の解説** ─────────

〈要旨把握〉

出典　青木保『異文化理解』岩波書店

本文の構造は以下のとおりである。

第1段落　明治以前に書かれた書物は一種の異文化であり，同じ文化だと思って対すると過去の日本文化，ひいては現在の日本文化についても誤った理解に到達するおそれがある。

第2段落　日本の過去の文化全体に対しても，異文化理解という視点からもう一度見つめ直す必要があると思う。

第1段落では，2文目の事実を踏まえて3文目で筆者の意見が述べられ，この意見と同内容のことが第1段階最終文で繰り返されている。第1段落が書物にまつわる内容であったのに対し，第2段落では日本の過去の文化全体へと論を普遍化させている。第2段落の主張は1文目に提示されており，続く2・3文目ではこの根拠が示されている。したがって，本文の主旨は第2段落1文目に集約されているといえる。

1× 第1段落1文に対応する肢である。本文の話題提起にとどまるこの文は，明らかに主旨として妥当ではない。

2× 第1段落2文目に対応する肢である。続く3文目の意見を導くための現況を述べている部分であり，第1段落における意見の前提にとどまる内容である。

3× 第1段落最終文に対応する肢である。本肢は，第1段落における主旨を表してはいる。しかし，上記解説のように，筆者の主張は第1段落から第2段落へと発展しているため，第1段落の内容にとどまる本肢は主旨たりえない。

4○ 第2段落1文目に対応する肢である。結論段落の主張を表している，主旨として妥当な肢である。

5× 第2段落最終文に対応する肢である。主張の根拠のみを示している本肢は主旨として妥当ではない。

正答 **4**

実践 問題 37 基本レベル

頻出度	地上★★★	国家一般職	東京都	特別区★★★
	裁判所職員	国税・財務・労基		国家総合職

問 次の文の主旨として，最も妥当なのはどれか。 (特別区2016)

理性的な人間は幾分冷静だ，分別がある。過ちを犯すことが少ない。そして礼儀を知っている。馬鹿なことはしない。けたをはずさない。

本能が弱いのではない。それをよく御しているのだ。

意馬心猿という言葉がある。人間はつい怒りとか，猜みとか，恨みとか，嫉妬とか，いろいろの激情にまきこまれやすい。理性はそういう時，その人を見守って過ちを犯させないようにする役目を果す為にある。

孔子が「君子は窮するか」と聞かれた時，「元より君子も窮する。小人は窮すれば濫す」と言った。

小人は理性が弱いから窮するとつい理性的でなくなり，自棄を起しやすい。しかし君子はいくら窮しても自棄は起さず，理性を失わない。人間の尊厳を守ると言うのだ。

しかし理性は無意味に本能を窒息させるものではない。又生命の活力を弱めるものではない。むしろその活力を最も有効に生かす為に与えられているものだ。

世間が怖いとか，悪口を言われるのがいやだとか，誤解を恐れるとか，他人の思惑を恐れて，したいことも出来ない人間は理性的な人物とは言えない。そういう人は理性以下の人で，他人の制裁をうけてやっとどうにか悪いことをしない人間で，他人さえ気がつかなければいくらでも悪いことをして，すましていようという人間で，自分の生活，自分の生命を自分で導いてはいけない人々である。

こういう人はその時，その時の社会の大勢に支配されて，どうにかこうにか，あまり悪いこともせず生きてゆく人で，人間を進歩させたり，文明に導いたりする力の殆どない人々である。

1：理性的な人間は，幾分冷静で分別があり，過ちを犯すことが少なく，礼儀を知っている。

2：人間は，いろいろな激情にまきこまれやすく，理性はそういう時，その人を見守って過ちを犯させないようにする役目を果す。

3：理性は，無意味に本能を窒息させるものではなく，又生命の活力を弱めるものではなく，むしろ生命の活力を最も有効に生かす為に与えられている。

4：世間が怖いとか，悪口を言われるのがいやだとか，誤解を恐れるとか，他人の思惑を恐れて，したいことも出来ない人間は理性的な人物とは言えない。

5：自分の生活，自分の生命を自分で導いてはいけない人は，人間を進歩させたり，文明に導いたりする力の殆どない人である。

OUTPUT

実践 問題 **37** の解説

〈要旨把握〉

出典　武者小路実篤『人生論・愛について』新潮社

本文の構造は以下のとおりである。

第1・2段落：理性的な人間は幾分冷静で，分別があり，過ちを犯すことが少ない。

第3段落：人間がいろいろの激情に巻き込まれそうな時，理性は過ちを犯させないようにする役目を果す為にある。

第4・5段落：君子はいくら窮しても自棄は起さず，理性を失わない。

第6段落：理性は，生命の活力を弱めるものではなく，むしろその活力を最も有効に生かす為に与えられているものだ。

第7段落：人の思惑を恐れて，したいことも出来ない人間は理性的な人物とは言えない。

第8段落：こういう人は，人間を進歩させたり，文明に導いたりする力の殆どない人々である。

本文は理性の役目について論じたものである。具体的には，第1・2段落は問題提起の役割を果たしており，第3段落，および，第4・5段落ではそれぞれ具体例を挙げつつ，第1・2段落の説明内容を繰り返している。しかし，第6段落で論が展開し，理性の役目について「その（＝生命の）活力を最も有効に生かす為に与えられているものだ」という主張が強調されている。これに対して第7・8段落では理性的でない人の性質を述べているが，これらの部分では筆者の主張が強く表れていない。以上から，本文の主旨は第6段落に示されていると読み取れる。

1✕　第1段落に基づく肢である。本文は理性的な人間の性質について主張したものではなく，主旨の捉え方がずれている。

2✕　第3段落に基づく肢である。本肢は理性の役目について言及してはいる。しかし，この内容を受け，第6段落でさらに主張が展開されている。ゆえに，本肢は主旨として言いたりないと捉えられる。

3〇　第6段落に基づく肢であり，本文の主旨として最も妥当である。

4✕　第7段落に基づく肢である。本文は理性的でない人物の性質を主題とするものではなく，主旨の捉え方がずれてしまっている。

5✕　第8段落に基づく肢である。肢4と同様の理由で，主旨たりえない。

正答 **3**

実践 問題 **38** 〈基本レベル〉

頻出度	地上★★★	国家一般職	東京都	特別区★★★
	裁判所職員	国税・財務・労基		国家総合職

問 次の文の主旨として，最も妥当なのはどれか。　　　　（特別区2019）

　人間は聖人でないかぎり過失はあるもので，それを責めたり忠告したりすることは非常にむずかしい。さまざまな階級や人間関係が存在するのが社会というもので，さらに人の性質も千差万別であるから，同じ態度や同じ言葉で責めたり忠告することはできない。

　周囲には同輩もいれば，目上の人もいる。志の同じ他人もいれば，志の違う親戚もいる。境遇が同じ他人がいるかと思えば，境遇の違う親友もいるから，人を見て法を説く必要がある。まして父子のような親しい間柄でも，悪事・非行を責めるのは容易なことではない。孟子は「父子善を責むるは恩を傷うの大なるものなり」といっているが，たとえ父子の間柄でも，恩を仇と思われることもままあったりするのである。

　しかしながら，自分の部下はもちろん，身寄り・親戚・友人であっても，その行為に誤った点があれば，それは自分の責任として忠告して直させなければならない。ことに目下の者の過失に対しては心を遣い，極力その改心に力を注いでやるようにする。そしてその過失の責め方については，どこまでも慎重に，相手の地位・境遇・年齢などに応じて，そのやり方を変える必要がある。

　あるときは温和な態度で注意する場合もあるだろうし，あるいは正面から猛烈に責める場合もあろう。過失を過失として自覚させて改めさせることが，過失を責めることの主眼であるから，どんな方法でやるにしても，この目的に外れないようにするのが，過失に対する巧妙な叱り方である。

　　　　　　　　　　　　　　　　（渋沢栄一「富と幸せを生む知恵」による）

1：人間は聖人でないかぎり過失があり，それを責めたり忠告したりすることは非常にむずかしい。

2：人の性質は千差万別であるから，同じ態度や同じ言葉で責めたり忠告することはできない。

3：父子のような親しい間柄でも，悪事・非行を責めるのは容易なことではなく，恩を仇と思われることもある。

4：過失の責め方については，慎重に相手の地位・境遇・年齢などに応じて，やり方を変える必要がある。

5：過失を猛烈に責め自覚させて改めさせることが，過失を責めることの主眼である。

OUTPUT

実践 問題 **38** の解説

〈要旨把握〉

出典　渋沢栄一『富と幸せを生む知恵』実業之日本社

本文の構造は以下のとおりである。

第1・2段落：過失を責めたり忠告したりすることは非常にむずかしく，人を見て法を説く必要がある。

第3段落：過失の責め方については，どこまでも慎重に，相手の地位・境遇・年齢などに応じて，そのやり方を変える必要がある。

第4段落：過失を過失として自覚させて改めさせるという目的に外れないようにするのが，過失に対する巧妙な叱り方である。

「過失に対する巧妙な叱り方」が本問のテーマであり，主旨を捉えるにあたって逆接の接続語で始まる第3段落からが重要となるのは言うまでもないだろう。主題部分は本文最終文の後半（＝「…から」以降）であるが，選択肢にはその内容がない以上，第3段落以降で「過失に対する巧妙な叱り方」を表す筆者の意見部分が正解になると判断する必要がある。

1✕　第1段落1～2行目に基づく肢である。本文の導入にあたる内容であり，主旨たりえない。

2✕　第1段落3～4行目に基づく肢であることから，主旨たりえない。

3✕　第2段落3～6行目に基づく肢である。同段落2～3行目「人を見て法を説く必要がある」に対する補足的な具体例にあたる内容である。

4〇　第3段落4～5行目に基づく肢である。「過失に対する巧妙な叱り方」＝「過失の責め方」と捉えることが可能であり，筆者の意見となっていることからも，選択肢の中では主旨として最も妥当だといえる。

5✕　第4段落1～3行に基づく肢である。主題文を捉えてはいるものの，本肢は理由部分のみで構成されていることから主旨たりえない。

正答 **4**

実践　問題 **39**　〈基本レベル〉

頻出度	地上★★★	国家一般職	東京都	特別区★★★
	裁判所職員	国税・財務・労基		国家総合職

問　次の文の主旨として，最も妥当なのはどれか。　　　　　（特別区2018）

　スポーツにとって大切なのは，結果と考えられています。しかし，結果を追い求めれば追い求めるほど，勝利という結果は逃げていってしまうという残念な法則があります。それではどうしたらよいのでしょうか？

　一流の選手になればなるほど，ただ「勝ちたい」「優勝したい」などの漠然（ばくぜん）とした結果だけを追い求めていくのではなく，勝利を手にするために必要な，それにふさわしい自らの変化をいつも求めているのです。従って変化を感じる能力，変化を楽しむ能力こそが，追い求める結果を手に入れるために必要となってくるということです。つまり変化の集大成が結果につながるということを，よく理解しなければなりません。

　たとえ勝てなかったとしても「優勝できなかった」と嘆（なげ）くのではなく，優勝するためにふさわしい変化をしたのかどうかという点について振り返ってみてください。結果は勝とうが負けようが過ぎ去り，消えていってしまいますが，変化は残るのです。たとえ負けても，その試合でどう変化したのか，何を学んだのかということを大切にして戦ってください。

　シュートを外したという結果ではなく，そこに至るまでにすでにできている変化と，まだ変化しきれていない部分を見つめ直しましょう。そのような考え方を習慣にすることが大切です。

（辻秀一「スラムダンク勝利学」による）

1：スポーツにとって大切なのは，結果と考えられているが，結果を追い求めるほど，勝利という結果は逃げていってしまうものである。

2：一流の選手ほど，漠然とした結果だけを追い求めるのではなく，勝利を手にするために必要な自らの変化を求めているものである。

3：変化を感じる能力，変化を楽しむ能力こそが，追い求める結果を手に入れるために必要であり，変化の集大成が結果につながるのである。

4：結果は消えていっても，変化は残るものであるから，たとえ負けても，その試合で自らがどう変化したのか，何を学んだのかということが大切である。

5：結果に至るまでにすでにできている変化と，まだ変化しきれていない部分を見つめ直すことが大切である。

OUTPUT

実践 問題 **39** の解説

〈要旨把握〉

出典　辻秀一『スラムダンク勝利学』集英社インターナショナル

本文の構造は以下のとおりである。

第1段落：追い求めるほど結果は逃げるという残念な法則があるが，ではどうしたらよいか。

第2段落：変化の集大成が結果につながることをよく理解しなければならない。

第3段落：試合結果は消えてしまうが，変化は残る。

第4段落：すでにできている変化とまだ変化しきれていない部分を見つめ直す考え方の習慣化が大切だ。

第1段落で問題提起がされ，第2段落以降に論が展開している。第2段落では，順接の接続語「従って」で始まる2文目が，第1段落の問題提起に対する答えともなる内容を示していることからも重要である。さらに，この内容を「つまり」で始まる3文目でまとめ直して強調していることから，これらの部分に筆者の意見が表れていると読み取れる。第3・4段落の文章構造は，第2段落1文目「AではなくB」と同様になっており，内容も第2段落2文目「変化を感じる能力，変化を楽しむ能力」が必要ということの繰り返しである。論が新たな展開を見せていないことからも，以上から，主旨は第2段落2・3文目に提示されていると判断できる。

1× 第1段落1・2文目に基づく肢である。導入にあたる部分であり，主旨たりえない。

2× 第2段落1文目に基づく肢である。第2段落2・3文目の前提となる内容であることから，主旨たりえない。

3○ 第2段落2・3文目に基づく肢である。上記解説のとおり，本肢が主旨内容を表している。

4× 第3段落2・3文目に基づく肢である。この部分は，第2段落にある「変化を感じる能力，変化を楽しむ能力こそが，追い求める結果を手に入れるために必要」に関して，試合に勝てなかった場合にどうすべきか，ということを具体的に説明している部分であること，また，冒頭部分での問題提起は，勝利という結果をつかむためにはどうしたらよいのでしょうか，ということであるから，結果をつかむということについて触れていない本肢は主旨たりえない。スポーツについての一般論に引きずられてはいけない。

5× 第4段落1文目に基づく肢である。シュートを外した場合という具体例の文脈で述べられている内容であること，また，第2段落3文目の主張を捉えていないことからも主旨たりえない。

正答 **3**

S ECTION ② 現代文
第1章
要旨把握

| 実践 | 問題 **40** | 基本レベル |

| 頻出度 | 地上★★★
裁判所職員 | 国家一般職
国税・財務・労基 | 東京都 | 特別区★★★
国家総合職 |

問 次の文の主旨として，最も妥当なのはどれか。 （特別区2017）

「政治は万民の利益を守るためにある」とする統治思想は，鎌倉幕府の発明ではない。将軍とは，天皇に任命された「征夷大将軍」である。将軍の権威は，皇室から国家の行政を委任されたところから生まれたものである。

そして将軍を任命する皇室の理想こそ「国家人民の為に立たる君」であった。初代・神武天皇が発せられた建国の詔には，人民を「大御宝」と呼び，「八紘一宇（あめのしたのすべての人々が家族として一つ屋根の下に住む）」が理想として掲げられている。

国民の自由とは，洋の東西を問わず権力者による支配に制約を与えることによって守られるが，西洋の人民の自由は，フランス革命，英国の名誉革命，アメリカの独立戦争に見られるように，権力者との戦いを通じて勝ち取られてきたものであった。

それに対して，我が国においては国家の成立時点から，権力の正当性は国民の幸福を守ることに存する，という思想があり，国民の自由を抑圧し，民を幸福にできないような政治は失格である，と考えられてきた。

このような政治思想から，国民の自由と幸福を守るための諸制度が徐々に発展し，それが国民のエネルギーを引き出して，江戸時代には自由市場経済として結実した。

自由とは，欧米から新たに学んだものではなく，我が国の政治伝統にすでに内在していたものである。だからこそ，明治政府の使節団は欧米の富強の原動力が人民の自由な経済活動にあることを直ちに見抜き，また国民の方も戸惑うことなく，政府の自由化政策に呼応して，経済発展に邁進できたのである。

1：政治は万民の利益を守るためにあるとする統治思想は，鎌倉幕府の発明ではなく，初代・神武天皇が発せられた建国の詔から生まれたものである。

2：国民の自由とは，洋の東西を問わず権力者による支配に制約を与えることによって守られる。

3：我が国においては，国民の自由を抑圧し，民を幸福にできないような政治は失格であると考えられてきた。

4：我が国における自由とは，欧米から新たに学んだものではなく，我が国の政治伝統にすでに内在していたものである。

5：明治政府の使節団は，欧米の富強の原動力が人民の自由な経済活動にあることを見抜き，国民も明治政府の自由化政策に呼応した。

OUTPUT

実践 問題 **40** の解説 ―――――

〈要旨把握〉

出典　伊勢雅臣『世界が称賛する日本人が知らない日本』育鵬社

本文の構造は以下のとおりである。

第1・2段落：「政治は万民の利益を守るためにある」という政治思想は，初代・神武天皇が発せられた建国の詔から生まれた。

第3段落：西洋の人民の自由は，権力者との戦いを通じて勝ち取られてきたものであった。

第4段落：それに対して，我が国では国家成立時から国民の自由を抑圧し，民を幸福にできないような政治は失格だと考えられてきた。

第5段落：このような政治思想から，国民の自由と幸福を守るための諸制度が徐々に発展し，江戸時代には自由市場経済として結実した。

第6段落：自由とは，欧米から新たに学んだものではなく，我が国の政治伝統にすでに内在していたものである。

国民の自由について定義される第3段落からが本文の本題である。第3段落（西洋における自由）⇔第4・5段落（我が国における自由）との対立関係から導ける結論が，我が国における自由について定義した第6段落1〜2行目で示されている。本文のキーワードは「自由」であり，このキーワードを含んでいない肢は主旨たりえないことに注意する必要がある。

1 ×　第1・2段落に基づく肢である。導入部にあたる部分であることから，主旨たりえない。

2 ×　第3段落1〜2行目に基づく肢である。本文は，この後の対立関係を経て，わが国の政治伝統に内在していた自由を論証するものであり，本肢はその前提部分にとどまるものである。

3 ×　第4段落に基づく肢である。事実を示した部分であることから，主旨たりえない。

4 ○　第6段落1〜2行目に基づく肢であり，本文の主旨を表している。

5 ×　第6段落2〜4行目に基づく肢である。本文のキーワードへの言及がなく，この内容自体が本文の主題でもない。

正答 **4**

実践 問題 **41** 基本レベル

頻出度	地上★★★	国家一般職	東京都	特別区★★★
	裁判所職員	国税・財務・労基		国家総合職

問 次の文の主旨として，最も妥当なのはどれか。　　　　（特別区2019）

　日ごろから練習やトレーニングを欠かさない。日ごろの努力の積み重ねがあって初めて，本番で結果を出すことができます。

　本番ではきちんとやるべきことをやる。緊張したり不安になったりして，やるべきことができなければ，いくら実力があっても宝の持ち腐れに終わります。本番でも練習やリハーサルと同じような状態に自分を持っていき，なおかつやるべきことをすることで，結果がついてきます。

　メジャーリーグのイチロー選手は，結果が出ているときであれ，反対に結果が思わしくないときであれ，いつも決まった時間に球場に入り，決まった練習メニューをこなしています。調子がいいときは軽めに練習して，調子がよくないときはたくさん練習することもありません。

　イチロー選手は，その決められた練習メニューをこなすから結果を出せると考えているのでしょう。

　やるべきことをきちんとできるようにするためには，本番でも無意識にできるようになっていなければなりません。

　何が起こるか分からない本番では，想定外のことが起こり得ます。このとき状況にうまく対応できないと，やるべきことができなくなる恐れがあります。

　やるべきことをきちんとするためには，体に覚えさせるしかありません。それは徹底した練習やリハーサルで身につくのです。練習やトレーニングは，本番でやるべきことを無意識に行うためにするものです。

　練習やトレーニングに本番のつもりで取り組むと，脳に本番で結果を出す回路ができます。本番では，その回路が正しくつながるようになります。

　練習やトレーニングは，「転ばぬ先の杖」でもあります。

　　　　　　　　　　　　　　　　（茂木健一郎「本番に強い脳をつくる」による）

OUTPUT

1：日ごろの努力の積み重ねがあって初めて，本番で結果を出すことができるのであり，日ごろから練習やトレーニングは欠かしてはならない。

2：緊張したり不安になったりして，やるべきことができなければ，いくら実力があっても宝の持ち腐れに終わる。

3：メジャーリーグのイチロー選手は，決められた練習メニューをこなすから結果を出せると考えている。

4：やるべきことをきちんとできるようにするためには，本番でも無意識にできるようになっていなければならない。

5：練習やトレーニングに本番のつもりで取り組むと，脳に本番で結果を出す回路ができ，本番では，その回路が正しくつながるようになる。

チェック欄		
1回目	2回目	3回目

〈要旨把握〉

出典　茂木健一郎『本番に強い脳をつくる』成美堂出版

本文の構造は以下のとおりである。

第1・2段落：日ごろの努力の積み重ねがあって初めて本番で結果が出せることから，日ごろから練習やトレーニングを欠かさないことが重要である。

第3・4段落：イチロー選手は，決められた練習メニューをこなすから結果を出せると考えているのだろう。

第5・6段落：やるべきことをきちんとできるようにするためには，本番でも無意識にできるようになっていなければならない。

第7〜9段落：やるべきことをするためには，徹底した練習やリハーサルで体に覚えさせるしかない。

第1段落で問題提起となる意見が提示されている。そして，第2段落1行目後半から同段落最終行は，第1段落の内容が重要な理由を説明している。第3・4段落は具体例である。第5段落では，第2〜4段落のことができるために必要なことを示し，その具体的な内容が第7段落1行目後半〜最終行で述べられている。ただし，この内容は第1段落の繰り返しである。第8段落は第7段落のことが重要となる理由，最終段落は比喩である。以上から，第1・7段落に主旨が表れていると捉えられる。

1○　第1段落に基づく肢である。筆者の主張を捉えており，主旨として最も妥当だと判断できる。

2×　第2段落1〜2行目に基づく肢である。理由部分のみの内容であることから，本肢は主旨たりえない。

3×　第4段落に基づく肢である。具体例を示す部分であり，主旨たりえない。

4×　第5段落に基づく肢である。本肢内容を実現するために必要なことが第1・7段落で説明されているのであり，その点で本肢は主張の前提となる内容にとどまると判断できる。

5×　第8段落に基づく肢である。第1・7段落のことが大切である理由を述べている部分であることから，本肢は主旨たりえない。

正答 **1**

memo

SECTION ② 現代文
要旨把握

第1章

実践 問題 **42** 〈基本レベル〉

頻出度	地上★★★	国家一般職	東京都	特別区★★★
	裁判所職員	国税・財務・労基		国家総合職

問 次の文の主旨として，最も妥当なのはどれか。 （特別区2020）

　ヨーロッパにおける時間の問題には，常にキリスト教的な意識が結びついているといえるわけですが，やはり私自身の考えでは，時間というものは，ある一種の終末的なもの，エスカトロジック*なものだと思うのです。つまりわれわれは，時間というものを通じて，ある一つの目的に向かって近づいていくという考え方——これは私のものの考え方の根本にもあると思うのです。その目的が直接に宗教的なものであっても，あるいはそうでない，もっとヒューマンなものであっても，時間というものを通ってわれわれはある一つの目標に向かって進んでいるという考え——これはキリスト教の影響かもしれませんけれども，それを私はどうしても否定することができない。ハイデッガーみたいに，時間を存在の根本規定として，存在そのものにまで徹底的に入れてしまえば，まだ少しほかの考え方もできるかもしれませんが，私のばあい，人間は時間の中に生きている，人間を通って時間が展開する，という考え方はどうしても強いのです。時間というものは人間の存在そのものとまったく合一してしまうのでなくて，むしろ人間の存在そのものは時間の中に制約されて，変な言い方ですが，時間とはある程度区別されて存在しているのではないかという気がします。多少キリスト教的ですけれども，それがやはり時間の実相ではないかという気がします。

　　　　　　　　　　　　　（森有正「生きることと考えること」による）

　*エスカトロジー ……… 終末論

1：ヨーロッパにおける時間の問題には，常にキリスト教的な意識が結びついている。

2：人間は，時間というものを通じて，ある一つの目的に向かって近づいていく。

3：ハイデッガーは，時間を存在の根本規定として，存在そのものにまで徹底的に入れてしまう。

4：時間というものは，人間の存在そのものとまったく合一してしまう。

5：人間の存在そのものは，時間の中に制約されて存在している。

OUTPUT

実践 問題 **42** の解説

〈要旨把握〉

出典　森有正『生きることと考えること』講談社

・1・2文目：われわれは，時間というものを通じて，ある一つの目的に向かって近づいていくという考え方が私の根本にもあると思う。

・3文目：時間というものを通ってわれわれはある一つの目標に向かって進んでいるという考えを私はどうしても否定することができない。

・4文目：私のばあい，人間は時間の中に生きている，人間を通って時間が展開する，という考え方はどうしても強い。

・5文目：人間の存在そのものは時間の中に制約されて，時間とはある程度区別されて存在しているのではないかという気がする。

　段落が設けられていないことにも象徴されるように，同一主張が繰り返されている文章である。主旨として最も妥当なのを選ぶという点からは，筆者が強調している中心内容を捉えることが不可欠であり，それが具体的に表現されているものを正解として選びたい。

1 ✕　1文目前半に基づく肢である。直後に続く意見の前提部分となる内容であり，主旨たりえない。

2 ○　2文目に基づく肢である。1文目後半の意見を具体的に言い換えるとともに，3文目で「それを私はどうしても否定することができない」と強調する主張と同一内容でもあることから，主旨として最も妥当な肢だと判断できる。

3 ✕　4文目に基づく肢である。ハイデッガーの時間論が主題ではなく，主旨の捉え方がずれている。

4 ✕　5文目前半に基づく肢である。本肢の内容は，続く本文で「合一してしまうのでなくて」と否定されている。

5 ✕　5文目後半に基づく肢である。意見部分ではあるが，「制約されて，…という気がします」と述べられているように，主張としては弱い。また，この部分をより具体的に表しているのが肢2であることからも，本肢よりも肢2のほうが主旨としてより妥当であると判断できる。

正答 **2**

実践 問題 **43** 〈 基本レベル 〉

頻出度	地上★★★	国家一般職	東京都	特別区★★★
	裁判所職員	国税·財務·労基		国家総合職

問 次の文の主旨として，最も妥当なのはどれか。 (特別区2009)

　自意識は，人を規範的にし，また，自己批判を強めることによって，更なる努力を促します。しかし，自意識がいつでもこうした建設的なはたらきをするわけではありません。自己否定的な気持ちが強すぎると，強い劣等感や引け目を感じ，むしろ意欲をなくしてしまうこともあります。大人から見れば，些細なことでくよくよしたり，小さな問題でひどく落ち込んだりする子がいます。容貌，容姿が人と少し違うといって悩みます。勉強ができない，スポーツが苦手といって劣等感を持ちます。

　私たちには，もともと，人と自分を比較するという習性があります。専門家はこれを「社会的比較」と呼んでいます。自分の能力や魅力，価値などを知りたいと思うとき，私たちは周囲にいる人たちと自分を比較します。ある子どもは，あるとき，友達と競争すると，たいてい自分が勝つことに気づいて，「自分は走るのが得意なんだ」という認識を持ちます。初対面の人と友達が平気で話をしている様子を見て，「自分はこうはできないな」と一種の自己認識を形成します。走力にしても社交性にしても，絶対的基準があるわけではありません。人と比較して，自分の特徴がわかります。

　いろいろな面で私たちは社会的比較をしています。その結果，人よりも劣っている点だけでなく優れている点も見つかるはずですが，既に述べたように，私たちは，劣っている点の方に意識が向かう傾向があります。優れた点を「よかった」と素直に喜ぶことができれば，劣っている点があったとしても，精神的に安定しますが，思春期にいる人たちは，劣っている点ばかりがひどく重要なことのように思います。良い点を伸ばしていこうと前向きな気持ちになれればいいのですが，時には，劣等感の方に負けて，行動が萎縮してしまうこともあります。

1：自意識は，人を規範的にし，また，自己批判を強めることによって，更なる努力を促すが，いつでもこうした建設的なはたらきをするわけではない。

2：容貌，容姿が人と少し違うなどといった，大人から見れば，些細なことでくよくよしたり，小さな問題でひどく落ち込んだりする子がいる。

3：私たちには，もともと，人と自分を比較するという習性があり，自分の能力や魅力，価値などを知りたいと思うとき，周囲の人たちと自分を比較する。

4：社会的比較の結果，人よりも劣っている点だけでなく優れている点も見つかるはずだが，私たちは，劣っている点の方に意識が向かう傾向がある。

5：良い点を伸ばしていこうと前向きな気持ちになれれば良いが，時には，劣等感の方に負けて，行動が萎縮してしまうこともある。

OUTPUT

実践 問題 **43** の解説

〈要旨把握〉

出典　大渕憲一『思春期のこころ』筑摩書房

各段落の要点は以下のとおり。

第1段落：自意識は人を規範的にし，努力を促すが，自己否定が強すぎると強い劣等感を感じる。

第2段落：自己認識を形成する「社会的比較」は，絶対的な基準ではなく，人との比較である。

第3段落：社会的比較で人間は劣っている方に意識が向かう傾向があり，時には劣等感に負けて行動が萎縮することもある。

第1段落では，自意識が持つ建設的・非建設的な役割を述べている。第2段落では，自意識の形成原因となる，「社会的比較」の性質を述べている。第3段落では，社会的比較の結果良い方向より劣った方向に意識が向かう傾向を述べている。

したがって，本文の要旨は第1段落の「自意識が持つ役割」である。第1段落で示した「自意識」の形成原因を第2段落で述べ，第3段落は，形成原因である社会的比較の具体例と傾向を述べている。自意識そのものではなく，過程に関する言及にとどまる第2・3段落は，要旨として不足していることになる。

1◯　第1段落の内容である。本肢は自意識の建設的役割を中心に述べているが，「いつでも…するわけではない」と，非建設的な役割の存在にも触れている。筆者が考える自意識の役割を適切に押さえており，要旨として適切である。

2×　第1段落後半の内容である。本肢は，自意識の非建設的な役割を述べているが，建設的な役割には触れていない。その意味で，自意識の性質を網羅しているとはいえず，要旨として不足がある。

3×　第2段落の内容である。本肢の内容は，自意識の形成原因である社会的比較に関する言及にとどまっており，自意識そのものに触れられていないので要旨とはならない。

4×　第3段落の内容である。社会的比較の結果に関する言及で，自意識の役割に触れられていないので，要旨とはならない。

5×　第3段落後半の内容である。社会的比較の結果生じる意識傾向に関する記述にとどまり，第3段落の要旨にすぎない。

正答 **1**

実践 問題 **44** 〈 基本レベル 〉

頻出度	地上★★★	国家一般職	東京都	特別区★★★
	裁判所職員	国税・財務・労基		国家総合職

問 次の文の主旨として，最も妥当なのはどれか。　　　　　（特別区2016）

　自己を特定の社会的役割や慣習，固定的アイデンティティに基づかせる伝統的社会とは異なり，私たちは，誰もが誰でもない者として自分の周囲を通り過ぎていく社会に生きている。そうした社会に生きる身体は，ファッションに身を包む。ファッションは見られることによって新しいものとして地上に再降臨する。新たに創造されたものは，新しいがゆえに，古いものから切断され，無根拠である。創造することとは，神の世界創造のごとく，無根拠である。あるいは，無意味な行為といってもよい。「新しい」とは過去から切り離されていることである。こうした新しく創造された無根拠なものを地上に普及させることが，ファッションである。ファッションを身にまとう人は，創造されたものを人の目の前に見せ，人の視線を集め，自分を人々の中へと定着させる。それは，すなわち，誕生したものを地上へと定着させること，言い換えれば，養育することである。ファッショナブルな人とは，そうした，いわば誕生と養育とを繰り返し生きる人間である。
　新たな皮膚＝衣服を作り出すとは，新しい生き物を産みだし，育てることである。ファッションは，パーソナリティの心理学者の想像が到底，追いつかないほどに，はるかに深遠な存在論的出来事である。表面は深淵である。

1：私たちは，誰もが誰でもない者として自分の周囲を通り過ぎていく社会に生きており，そうした社会に生きる身体は，ファッションに身を包む。

2：ファッションは，見られることによって新しいものとして地上に再降臨する。

3：「新しい」とは過去から切り離されていることである。

4：ファッションを身にまとう人は，創造されたものを人の目の前に見せ，人の視線を集める。

5：新たな皮膚＝衣服を作り出すとは，新しい生き物を産みだし，育てることである。

直前復習

実践 問題 **44** の解説

〈要旨把握〉

出典　河野哲也『境界の現象学：始原の海から流体の存在論へ』筑摩書房

本文の構造は以下のとおりである。

第1段落前半：誰もが誰でもない者として自分の周囲を通り過ぎていく社会に生きる身体は，ファッションに身を包む。

第1段落中盤：ファッションとは，新しく創造された無根拠なものを地上に普及させることである。

第1段落後半：ファッショナブルな人とは，いわば誕生と養育とを繰り返し生きる人間である。

第2段落：新たな皮膚＝衣服を作り出すとは，新しい生き物を産みだし，育てることである。

第1段落前半は序論の役割を果たしている。ここで指摘されているファッションについて解説をしているのが続く部分であり，同段落7〜9行目でファッションについて定義されている。その後の部分で，ここで定義された「新しく創造された無根拠なもの」は「誕生したもの」，「地上に普及させること」は「誕生したものを地上へと定着させること」＝「養育すること」と言い換えられている。この「誕生」と「養育」が本文のキーワードであり，第2段落1行目の定義でも「新しい生き物を産みだし（＝誕生），育てる（＝養育する）こと」だと述べられている。以上から，ファッションについて「誕生」「養育」の内容を踏まえてまとめている肢が主旨として最も妥当だと判断できる。

1×　第1段落前半に基づくが，話題提起の部分であるため，主旨たりえない。

2×　第1段落前半に基づくが，「誕生」「養育」という内容を含んでいないため，主旨として妥当ではない。

3×　第1段落中盤に基づくが，「新しい」についての定義が本文の主題ではない。

4×　第1段落後半に基づくが，本肢は主張の前提となる内容にとどまることから，主旨たりえない。

5○　第2段落に基づく内容であり，ファッションに関する「誕生」「養育」という意味内容を表していることから，主旨として最も妥当である。

正答 **5**

実践 問題 **45** 〈基本レベル〉

頻出度	地上★★★	国家一般職	東京都	特別区★★★
	裁判所職員	国税・財務・労基		国家総合職

問 次の文の主旨として，最も妥当なのはどれか。 （特別区2017）

　戦後の日本社会では，「豊かな家族生活」を築くことが，幸福を約束するためのガイドラインになりました。ガイドラインに沿って，「豊かな家族生活」に必要な商品をそろえることが社会で評価され，幸福を感じるための手段でした。このような幸福を常に感じていくためには，家族が経済的に豊かになり続けることが不可欠です。高度成長期には，大多数の世帯収入が増えていたので，このガイドラインが有効だったのです。

　しかし，今や経済の高成長は見込めません。少子高齢化が進み，現役世代の可処分所得は減少しています。そして，今の若者の４分の１は生涯未婚だと予測され，離婚も増えています。「豊かな家族生活」を築くことによる幸福を否定するつもりはありませんが，それだけが幸福をもたらすとすれば，多くの人はそのような幸福から排除されてしまいます。

　ボランティア活動など他人や周りの人が喜ぶような新しい形の多様な幸せのモデル，つまり，他人とつながって社会的承認を得るというシステムが生まれ，育つことをサポートしていく必要があります。

　新しい形の幸福を追求するにしても，生理的欲求の充足はもとより，人からみじめとは思われない程度の生活は不可欠です。誰かにプレゼントをしたり，社会活動に参加したりするにしても，多少のお金は必要です。すべての人に文化的に最低限の生活を保障するためには，経済的な豊かさを維持しなくてはなりません。その上で，新しい形の幸福をサポートする仕組みを整えることが社会に求められていると思います。

1：戦後の日本社会では，豊かな家族生活を築くことが，幸福を約束するためのガイドラインになっていた。

2：今や経済の高成長は見込めず，少子高齢化が進み，現役世代の可処分所得は減少している。

3：豊かな家族生活を築くことだけが幸福をもたらすとすれば，多くの人はそのような幸福から排除されてしまう。

4：他人とつながって社会的承認を得るというシステムが生まれ，育つことをサポートしていく必要がある。

5：すべての人に文化的に最低限の生活を保障するためには，経済的な豊かさを維持しなくてはならない。

実践 問題 45 の解説

〈要旨把握〉

出典　山田昌弘『こころ動かす経済学』日本経済新聞社

本文の構造は以下のとおりである。

第1段落：戦後の日本社会では，「豊かな家族生活」を築くことが幸福を約束するためのガイドラインとなった。

第2段落：経済成長が見込めない現在，「豊かな家庭生活」を築くことのみが幸福をもたらすとすれば，大勢が幸福から排除されることになる。

第3段落：そのような中，新しい形の多様な幸せモデルが生まれ，育つのをサポートしていく必要がある。

第4段落：すべての人に文化的に最低限度の生活を保障するには，経済的な豊かさを維持したうえで，新しい形の幸福をサポートする仕組みを整えることが社会に求められる。

本文は「第1段落：序論→第2・3段落：本論→第4段落：結論」という3段落構成の構造となっている。結論段落では，①新しい形の幸福の追求，②文化的に最低限度の生活を保障するための経済的豊かさの維持，という2点が述べられている。両者のいずれが主旨にあたるのかについて，同段落1文目が「新しい形の幸福を追求するにしても，…人からみじめに思われない程度の生活は不可欠です」という形になっていることから，①＝譲歩的内容，②＝主節内容であると読み取れる。つまり，主旨としては②の内容が正解となる。

1 ✕ 第1段落1〜2行目に基づく肢である。序論にあたる部分であることから，主旨たりえない。

2 ✕ 第2段落1〜2行目に基づく肢である。現状の事実を表しただけの内容であることから，主旨として妥当ではない。

3 ✕ 第2段落4〜5行目に基づく肢である。この内容を回避するために必要なことが第3段落で説明されており，本肢は第3段落で論じる内容の前提にすぎない。

4 ✕ 第3段落に基づく肢である。上記解説のとおり，本肢の内容は従属的・補足的な内容として述べられていることから，主旨としては妥当でないと判断できる。

5 ○ 第4段落3〜4行目に基づく肢である。上記解説により，本肢が主旨内容を表している。

正答 **5**

第1章 現代文

実践 問題 **46** 基本レベル

頻出度	地上★★★	国家一般職	東京都	特別区★★★
	裁判所職員	国税・財務・労基		国家総合職

問 次の文の主旨として，最も妥当なのはどれか。　　　　（特別区2022）

　不安な状態は決して悪いものではない。だからといって，あまりに不安ばかりが肥大しすぎるのは決してよいことではないのも事実である。慎重になりすぎるあまり，迷いが生じて決断力が鈍り，行動に移せなくなってしまうのだ。だから，不安と自信のバランスをうまく保つことが大切になる。

　だいたい，不安というものは打ち消そうとしてもそう簡単に打ち消せるものではない。仮にひとつ解消できたとしても，すぐにまた別の不安が襲ってくる。そうであるならば，不安を解消しようとするのではなく，うまく付き合っていく方法を考えたほうが建設的であろう。そして，不安とうまく付き合うことは，誰にでもできる。

　人間というものは，不安や自信といった相反するものをつねに自分の中に抱えながら，その葛藤のなかで成長していくものではないだろうか。磁石にN極とS極があるように，個人，そしておそらく組織も，相反するもの，いわば「矛盾」を抱えながら進化していくのだ。ひとつ問題を解決しても，解決したことによって別の問題が持ち上がる。不要だと思えるものをすべてなくしたからといって，必ずしもうまくいくとは限らない。これらはすべて矛盾といっていい。つまり，人間と，人間によって構成される組織は，単純に割り切れるものではないということだ。そうした矛盾を，むしろ潤滑油としてうまく利用したほうが，よい成果が得られると思う。

　そこで大切になるのは，不安やコンプレックスといった「負」の要素を自覚し，そのまま受け入れたうえで，それを「マイナス」とは考えずに，「プラス」に転化していくことである。それが私のいう，「うまい付き合い方」なのだ。そのために重要なのが，「視点を切り換えること」，別の言い方をすれば「物事の捉え方」である。

（平尾誠二「人は誰もがリーダーである」による）

1：不安な状態は決して悪いものではないが，あまりに不安ばかりが肥大しすぎるのは決してよいことではない。

2：不安を解消しようとするのではなく，うまく付き合っていく方法を考えた方が建設的であり，不安とうまく付き合うことは，誰にでもできる。

3：ひとつ問題を解決しても，解決したことによって別の問題が持ち上がり，不要だと思えるものを全てなくしても，必ずしもうまくいくとは限らない。

4：人間と，人間によって構成される組織は，単純に割り切れるものではなく，矛盾を潤滑油としてうまく利用した方が，よい成果が得られる。

5：大切なのは，不安やコンプレックスといった負の要素を自覚し，そのまま受け入れることである。

OUTPUT

実践 問題 **46** の解説 ────────────────

〈要旨把握〉

出典　平尾誠二『人は誰もがリーダーである』ＰＨＰ研究所

各段落の要点は以下のとおりである。

第１段落：不安と自信のバランスをうまく保つことが大切になる。

第２段落：不安を解消しようとせず，うまく付き合っていく方法を考えたほうが
　　　　　建設的であろう。

第３段落：人間と，人間によって構成される組織は単純に割り切れず，そうした
　　　　　矛盾をむしろ潤滑油としてうまく利用したほうが，よい成果が得られ
　　　　　ると思う。

第４段落：そこで大切になるのは，不安やコンプレックスといった「負」の要素
　　　　　を自覚し，そのまま受け入れたうえで，それを「プラス」に転化して
　　　　　いくことであり，それが私のいう「うまい付き合い方」なのである。

　第１段落と第２段落の主題文はほぼ同内容を述べている。これらに対して第３
段落冒頭で，人間はいかなる存在かという提起を行い，新たな内容を展開している。
人間，組織とも，矛盾との葛藤の中で成長，進化することを繰り返したうえで，同
段落最終文で「そうした矛盾を，むしろ潤滑油としてうまく利用したほうが，よい
成果が得られると思う」という主張が展開される。第３段落の主張を実現するため
に大切になることとして，第４段落では第２段落の主張文で指摘していた「うまく
付き合っていく方法」の具体的内容が説明されている。

　以上の展開から，第３段落の主張文を最低限踏まえたうえで，第４段落の内容も
含みうるものが主旨となると判断できる。

1 ×　第１段落１・２文目に基づく選択肢である。この部分は第３段落の主張文
　　　を導く理由となっている部分であり，主旨たりえない。

2 ×　第２段落３・４文目に基づく選択肢である。不安とうまく付き合うために
　　　どうすることが必要かについては第３・４段落で具体的に説明されている。
　　　その前段にとどまる本肢は主旨として言い足りない。

3 ×　第３段落３・４文目に基づく選択肢である。本肢の内容は同段落５文目で「矛
　　　盾」と言い換えられるが，矛盾そのものについてが本文の主題ではない。

4 ○　第３段落６・７文目に基づく選択肢である。上記解説を参照のこと。他の
　　　４肢が主旨たりえないことからも，本肢が主旨として最も妥当だと判断で
　　　きる。

5 ×　第４段落１文目に基づく選択肢である。「うまい付き合い方」に関する説明

部分ではある。しかし,「受け入れたうえで」より前の内容で本肢が作られているのに明らかなとおり,本肢を前提として,それを「マイナス」とは考えずに「プラス」に転化するという内容を含んでいなければ,「うまい付き合い方」の説明として十分ではない。また,第3段落の主張文を踏まえていない点でも,本肢は主旨たりえない。

正答 4

memo

実践 問題 **47** 基本レベル

頻出度	地上★★★ 裁判所職員	国家一般職 国税・財務・労基	東京都	特別区★★★ 国家総合職

問 次の文の要旨として最も妥当なのはどれか。 （地上2021）

　歯磨き粉のコマーシャルだったと思うんですが，「歯がしみる人に」みたいな言葉を聞いて，「へー，歯がしみるって言うんだなあ」って思ったのをよく覚えています。これは，比較的新しい用法でしょう。本来の用法は，「冷たいものが歯にしみる」だったと思うんです。「しみる」というのは，液体や気体が少しずつある部分に入り込んでいく，みたいな意味ですよね。あるものがある様態で移動する事態を表わしています。なので，そういう動詞の常として，移動するものが主語になっているわけです。ところが，「歯がしみる」とか「目がしみる」では，身体部分の方が主語になってしまっている。「歯がしみる」は「歯が痛い」の一種と言えるわけですが，たんなる「痛い」とどう違うのかを考えると，「歯がしみる」はその履歴を語っていることになる。「歯がしみる」と言えば，何かが歯にしみた結果その痛みが生じたのだということがわかります。つまり，本来は「何かが歯にしみてその結果として歯が痛くなった」という事態なのですが，そこで何がしみたかはさほど重要ではなくて，その結果として歯がどうなったのかということだけに焦点を当てると，「歯がしみる」という言い方になる。

1：「歯がしみる」という表現は結果としての痛さ自体については伝わりにくいが，単に「歯が痛い」を言うよりも歯痛に至る履歴をはっきり伝えられる言い方である。

2：「歯がしみる」と言う場合，歯の痛みが生じるまでの履歴は言わずに，単に結果として「歯が痛い」という事実にだけ焦点を当てている。

3：「歯がしみる」という表現は，実際に何かが歯にしみていなくても，結果として何かがしみたときと同じような痛みが歯に生じていれば用いられる言い方である。

4：「歯がしみる」という場合，その歯痛で起きている事態を構成する要素のうち，原因の物質は問わずに，痛みが生じるまでの履歴を表現している。

5：「歯がしみる」と言うと，歯痛の原因の物質に焦点が当たらないため，歯痛で起きている履歴を構成する要素を偏りなく捉えるには物足りない言い方になる。

OUTPUT

実践 ▶ 問題 **47** ▶ の解説

〈要旨把握〉

出典　西村義樹・野矢茂樹『言語学の教室：哲学者と学ぶ認知言語学』中央公論新社

本文の構造は以下のとおりである。

・1～4行目：「歯がしみる」の本来の用法は，「冷たいものが歯にしみる」だったと思う。

・4～7行目：「しみる」とは，あるものがある様態で移動する事態を表し，そういう動詞の常として，移動するものが主語になっている。

・8～14行目：「歯が痛い」との違いとして，「歯がしみる」はその履歴を語っており，その結果として歯がどうなったのかということだけに焦点を当てると，「歯がしみる」という言い方になる。

要旨を捉えるにあたっては，7行目にある逆接の接続語「ところが」以降が重要となる。とりわけ最終文は，それまでの内容を総括の接続語「つまり」でまとめていることから，選択肢の検討では最終文の内容を踏まえているかを重視する必要がある。

1 ✕ 本肢前半「『歯がしみる』という表現は結果としての痛さ自体については伝わりにくい」という内容は本文から読み取れない。また，本肢後半について，「歯が痛い」に比べて「歯がしみる」のほうが歯痛に至る履歴を語っているという指摘は本文にある。しかし，歯痛に至る履歴を「はっきり」と伝えられるとまでは本文で述べられておらず，言いすぎの内容を含む誤肢である。

2 ◯ 本文7行目「ところが」以降の趣旨を踏まえ，最終文の主張を中心にまとめられており，要旨として妥当である。

3 ✕ 本肢後半「（「歯がしみる」という表現は，）結果として何かがしみたときと同じような痛みが歯に生じていれば用いられる言い方」という内容は本文で説明されていない。

4 ✕ 本肢後半「（「歯がしみる」という場合，）痛みが生じるまでの履歴を表現している」が，本文最終文「その結果として歯がどうなったのかということだけに焦点を当てる」という主張と逆の内容であり，要旨として不適切である。

5 ✕ 本肢は本文でまったく説明されていない内容である。

正答 **2**

頻出度	地上 ★★★	国家一般職	東京都	特別区 ★★★
	裁判所職員	国税・財務・労基		国家総合職

問 次の文章で，筆者が特に主張したいこととして，最も適当なのはどれか。

（裁事・家裁2011）

　妖怪への関心は現代文化において決して孤立した現象ではない。人間の心・内面にかかわるさまざまな社会現象，たとえば，密教，新々宗教，神秘主義，占い，予言，臨死，怪獣，バーチャルリアリティ体験といった事柄への関心の高まりとも通底する現象である。こうした社会現象の背景にあるのは，言うまでもなく現代の閉塞状況である。

　ここ十年の間に，私たちの時代は大きく変わった。科学文明・物質文化の浸透によって都市空間から「闇」が消滅し，明るいそして均質化された世界が私たちの日常生活の環境となり，そこで単調だとも言える毎日を繰り返してきた。ところが，私たちはこの日常生活をしだいに苦痛に思うようになってきたのである。そればかりではない。私たちの描く日本文化・地球文化の未来のイメージも，高度成長期のような明るいものではなくなり，政治，経済，社会生活，病気，自然環境そして精神生活，等々，さまざまな点で，「不安」の色を伴ったものとなってきていると言っていいだろう。

　ある意味で，人々の心の中の「闇」が広がりつつあるのだ。言い換えれば，「妖怪・不思議」は，科学主義・合理主義が生み出した便利さや物質的豊かさを享受しつつ，その世界を支配している価値観に疑問を持ったり，それに従って生きることに疲れたりした人々の前に立ち現れてくる。「妖怪・不思議」は現代社会を支配している価値観，つまり人々の生きている「現実」世界を超えたものである。人々はそうした「妖怪・不思議」を，フィクションを通じてであれ，うわさ話としてであれ，自分たちの世界に導き入れることで，自分たちの「現実」に揺さぶりをかけたり，そこからの離脱を試みたりしているのである。

　「妖怪・不思議」は，自分たちの「現実」を相対化し，別の「現実」もあり得ることを示唆する。たとえば，宮崎駿のアニメ『となりのトトロ』を通じて，私たち現代人が失ってきた世界がなんであったか，物語の中に妖怪を登場させることで人間の精神生活をどれほど生き生きと描き出せるか，子供がその想像力をいかに羽ばたかせることができるか，等々を，私たちは十分に学び取ったはずである。「妖怪・不思議」は，私たちに「もう一つの現実」の世界を用意し，そこで

遊ぶことを，そして，それが人間にとってどれほど大切なことかを教えてくれるのである。妖怪学が必要な理由の一つはここにあると言えよう。

1：科学主義や物質文化は我が国に高度成長を生み出したが，社会の変化とともに停滞の時代を迎え，必然的に心の「闇」が広がって，妖怪やバーチャルリアリティといった世界へ人々の心が傾倒していったが，現実的にはそれも大切なことである。

2：科学文明や物質文化の急速な進展の反動として，人々が心の「闇」というべき妖怪や不思議さ，例えば，怪獣・神秘主義・予言といったものを求める現実的な状況を引き起こし，さらに，そういう現象がまた現代の閉塞感を拡大せしめたのである。

3：科学主義や合理主義によって生み出された現実的閉塞感や心の「闇」から脱却するため，妖怪や不思議の世界を求めることにより，その世界を新たな一つの現実として精神を活動させることが重要である。

4：科学主義や合理主義は，科学文明・物質文化を生み出し，人間に便利さや豊かさをもたらしたが，その反面，飽き足らなくなった人間の内面に「妖怪」や「不思議さ」といった新たな現実の世界に遊ぶことを希求させることとなった。

5：科学主義・物質主義は必然的に合理主義を生み出し，豊かな精神の活動を停滞させて心の「闇」を広げてしまったために，「妖怪・不思議」の世界によって新たな想像という精神活動への転換を図ることが大切である。

実践 問題 **48** の解説

〈要旨把握〉

出典　小松和彦『妖怪学新考：妖怪からみる日本人の心』小学館

各段落の要点は以下のとおり。

第1段落：人間の心，内面にかかわるさまざまな社会現象の背景は，現代の閉塞状況にある。

第2段落：この10年で大きく変わった私たちの時代は，単調を苦痛と思い，不安の色を伴っている。

第3段落：人々の心の中の「闇」が広がりつつあり，人々は，「妖怪・不思議」を導き入れて，現実に揺さぶりをかけ，離脱を試みる。

第4段落：「妖怪・不思議」は，現実を相対化し，「もう1つの現実」の世界の大切さを教えてくれる。

第1・2段落で現在の閉塞状況を述べ，第3段落で「妖怪・不思議」を招き入れることによる，現実からの離脱を試みることを述べている。第4段落も第3段落に続く形で，現実を相対化し，「もう1つの現実」の世界を用意することの重要性を説いている。

したがって，本文の要旨となるのは，第3・4段落で述べられている，「妖怪・不思議」による，もう1つの現実を用意することの重要性である。第1・2段落は，「妖怪・不思議」の重要性を裏づけるための，現代社会の状況説明の記述にとどまっている。

1 × 本文で述べられている要旨は，「もう1つの現実を用意することの重要性」である。単に，妖怪などの世界に傾倒することが大切と述べられているわけではない。

2 × 「妖怪・不思議」による，現実から離れることに触れられていないため，要旨とはならない。また，「閉塞感」に着目した場合，第1段落末尾にあるが，ここで述べられているのは，社会現象の背景にあるという内容だけである。閉塞感の「増大」に関する言及はない。

3 ○ 上述の要旨が肢後半で，適切に触れられている。また，「科学主義」に着目した場合，該当する記述のある第3段落で，これが生み出した価値観への疑問や疲れが述べられており，肢前半も内容的に正しい。要旨を踏まえ，内容的にも正しいので，本肢が最も適当と判断すべきである。

4 × 本文要旨を肢後半で述べている。ここで「科学主義」に着目すると，第2段落で便利さと豊かさをもたらしたことが述べられているが，同時にもた

らされたのは，苦痛になったことや，不安の色を伴うものになったことである。「飽き足らなくなった」という内容が本肢にはなく，この点で本肢は妥当でない。

5 ✕ 本文要旨を肢後半で述べている。ここで科学主義に着目すると，第3段落で「科学主義・合理主義」という記述がある。ここからわかるように，科学主義と合理主義は，同一の次元で述べられており，本肢のように因果関係にあるものとしては述べられていない。この点で，内容的な誤りを含んでいる。

正答 **3**

実践 問題 **49** 〈応用レベル〉

頻出度	地上★★★	国家一般職	東京都	特別区★★★
	裁判所職員	国税·財務·労基		国家総合職

問 次の文の趣旨として，最も妥当なのはどれか。　　　　　　（国Ⅰ2003）

　美は主体とからまることがほとんど絶対にない。ナルシシズムは自己を客体とした二重操作による美の把握であって，それも自己が客体となることには変りがない。ところで行動とはあくまで主体的なものである。行動とは，自分のうちの力が一定の軌跡を描いて目的へ突進する姿であるから，それはあたかも疾走する鹿がいかに美しくても，鹿自体には何ら美が感じられないのと同じである。およそ美しいものには自分の美しさを感じる暇がないというのがほんとうのところであろう。自分の美しさが決して感じられない状況においてだけ，美がその本来の純粋な形をとるとも言える。だからプラトンは「美はすばやい，早いものほど美しい」と言うのである。そしてまたゲーテがファウストの中で「美しいものよ，しばしとどまれ」と言ったように，瞬間に現象するものにしか美がないということが言える。そしてその美を，その瞬間にして消え去る美を永久に残る客体として，それ自体一つのフィクションとして，この世にあり得ないものとして現実から隔離してつくり上げたものが造形美術なのである。

　では行動の美というのはどんなものであろうか。行動の美ということ自体矛盾であるのはいま述べたとおりである。そして本来男は自分が客体であることをなかなか容認しないものであるから，男が美しくなるときとは彼自身がその美に全く気がついていないときでなければならない。その行動のさなかで美が一瞬にして消える姿は，あたかも電流が自分のからだを突き抜けて去ったように，彼自身には気づかれないのが普通である。しかし美の不思議は，もしそれを見ていた第三者がいたとすれば，その第三者の目にはありありと忘れ難い映像を残すということである。

1：行動の美というものは本質的に矛盾を含んだものであるので，行動の美があるとすればそれは現実から隔離して作り上げられた造形美術の中にしかない。

2：行動の美は，主体がそれと気づかぬうちに第三者の意識の中に突然生じるものであるので，主体そのものが持つ美とは本来関係ないものである。

3：行動の美は，行動の主体が自らを美しいと感じていないことを条件に生じるものであるので，主体が自らの美を意識することで美は消え去ってしまう。

4：行動の美は，一瞬のうちに生じ次の瞬間には消え去ってしまうものであるので，これを美としてとらえることは一般に極めて難しい。

5：行動の美は，主体が目的に向かって突き進むつかの間に生じるものであるが，見る者のみに忘れ難い印象を刻みこむ。

OUTPUT

実践 問題 **49** の解説 ───────────

〈要旨把握〉

出典　三島由紀夫『行動学入門』文藝春秋

各段落の要点は以下のとおり。

第1段落1～5行目：美は主体と絡むことはほとんど絶対にないが，行動は主体的である。

第1段落5～13行目：純粋な形をとる美の瞬間に現象するものを，フィクションにしたのが造形美術である。

第2段落：行動の美は，本人は普通気づかないが，第三者の目には忘れ難い映像を残す。

第1段落前半で美と行動の関係について述べ，後半で造形美術の性質について述べている。そして，第2段落では，行動の美の特徴について述べている。

本肢は，すべてが「行動の美」で始まっており，第2段落の内容を適切に捉えていることを要することが推測される。そのうえで，「行動」，「美」の定義づけについて，第1段落の内容と反していないものが趣旨として最も妥当であると判断できる。

1× 行動の美の本質的矛盾については，第2段落で述べられているとおりである。しかし，「造形美術」に着目すると，この言葉は第1段落でしか用いられていない。したがって，行動の美と造形美術の関係について本文では明らかでなく，この点で，本肢は内容的な誤りがある。

2× 行動の美が主体に気づかれないことは第2段落で述べられている。ここで，「第三者」に着目すると，第2段落末尾で，「見ていた」ことが述べられている。見ている以上，気づかないとはいえない。

3× 「美が消え去る」に着目すると，第2段落4～5行目に記述がある。ここでは，「行動のさなかで」としか述べられていない。本肢のように，条件関係を見いだせる記述がないことから，内容的に誤りがある。「条件」およびそれに類似する表現がないことから判断ができる。

4× 「行動の美」について述べた第2段落の中で，「次の瞬間には消え去（る）」に着目すると，4～5行目に該当する記述がある。しかし，ここで述べられているのは，彼自身が消え去る姿に気づかないという内容だけである。美として捉えることの難易度については述べられていない。

5○ 「主体が目的に…進む」に着目すると，第1段落3～4行目に「自分のうちの力が…目的へ突進する」という記述を見いだせ，これが行動に関するものであることがわかる。また，「美」がつかの間であることは，「瞬間に現象する（第1段落10行目）」などの記述から見いだされ，この点も正しい。最後の見る者に刻み込む印象については，第2段落最終文の記述にあるので，本文の要旨，内容を全体的に正しく捉えていることがわかる。

正答 5

実践 問題 **50** 〈 応用レベル 〉

頻出度	地上★★★	国家一般職	東京都	特別区★★★
	裁判所職員	国税・財務・労基		国家総合職

問 次の文の趣旨として最も妥当なのはどれか。 (国Ⅰ2002)

　古典といっても，それは敢て古い時代のものには限らない。洋語で古典classicまたは古典的classicalという言葉はギリシア，ローマ的古代に属するものという意味にも，或いは承認されたる，第一流の標準的なものという意味にも用いられている。無論私が読むことを勧めるというのは，この第二の意味の古典である。

　すべて文芸と学問とを問わず，それぞれの分野において，いくつかの流行浮沈を超越する標準的著作が認められてあるものである。私の指していうのはそれである。心がけてこういう著作を読めということは余りにあたりまえな，無用の忠告のようであるが，実はそうでない。人は意外に古典的名著を読まないのである。……（略）……。

　何故このように人は古典を読まないのであるか。人が意外に名著を知らないということもあろう。しかし一には，古典的名著が人に或る畏怖の念を懐かせ，圧迫を感じさせるからではなかろうかと，私はひそかに思うのである。古典として世に許されている名著は，みな何らかの意味において独創的である。そうしてこの独創はいずれも著者の強い個性から発する。その強い個性を持った著者は，往々読者を顧慮しない。これがしばしば読者に取りつき憎い厳しさを感じさせ，人に名著を憚らしめるゆえんではなかろうか。

　やはりショーペンハウアーがそれについて言ったことがある。「もろもろの本が，昔の此の，或いは彼の，天才に関して書かれる。さうして公衆はそれを読む。併し彼の天才そのものは読まぬ。それは公衆がたゞ新刊のもののみを読むことを欲するからであり，又彼等が同気相求め（similis simili gaudet），今日の愚物の無味浅薄なる饒舌が天才の思想よりも彼等にとつてより同質的であり，より心地よいからである」と。この言いささか過酷の嫌いはあるが，私がいう所と相通ずるところもあるのである。けれども，右にいう通りの，取りつき憎い名著を読むことこそ大切なので，吾々が真に精神の栄養を感じ，思想の成育を自覚するのは，これらの古典的大著を読みおえたときであることは，少しでも体験あるもののひとしく首肯するところであろう。

　往年久しくイギリスの外務大臣として令名のあったエドワード・グレイ子爵は，鳥類学の大家であり，魚釣りの名手であり，且つ読書家であったが，そのグレイが有名な「レクリエーション」と題する講演の中で特に力説したのは，やはり幾

世代を経て定評のある古典を読めということであった。私はそれが誰れの言葉であったか知らないが，「何時でも新しい本が出た度毎に古い本を読め」と言ったものがあるそうである。グレイのこの言葉を文字通り受け取る必要はないが，しかし人は古い，証明せられた書籍を先ず重んずべきだと，言っている。

ついでに記すと，グレイは外相在任中，イングランドの北境に近い故郷の本邸の書斎には，常に三つの本を用意しておいたと書いている。一つは過去の時代の大なる事件と大なる思想を取り扱う，何時の世にも読まれる大著の一つ，例えばギボンの「ローマ帝国衰亡史」，二は幾世代相継いで承認せられた古い小説（彼れの手紙によれば例えばサッカレー），三は真面目な，或いは軽い近代書である。そうして彼れは週末，国務の暇を得ては帰宅して，それを読んだ。

グレイのように繁劇な職務を持つものは，どうしても常にこれほどに計画的に用意しておかないと，ツイ手近かの雑誌や新聞に漫然目を走らせることが多く，読書らしい読書ができないで終ることになるであろう。

1：幅広い教養を身につけるためには，手近の雑誌や新聞だけでなく，何でも読みこなすという気持ちを大切にして読書を習慣づけなければならない。
2：できるだけ多くの古典的大著を読むことが大切なのであるから，読むことに楽しみを求めてはいけない。
3：精神的に成長するためには，著者の強い個性から発する独創的な古典的名著を読むことが大切である。
4：取りつきにくい名著を読むことこそ大切なのであるから，読書の時間を計画的に用意して古典を読まなければならない。
5：たとえ取りつきにくい名著であっても，天才の思想を完全に理解できるまで繰り返し読む根気がなければならない。

実践 問題 **50** の解説 ─────────────────

〈要旨把握〉

出典　小泉信三『読書論』岩波書店

各段落の要点は以下のとおり。

第1段落：私は，「第一流の標準的なもの」という意味での古典を読むことを勧める。

第2段落：標準的著作を読めというのは当たり前のようだが，人は意外に古典的名著を読まない。

第3段落：古典を読まない理由は，著者の強い個性から発する独創性が，畏怖の念を抱かせるからではないか。

第4段落：ショーペンハウアーも述べているが，取りつきにくい名著を読むことが大切である。

第5～7段落：グレイは，古典を読むために計画的に本を書斎に用意し，それを読んでいた。

第1段落で，古典を読むことの重要性を説き，第2・3段落で，人が一般に古典的名著を読まない理由を考察している。この現状を踏まえながら，第4段落で，ショーペンハウアーの言を援用しながら，独創的な古典的名著を読むことの重要性を再度強調している。第5段落以降では，これを実践した人の例として，グレイの読書に対する姿勢を挙げている。

したがって，本文の要旨となるのは，第1段落と第4段落で述べられている，「古典的名著を読むことの重要性」である。ただし，第4段落は「やはり」で始まっているとおり，第3段落の内容を受けていると考えられるので，第3段落の記述が要旨として含まれている可能性がある。

1✕ 本文で主張されているのは，「古典的名著を読むことの重要性」である。「何でも読みこなす」ことの重要性は述べていない。また，「手近の雑誌や新聞」に着目すると，最終段落に該当する記述があるが，これは，グレイが読書らしい読書ができなくなる可能性として，仮定的に述べたものにすぎない。

2✕ 「読むことに楽しみを求めてはいけない」に着目した場合，本文中で該当する記述を見いだすことができない。第3段落で，古典的名著を読む際に「取りつき憎い」という表現を用いているが，これを「楽しみを求めない」と表現するのは言いすぎである。

3◯ 「独創的」「古典的名著」の2つの語に着目すると，双方の語を含んでいる段落として第3段落を見いだせる。そこでは，古典的名著が独創的である

ことが述べられている（3～4行目）。そして，第4段落では，古典的大著を読み終えたときに，「真に精神の栄養を感じ（る）」とある。本肢は，これら本文の内容を踏まえ，要旨も適切に捉えているので，妥当な肢といえる。

4 × 「読書の時間」「計画的に用意」に着目すると，最終段落に該当する記述が見いだせる。しかし，この内容はグレイの読書に対する姿勢を述べた部分にすぎず，筆者の主張は含まれていない。

5 × 「天才の思想」に着目すると，第4段落に該当する記述が見いだせる。そこでは，ショーペンハウアーの言として用いられているが，愚物が天才の思想よりも同質的であるという記述しかなされておらず，本肢のように，「完全に理解」という内容を読み取ることはできない。

正答 **3**

空欄補充

必修問題 セクションテーマを代表する問題に挑戦！

空欄補充は空欄のある位置によって問題の性質が大きく異なります。
まずは要旨把握的な解法を要する標準的な問題を解いてみましょう。

問 次の文の空所Aに該当する語として，最も妥当なものはどれか。

(特別区2008)

　さて私たちは，日ごろから数多くの経験をつみ重ね，これらの経験について たえずよく考えることによって，ものごとに関する認識をしだいに発展させている。いいかえれば，私たちの頭脳のなかに存在する真理はしだいに増大していく。このように真理はたえず変化している。一方，真理がたえず変化しているとすれば，そのときどきの真理と思われているものもほんとうは正しくない点をふくんでいるものであって，この意味では結局，いつになっても私たちは事物に関する正しい認識に到達することができないように見える。真理に関するこのような疑問に答えるには，真理そのものについていっそう詳細な研究をおこなう必要がある。

　いうまでもないが，私たちは，どのような場合でも，対象を完全に認識しつくすことはできない。外界を認識するための実践の範囲は，おのずから限界があり，また，技術的手段の発達はいつの時代でも限度がある。自分のおかれている社会的立場によって，社会にたいする理解に制約が生じてくることも多い。さらに客観的実在自身もまた変化発展しているのが普通である。このような場合，事物のすべての発展をあらかじめ認識しつくすことなどありえない。

　あれやこれやで，私たちの得る真理が，完全で永続的で，不変であり，これ以上研究することを要しない，そのような完全な真理であることなどありえない。私たちの獲得する真理は，つねに部分的な限界のある真理でもある。このことを真理の相対性，またこのときの真理を相対的真理という。

　ここでひとこと注意しておかなければならないことがある。それは真理がつねに相対的であるからといって，その内容がけっしていい加減のものではないということである。私たちが得るものは部分的な真理であって，この意味で相対的ではあるが，その部分に関しては客観的で正しい真理である。このことを真理の　　A　　という。真理は部分的という意味では相対的で，その部分に関する限り客観的で正しいという意味で絶対的である。

1：変化
2：限界
3：絶対性
4：永続性
5：相対性

必修問題の解説

〈空欄補充〉

出典　田中一『自然の哲学』新日本出版社

　空欄補充の場合，空欄の数と位置によって検討方法が異なる。本問の場合，文末に１つ置かれているため，全体の要旨であると判断するのが妥当であるが，埋めるのが語句であるため，空欄前後の文をまず読み解くのが効率的だろう。文全体の構造を把握するのはそれからでも遅くない。

　空欄Aは，真理について述べたもので，「このこと」で該当文が始まっていることから，前の文を読み取る。そうすると，「その部分に関しては客観的で正しい真理」という記述を見いだせる。そのさらに前の文は，「この意味で相対的ではあるが，」と，別のまとめがなされているので読む必要はない。ただし，「あるが，」と逆接の接続詞が用いられている点に注意すべきである。空欄Aに入る語は，「（部分的な真理が）相対的」という意味と異なるものが入ることを推測できる。

　ここで，空欄後の文に目を向けると，「真理は部分的という意味では相対的で」と，空欄前の文と同じ表現がなされていることを確認できる。ということは，その後に続く文は，空欄Aを含む文に対応していることを確認できる。その内容は，「その部分に関する限り客観的に正しいという意味で絶対的である」というものである。相対的と絶対的は対義語の関係にあり，空欄Aもまた，「相対的」の対義語となるものが入ると判断できる。

　これに該当する言葉は，肢３の「絶対性」しかない。第３段落以前の部分を読まずして，正解肢を確定できる問題である。

正答 3

SECTION ③ 現代文 空欄補充

第1章

1 空欄補充とは

　空欄補充問題は，語句あるいは一文を文章中に設けられた空欄に当てはめる問題形式です。問題によって，前後の文脈から判断するものや，要旨把握的な解法を要するものがあり，一様な解答方法を示すことはできません。ただ，共通していえることは，空欄の前後だけを拾い読みするだけで正解が導ける問題はあまり多くないので，素早く文章全体の趣旨を読み取ることが必要です。

2 空欄補充問題の攻略法

(1) 空欄数を確認する

　空欄補充問題は，空欄が１つだけの場合もあれば，複数ある場合もあります。空欄が１カ所の場合，その文章の重要なテーマとなっている場合が多いです。この場合は，要旨把握的な解法を用いて，文章のつながりから何を言いたいのかという点を読み取る必要があります。一方，空欄が複数箇所にわたる場合，要旨把握的な解法は通用しません。空欄を含む文章が何を言いたいのかを前後の文脈から判断し，不適切なものを消していくという作業が必要になります。場合によっては，複数の言葉が正解候補として残る場合もあります。このような場合は，１つの空欄にこだわらずに，別の空欄から検討を行うという，視点の切り替えが必要です。

(2) 接続語や指示語に着目する

　接続語や指示語の解釈が文章の内容を理解するうえで重要であることは，要旨把握・内容把握においてもすでに述べました。空欄補充の場合は，空欄前後で用いられている接続語に着目する必要があります。

　たとえば，空欄直前に「つまり」などの接続語があれば，空欄に文章全体の要旨，あるいはそれに近い言葉が当てはまると考えられます。また，空欄直後に「つまり」などの接続語があれば，空欄後に結論があると考えられますから，結論を言い換えたものとして最も適切な内容を空欄に当てはめればよいといえます。

3 選択肢の吟味方法

　消去法を基本とする解法は，空欄が１つであれ複数であれ変わりません。間違った肢には，それが不適切な理由が確実にあります。それを読み取ってください。また，空欄が複数ある問題では，絞り込みやすい空欄から検討を行うことで，迷っていた選択肢が自動的に絞り込まれることが多いので，まずは全体に目を通してから，空欄を検討するという姿勢が必要です。

　空欄補充問題の実際の解答プロセスを次ページに掲載しました。参考にしてください。

● 必修問題の検討方法（解説はP181）

さて私たちは，日ごろから数多くの経験をつみ重ね，これらの経験についてたえずよく考えることによって，ものごとに関する認識をしだいに発展させている。いいかえれば，私たちの頭脳のなかに存在する真理はしだいに増大していく。このように真理はたえず変化している。一方，真理がたえず変化しているとすれば，そのときどきの真理と思われているものもほんとうは正しくない点をふくんでいるものであって，この意味では結局，いつになっても私たちは事物に関する正しい認識に到達することができないように見える。真理に関するこのような疑問に答えるには，真理そのものについていっそう詳細な研究をおこなう必要がある。

いうまでもないが，私たちは，どのような場合でも，対象を完全に認識しつくすことはできない。外界を認識するための実践の範囲は，おのずから限界があり，また，技術的手段の発達はいつの時代でも限度がある。自分のおかれている社会的立場によって，社会にたいする理解に制約が生じてくることも多い。さらに客観的実在自身もまた変化発展しているのが普通である。このような場合，事物のすべての発展をあらかじめ認識しつくすことなどありえない。

あれやこれやで，私たちの得る真理が，完全で永続的で，不変であり，これ以上研究することを要しない，そのような完全な真理であることなどありえない。私たちの獲得する真理は，つねに部分的な限界のある真理でもある。このことを真理の相対性，またこのときの真理を相対的真理という。

ここでひとこと注意しておかなければならないことがある。それは真理がつねに相対的であるからといって，その内容がけっしていい加減のものではないということである。私たちが得るものは部分的な真理であって，この意味で相対的ではあるが，その部分に関しては客観的で正しい真理である。このことを真理の　　Ａ　　という。真理は部分的という意味では相対的で，その部分に関する限り客観的で正しいという意味で絶対的である。

逆接

1：変化
2：限界
③：絶対性
4：永続性
5：相対性

実践 問題 51 基本レベル

頻出度	地上★	国家一般職★★	東京都★★	特別区★★
	裁判所職員★★	国税・財務・労基★★	国家総合職★★	

問 次の文の _____ に入るものとして，最も妥当なのはどれか。（国Ⅱ2009）

ひとはじぶんが誰であるかを，じぶんは何をしてきたか，じぶんにしかできないことは何かというふうに問うてしまう。いまのままではいたたまれなくて，あるいはいまのじぶんに満足できなくて，つい，どうしたらいいか，何をしたらいいかと考え込んでしまう。

一時期，「じぶん探し」という言葉が流行った。いまなら「自己実現」というところか。だが，いまのじぶんがそのまま定着してしまっていいとおもうひとはいないだろう。いまのこんなじぶんから抜け出たいとはおもっても。ということは，「じぶん探し」や「自己実現」ということでひとが求めているのは，理想的なじぶんのイメージを探したり，それになりきりたいということだ。では，なぜ目標に近づくとか理想を求めるという言い方をしないで「自己」実現というのか。

ここには _____ がある。現にそうでないじぶん，つまり理想のじぶんのイメージを，じぶんの素質，それもまだ実現されていない素質と考え，それを実現することを妨げるような状況にじぶんは置かれている（きた）と考えてしまうのである。じぶんがいまこんなに塞がった状況にあるのは，（じぶんのせいではなく）過去のあのトラウマ（外傷）のせいだとして，アダルト・チルドレンという言葉にすっと乗って納得してしまう，一部の若者たちの心境に似ている。その傷との格闘のなかでこそ，〈じぶん〉はかたちづくられるものなのに。

1：巧妙なすりかえ
2：自己への反発
3：無意味な迷い
4：根拠なき楽観
5：よこしまな考え

OUTPUT

実践 問題 **51** の解説

〈空欄補充〉

出典　鷲田清一『〈想像〉のレッスン』ＮＴＴ出版

1○ 筆者が空欄のように述べる理由は，空欄以降の文章に説明されている。すなわち，理想を求めるなどの言い方をしないで自己実現というのはなぜかというと，「理想のじぶんのイメージを，じぶんの素質，それもまだ実現されていない素質」とすり替えて考えているからである。そして，じぶんの素質を「実現することを妨げるような状況にじぶんは置かれている（きた）と考え」，それを過去のトラウマ（外傷）のせいにし，「アダルト・チルドレンという言葉にすっと乗って納得してしまう」。過去の「傷との格闘のなかでこそ，〈じぶん〉はかたちづくられるものなのに」，それをせず，「アダルト・チルドレン」だからと納得する。ここでも問題のすり替えが行われている。よって，肢の「巧妙なすりかえ」という言葉が，ここではふさわしい。

2× 空欄以降の文章は，自分の現在の塞がった状況を過去の傷のせいにして，その傷と格闘することなく，「自己への反発」を避けようとする動きを問題にしている。よって，「ここには『自己への反発』がある」とはいえない。

3× 空欄以降の文章に，肢の「無意味な迷い」をうかがわせる説明はどこにもない。

4× 自分が現在置かれている塞がった状況を，自分のせいではなく過去のトラウマのせいにすることは，「楽観」ということもできるが，空欄以降の文章は問題のすり替えについて述べていることから，「巧妙なすりかえ」のほうがよりふさわしい。

5× 「よこしまな考え」とは，良くない考え，邪悪な考え，という意味であるが，理想の自分のイメージを，まだ実現されていない素質と考えたり，自分の塞がった状況を過去のトラウマのせいにしてしまうことに対し，善悪の判断を筆者が下していることをうかがわせる説明は本文中には存在しない。

正答 **1**

頻出度	地上★	国家一般職★★	東京都★★	特別区★★
	裁判所職員★★	国税・財務・労基★★	国家総合職★★	

問 次の文の [＿＿＿＿] に当てはまるものとして，最も妥当なのはどれか。

（国家一般職2013）

　イデオロギーは虚偽ですが，真実であると信じられている虚偽です。ただ，それが真実であると受け取られてしまう原因がある。つまり，イデオロギーの担い手の社会構造上の位置，階級的な位置に規定されて，それが真実に見えてしまうのです。イデオロギーを批判するには，その虚偽性を暴露して，それが当事者には真実に見えてしまう社会的な原因まで示してやればよい。つまり，古典的なイデオロギーまでの三つの虚偽意識に対しては，啓蒙の戦略にのっとった批判が有効です。

　それに対して，シニシズムは，いわば一段前に進んだイデオロギーです。メタ的な視点にたったイデオロギーだと言ってもよい。シニシズムというのは，[＿＿＿＿] 虚偽意識なんです。啓蒙された虚偽意識だと言ってもよい。それは，「そんなこと嘘だとわかっているけれども，わざとそうしているんだよ」という態度をとるのです。こういう態度には，啓蒙の戦略にのっとった批判は効かない。啓蒙してやっても，はじめから，虚偽だとわかっているので意味がないのです。別に真実だと思って信じているわけではない。嘘だとわかっているけれども，そうしているのです。これがスローターダイクがいうところのシニシズムです。

　こういうのは一体どういうことかというと，何かちょっと変だなと思ったりするかもしれないけれども，考えてみれば，僕らの世界の中にこのシニシズムというのは蔓延しています。典型的には，たとえば，広告，特に商品の広告がそうですね。商品の広告，ヒットする広告は，大抵ふざけているんです。つまり，「こんなの嘘だ」と書いてあるわけです。しかし，広告は一定の効果を上げるわけです。つまり，嘘であると送り手はもとより受け手側だってわかっているのに，それがまるで真であったかのような行動が喚起されるんです。

1：自己自身の虚偽性を自覚した
2：自己の虚偽性を隠した
3：自己の虚偽性を誇張した
4：イデオロギーを批判した
5：イデオロギーを排他的に認識した

OUTPUT

実践 問題 **52** の解説

〈空欄補充〉

出典　大澤真幸『戦後の思想空間』筑摩書房

　空欄に入る言葉は，シニシズムの定義づけである。シニシズムについて，文の前後で述べられているのは，①：イデオロギーを一段前に進めたこと，②：嘘とわかっていながらわざとそうしているという態度をとることであると述べられている。

　まず，①に基づき判断すると，イデオロギーを一段前に進めている以上，イデオロギーを否定するものであってはならず，肢4の「批判した」や，肢5の「排他的に認識した」という表現が当てはまらないことがわかる。

　一方，②に基づき判断すると，嘘とわかっているということが，シニシズムの核となる要素であるため，肢2の「自己の虚偽性を隠した」が当てはまることはない。一方で，肢3の「虚偽性を誇張した」も当てはまらない。真実とは思っていないということと，嘘であることを誇張することとは別の考え方である。

　したがって，肢1の「自己自身の虚偽性を自覚した」を当てはめるのが最も妥当である。

　＊メタ的：「～を含んだ」，「高次な～」という意味で，ここではイデオロギーを
　　　　　　含んだイデオロギーという形で，イデオロギーよりもより包括的な概
　　　　　　念を持つものとして述べられている。メタ認知，メタ言語などの形で，
　　　　　　メタという語が用いられることも多い。

正答 **1**

頻出度	地上★	国家一般職★★	東京都★★	特別区★★
	裁判所職員★★	国税·財務·労基★★		国家総合職★★

問 次の文の〔　　　　　〕に当てはまるものとして最も妥当なのはどれか。

（国税・財務・労基2022）

　春夏秋冬，季節ごとの祭に代表される種々の祭は，総じて，〈まれびと〉を迎えるのが元来の趣旨であり，そこで肝要なのは，来訪神たる〈まれびと〉が発する言葉に，これを迎える土地の精霊が答えるという対話儀礼である。対話とはいっても，ここでは，はっきり，上下の関係が定まっており，上に立つ〈まれびと〉が宣下するのがいわゆる祝詞（のりと）であり，下に立つ精霊が奏上するのが賀詞（よごと）であって，この対話こそが文学あるいは芸能の原型となる。文学にせよ，芸能にせよ，およそ文化の起源は，この異世界からやってきた神が発する呪言（じゅごん）ないし祝言が，土地の精霊を仲介者として人々に伝えられていく，そのやりとりに始まるのだというのが，折口の文化観の根本だった。

《中略》

　一方，〈もどき〉とは，この〈まれびと〉の到来を受けて，それを迎える土地の精霊が答礼する所作であり，〈まれびと〉の所作をまねるところから〈もどき〉と呼び慣わされる。その原型は，やはり，「翁」で，〈翁〉の舞いに続いて，その所作をまね，くりかえす三番叟（さんばそう）であり，ここから派生して，能における〈して〉と〈わき〉というような組み合わせが生まれてくる。さらに下って，万歳における〈太夫〉（たゆう）と〈才蔵〉，現代漫才における〈ぼけ〉と〈つっこみ〉等にまで，この〈もどき〉の型は伝わっているだろう。まね，くりかえし，かけあいを基本パターンとして，やがて，そこに，機知，揶揄（やゆ），誇張等の要素が盛り込まれ，滑稽な効果をもたらすようになるのである。また，能に対する狂言あるいは歌舞伎というように，芸能様式の分化発展，さらにいえば，和歌に対する連歌，俳句，狂歌や川柳といった詩歌など他の文化領域における分化発展にも，本格に対する変格という〈もどき〉の原理が働いていると，折口学の継承者である池田弥三郎などは指摘する。すなわち，訪問神と土地の精霊の対話から生まれた〈もどき〉こそが，日本文化生成発展のダイナミズムを生み出す基本要素となるのである。

　〈まれびと〉の言葉やふるまいを土地の精霊がまね，くりかえすというこうした神事が日本文化の起源となったことについて，折口は，異郷からやってきた〈まれびと〉の言葉やふるまいが，土地の一般人には理解できない象徴的なものであったために，これを，分かりやすく翻訳する必要から発生したのだと説く。つまり，日

本文化の本質を，□□□□□□□□□ととらえる見方であり，それを，単なるものまねとして否定視するのではなく，創造，発展的エネルギーのあらわれとして評価するのである。

大久保喬樹「日本文化論の系譜　『武士道』から『「甘え」の構造』まで」

中央公論新社

1：外からやってくる未知の文化を翻訳し，解釈し，国風化する文化
2：文化を翻訳して異世界に広める，通訳のような文化
3：様々な文化が入り混じった，国際色豊かで開放的な文化
4：対話の積み重ねにより発展した，穏やかで寛容な文化
5：精霊を畏怖の念をもって迎え，神として崇拝する文化

SECTION ③ 現代文
空欄補充

第1章

現代文

チェック欄		
1回目	2回目	3回目

実践 問題 **53** の解説

〈空欄補充〉

出典　大久保喬樹『日本文化論の系譜：『武士道』から『「甘え」の構造』まで』中央公論新社

空欄文から，空欄に入る内容として以下の3点が考えられる。

(1)　換言の接続語「つまり」で始まっていることから，空欄文と同じような内容が前文で説明されている。

(2)　空欄には「日本文化の本質」の捉え方に関する内容が入る。

(3)　空欄の捉え方は「単なるものまねとして否定」されるものではなく，「創造，発展的エネルギーのあらわれとして評価」されるものである。

また，上記(1)とかかわる空欄直前文では，日本文化の起源となったことについて説明されている。

以上を踏まえ，空欄に入る内容を考えるにあたり，日本文化の本質，日本文化の起源に関する記述に留意して本文を読んでいく。これらに関する内容は，

・第1段落最終文：「およそ文化の起源は…呪言ないし祝言が，土地の精霊を仲介者として人々に伝えられていく，そのやりとりに始まるのだというのが，折口の文化観の根本」

・第2段落最終文：「訪問神と土地の精霊との対話から生まれた〈もどき〉こそが，日本文化生成発展のダイナミズムを生み出す基本要素となるのである」

・第3段落第1文：「〈まれびと〉の言葉やふるまいを土地の精霊がまね，くりかえすというこうした神事が日本文化の起源となったことについて，折口は，異郷からやってきた〈まれびと〉の言葉やふるまいが，土地の一般人には理解できない象徴的なものであったために，これを，分かりやすく翻訳する必要から発生したのだと説く」

で説明されている。これらから導きうる内容を考え，選択肢を検討していく。

1○　「国風化する文化」という部分が紛らわしい。しかし，第3段落1文目の内容は〈もどき〉と捉えられ，これが日本文化生成発展のダイナミズムを生み出す基本要素となっていることを「国風化」と示していると捉えられうる。

2×　「異世界に広める」ということは本文から読み取れない。

3×　「国際色豊かで開放的な文化」という内容は本文から読み取れない。

4×　「穏やかで寛容な文化」という内容は本文から読み取れない。

5×　「畏怖の念をもって迎え，神として崇拝する」のは精霊ではなく〈まれびと〉である。

正答 **1**

memo

頻出度	地上★	国家一般職★★	東京都★★	特別区★★
	裁判所職員★★	国税・財務・労基★★	国家総合職★★	

問 次の文の[＿＿＿＿]に当てはまるものとして最も妥当なのはどれか。

(国税・財務・労基2019)

　自分の周囲で問題が起こったときは，その問題に至る過程において，どこか自分が間違ったところはなくても，手抜かりがあったり慎重さに欠けるところがあったりしたのではないかと反省してみる。すると，必ず何か自分に至らなかったところがあった点が見つかる。

　例えば，自分の指示を部下が誤解したために業務に支障が生じたときは，自分の指示が明確でなかった点を反省する。勝手に誤解した部下も悪いが，誤解が起こったのは事実であるから，メッセージの発信者に幾分かの責めがあることは否定できない。その点を謝るのである。

　自分にちょっとでも悪いところがあったら即座に謝る人は，[＿＿＿＿]人だ。

　したがって，自分の些細な手抜かりにも気がつき，自分の責任であると考える人である。すべてに自信を持って振る舞っているので，常に胸を張っている。謝るときでも，おどおどと気後れした様子はない。自分を客観的に見て，悪いところは悪いと決めつけているので，落ち着いた姿勢が保てるのだ。

　自分が悪くても，少しでもよく見せようとしている人は，自分を隠そうとしているのでこそこそしている。間違いの責任が自分にあるのは周知の事実になっているようなときでも，まだ未練がましく逃げようとしている。

　どのように謝るだろうかと皆が一挙手一投足を注視している情況であるから，その往生際の悪さがさらに一段と目立つ結果になるのである。そのような見苦しい振る舞いには，品のかけらも見られない。

　それに反して，即座に自ら進んで自分の非を認めて謝る人には，気品さえ漂う。潔さが見る人に清々しい感じを与える。自分が悪かったときに悪いといえるのは，自分のすることに責任を持っている証拠であるから，信頼できる人である。

山﨑武也「気品の研究」PHP研究所より

1：争いを好まず円滑な人間関係を重視する
2：周囲からの評価を過度に気にしている
3：失敗を恥と思わず淡々としている
4：謙虚で強い感受性を持っている
5：自分の言動の隅々にまで気を配っている

OUTPUT

実践 問題 **54** の解説

〈空欄補充〉

出典　山﨑武也『気品の研究』ＰＨＰ研究所

空欄文から，空欄部にはちょっとでも悪いことがあったときに即座に謝る人の性質が入ることが明らかである。

空欄に入る内容を考えるにあたり，本問で重視する必要があるのは，空欄の直後文が「したがって」で始まっており，空欄部から導ける結果が示されていることである。直後文では「自分の些細な手抜かりにも気がつき，自分の責任であると考える人」だと述べられ，空欄部と「…人」という表現が対応していることから，空欄部を判断する根拠となる。さらに，このような人について同段落の最終文で「自分を客観的に見て，悪いところは悪いと決めつけているので，落ち着いた姿勢が保てる」人だとも説明されている。これらを根拠として，空欄部に入る内容を判断できる。

1✕ 本文から読み取れない内容である。

2✕ 第５段落に基づいた内容であると捉えられる。「自分が悪くても，少しでもよく見せようとしている人」は空欄部の態度をとる人と対立するものとして本文では説明されていることから，空欄に入る内容として反する。

3✕ 「淡々としている」というよりも「常に胸を張って」，「落ち着いた姿勢が保てる」人であることが第４段落から読み取れる。

4✕ 「強い感受性」という内容が本文から読み取れない。

5〇 「自分の些細な手抜かりにも気がつき」，「自分を客観的に見」られる人であると述べた第４段落から導ける内容である。

正答 **5**

実践 問題 **55** 〈 基本レベル 〉

頻出度	地上★	国家一般職★★	東京都★★	特別区★★
	裁判所職員★★	国税・財務・労基★★	国家総合職★★	

問 次の文の _____ に当てはまるものとして，最も妥当なのはどれか。

(国家一般職2017)

　「世間」と社会の違いは，「世間」が日本人にとっては変えられないものとされ，所与とされている点である。社会は改革が可能であり，変革しうるものとされているが，「世間」を変えるという発想はない。近代的システムのもとでは社会改革の思想が語られるが，他方で「なにも変わりはしない」という諦念が人々を支配しているのは，歴史的・伝統的システムのもとで変えられないものとしての「世間」が支配しているためである。

　「世間」が日本人にとってもっている意味は以上で尽きるわけではない。「世間」は日本人にとってある意味で所与と考えられていたから，「世間」を変えるという発想は全く見られなかった。明治以降わが国に導入された社会という概念においては，西欧ですでに個人との関係が確立されていたから，個人の意志が結集されれば社会を変えることができるという道筋は示されていた。しかし「世間」については，そのような道筋は全く示されたことがなく，_____ と受けとめられていた。

　したがって「世間」を変えるという発想は生まれず，改革や革命という発想も生まれえなかった。日本人が社会科学的思考を長い間もてなかった背景にはこのような「世間」意識が働いていたからなのであり，わが国の社会科学の歴史を描くにはこの「世間」意識の影響を無視してはならない。日本の歴史の中で，大化の改新と明治維新，そして第二次世界大戦の敗北とその後の改革は，すべて外圧から始まった改革であり，自ら社会改革の理想に燃えた努力の結果ではなかった。わが国の社会科学が自らの明治以降の展開を十分に描くことができなかったのは，まさに歴史的・伝統的なシステムを無視して近代史を描こうとしたところから生じている。

1：社会という概念もないため，個人の意志を結集することはできないもの

2：西欧からの外圧をもってしても日本人の中では「なにも変わりはしない」

3：独自に社会を変えることで「世間」を変えることもできるのではないか

4：「近代的システム」と同様に人工的に構築され，社会とともに変革されるべきもの

5：「世間」は天から与えられたもののごとく個人の意志ではどうにもならないもの

OUTPUT

実践 問題 **55** の解説

〈空欄補充〉

出典　阿部謹也『学問と「世間」』岩波書店

　空欄文の指示語「そのような道筋」を受けているのは，その直前文で示されている「個人の意志が結集されれば社会を変えることができるという道筋」である。ゆえに空欄には，世間について，個人の意志が結集されれば社会を変えることができるという道筋が示されたことがないということと同義の内容が提示されていたと判断できる。また，空欄直後の文が「したがって」という順接の接続語で始まっていることから，空欄は「『世間』を変えるという発想は生まれず，改革や革命という発想も生まれえなかった」要因となる内容であることも読み取れる。以上の条件に当てはまるものを正解として選べばよい。

1✕　「社会という概念もない」ことは本文で説明されていない。

2✕　「なにも変わりはしない」（という諦念）に関する内容は第1段落にあるが，この部分では，変えられないものとしての「世間」が支配しているため，「なにも変わりはしない」という諦念が人々を支配していると説明している。肢2が入った場合，この因果関係が逆転してしまうことになる。

3✕　空欄前後とむしろ逆の内容である。

4✕　「社会とともに変革されるべき」という内容は，空欄前後とむしろ逆の内容である。

5◯　上記条件に当てはまるものとして妥当である。

正答 **5**

実践 問題 **56** 基本レベル

頻出度	地上★	国家一般職★★	東京都★★	特別区★★
	裁判所職員★★	国税・財務・労基★★	国家総合職★★	

問 次の文の_____に当てはまるものとして，最も妥当なのはどれか。

(国家総合職2012)

　我が国の家族の中で「世間」が話題になるのはまずは子供の進路をめぐる話題からである。子供が高校から大学に進学する頃，家族の間で様々な話が行われる。子供は東京か近畿圏の大学への進学を希望する場合が多いし，そういう場合の例を考えてみると，親は経費を考えて，地元の国立大学への進学を勧める。そこで子供との意見の対立が起こる場合も多い。特に子供がピアニストになりたいとか，カーレーサーになりたいという希望をもっている場合は事態は簡単ではない。親は地方大学でも国立であるから授業料は相対的に安いし，地方公務員になって実直な生活を送ることができるという。しかし子供は大都会に出て暮らしてみたいという希望をもっている。

　親は自分が生きてきた人生の中で自分なりの体験をし，その経験を子供に伝えたいと思っている。それは_____という実感である。しかしそのことを子供に説得できずにいるのである。親は子供の夢に対してそんなことは「世間」には通じないよといいたいのだが，「世間」の実態を知らない子供には理解できないのである。そしてその「世間」を解説した書物は一冊もないのである。「世間」は我が国の大人が生きて行くためにまず知らなければならない関係なのであるが，それはどんな書物にも解説されておらず，子供は大きくなる過程で自らそれを学ばねばならないのである。

1：親である自分自身がたいした大人にもなっていないのに，子供が「世間」をアッと言わせるような立派な人間になるはずがない

2：他人がうらやむような大きな夢を実現させることも可能だが，それには想像もつかないような努力と自己犠牲が伴うものである

3：子供の頃の夢のような希望は所詮かなわぬものであり，それよりも実直な生活を志したほうがよい

4：夢を実現させるためには，しっかりした計画と着実な努力が必須であり，夢に対する単なるあこがれだけではどうにもならない

5：夢というものは夢見ていることが楽しいのであり，夢が実現されたとたんに虚しさだけが残ってしまう

実践 問題 **56** の解説

〈空欄補充〉

出典　阿部謹也『「教養」とは何か』講談社

　空欄を含む文章は，ある実感を伴うものであり，それは，自分なりの体験を子供に伝えたいということによるものであることが読み取れる。そして，その内容は，「世間」に通じないことを根拠に子供に説得できないものであること，そして子供には理解できないものであることが，空欄の次の文から判断できる。

　ここで，第1段落に目を通すと，親が持つ「世間」という概念に対して，子供が持つ「希望」というものがあるものが示されている。つまり，空欄に入る文章は，親が「世間」を根拠に子供に伝えたい，「希望」と相反する考え方を持つものでなくてはならない。

1× 「世間」をアッと言わせるような希望を子供が持っているという記述は本文中にはない。子供は，何らかの希望を持っているという記述は第1段落にあるが，本文で「世間」は子供が実態を知らないものとして述べられているにとどまっている。

2× 本文では，子供が持つ希望（≒夢）は，「世間」に通じないものとして述べられている。本肢のように，可能だが努力と自己犠牲が必要という記述では，希望が「世間」に通じる可能性を残す意味となり，本文の内容に即していない。

3○ 希望が「世間」に通じないものであることは，冒頭の解説で示したとおりである。また，実直な生活については，地元の国立大学から地方公務員になるという進路を例に，第1段落で述べられている。いずれも，本文の内容を踏まえたものであり，かつ，「世間」と希望が相反する意味を持つものとして妥当である。

4× 肢2解説でも示しているが，本文では夢はかなわないものとして述べられている。計画や努力が必要という記述は，夢をかなうものとして述べていることになり，妥当でない。

5× 誤肢としての判断根拠は肢2・4と同じである。本文では，夢（＝希望）をかなわないものという位置づけで述べられている以上，「夢が実現された」などという記述は入りえない。

正答 **3**

実践　問題 **57**　基本レベル

頻出度	地上★	国家一般職★★	東京都★★	特別区★★
	裁判所職員★★	国税・財務・労基★★		国家総合職★★

問 次の文の　　　　　　　に入るものとして最も妥当なのはどれか。

（国税・財務・労基2012）

　「芸術」が西洋の，しかも近代になって成立した特有の概念であることは，今ではもう常識となっており，その根底にある西洋中心主義が批判されるようになって久しい。それに対し，西洋近代特有のものである「芸術」の概念とは違い，「音楽」，「絵画」，「建築」等々の個々の事象は「芸術」の概念のない文化にも広くみられるとされ，それを「芸術」という名の下に一括りに捉える西洋文化の枠組みを他文化に押しつけようとしたことにもっぱら西洋中心主義的な過ちがあったというような言い方をされることが多い。一見もっともらしいのだが，話はそんなに簡単ではない。　　　　　　　一見西洋の「音楽」に近いようにみえる活動をしているようにみえても，それに「音楽」という名前をつけ，そのようなカテゴリーに括った途端に，われわれの捉え方が一方向的になってしまい，自分では意識しない間に特定の文化的枠組みの中に組み入れられてしまっているというようなことは，よくあることなのではないだろうか。

　「音楽」という概念には，たとえそれが政治や宗教などと不可分の関係を取り結んでいる場合であっても，どこかにそういう外的な目的をこえた部分をもつというコノテーションがつきまとう。そしてそのことがいつの間にか本質化され，どんな文化にも西洋近代的な音楽の自律的なあり方が成り立っていたかのような話にすり替わってしまう傾向がある。気がついてみたら，「音楽は国境を越える」，「音楽で世界は一つ」という怪しげなグローバリズムの論理に取り込まれていたということにもなりかねないのである。

1：「音楽」が西洋起源のものであるという決めつけに，芸術論の誤謬が潜んでいる。
2：「音楽」は「芸術」の枠では収まらない広い概念なのである。
3：西洋的な「音楽」という概念をもたない文化はいくらでもある。
4：そもそも「音楽」は，古代文明の発祥たる西南アジアや東洋を起源としている。
5：たしかに，東洋において「音楽」は政治や宗教と結びついている。

OUTPUT

実践 ▶ 問題 **57** ▶ の解説 ─────────────

〈空欄補充〉

出典　渡辺裕『バナナの叩き売りの口上はいかにして「芸術」になったか（大航海No.70)』新書館

空欄は，「話はそんなに簡単ではない」という言葉を受けて置かれていることから，筆者の本文全体における１つの見解が示されていると考えるのが妥当である。

1✕　「『音楽』が西洋起源」という言葉に着目すると，本文中で該当する記述がない。また，「芸術論の誤謬」という点に着目しても，本文で芸術論について触れた部分がまったくなく，空欄に当てはまる語としては適切でない。

2✕　空欄前の部分で，「音楽」は，「芸術」の概念のない文化にも広くみられるとあり，この部分を「音楽」は「芸術」の枠ではおさまらないと解することも可能であろう。しかし，筆者はこの考え方に対し，「話はそんなに簡単でない」と，別の意見を示そうとしている。ここに，本肢の内容を空欄に当てはめると，同義の文章の反復となってしまう。

3◯　空欄の前では，「音楽」などを「芸術」という形でくくることに問題があることが示されている。また，空欄の後では，「音楽」という名前をつけることで，「西洋近代的な音楽の自律的なあり方が成り立っていたかのような話にすり替わってしまう」ことが述べられている。つまり，「音楽」もまた，西洋的な考え方であることが本文全体を通じて述べられていることがわかり，他肢との比較からも本肢が最も妥当であると判断できる。

4✕　本文で音楽の起源について述べた記述が一切ないことから，的外れな内容の記述であると判断できる。西洋中心主義についての批判や疑問に関する記述はあるが，これに対する形で，東洋や西南アジアに関する記述は一切なされていない。

5✕　本肢を誤肢と判断する理由も，肢４と基本的に同じである。東洋に関する記述が一切ないことから，当然に，東洋で「音楽」が政治や宗教と結びついているか否かについても言及がなされていないと結論づけられる。本文で一切述べられていない内容を空欄に当てはめるというのは唐突であり，文脈上妥当な記述ということはできない。

正答 **3**

実践 問題 **58** 〈 基本レベル 〉

頻出度	地上★	国家一般職★★	東京都★★	特別区★★
	裁判所職員★★	国税・財務・労基★★		国家総合職★★

問 次の文の[　　　　　]に当てはまるものとして最も妥当なのはどれか。

(国税・財務・労基2018)

　本書の関心は，私たちが互いの間に「平等な関係」をいかにして築いていくことができるか，にある。このように問いを立てると，なぜ平等な関係を築いていかなければならないのかという反問が返ってくるかもしれない。そもそも，人間は平等ではありえず，持って生まれた能力だけではなく，それを活かしていこうとする意欲にも違いがある。そうした意欲の違いは努力の違いとなって表れるだろうし，その努力は当然異なった成果を結ぶはずである。異なった努力や成果は異なった仕方で報われるべきである。人々の間に「不平等な関係」が生じるのは不当なことではないはずだ，と。

　私たちの直観にも訴えるこのような反問にどう応答できるだろうか。

　まず言えるのは，「平等」は「同じである」ことを意味しない，ということである。人々にさまざまな点で違いがあることは事実であり，能力や才能の点で互いに等しくはないというこの事実は不当でも正当でもない。問題は，そうした違いが社会の制度や慣行のもとで互いの関係における有利─不利の違いへと変換されていく，という点にある。

　もちろん，[　　　　　　　　　　　　　　　　　　　　　　　]。しかし，それらのなかには「値しない不利」も含まれている。「値しない」というのは，その人に「ふさわしくない」，もっと言えば「不当である」という意味合いを含んでいる。たとえば，十分な才能に恵まれているにもかかわらず，生まれ育った家庭が貧しいために，その才能を伸ばす教育の機会が得られないとしたら，その不利──それは学業上の不利にとどまらず生涯にわたってさまざまな不利を招いていくだろう──は，はたしてその人に「値する」と言えるだろうか。

　本書が，「不平等」という言葉によって指すのは，そのような「値しない」有利─不利が社会の制度や慣行のもとで生じ，再生産されつづけている事態である。

1：能力や才能の違いによらない有利─不利は否定されるべきではない

2：制度や慣行に起因するいかなる不利も正当化できるものではない

3：制度のもとで生じるあらゆる有利─不利がただちに不当なわけではない

4：持って生まれた能力の違いによって生じる不利は一切認めるべきではない

5：社会において不利であるということと不当であるということは同じ事柄である

OUTPUT

実践 問題 **58** の解説

〈空欄補充〉

出典　齋藤純一『不平等を考える：政治理論入門』筑摩書房

　本文から, 空欄文と直後文とで逆接譲歩構文が作られていることが明らかである。また, 空欄文の直前では, 能力や才能の違いが社会の制度や慣行のもとで互いの関係における有利—不利の違いへと変換されていく点を問題視しており, このことは本文最終文でも「再生産されつづけている」という形で一貫して主張されている。それらと譲歩節をつくる内容が空欄にあることになることから, 空欄には社会の制度や慣行のもとで有利—不利が生じていることを表す内容があると判断できる。

　この内容を踏まえているものは肢3のみである。肢1は, 社会の制度や慣行のもとで生じる有利—不利ということを問題としていない点で視点がずれている。肢2・4は, 不利ということしか問題にしていないとともに, 空欄の直後文に論理的に接続できない内容である。肢5は本文から読み取れない内容となっている。

　よって, 正解は肢3である。

正答 **3**

実践 問題 **59** 〈基本レベル〉

頻出度	地上★	国家一般職★★	東京都★★	特別区★★
	裁判所職員★★	国税・財務・労基★★	国家総合職★★	

問 次の文のＡ，Ｂに当てはまるものの組合せとして最も妥当なのはどれか。

(国税・財務・労基2016)

　ひとはいつ，待つことをはじめるのだろうか。ひとが何ごとかを期待することをついに放棄して，ひたすら待つという態勢，つまりは「待機」という状態に入るのは，いったいどういうときなのだろう。

　ひとが待つことをはじめるのは，じぶん独りでは事態をどうにも打開することができないと悟ったすえに，最後はもうひたすら相手の変化を希う(ねが)しかなくなるからだ。相手が変わるのを待つことでいまの事態が変わる，つまりは相手との関係そのものが変わるのを希って。そのとき，待つことが「待機」という姿をとるのは，待つ側にいわば　　Ａ　　をともなうある確信があるからだ。　　Ａ　　をともなうとわざわざ言ったのは，その確信が相手の変化への確信ではないからだ。このままではあのひとは変わらない，そう観念したがゆえに，ひとは待つことを選んだからだ。ではその確信とは何か。

　それは，じぶんのほうが変わらねば，関係もまた変わらないだろうという確信である。たとえ関係の変化が，「よりを戻したい」，つまりは以前のような関係に戻りたいということであったにしても，あの関係がそのまま戻ってくるとは，待つ側も思うだにしないだろう。何かが確実に終わったことを思い知ったからこそ，待つことを選んだのだから。

　待つことの選択，それが意味するのは，なによりも，関係を思いどおりにしたいというみずからの　　Ｂ　　である。ありふれた言い方にしかならないが，そう，期待を押し込めて，期待を放棄して，待つということ。ありふれていると言ってもこれは，「期待しないで待ってるわ」と，相手に強がりからあえて軽く言うこと，それさえも押し込めさせるような，そんな，もはやそのときのための準備という余裕すらない「待機」である。

```
        A          B
1：未練      欲望の開放
2：未練      願望の遮断
3：未練      本能への抵抗
4：諦め      欲望の開放
5：諦め      願望の遮断
```

直前復習

OUTPUT

実践 問題 **59** の解説 ─────────────

〈空欄補充〉

出典　鷲田清一『「待つ」ということ』角川学芸出版

　空欄Aは，1つ目の空欄文から，相手との関係そのものが変わることを希うとき，「待機」する側が有する確信に関する内容が入るのだとわかる。この確信について，端的には第3段落1行目で「じぶんのほうが変わらねば，関係もまた変わらないだろうという確信」だと説明されている。また，2つ目の空欄直後の文で「あのひとは変わらない，そう観念したがゆえ」とも述べられている。これらに鑑みれば，Aに入るのは肢4・5にある「諦め」であると判断できる。

　空欄Bは，空欄文から，待つことの選択についての具体的な内容であり，「関係を思いどおりにしたい」という気持ちに関する内容が入るのだと判断できる。このBの内容について，空欄直後の文で「期待を押し込めて，期待を放棄して，待つということ」と言い換えられている。この内容に合致するのは，肢2・5にある「願望の遮断」である。

　以上から，A：諦め，B：願望の遮断が入るのだと判断できる。ゆえに，正解は肢5である。

正答 **5**

実践 問題 **60** 基本レベル

頻出度	地上★　　　　国家一般職★★　　　東京都★★　　　特別区★★
	裁判所職員★★　　国税・財務・労基★★　　国家総合職★★

問 次の文の空所Ａ，Ｂに該当する語の組合せとして，最も妥当なのはどれか。

(特別区2016)

　思想が何であるかは，これを生活に対して考えてみると明瞭になるであろう。生活は事実である，どこまでも 　　Ａ　 なものである。それに対して思想にはつねに仮説的なところがある。仮説的なところのないような思想は思想とはいわれないであろう。思想が純粋に思想としてもっている力は仮説の力である。思想はその仮説の大いさに従って偉大である。もし思想に仮説的なところがないとすれば，如何にしてそれは生活から区別され得るであろうか。考えるということもそれ自身としては明かに我々の生活の一部分であって，これと別のものではない。しかるにそのものがなお生活から区別されるのは，考えるということが本質的には仮説的に考えることであるためである。

　考えるということは過程的に考えることである。過程的な思考であって方法的であることができる。しかるに思考が過程的であるのは仮説的に考えるからである。即ち仮説的な思考であって方法的であることができる。懐疑にしても方法的であるためには仮説に依らねばならぬことは，デカルトの懐疑において模範的に示されている。

　仮説的に考えるということは論理的に考えるということと単純に同じではない。仮説は或る意味で論理よりも根源的であり，論理はむしろそこから出てくる。論理そのものが一つの仮説であるということもできるであろう。仮説は自己自身から論理を作り出す力をさえもっている。論理よりも不確実なものから論理が出てくるのである。論理も仮説を作り出すものと考えられる限りそれ自身仮説的なものと考えられねばならぬ。

　すべて確実なものは不確実なものから出てくるのであって，その逆でないということは，深く考うべきことである。つまり確実なものは与えられたものでなくて 　　Ｂ　 されるものであり，仮説はこの 　　Ｂ　 的な力である。認識は模写でなくて 　　Ｂ　 である。精神は芸術家であり，鏡ではない。

(三木清「人生論ノート」より)

	Ａ	Ｂ
1：	実証的	反射
2：	実証的	複写
3：	想像的	形成
4：	経験的	反射
5：	経験的	形成

実践 問題 **60** **の解説**

〈空欄補充〉

出典　三木清『人生論ノート』新潮社

　空欄Ａについて，空欄文から，Ａは生活に関する内容であり，「事実である」ということを具体的に説明するものが入るのだとわかる。この点から，肢3：「想像的」は，事実と想像とはむしろ対になる内容であるため，Ａに入るものとして不自然であると判断できる。肢1・2：「実証的」（与えられた経験的事実からのみ論述を進めること），肢4・5：「経験的」（実際に見たり聞いたり，行ったりすること）は，事実に即する内容であることから，Ａに入って不自然ではない。

　空欄Ｂについて，2つ目の空欄から，Ｂには仮説の持つ力に関する内容が入るのが明らかである。また，1・3つ目の空欄から，Ｂには与えられたものや模写とは対立する内容が入るのもわかる。特に，仮説の持つ力に関する内容が入ることに注目すると，第3段落3～4行目に「仮説は…論理を作り出す力をさえもっている」という指摘を見いだせる。このことを手がかりに，与えられたものや模写と対立する内容として妥当なものを考えれば，肢3・5：「形成」である。肢1・4：「反射」，肢2：「複写」は，与えられたものや模写と対立の内容にはならない。

　以上から，Ａ・Ｂ両方に当てはまる語を示すのは肢5しかない。ゆえに，正解は肢5である。

正答 **5**

実践 問題 **61** 〈基本レベル〉

頻出度	地上★	国家一般職★★	東京都★★	特別区★★
	裁判所職員★★	国税·財務·労基★★	国家総合職★★	

問 次の文の空所A，Bに該当する語の組合せとして，最も妥当なのはどれか。

(特別区2017)

　哲学は学問性をもちえないから不要だと考える人は，ちょうどギリシアのソフィストと似た立場に立っているといえるのではないかと思われます。ソフィストといわれる人々は，人間的なことがらについての知識は，自然についての知識ほど客観性をもちえないということを認めました。そしてその結果，かれらは人間的なことがら，たとえばなにがよく，なにが悪いか，というようなことがらについての判断はまったく　　A　　なものであって，それについては学問は成立しないと考えたのです。ソフィストたちが詭弁を弄してただ白を黒といいくるめる弁論の術を事とするようになったのはこのためです。

　ソクラテスがソフィストと異なるのは，その根本的態度においてです。ソクラテスもまた人間的なことがら，なにがよいか，なにが悪いか，ということについて，どうすれば学問的認識が成り立つか知りませんでした。ソクラテスの「無知の知」ということは非常に有名ですが，まさにかれはこの点についての自分の無知を知っていたのです。

　しかしソクラテスは，だからといって，こういう問題については，ただ詭弁を弄して人を説き伏せることができればよいのだ，という態度をとりませんでした。ソクラテスは，自分の無知を　　B　　しながら，あくまでも，人間にとってもっとも重要な哲学の問題を，なんとかして学問的に解く道を求めていったのです。ソクラテスが人類の永遠の師であるということは，この点によっているといえるでしょう。人間が生きてゆくかぎり，どうしても哲学が必要であるなら，われわれはなんとかして正しい哲学を探求してゆくべきです。哲学の学問性を見いだす道をさがしてゆくべきです。

	A	B
1：	形式的	自覚
2：	相対的	自覚
3：	相対的	克服
4：	抽象的	自覚
5：	抽象的	克服

OUTPUT

実践 問題 **61** の解説 ─────────────────

第1章 現代文

〈空欄補充〉

出典　岩崎武雄『哲学のすすめ』講談社

読解，ならびに，解答に必要な用語の意味は以下のとおりである。

客観性	いつ誰が見てもそうだと認められる性質。 ⇔主観的：個々の人間の意識の働きに基づいているさま。
詭弁	間違っていることを，正しいと思わせるようにしむけた議論。
形式的	表面的な形ばかりで，内容が伴わないさま。
相対的	唯一絶対ではなく，他との関係においてあるさま。他と置き換え可能なさま。 ⇔絶対的：何ものにも束縛・制限されないで存在するさま。
抽象的	いくつかの事物・表象から共通する性質を抜き出し，それを一般化して思考するさま。具体的な個々の事象を離れ，現実との対応関係が捉えにくいさま。 ⇔具体的：実際に形や内容を備え，はっきり知ることができるさま。

A：「相対的」が入る。

空欄Aには，ソフィストの立場を説明する文言が入るが，Aを決定する手がかりを4点見つけることができる。空欄Aの直前文から，①「人間的なことがらについての知識は，自然についての知識ほど客観性をもちえない」ことを認めた結果を意味する内容が入る。空欄Aの文から，②善悪の判断に関する内容，③空欄Aの性質が影響し，人間的ことがらについては学問が成立しないと判断される。空欄Aの直後文から，④空欄Aであるのを根拠とし，ソフィストたちが白を黒といいくるめる弁論の術を事とするようになったことがわかる。これら4つを根拠とし，空欄Aに当てはまる語を判断していくとよい。

肢1について，上記①「客観性をもちえない」ということのみを根拠に，善悪の判断について「形式的」だと捉えるのには無理がある。肢2・3について，上記②：善悪の判断について「相対的」であると捉えることには無理がなく，上記③：「相対的」であるがゆえに学問が成立しないと捉えることもできる。加えて，上記④：「相対的」であるために白を黒といいくるめる弁論術を事とするようになったということも合点がいく。肢4・5について，そもそも人間的なことがらについての判断に関して，共通する性質を抜き出すといった内容は本文で説明されていない。以上から，肢2・3「相対的」が入ると判断できる。

B:「自覚」が入る。

　空欄Bを含む文から，Bには自分の無知に対するソクラテスの態度について入るのが明らかである。この内容について，第2段落最終文でソクラテスが「自分の無知を知っていた」ことが述べられている。他方，ソクラテスが無知を克服したという内容は本文で説明されていない。ゆえに，Bには肢1・2・4の「自覚」が入るのが妥当だと判断できる。

　以上から，A・Bともに当てはまるのは肢2のみである。よって，正解は肢2である。

正答 2

memo

実践 問題 **62** 〈 基本レベル 〉

頻出度	地上★ 国家一般職★★ 東京都★★ 特別区★★
	裁判所職員★★ 国税・財務・労基★★ 国家総合職★★

問 次の文の空所Ａ，Ｂに該当する語の組合せとして，最も妥当なのはどれか。

(特別区2018)

　二十二歳のクラス会の時に「いつもビリだった翔子がトップになったね」と言われた。生涯，最下位でひっそりと生きていくのだろうと思っていた翔子がトップだと言われたのだ。凄い。高学歴を望み，上を目指していた優秀な学友が，「翔子に負けちゃったね」と言っていた。

　効率性が尊ばれる社会でトップを目指してきた彼らを押さえ，ずーっとビリにいた効率の悪い翔子が，瞬間的でもトップになったのだ。驚くべきことではないか。もし翔子を書家にしようなどと考えて効率的，常識的，文化的に書をしていたら，今のような書家にはなっていなかっただろう。孤独に耐えられる子になりますようにと，私は翔子に，写経の作業をさせた。書をするしか手立てのなかった私たちは，　Ａ　に書をしてきただけなのだ。

　効率とは一体何だろう。人が育つにあたって，効率性を追う必要があるのだろうか？　効率のよさが優秀な生き方かと言うと，これらは　Ｂ　ではないのだろうか？

　ＩＱが低くても大丈夫。少々の困難はあるけれど，幸せに生きていける。効率的ではない翔子が私に教えようとしている世界は，とても大きい。

(金澤泰子「あふれる愛―翔子の美しき心―」による)

	A	B
1 :	懸命	願望
2 :	懸命	理想
3 :	地道	幻想
4 :	地道	理想
5 :	自由	幻想

OUTPUT

実践 問題 **62** の解説 ────────────

〈空欄補充〉

出典　金澤泰子『あふれる愛：翔子の美しき心』どう出版

空欄Aについて，空欄文から「書をするしか手立てのなかった」私たちが，それのみに取り組んできたことを強調する様子を示す語が入ることがわかる。さらに，直前部から，私たちには翔子を書家にする目的はなかったこと，空欄前後の文脈では効率性を追う生き方に否定的であることが説明されている。以上より，肢5の「自由」は文脈にそぐわない。また，肢1・2の「懸命」は，力の限りを尽くして頑張る様子を意味するが，これは翔子を書家にする目的はなかったという内容に適応しない。これらより，肢3・4にある「地道」が適切であると判断できる。

空欄Bについて，効率性を追う生き方への疑問を表す直前文を受けて，空欄Bの意見が提示されていることが大きな判断根拠となる。さらに，空欄Bを含む第3段落が，効率性を重視しなくともトップになれるエピソードを示した第1・2段落から導かれる意見となっていること，空欄Bに続く第4段落でも効率的でなくとも生きていけることが示されている。以上から，空欄Bには効率の良い生き方を否定する内容が入ることが明らかであり，この内容を示すのは肢3・5の「幻想」しかない。

したがって，Aには「地道」，Bには「幻想」が入ることになり，正解は肢3である。

正答 **3**

実践 問題 **63** 基本レベル

頻出度	地上★	国家一般職★★	東京都★★	特別区★★
	裁判所職員★★	国税・財務・労基★★	国家総合職★★	

問 次の文のA，Bに当てはまるものの組合せとして最も妥当なのはどれか。

(国家一般職2020)

　現在，脳神経科学やそれに影響を受けた分野では，行為における意志の役割に強い疑いの目が向けられている。とはいえ，意志を行為の原動力と見なす考え方が否定されたのはこれがはじめてではない。哲学において，意志なるものの格下げをもっとも強く押し進めたのは，17世紀オランダの哲学者，スピノザである。

　意志概念に対するスピノザのアプローチを理解するうえで忘れてならないのは，彼が，しばしばその主張として紹介される「自由意志の否定」には留まらなかったということである。

　たしかにスピノザは，「自由な意志」という概念を斥け，この世界とわれわれの心身を貫く必然性に則って生きることをよしとした。スピノザによれば，意志は「自由な原因」ではない。それは「強制された原因」である。すなわち，私が何ごとかをなすのは，何ごとからも自由な自発的意志によってではない。いかなる物事にも，それに対して作用してくる原因があるのだから，意志についてもそれを決定し，　　A　　がある。人々がそのことを認めようとしないとすれば，それは，彼らが自分の行為は意識しても，　　B　　のことは意識していないからに過ぎない。

　こうしてスピノザは簡潔かつ説得的に，「行為は意志を原因とする」という考えを斥けた。

　だが，スピノザの考察は「自由意志の否定」をもって終わるのではない。スピノザは，にもかかわらずなぜわれわれは，「行為は意志を原因とする」と思ってしまうのか，と問うことを怠らない。

	A	B
1：	何ごとかを志向するよう強制する原因	行為へと決定する原因
2：	何ごとかを志向するよう強制する原因	行為がもたらす結果
3：	何ごとからも制約を受けない条件	自由意志が行為に働きかける作用
4：	何ごとからも制約を受けない条件	行為がもたらす結果
5：	自由意志が行為に働きかける作用	行為へと決定する原因

OUTPUT

実践 問題 **63** の解説 ─────────────

〈空欄補充〉

出典　國分功一郎『中動態の世界：意志と責任の考古学』医学書院

A：何ごとかを志向するよう強制する原因

　空欄文，ならびにその前後内容から，Aに当てはまるものはスピノザが捉える意志についての内容であることがわかる。空欄文において「意志についても」とあることから，Aの前ではAと同種の内容が述べられていると推測できる。Aの直前では物事に対して作用してくる原因があることが述べられており，この内容を受けて意志についてAで述べられていると捉えられる。

　また，空欄直前の文は「何ごとからも自由な自発的意志によってではない」という否定文になっているのに対し，空欄Aを含む文は肯定文になっていることから，Aは「何ごとからも自由な自発的意志」と対立する内容であることもわかる。さらに，Aにスピノザが捉える意志についての内容が入ることとかかわり，Aより前の部分でスピノザは意志を「強制された原因」だと捉えていることも読み取れる。

　したがって，Aに入る内容として，肢1・2：「何ごとかを志向するよう強制する原因」が妥当だと判断できる。

B：行為へと決定する原因

　空欄文から，自分の行為と対立する内容が入ることがわかる。また，「こうして」で始まる空欄直後の文より，「行為は意志を原因とする」という考えを斥けることを表す内容が説明されていると考えられる。

　したがって，Bに入る内容として，肢1・5：「行為へと決定する原因」が妥当だと判断できる。

　以上から，正解は肢1となる。

正答 **1**

実践 問題 **64** 〈基本レベル〉

頻出度	地上★	国家一般職★★	東京都★★	特別区★★
	裁判所職員★★	国税・財務・労基★★	国家総合職★★	

問 次の文の空所A～Cに該当する語又は語句の組合せとして，最も妥当なのはどれか。 （特別区2020）

　同類の人たちで行う対話は，緻密かもしれないが，全体としては退屈なことが多い。価値観が似ていて，基本的な前提を問い直すことがないため，大枠では意見が一致しやすいからだ。

　問題になるのは細かい違いだけで，それが大事なこともあるが，冷静に考えるとどうでもいいことも多い。いずれにせよ，　　A　　なことは問われない。これは哲学を専門とする人でも変わらない。

　他方，いろんな立場の人たちが集まっていっしょに考えると，それぞれが普段自分では問わなかったこと，当たり前のように思っていたことをおのずと問い，考えるようになる。前提を問う，　　B　　なことをあらためて考える——それはまさしく哲学的な「体験」だろう。

　誰がどのような体験をするのか，どんなことに気づき，何を問い直すのか，どのような意味で新しい見方に出会うのかは，その場にいる人によっても違う。ある人は，その人にしか当てはまらない個人的なことに気づくかもしれない。あるいは，誰もが目を開かれるような深い洞察に，参加者みんなで至るかもしれない。

　その内容は，哲学という専門分野から見ても，興味深いものになっているかもしれないが，初歩的なところにとどまっていたり，粗雑な議論になっていたりするのかもしれない。哲学の専門家や哲学好きな人は，話のレベルの高さや低さに　　C　　するかもしれないが，それは専門家の勝手な趣味であって，私自身はあまり気にしていない。

（梶谷真司「考えるとはどういうことか」による）

	A	B	C
1：	根本的	自明	一喜一憂
2：	根本的	重要	一喜一憂
3：	表面的	曖昧	一喜一憂
4：	表面的	自明	自己満足
5：	主観的	重要	自己満足

実践 問題 **64** **の解説**

〈空欄補充〉

出典　梶谷真司『考えるとはどういうことか：0歳から100歳までの哲学入門』幻冬舎

A：根本的

空欄Aは，ここまでの内容を「いずれにせよ」とまとめている部分にある。前述内容を「　A　なことは問われない」と受けていることから，空欄Aには前述内容とは逆の意味内容が入ることに注意する必要がある。前述部分の趣旨は「全体としては退屈なことが多い」，「冷静に考えるとどうでもいいことも多い」ことである。選択肢でこれらと逆の意味を示しているのは肢1・2にある「根本的」であると判断できる。

B：自明

空欄Bは，前文の言い換えとなる部分である。前文で述べられている「それぞれが普段自分では問わなかったこと，当たり前のように思っていたことをおのずと問い」を，空欄Bを含む文で「前提を問う」と受けていることから，言い換えとなっていると捉えられる。前文内容と同じ意味を示しているのは，肢1・4にある「自明」である。

C：一喜一憂

空欄Cは，直後で述べられている「私自身はあまり気にしていない」と逆の意味内容が入る。「哲学の専門家や哲学好きな人は，…しれないが」にある接続助詞「が」が逆接の意味を示すからである。選択肢で「私自身はあまり気にしていない」と逆の意味内容を示しているのは肢1～3にある「一喜一憂」である。

以上から，正解は肢1である。

正答 1

実践 問題 **65** 〈 **基本レベル** 〉

頻出度	地上★	国家一般職★★	東京都★★	特別区★★
	裁判所職員★★	国税・財務・労基★★	国家総合職★★	

問 次の文章の空欄A〜Cに当てはまる語句の組合せとして，最も妥当なのはどれか。
(東京都2017)

　久保田さんの考えている共同生活のスキルとは，もう少し具体的にいうと，どのようなものですか？

　久保田◆ まずは，先ほどもいった「自分だけの ┃ A ┃ に気づく力」ですね。いうだけだと簡単そうですが，あたりまえになっている自分の経験を ┃ B ┃ するというのはともに難しいことだと思います。

　次に，「 ┃ C ┃ の可能性を探る力」。自分の ┃ A ┃ に凝り固まった人とは，とても共同生活は送れませんが，自分だけの ┃ A ┃ に気づいたとしても ┃ C ┃ ができなければ共同生活を解消するしかありません。もちろん，どんな人とでも，どこまででも ┃ C ┃ できるわけではないので，あるラインを超えたら解消する方が合理的ですが，そのラインを見極める力ですね。

　最後に，「話し合いを通して ┃ C ┃ 点を見いだしていく力」です。自分の意見をきちんといいながらも，お互いの言い分をすり合わせ，解決策や落としどころを見いだしていかなくてはならない。

　こうした技術を身につけるほど，より多様な関係の中で共同生活から多くのメリットを引き出すことができると思います。

	A	B	C
1：	概念	絶対化	協調
2：	概念	絶対化	妥協
3：	概念	相対化	協調
4：	常識	絶対化	協調
5：	常識	相対化	妥協

実践 **問題 65** **の解説**

〈空欄補充〉

出典　山田昌弘『「家族」難民：生涯未婚率25％社会の衝撃』朝日新聞出版

A　「常識」が入る。

Aには，1・3つ目の空欄から「自分だけのもの」であるとともに，2つ目の空欄から，それに凝り固まっていると共同生活を送れない性質の内容が入るとわかる。肢にある語のうち，「概念」に関して，個別の事柄を抽象する行為ができることは凝り固まるという内容を意味せず，その能力を有することで共同生活を送ることが困難になるとは考えにくい。むしろ，自分だけの常識に凝り固まっている人とのほうが共同生活を送るのが困難だと捉えられることから，Aには肢4・5の「常識」が入ると判断できる。

概念	個別の事柄から共通性質を抽き出す（＝抽象する）ことによって得られた考え

B　「相対化」が入る。

空欄文から，Bには自分の経験とかかわって難しいことが入るとわかる。自分の経験を絶対化するのは難しいことではないが，唯一絶対のものとして捉えず，それだけではないと相対化することは難しいと捉えられる。ゆえに，Bには肢3・5の「相対化」が入る。

絶対	他に比べるものがないこと。他の可能性はなく完全である様子
相対	唯一絶対ではなく，他との関係においてあるもの。他と置き換え可能なもの

C　「妥協」が入る。

4つ目の空欄とかかわる部分がポイントになる。この部分から，Cは話し合いを通して見いだしていく力であるとともに，この空欄の直後の文章から，お互いの言い分をすり合わせ，解決策や落としどころを見いだしていくことを意味する内容が入るとわかる。選択肢にある語句のうち，この内容を意味するのは肢2・5の「妥協」である。

以上から，正解は肢5となる。

正答 5

実践 問題 **66** 〈基本レベル〉

頻出度	地上★	国家一般職★★	東京都★★	特別区★★
	裁判所職員★★	国税・財務・労基★★	国家総合職★★	

問 次の文章の空欄A〜Dに当てはまる語句の組合せとして，最も妥当なのはどれか。

（東京都2014）

　何か目的とか目論見というものがあって，それを手順を踏んで実現しようとする，そういう「　Ａ　に行動する能力」というものは，人類の歴史上，比較的最近になって備わるようになった，　Ｂ　な能力に基づくものだと思います。それは，当然のこととして，理由とか証拠に基づいて推論する能力というものを含むでしょう。また，いくらか遠い未来を想像する能力だけではなくて，過去の出来事を　Ｃ　する能力を含むものでもあると思われます。さらには，感情的な行動を，何らかの仕方で制御する能力を含むものでもあると思われます。もし感情的な行動を制御することができないとすれば，目的を実現するということも，当然，危うくなると思われるからです。

　過去の出来事を　Ｃ　する能力というものがない場合には，規則を発見するとか正しいやり方を見出すというようなことができなくなると思います。正しいやり方（正しい石刃の作り方とか正しい火のおこし方）というような意味での「正しさの概念」のようなものは，実は相当に早い段階で登場した可能性があります。しかしながら，目的の実現を目指して　Ａ　に行動する能力が十分発達しない段階では，そのような概念が実質的な意味を持つことはなかったと思います。　Ａ　に行動する能力を持つようになるというのは，単に未来時制を使いこなせるようになるというようなことではなくて，目的・目標あるいは狙いを定める，目的・目標を達成するための手段とか手順を選択して決める，予想される結果とか成果と，それを獲得するために犯す危険の大きさとを，何らか秤にかける，少なくともそういったことができるようになることでしょう。ですから，当然のこととして，「選択する」とか「秤にかける」ということができるようになるために，「正しい」とか「よい」というような，最も基礎的な　Ｄ　表現が使えるようになるということでもあると思います。恐らくは，「よい」に対応するような，（対象を選ばず，何にでも使える上に，どんな意味にも使えるという意味で）万能的な　Ｄ　表現が使えるようになるということが，決定的であったのではないかと思います。選択肢を比較検討して，どちらがよいか，どうするのがよいか，そういうことを決めることが，結局は問題であったと思われるからです。そういう意味では，この種の　Ｄ　表現が使えるようになることは，

理性的と言われるような存在になるための，必要条件の一つであると考えられます。

	A	B	C	D
1 ：	計画的	実践的	一般化	道徳的
2 ：	計画的	総合的	一般化	評価的
3 ：	計画的	総合的	相対化	道徳的
4 ：	周到	実践的	一般化	道徳的
5 ：	周到	総合的	相対化	評価的

実践 問題 **66** の解説

〈空欄補充〉

出典　岡部勉『合理的とはどういうことか』講談社

　本問は空欄数が比較的多い出題である。このような場合には，自らにとって決定しやすい空欄を用いて，確実に正解を導き出していきたい。

　空欄Aは本文に３つ存在する。このうち，Aを決定する決め手となるのは１つ目の空欄であるだろう。この文にある「そういう　A　に行動する能力」が指し示すAの能力は，「目的とか目論見というものがあって，それを手順を踏んで実現しようとする」能力であるのが明らかである。選択肢の語句のうち，この内容にそぐうのは肢１・２・３にある「計画的」である。

　空欄Bは，空欄文から「比較的最近になって備わるようになった」能力であることが読み取れる。さらに空欄Bの能力について，後続文脈で具体的に「理由とか証拠に基づいて推論する能力」「感情的な行動を，何らかの仕方で制御する能力を含むもの」だと説明されている。これらを根拠にすれば，肢２・３・５の「総合的」が妥当であると判断できる。

　空欄Cは，１つ目の空欄文から，未来を想像するのに加えて過去の出来事ともかかわる能力であることが読み取れる。さらに続く文で「感情的な行動を，何らかの仕方で制御する能力を含むもの」とも説明されている。また，２つ目の空欄文からは，Cがない場合，規則の発見や正しいやり方を見いだすことは困難となることがわかる。選択肢から「一般化」か「相対化」のいずれかが入ることがわかるが，「相対」を用いる際には「他との比較」が内容に含まれるのが通例である。この点，Cとかかわる文脈で「他との比較」という内容が表れていないことから，Cに「相対化」が入るのは難しい。ゆえに，肢１・２・４の「一般化」が空欄Cに当てはまる。

　空欄Dは，１つ目の空欄から，「選択する」とか「秤にかける」ということができるために必要となることであり，「正しい」「よい」に代表される内容を表す語句が入るとわかる。そして，後続文脈で，「よい」に対応する空欄Dの表現が使えることが決定的であった理由として，選択や方法を決めることが問題であったと説明されている。さらに，３つ目の空欄Dを含む１文で，空欄Dの表現を使えることは「理性的と言われるような存在になるための，必要条件の一つ」であると述べられている。選択肢の語句のうち，これらの内容を含むのは肢２・５にある「評価的」である。

　以上から，A〜Dのすべてに当てはまる語句の組合せを有するのは肢２ということになり，正解は肢２である。

正答 **2**

memo

実践 問題 **67** 〈 **基本レベル** 〉

頻出度	地上★	国家一般職★★	東京都★★	特別区★★
	裁判所職員★★	国税・財務・労基★★		国家総合職★★

[問] 次の文章の空欄Ａ～Ｄに当てはまる語句の組合せとして，最も妥当なのはどれか。

(東京都2014)

　必然性ということで私たちはまずどんなことを思い浮かべるだろうか。「必ず然ある」ということであるから，「　Ａ　性」と「持続性」が挙げられる。そして，「必ずしか」あらしめる原理原則が想定される。必然性はみずからの根拠を自己のうちに持っている。イメージとしては「同じものが続いてゆく」である。　Ｂ　性はあるが，単調さもつきまとう。喚起される感情はプラスのものとして「安心」，マイナスのものとしては「退屈」。いずれもなだらかな快・不快の感情である。必然性は「恒常性」と言い換えることができるだろう。

　それでは偶然性はどうか。

　偶然性は必然性の反対―― 偶 しかある――と考えられるので，その要件は「　Ｃ　性」と「瞬間性」である。偶然性は「ないことの可能性」が大きい。不可能性に限りなく近い。してみれば「存在する」根拠は非常に弱い。イメージとしては「異なるものが現れ出てくる」か。喚起される感情は「驚き」だ。「驚き」の情は必然性に伴う「安心」「退屈」に比べて　Ｄ　度が高い。おまけに，その　Ｄ　度の幅は広い。小はちょっとした驚きから，大は「驚愕」にまでおよぶ。偶然性は「瞬時性」と言い換えることができるだろう。

	Ａ	Ｂ	Ｃ	Ｄ
1：	固定	安定	流動	緊急
2：	固定	確実	流動	緊張
3：	同一	安定	稀少	緊張
4：	同一	安定	流動	緊急
5：	同一	確実	稀少	緊急

実践 **問題 67** **の解説**

〈空欄補充〉

出典　野内良三『無常と偶然』中央公論新社

　空欄Aには，空欄文から「『必ず然ある』」から想起される性質が入り，「持続性」と組になる内容が入るとわかる。さらに，その後の部分で，この「必然性」について「イメージとしては『同じものが続いてゆく』」ことだと説明されている。これらに当てはまる内容として適切なのは，肢3・4・5にある「同一」であると判断できる。

　空欄Bには，その直前文で示されている，「同じものが続いてゆく」というイメージが含有する具体的な性質を表す語が入る。空欄文は「　　B　　性はあるが，単調さもつきまとう」と展開されていることから，空欄Bには「単調さ」と対になる内容が入ることもわかる。加え，Bの直後文は「プラスのものとして『安心』，マイナスのものとしては『退屈』」と，Bの空欄文と同様，対立の形式をとっていることからも，Bの空欄文の言い換えであると判断できる。したがって，Bに対応する内容として「安心」が掲げられているという手がかりが得られる。これらの内容に相応しいものは，肢1・3・4の「安定」であると判断できる。

　空欄Cには，空欄文から，偶然性──偶しかある──から想起される性質が入ることが読み取れる。偶然性について，Cの直後文で「『ないことの可能性』が大きい」と指摘されていることから，その内容も空欄Cを考えるうえで手がかりとなる。この直後文を根拠とすれば，肢3・5の「稀少」が適切であると判断できる。

　空欄Dは「驚きの情」についての内容が入る。「情」を表す語句であらねばならぬことから，事が差し迫った事態を表す「緊急」がDに入ることはできない。ゆえに，肢2・3の「緊張」が空欄Dに入ることになる。

　よって，空欄に当てはまるのはA：同一，B：安定，C：稀少，D：緊張となり，正解は肢3である。

正答 **3**

頻出度	地上★	国家一般職★★	東京都★★	特別区★★
	裁判所職員★★	国税·財務·労基★★	国家総合職★★	

問 次の文章中のＡ～Ｄの空欄に入る語句の組合せとして最も妥当なものはどれか。

（裁判所職員2020）

「思考の自然化」とでも呼ぶべき事態の進行の下で，人間の思考はブラックボックスから出された。このような人間の思考の基礎に関する考え方の変化を前にして，思考の曖昧さは自明のことではなく，むしろ一つの ￣Ａ￣ であることをこそ見てとるべきである。脳内過程の厳密なる進行に支えられているにもかかわらず，人間の思考がいかにして「曖昧」たりうるのかということ自体が，大変な問題を提起しているのである。

そもそも，人間の思考作用において，「曖昧」ということは本当に可能なのか？もし可能だとしたら，その思考における「曖昧さ」は，それを支える脳の厳密なる因果的進行と，どのように関係するのか？

世界を因果的に見れば，そこには曖昧なものは一つもない。その曖昧さのない自然のプロセスを通して生み出された私たちの思考もまた，この世界にある精緻さの ￣Ｂ￣ でなければならないはずである。

それにもかかわらず，私たちは，確かに，曖昧な自然言語の用法があるように感じる。もし，自然言語が， ￣Ｃ￣ 因果的進行が支配する世界の中に「曖昧」な要素を持ち込むということを可能にしているのだとすれば，それ自体が一つの奇跡だというしかない。

この奇跡をもたらしている事情を突きつめていけば，物質である脳にいかに私たちの心が宿るかという ￣Ｄ￣ 問題に論理的に行き着くことはいうまでもない。

そして，この，私たちの心の存在がもたらす奇跡は，単なる「厳密さの喪失」という問題では片づけられない，仮想空間の豊饒（ほうじょう）をもたらしているのである。

言葉の持っている不思議な性質の一つは，それが数学的形式の基準からいえば曖昧であるからこそ，そこにある種の無視できない力が宿る，という点にある。

（茂木健一郎『思考の補助線』より）

OUTPUT

	A	B	C	D
1：	驚異	顕れ	厳密な	心脳
2：	脅威	起源	自然な	存在論的
3：	驚異	起源	厳密な	存在論的
4：	脅威	起源	自然な	心脳
5：	驚異	顕れ	厳密な	存在論的

実践 問題 **68** の解説 ────────────

〈空欄補充〉

出典　茂木健一郎『思考の補助線』筑摩書房

A：驚異

同音異義語である選択肢の語彙の意味は以下のとおりである。

・驚異：思いもよらないような驚くべきことがら。また，それによる驚き

・脅威：威力や勢いに脅かされて感じる恐ろしさ

　空欄文から，Aは思考の曖昧さに関する内容であるのが明らかである。かつ，この内容について，空欄直後の文で「大変な問題を提起している」とも述べている。この内容については本文後半で「一つの奇跡」と捉えられていることもAを決定するうえでの材料となる。以上を踏まえれば，Aには「驚くべきことがら」を示す「驚異」が入ると判断できる。

B：顕れ

　空欄文から，Bは私たちの思考についての内容であり，「私たちの思考もまた」と述べていることから，Bには前述内容と同種の内容が示されているとわかる。空欄直前の文では（世界に）曖昧なものは一つもないということが説明されており，Bを含む部分で同種のことが指摘されていると考えられる。

　しかし，肢1・5：「顕れ」，肢2〜4：「起源」のうち，内容的に妥当なものを決定するのは難しい。決定を保留する空欄として位置づけられる。

C：厳密な

　空欄文から，この一文で示される内容は「一つの奇跡」といえるものでなくてはならないことがわかる。Cの直後は自然言語が「曖昧」な要素を持ち込むという内容のため，「奇跡」というからにはCの部分で「曖昧」と対立する内容が述べられているはずだと考えられる。以上から，肢2・4：「自然な」よりは，肢1・3・5：「厳密な」のほうが妥当だと判断できる。

D：心脳

　空欄文から，Dは「物質である脳にいかに私たちの心が宿るか」という問題についての内容であるのが明らかである。加えて，空欄直後の文でこの文の内容を「この，私たちの心の存在がもたらす奇跡」と受けている。以上から，肢2・3・5：「存在論的」よりは肢1・4：「心脳」が妥当であると判断できる。

　ゆえに，正解は肢1となる。

正答 **1**

memo

実践 問題 **69** 〈 基本レベル 〉

頻出度	地上★	国家一般職★★	東京都★★	特別区★★
	裁判所職員★★	国税・財務・労基★★	国家総合職★★	

問 次の文の[ ]には,「公共性」か「共同体」のいずれかが入る。「公共性」が入るもののみを全て挙げているものとして最も妥当なのはどれか。

(国税・財務・労基2015)

公共性と共同体にはどのような違いがあるのだろうか。まず指摘できるのは,共同体が閉じた領域をつくるのに対して,公共性は誰もがアクセスしうる空間であるという点である。公共性はドイツ語では"Öffentlichkeit"と表現されるが,その語源は「開かれている」という意味の"offen"であるオープンであること,閉域をもたないことが公共性の条件である。この条件は「外」を形象化することによって「内」を形象化する共同体には欠けている。

第二に,公共性は,共同体のように等質な価値に充たされた空間ではない。[A]は,宗教的価値であれ道徳的・文化的価値であれ,[B]の統合にとって本質的とされる価値を成員が共有することを求める。これに対して,[C]の条件は,人びとのいだく価値が互いに異質なものであるということである。公共性は,複数の価値や意見の〈間〉に生成する空間であり,逆にそうした〈間〉が失われるところに[D]は成立しない。

第三に,共同体では,その成員が内面にいだく情念(愛国心・同胞愛・愛社精神等々)が統合のメディアになるとすれば,公共性においては,それは,人びとの間にある事柄,人びとの間に生起する出来事への関心(interest)── interestは"inter-esse"(間に在る)を語源とする──である。公共性のコミュニケーションはそうした共通の関心事をめぐっておこなわれる。[E]は,何らかのアイデンティティが制覇する空間ではなく,差異を条件とする言説の空間である。

1：A，B
2：A，C
3：B，D，E
4：C，D
5：C，D，E

直前復習

OUTPUT

実践 問題 **69** の解説

〈空欄補充〉

出典　齋藤純一『公共性（思考のフロンティア）』岩波書店

　空欄より前で解説されている公共性と共同体の違いを整理したうえで，空欄A以下の内容を判断していきたい。両者の違いについて，大きく2点のことが説明されている。

・共同体：閉じた領域をつくる（第1段落）

　　　　　等質な価値に充たされた空間（第2段落）

・公共性：誰もがアクセスしうる空間である（第1段落）

　　　　　共同体のように等質な価値に充たされた空間ではない（第2段落）

　この両者の対立内容を根拠に，各内容を判断していく。A・Bは「価値を成員が共有することを求める」とあるので，等質な価値に充たされた空間であることを意味する。ゆえに，「共同体」が入るとわかる。Cには，「これに対して」という前述内容と対になる接続語で始まっていること，ならびに，「人びとのいだく価値が互いに異質なものである」ことから，「公共性」が入るのは明らかである。Dも，「公共性は」という主語で始まっており，その性質について説明している文であることから，「公共性」が入る。Eも，「差異を条件とする言説の空間」とあることから，「公共性」が入る。

　以上から，A：共同体，B：共同体，C：公共性，D：公共性，E：公共性が入ることとなる。ゆえに，正解は肢5である。

正答 **5**

実践 問題 **70** 〈 基本レベル 〉

頻出度	地上★	国家一般職★★	東京都★★	特別区★★
	裁判所職員★★	国税・財務・労基★★	国家総合職★★	

問 次の文章中のＡ～Ｆの空欄には「あながち」「いささか」「なかなか」「まさに」「ますます」「もはや」のいずれかの語が入る。その組合せとして最も適当なものはどれか。 (裁判所職員2015)

　私は庭園や環境を中心に，美学という学問を研究している。……はずだったのだが，何を血迷ったか，昨年『ももクロの美学』なる本を出した。ももクロとは，今やＡＫＢにも迫るＪポップの少女アイドルグループ。人気の尻馬に乗るつもりは毛頭なかったが，拙著も美学者が書いた本としては，例外的に多くの読者に恵まれた。そのせいで，さえない教師の私が，畏れ多くも東大広報誌で自分の研究を紹介する羽目に陥った。

　しかも悪いことに，私はジャズ・フルーティストでもある。素人だが，色々なところでジャズメンを自称してしまっている。その結果，この一年近くさまざまな場面で，あなたの中で庭園美学と，ももクロと，ジャズとは，どう関係するのかという質問を，　Ａ　辟易するほど受けてきた。私の個人的事情はどうでもよい。が，最近の美学の研究動向一般という観点からすると，それらの関係を述べることも　Ｂ　無意味ではなかろう。

　もともと美学は，正式な学問としては，18世紀半ばのドイツで生まれた。美的なものや諸芸術の本質を追究する，哲学の一部門である。以後，近代西洋の美学は，美術館やコンサートホールに代表される隔絶した空間で，ひたすら集中的・抽象的に鑑賞する，純粋芸術をモデルとしてきた。逆に，日常世界と混ざり合う擬似芸術的な現象は，不純なものとして排除された。そうして排除されたものの典型が，刺繍やガーデニング造園であり，ポピュラー・アート，大衆芸術である。

　しかし，そのような閉鎖的でエリート主義的な近代西洋美学のあり方は，さまざまな批判や反省にさらされてきた。現在ではむしろ，従来の閉じた純粋芸術を超える現象こそが，新たな可能性をもつものとして注目される。たとえば，庭園を含む環境の美学や，日常生活の美学が，近年の重要なトレンドになりつつある。私が庭園に目を向けたのも，　Ｃ　そうした理論的関心からだった。実はアイドルグループ，ももクロについても同じなのである。

　もともと日本にはアイドルをめぐるユニークな文化伝統がある。しかも今日ではきわめて多くの人々がアイドルのライブに足を運び，深く感動し，アイドルは日常生活にも浸透している。人気ドラマ『あまちゃん』を考えればよい。こ

のような現象を，　　D　　いかがわしい二流のものと片付けることはできない。アイドルを含むサブカルチャー，大衆芸術全般が，アカデミズムの中で無視できなくなっている。美学も，こうした現象に真面目に取り組まねばならない。　　E　　信じてもらえないのだが，私がももクロを論じたのも，こうした（自分としては）まっとうな問題意識からであった。

　似たことはジャズにもあてはまる。ジャズが元来，大衆芸術だったことは措くとしても，私のように別のことをやりながら音楽などの芸術活動にいそしむ人々は，世界中でさらに増えつつある。芸術はエリートの手を離れ，大衆と日常の中に拡散してきた。

　要するに私は，そうした日常性の美学を掘り下げたいのである。その関連で，茶道など，伝統的な日本の生活芸術も見直されている。美学者にとって幸せなことに，現代美学の研究動向からは　　F　　目が離せない。

1：B—なかなか　　D—まさに　　　E—いささか
2：C—あながち　　E—なかなか　　F—まさに
3：A—まさに　　　C—ますます　　D—もはや
4：B—まさに　　　C—いささか　　F—もはや
5：A—いささか　　B—あながち　　F—ますます

SECTION ③ 現代文 空欄補充

第1章

現代文

チェック欄		
1回目	2回目	3回目

実践 問題 **70** の解説

〈空欄補充〉

出典　安西信一『庭とももクロと私：日常世界へと広がる美学』東京大学広報室

問題文で与えられている6種類の副詞は，それぞれ以下の意味を有する。

・あながち：後に打消しを伴う→必ずしも……ない

・いささか：ほんの少し。わずか

・なかなか：相当。すいぶん　＊後に打消しを伴う場合→そう簡単には……ない

・まさに：(1)間違いなく。確実に　(2)ちょうど。ぴったり

・ますます：程度がさらに高まって著しく。なお一層。

・もはや：今となっては。もう。

空欄Aに至る文脈では，拙著が多くの読者に恵まれて自らの研究を東大広報誌で紹介する羽目に陥ったのに加え，ジャズ・フルーティストである結果，庭園美学とももクロとジャズとの関係性についての質問をうんざりするほど受けてきた，という内容が説明されている。質問を受けた程度や頻度を示す副詞が空欄に入ることになり，適切なものとして「いささか」を選ぶことができる。すなわち，「ほんの少しとはいえ，ひどく迷惑してうんざりするほど質問を受けた」ということが示されているのである。

空欄Bには，「無意識ではなかろう」とあるように，打消しを伴って用いる副詞が入る。かつ，最近の研究動向を踏まえ，庭園美学とももクロとジャズとの関係を述べることの意義を説明しようとしている文脈に適する語が入ることにもなる。これらの条件に当てはまるものとして，「あながち」を選ぶことができる。「三者の関係性を述べることは，必ずしも無意味ではなかろう」と述べているのである。

空欄Cには，「私が庭園に目を向けたのも，…そうした理論的関心」と，庭園を含む環境の美学が近年の重要なトレンドであるという前文の内容を受け，それを強調する副詞が入る。この文脈に適するものとして，「まさに」を選ぶことができる。上記(2)にあたる意味で使われているのだと判断できる。

空欄Dには，アイドルが日常生活に浸透している現状について，人気ドラマを引き合いに出して「いかがわしい二流のものと片付けることはできない」ことを強める副詞が入る。この文脈に適するものとして，「もはや」を選ぶことができる。この現状が変えられないところまで進んでいる様子を強調しているのである。

空欄Eには，「信じてもらえない」とあるように，打消しを伴って用いる副詞が入る。また，空欄後，それとは逆接的な内容として，まっとうな問題意識から

ももクロを論じたことが主張されている。これらの文脈に適するものとして,「なかなか」を選ぶことができる。「容易には信じてもらえないであろうが…」と断ったうえで,自らの考えを述べているのである。

　空欄Fには,段落冒頭が「要するに」という接続語で始まっていることからも明らかなように,これまでの説明を受け,現代美学の動向から目が離せないことを強調する副詞が入る。文脈から,「一層」という内容を示す副詞が入るのが適切だとわかり,「ますます」を選ぶことができる。

　以上から,A：いささか,B：あながち,C：まさに,D：もはや,E：なかなか,F：ますます,が入るのだと判断できる。ゆえに,正解は肢5である。

正答 5

実践 問題 **71** 〈基本レベル〉

頻出度	地上 裁判所職員★	国家一般職 国税・財務・労基	東京都	特別区 国家総合職

問 次の文章中において，　A　～　E　のうち文章Ｘが入る箇所として最も妥当なものはどれか。　（裁判所職員2019）

> 文章Ｘ：現在，求められているのは，エネルギー源の転換とエネルギー消費の画期的な縮小や資源の節約であり，それと同時に雇用の確保・創出であり，人間的能力と人々のつながりの回復である。

　資本主義と近代科学技術が車の両輪となって，爆発的に発展してきた近代産業社会は，その華やかさの一面，深刻な資源や環境の問題，あるいは格差と貧困の問題や労働疎外をもたらすものであった。また，人々が商品とサービスによって取り囲まれていくことにより，一見「豊か」でありながら，それらの商品やサービスに従属しないと生きることができず，人間が本来もっている能力の自由な展開が妨げられる社会でもあった。

　　A

　そこに気候変動の問題が立ちはだかっている。気候変動問題への対処は，単に温暖化の回避という以上に，人々が納得しやすい形でこの産業社会に一定の制約を与え，社会のあり方を，ＧＤＰ的に測定される「豊かさ」から，人間の能力がより自由に発揮され，多元的な欲求が充たされる豊かさに転換していく，またとない機会ではないだろうか。

　　B

　二〇世紀の技術が進んできた方向は，生産の場においては，大規模化であり，省力化であり，あるいはスピードアップであった。それは自然との関係でいえば，大量に資源を消費し，環境を汚染・破壊し，生態系を傷つけていくものであった。また，人間の労働との関係でいえば，人間のもっていた力能が，人間にとっては外的な装置性の中に移行し，少数の管理労働と，多数の容易に置き換え可能な単純労働を生み出し，働くことの意味の喪失，仕事を通じて広がっていくべき人間関係の喪失，雇用の不安定などの問題を生み出してきたといえる。それは消費の場においては，以前の社会では人々が自らの力でつくり出したもの，あるいは自ら行ってきたことが，商品や商業的サービスによってすみずみまで置き換えられ，さらに次々と生み出される必要性があいまいな商品・サービスに取り囲まれる流れを生み出してきた。

　　　C

　そのように考えてくると，これからの技術の進むべき方向は自ずと明らかで，それは，生産の場においては，いったんは，外部の装置に移されてしまった人間の力能を，再び人間の側に取り戻し，技術を人間がコントロールし，仕事を通じて他者とのつながりを豊かにしていけるような技術の体系である。それは，雇用を増やし，省エネルギー・省資源を進め，質の高い，融通性・多様性・創造性のある生産力を形成していくことと整合する。生活の場においては，やはり低エネルギー消費・低資源消費で，人間が自ら行う領域を広げることを助け，その技術によって人間関係を豊かに紡いでいけるような技術体系である。それは自然に非商品的世界の拡大ともつながる。食糧・エネルギーなどの基礎代謝部分では地域の自立性が高く，しかし同時に広域的な交通・交流もさかんで，中小産業を基調としつつも，少数の大産業がそれと有機的に併存するような体系である。

　　　D

　それはもちろん，近代以前の技術体系に戻ることではない。先に私は，将来の世代に対して，これまで化石燃料をふんだんに消費してきた現存の世代のエゴイズムが少しでも免罪されるとすれば，それは，その再生不可能な資源を使っている間に，そのような資源がなくとも快適な生活ができるような，再生可能なシステムを準備できたときだけである，と書いた。同じことが，近代科学技術についてもいえる。将来の世代に対して，これまで近代科学技術の果実を「享受」してきたことが多少なりとも免罪されるとすれば，これまで蓄積されてきた厖大な科学技術の知識と経験から，生かせるものを生かして，快適で持続可能な生産と生活のあり方をつくりあげたときだけであろう。

　　　E

（田中直『適正技術と代替社会―インドネシアでの実践から』より）

1：　　　A
2：　　　B
3：　　　C
4：　　　D
5：　　　E

実践 問題 **71** の解説 ——————————————————————

〈空欄補充〉

出典 田中直『適正技術と代替社会：インドネシアでの実践から』岩波書店

脱文挿入の空欄補充問題である。

　脱文となっている文章Xでは，(1)現在求められていること，(2)その内容としてエネルギー源の転換とエネルギー消費の縮小や資源の節約，雇用の確保・創出や人間的能力とつながりの回復が述べられている。挿入する前後では上記とかかわる内容が説明されているはずであるということに留意しつつ，文章Xが入る箇所を考えていく。

・Aの前後では，(2)の内容が説明されていないことから，文章Xが入ると不自然になる。

・Bの前でも(2)の内容が説明されておらず，文章Xが入ると唐突になることから，文章Xを入れることはできない。

・Cの前では，「20世紀の技術が進んできた方向」が説明されており，資源の消費，人間関係の喪失，雇用の不安定について述べられている。これを受けて，Cの位置に文章Xを入れると，「現在，求められているのは」と展開して(2)の内容が述べられるとともに，Cの後も「これからの技術の進むべき方向」と続き，省エネルギー化，雇用の増大，仕事を通じて他者とのつながりを豊かにしていけるような技術体系について説明される形になることから，Cの位置に文章Xが入るのは不自然ではない。

・Dの前では，「これからの技術の進むべき方向」が説明されており，文章Xの具体的な内容を述べている。この位置に文章Xを入れるのは，「これから」→「現在，求められている」ことという展開になることから，不自然になる。

・Eの前では，(2)の内容が説明されていないことから，文章Xが入ると不自然になる。

　以上から，文章Xが入る箇所として最も妥当なのはCであると判断できる。

　よって，正解は肢3である。

正答 **3**

memo

実践 問題 **72** 〈応用レベル〉

頻出度	地上★	国家一般職★★	東京都★★	特別区★★
	裁判所職員★★	国税・財務・労基★★	国家総合職★★	

問 次の文の空所Ａ，Ｂに該当する語又は語句の組合せとして，最も妥当なのはどれか。 (特別区2010)

　生きる熱意。前に進む意志。その質が問われている。もし，学問から勢いが失われているとすれば，それは俗悪でチープな文化が跋扈（ばっこ）しているからではなく，ただ単に学問自体から情熱が失われているということだろう。

　情熱を支えるものは「本当のこと」であるはずである。「本当のこと」に感動する気持ちである。それから，過去に素敵なことをしてくれた偉人に対する感謝の気持ちである。そうした，まるで子どものように問いかける気持ちが学問から失われているから，人々を惹きつけることができず，結局は凋落（ちょうらく）しているのであろう。

　「本当のこと」「大切なこと」「知りたかったこと」「そのためには，全力を尽くしても悔いがないこと」。そういった「感情のエコロジー」こそが，探求する心を支える。そのような心の動きの根っこにあるのは，この世のさまざまを「引き受ける」という決意であるはずだ。

　　　Ａ　　は，結局は生きるということに由来する。生きるとは，行き交うことである。出会うことである。幅広く眺めることである。そして，ときには，ルール無視をすることである。

　フットボールをやっていた少年が，興奮してボールを抱え，走り出す。「ラグビー」誕生の伝説は，　　　Ｂ　　というものが本来どのような姿をしていたかをその本質において私たちに伝える。

	Ａ	Ｂ
1	「本当のこと」	学問
2	「本当のこと」	ルール
3	「本当のこと」	情熱
4	情熱	学問
5	情熱	ルール

OUTPUT

実践 問題 **72** の解説 ──────────────

〈空欄補充〉

出典 茂木健一郎『思考の補助線』筑摩書房

空欄に入る語は，選択肢からAには「本当のこと」か「情熱」が，Bには「学問」か「ルール」か「情熱」が入ることになる。これを踏まえて，冒頭の第1段落を見てみよう。ここは，序論，つまり問題提起にあたる部分であるが，学問から勢いが失われている理由として，（安っぽい文化の跋扈によるのではなく）「学問自体から情熱が失われている」ことを挙げている。そして，続く段落で，その「情熱」について解説づけをしてゆく。つまり，こうした論の展開から，この一文は「学問」と「情熱」との関連について述べつつ，「学問」とはということについて論じようとするものであることが推測される。ここで空欄に入るべき語の推測もつく。つまり，「学問」とはという一文であるならば，結論としてその「学問」についての総括的な言及がなされるはずであり，最終段落における「[　Ｂ　]というもの」の「本来」の「姿」について論じた部分がそれにあたると考えられる。つまり，Bには「学問」が入ることになり，その組合せからAは肢1の「本当のこと」か，肢4の「情熱」となる。Aの後には「生きるということに由来する」とあり，それを導くのがAの前の「この世のさまざまを『引き受ける』という決意」であり，その「決意」は「探求する心を支える」「心の動きの根っこにある」ものから生じ，「探求する」のは「本当のこと」などである，という文脈から（ここではそれを逆にたどっていったが），Aに「本当のこと」が入ると矛盾をきたすことになり，したがって，ここには「情熱」が入る。つまり，「この世のさまざまを『引き受ける』という決意」とは「生きるということ」であり，それは「情熱」がもたらすものである，という流れとなる。

よって，Aには「情熱」が，Bには「学問」が入り，正解は肢4である。

正答 **4**

実践 問題 **73** 〈応用レベル〉

頻出度	地上★	国家一般職★★	東京都★★	特別区★★
	裁判所職員★★	国税・財務・労基★★		国家総合職★★

問 次の文の空所ア～ウに該当する語の組合せとして，最も妥当なのはどれか。

(特別区2012)

　生き物というのは，どんどん変化していくシステムだけれども，情報というのはその中で止まっているものを指している。万物は流転するが，「万物は流転する」という言葉は流転しない。それはイコール情報が流転しない，ということなのです。

　流転しないものを情報と呼び，昔の人はそれを錯覚して真理と呼んだ。真理は動かない，不変だ，と思っていた。実はそうではなく，不変なのは情報。人間は流転する，ということを意識しなければいけない。

　現代社会は「情報化社会」だと言われます。これは言い換えれば意識中心社会，脳化社会ということです。

　意識中心，というのはどういうことか。実際には日々刻々と変化している生き物である自分自身が，「　ア　」と化してしまっている状態を指します。意識は自己同一性を追求するから，「昨日の私と今日の私は同じ」「私は私」と言い続けます。これが近代的個人の発生です。

　近代的個人というのは，つまり己を　ア　だと規定すること。本当は常に変化＝流転していて生老病死を抱えているのに，「私は私」と　イ　を主張したとたんに自分自身が不変の　ア　と化してしまう。

　だからこそ人は「　ウ　」を主張するのです。自分には変わらない特性がある，それは明日もあさっても変わらない。その思い込みがなくては「　ウ　は存在する」と言えないはずです。

```
      ア      イ        ウ
1：真理    同一性    個性
2：真理    個性      不変性
3：個性    不変性    真理
4：情報    個性      社会性
5：情報    同一性    個性
```

OUTPUT

実践 問題 **73** の解説

〈空欄補充〉

出典　養老孟司『バカの壁』新潮社

ア　「情報」が入る。

　空所に入りうる語は「真理」，「個性」，「情報」のいずれかである。空所アが入る文の前後をそれぞれ読むと，意識中心であること，近代的個人の規定のしかたであること，そして（本来は流転するのに）自分自身が不変のものと化してしまうこととして述べられている。そして，本文では，第1段落で「不変なのは情報」として述べられている。（空所部分は別にして）本文中に個性を明示した記述がなく，真理は昔の人の思い込みにすぎないものであり，それ以上の性質が述べられていないことから，両者はともに当てはまる語として不適切であり，消去法からも「情報」を確定することができる。

イ　「同一性」が入る。

　空所イを含む文章では，「私は私」と主張することを，空所イの語で言い換えている。そして，「私は私」という内容は，第4段落でも述べられている。その文を見ると，自己同一性を追求するから，「私は私」と言い続けるという記述があるように，個性ではなく，「同一性」を当てはめるのが妥当であると判断できる。また，空所イを含む文章の前に，「本当は常に変化＝流転し…ているのに」とあることから，これと反対の意味を持つ語を考えると，個性は入らない。

ウ　「個性」が入る。

　空所ウを含む文章は，「だからこそ」で始まっていることからもわかるように，自分自身が同一性を主張し，不変の情報と化すことを原因として，人が主張するものを述べたものである。空所ウに入るのは「社会性」か「個性」のいずれかであるが，本文が全体として社会性について述べたものではない以上，「個性」を当てはめるのが妥当であるといえる。

　よって，空所にはア：情報，イ：同一性，ウ：個性が該当し，正解は肢5である。

正答 5

頻出度	地上★	国家一般職★★	東京都★★	特別区★★
	裁判所職員★★	国税·財務·労基★★		国家総合職★★

問 次の文章中のＡ～Ｅの空欄に入る語句の組合せとして，最も適当なのはどれか。

（裁事・家裁2009）

　自然のままに生きるという。だが，これほど誤解されたことばもない。もともと人間は自然のままに生きることを欲していないし，それに堪えられもしないのである。程度の差こそあれ，だれでもが，なにかの役割を演じたがっている。また演じてもいる。ただそれを意識していないだけだ。そういえば，多くのひとは反撥を感じるであろう。芝居がかった行為にたいする反感，そういう感情はたしかに存在する。ひとびとはそこに（　Ａ　）を見る。だが，理由はかんたんだ。一口にいえば，芝居がへたなのである。

　役をはきちがえたり，相手役や見物に無理なつきあいを強いたり，決るところで決らなかったり，自分ひとりで芝居をしたり，早く出すぎたり，引っこみを忘れたり，見物の反応を無視したり，見物の欲しない芝居をしたり，すべてはそういうことなのだ。だれでもが，なにかの役割を演じたがっているがゆえに，相手にもなにかの役割を演じさせなければならない。ときには，舞台を降りて，見物席に坐ることを許さなければならないし，自分もそうしなければならない。

　舞台をつくるためには，私たちは多少とも自己を偽らなければならぬのである。堪えがたいことだ，と青年はいう。自己の自然のままにふるまい，（　Ｂ　）せしめること，それが大事だという。が，かれらはめいめいの個性を自然のままに生かしているのだろうか。かれらはたんに「青春の個性」というありきたりの役割を演じているのではないか。私にはそれだけのこととしかおもえない。

　個性などというものを信じてはいけない。もしそんなものがあるとすれば，それは自分が演じたい役割ということにすぎぬ。他はいっさい（　Ｃ　）なものだ。右手が長いとか，腰の関節が発達しているとか，鼻がきくとか，そういうことである。

　また，ひとはよく自由について語る。そこでもひとびとはまちがっている。私たちが真に求めているものは自由ではない。私たちが欲するのは，事が起るべくして起っているということだ。そして，そのなかに登場して一定の役割をつとめ，なさねばならぬことをしているという実感だ。なにをしてもよく，なんでもできる状態など，私たちは欲してはいない。ある役を演じなければならず，その役を投げれば，他に支障が生じ，時間が停滞する———ほしいのは，そういう実感だ。

　私たちが自由を求めているという錯覚は，自然のままに生きるというリアリズムと無関係ではあるまい。他人に必要なのは，そして舞台のうえで快感を与えるのは（　D　）であり，（　E　）であるのだから。

　生きがいとは，必然性のうちに生きているという実感から生じる。その必然性を味わうこと，それが生きがいだ。私たちは二重に生きている。役者が舞台のうえで，つねにそうであるように。

	A	B	C	D	E
1：	欺瞞 ぎまん	演技を排除	末梢的	自然ではなくて演技	実感ではなくて錯覚
2：	矛盾	自己を発展	先天的	自己ではなくて他人	俳優ではなくて見物
3：	稚拙	人格を陶冶 とうや	肉体的	自然ではなくて必然性	自由ではなくて役割
4：	阿諛 あゆ	青春を謳歌 おうか	没個性的	個性ではなくて典型	錯覚ではなくて実感
5：	虚偽	個性を伸張	生理的	個性ではなくて役割	自由ではなくて必然性

実践 問題 **74** の解説 ─────────────

〈空欄補充〉

出典　福田恆存『人間・この劇的なるもの』新潮社

　　まず空欄Aであるが，空欄前後の言葉とのつながりを考えると，肢3の「稚拙」という表現は不適切である。また肢4「阿諛」は，おべっかを使うという意味であるが，文脈的につながらない。残りの肢1・2・5は，それぞれつながる可能性があるのでこの3つを検討していく。次に空欄Bであるが，これは残った3つとも文脈的につながらないとは言い切れず，保留にする。同様の理由で空欄Cも保留にする。次の空欄DとEであるが，空欄の前の文脈で強調されているのは，同じ段落5文目にある「そのなかに登場して一定の役割をつとめ，なさねばならぬことをしているという実感」，7文目にある「ある役を演じなければ」「その役」という記述から，「役割」であることがわかる。これと対応する選択肢は肢5「個性ではなくて役割」である。それから空欄Eであるが，次の段落の話題の焦点は，繰り返し出てくる「必然性」であることがわかる。これと対応するのは，肢5の「自由ではなくて必然性」しかない。

　　よって，正解は肢5である。

正答 5

memo

実践 問題 **75** 〈応用レベル〉

頻出度	地上★	国家一般職★★	東京都★★	特別区★★
	裁判所職員★★	国税・財務・労基★★	国家総合職★★	

問 次の文の　　　　　　に当てはまるものとして最も妥当なのはどれか。

(国家総合職2014)

　陸軍大学校は参謀総長が統轄しており，学生およびその出身者の人事は陸軍大臣ではなく，参謀総長が掌握した。卒業生は陸軍内の超エリートとして，大部分が参謀に任命され，さらにそのほとんどが将官まで昇進した。事実，明治35年卒業の第16期までで見ると，将官に進級できなかったものは，わずか7パーセント強しかいない。

　陸大出身者を中心とする超エリート集団は，参謀という職務を通じて指揮権に強力に介入し，きわめて強固で濃密な人的ネットワークを形成した。そのため，組織内部におけるリーダーシップは，往々にしてラインの長やトップから発揮されずに幕僚によって下から発揮された。いわゆる幕僚統帥である。陸大では，議論達者であり，意志強固なことが推奨されるような教育が重視されたため，陸大出身の参謀は，指揮官を補佐するよりもむしろ指揮官をリードし，ときには第一線の指揮官を指揮するような行動をとるものも少なくなかった。

　軍事組織としてのきわめて明確な官僚制的組織階層が存在しながら，　　　　　　を共存させたのが日本軍の組織構造上の特異性である。本来，官僚制は垂直的階層分化を通じた公式権限を行使するところに大きな特徴が見られる。その意味で，官僚制の機能が期待される強い時間的制約のもとでさえ，階層による意思決定システムは効率的に機能せず，根回しと腹のすり合せによる意思決定が行なわれていた。インパールでは作戦中止の必要性を上級指揮官や中央の参謀が認めてから1カ月以上を経過しているし，ガダルカナルでも，大本営の作戦担当者が撤退を考えてから天皇の裁可を得て発動されるまで，2カ月半かかっているのである。

1：上官に対する絶対服従の徹底と部下に対する限りないいつくしみの情
2：組織間のし烈な縄張り争いとそれに伴う組織の肥大化
3：責任の所在を不明確にしようとする姿勢と組織を無視した自己保身
4：閉じた組織の中でも自由に議論ができる風通しの良さとそれを支える仲間意識
5：強い情緒的結合と個人の下剋上的突出を許容するシステム

OUTPUT

実践 問題 **75** の解説

〈空欄補充〉

　出典　戸部良一『失敗の本質：日本軍の組織論的研究』中央公論新社

　空欄文では日本軍の組織構造上の特異性を述べている。「軍事組織としてのきわめて明確な官僚制的組織階層が存在」することと◻◻◻◻◻◻とが「ながら」という接続助詞で結ばれていることから、「きわめて明確な官僚制的組織階層」と◻◻◻◻◻◻という両立しにくい2つの状況が同時に成立していたことをここで表しているのだとわかる。

　前者については、空欄後で「本来、官僚制は垂直的階層分化を通じた公式権限を行使するところに大きな特徴が見られる」と述べられている。にもかかわらず、この「階層による意思決定システムは効率的に機能せず、根回しと腹のすり合せによる意思決定が行なわれていた」とその後で説明されている。この文脈から、空欄には「根回しと腹のすり合せによる意思決定」と結びつく内容が入ると判断できる。

　空欄前では陸軍大学校の卒業生は指揮権に強力に介入し、きわめて強固で濃密な人的ネットワークを形成していたため、組織内部におけるリーダーシップは、ラインの長やトップから発揮されずに幕僚によって下から発揮される、いわゆる幕僚統帥が存在していたことが説明されている。これは「きわめて明確な官僚制的組織階層」とは対立する内容であり、「根回しと腹のすり合せによる意思決定」が行われていたことと共通する内容である。ゆえに、この幕僚統帥を表す内容が空欄に入ると推測できる。以上のことを根拠に空欄に入る内容を判断していく。

1 ×　「上官に対する絶対服従の徹底」は「軍事組織としてのきわめて明確な官僚制的組織階層」を表すものであり、空欄に反する内容である。

2 ×　「組織間のし烈な縄張り争い」という内容は、本文から読み取れない。

3 ×　「責任の所在を不明確にしようとする姿勢」「組織を無視した自己保身」という内容ともに、本文から読み取れない。

4 ×　「自由に議論ができる」とかかわって、本文第2段落「陸大では、議論達者であり、意志強固なことが推奨されるような教育が重視された」と述べられてはいる。しかし、本肢は「根回しと腹のすり合せによる意思決定」と結びつく内容ではない。

5 ○　「強い情緒的結合」については、「きわめて強固で濃密な人的ネットワークを形成していた」の内容に合致する。かつ、「個人の下剋上的突出を許容するシステム」についても「組織内部におけるリーダーシップは、往々にしてラインの長やトップから発揮されずに幕僚によって下から発揮された」に端的に表されており、これらのことは「階層による意思決定システムは効率的に機能せず、根回しと腹のすり合せによる意思決定が行なわれていた」ことに結びつく内容である。

正答 5

直前復習

セクションテーマを代表する問題に挑戦!

文章整序は言葉パズルのような問題です。
文の概要や,接続詞,指示語,選択肢中の並び順などあらゆる情報を駆使して1問解いてみましょう。

問 次の文A〜Fの並べ方として,最も妥当なのはどれか。

(特別区2002)

A:多くが家族経営に近いような形態であった戦後初期の小売業が,次第に大型企業の経営する小売業に置き換わっていく。

B:大手の百貨店や専門店の現場でも,顧客と血の通ったコミュニケーションを図る必要性が改めて問われている。

C:そうしたなかで,情報システム,運搬,店舗経営などで,積極的な革新が積み重ねられてきた。

D:戦後の流通システムの発展は,流通技術の近代化と同時並行してきたといっても過言ではない。

E:規模は大きくなくても多くの客の支持を受けて繁盛している店は全国にたくさんある。

F:そのような大型化,チェーン化のなかにあっても,依然として人間くささが残っているところが,これまた流通の面白いところでもある。

1:A−B−D−F−C−E
2:A−D−E−C−F−B
3:A−E−F−B−D−C
4:D−A−C−F−E−B
5:D−C−E−B−F−A

必修問題の解説

〈文章整序〉

出典　伊藤元重『流通は進化する』中央公論新社

　文章整序には，冒頭に文章が設定されている場合と，設定されていない場合がある。設定されている場合は，冒頭の文章と次に続く選択肢の整合性を検討すればよいが，設定されていない場合は，全体の把握が必要となる。

　全体の把握において，今回の大きなヒントとなるのは，Ｃ「そうした」とＦ「そのような」の指示語である。指示語の内容の確定が並び順を決めるうえでの大きなヒントとなる。Ｆ「そのような大型化，チェーン化のなかにあっても」とあるので，「大型化」「チェーン化」を説明している文が前にあるはずである。これに当てはまるのはＡであり，「Ａ以降にＦが来る」ことがわかる。ここで肢1〜4に絞られる。

　次に，内容のグループ分けをしてみよう。検討してみると，Ａ「小売業」Ｃ「情報システム，運搬，店舗経営」Ｄ「流通システム」「流通技術」などの「システム」に言及したグループと，Ｂ「顧客」Ｅ「客の支持」Ｆ「依然として人間くささが残っているところ」などの「客」に言及したグループ，つまりＡＣＤの「システム」グループとＢＥＦ「客」グループの2つに分けられる。前述した「Ａ以降にＦが来る」というヒント，また選択肢の最初がＡかＤになっていることから，ＡＣＤの「システム」グループが先に来ることがわかる。この2つのグループがそれぞれ1つのかたまりを作っている選択肢を検討すると，妥当なのは肢4の可能性が高い。

　確認のために，肢4の可能性を検討してみよう。ＡＣＤの「システム」グループでは，「流通システムの発展」と「流通技術」について述べている。最初にＤにおいて「戦後の流通システムの発展は，流通技術の近代化と同時並行してきた」と大枠を説明し，Ａで「流通システム」の変化についてＣで「流通技術の近代化」について言及しているのである。前半と後半を結ぶのは，Ｆである。「そのような大型化，チェーン化のなかにあっても，依然として人間くささが残っている」とある。ＡＣＤで示した「システム」の変化の説明を受けて，ＢＥＦ「客」グループに言及しているのである。「人間くささ」とは，Ｅにおける「規模は大きくなくても多くの客の支持を受けて」やＢにおける「顧客と血の通ったコミュニケーションを図る必要性」のことである。

　よって，正解は肢4である。

正答 4

第1章 ④ 文章整序

① 文章整序とは

　文章整序問題とは，いくつかに分割された文章を，筋の通ったまとまりのある文章に並べ替えるという問題です。

　文章整序において必要なのは，文章中で目につくキーワードは何かを見つけること，そして，接続語に着目することです。並べ替えるべき文の前後に導入文，末尾文という形で文章が示されている場合もありますが，基本的な解法は変わりません。

② 文章整序問題の攻略法

(1) 肢中の冒頭文を確認する

　文章整序の問題の基本は，まず問題肢の並び順を確認することです。そうすると，冒頭に来るべき文章として何が提示されているかがわかります。肢によっては，いきなり接続語から始まって，何を言いたい文章なのかわからないものもあるため，そのような肢は最初に切ることができます。

(2) 接続語・指示語から検討する

　必修問題を例にとってみましょう。この問題では，指示語としてCの「そうしたなか」と，Fの「そのような」があります。それぞれの指すものが何かを見つけ出せれば，文章の前後関係が明らかになります。

　試しにFを見てみましょう。Fは，「そのような大型化，チェーン化」とあり，Fが指す内容は，「大型化，チェーン化」に関連する内容であることが明らかとなります。A～Eの文章をさっと一読すると，「大型化，チェーン化」を読み取れる内容はAしかありません。つまり，「Aより後にFが来る」ということがわかります。ただし，次の点に注意しなくてはなりません。

> ○　Aより後にFが来る
> ×　A→Fの順につながる

　「A→F」という順番は本問選択肢にはありませんが，あったとしても確定はできません。間に別の文章が入る可能性があるからです。なお，この作業により，肢5を消すことができます。

(3) 文章のキーワードから判断する

ここで，各記述のキーワードを見てみましょう。

> **A**：家族経営から大型企業
> **B**：顧客とのコミュニケーション
> **C**：積極的な革新
> **D**：流通技術の近代化
> **E**：多くの客の支持（大きくない）
> **F**：人間くささ

このようにキーワードを抜き出すと，大型化・近代化に言及したＡＣＤが浮かびあがってきます。したがって，（ＡＣＤ）がひとまとまりとなった文章ができ上がっていると考えることができます。本問の各肢を見ると，そのような構成になっているものは肢４しかなく，これが正解であると判断できます。

3 完成した文章を一度読む ....

最後に，完成した文章が本当に正しい順番で並べられているかどうかを通読する必要があります。あくまで確認のための作業ですが，ここで文脈上不自然なものがあれば，再検討をしなくてはなりません。

必修問題の検討方法は次のページを参考にしてください。

● 必修問題の検討方法 （解説はP249）

Ⓐ 多くが<u>家族経営</u>に近いような形態であった戦後初期の<u>小売業が</u>，次第に<u>大型企業の経営する小売業に</u>|置き換わっていく|。プロセス

B 大手の百貨店や専門店の現場でも，顧客と血の通ったコミュニケーションを図る必要性が改めて問われている。

Ⓒ そうしたなかで，情報システム，運搬，店舗経営などで，積極的な革新が積み重ねられてきた。

D 戦後の流通システムの発展は，流通技術の近代化と同時並行してきたといっても過言ではない。

E 規模は大きくなくても多くの客の支持を受けて繁盛している店は全国にたくさんある。

Ⓕ そのような<u>大型化，チェーン化</u>のなかにあっても，依然として人間くささが残っているところが，これまた流通の面白いところでもある。

1：A－B－D－F－C－E
2：A－D－E－C－F－B
3：A－E－F－B－D－C
④：D－|A－C－F|－E－B
5̸：D－C－E－B－F－A

・A ⟹ F

・ⒶⒸⒻ 1グループ

memo

実践 問題 **76** 基本レベル

頻出度	地上★	国家一般職★★	東京都★★	特別区★★
	裁判所職員★★	国税・財務・労基★★	国家総合職★★	

問 次の短文A～Gの配列順序として，最も妥当なのはどれか。 （特別区2008）

A：他者軽視と仮想的有能感との関係は，他者評価と自己評価の関係として見ることもできる。

B：つまりシーソーのように，他者評価が上がれば自己評価が下がり，自己評価が上がれば他者評価が下がると考えるわけである。

C：例えば，自分の専門の分野で，これまで出会ったことのないようなきわめて優秀な人に遭遇し，高い評価を与えた場合，以前に比べて自分を厳しく低く評価することになるかもしれない。

D：他者評価の結果が自己評価に反映されたり，逆に自己評価の仕方が，他者評価に反映されたりする。

E：また逆に，自分が何らかの賞を与えられて，自己評価自体を高めた場合，他者に対して優越感を抱き，他者についての評価を幾分下げることになるとも考えられる。

F：一人の評価者が行う他者評価と自己評価は，決して独立したものではない。

G：これは他者評価と自己評価が相反する方向に作用する例である。

1：A－C－D－E－B－G－F
2：A－C－F－B－G－E－D
3：A－E－B－C－F－G－D
4：A－F－D－C－E－G－B
5：A－F－E－B－C－D－G

実践 問題 **76** の解説 ──────────

〈文章整序〉

出典　速水敏彦『他人を見下す若者たち』講談社

　文章整序の問題は，①選択肢を活用する，②指示語・接続語を活用する，③内容の共通項を探す，などの方法が有効である。ここでは主に，②の方法を用いて正答を導き出したい。

　A～Gのすべての文に目を通してみると，Eの「また逆に」という接続語に着目すると確かなつながりが見いだせそうだと予測できる。Eの内容を見てみると，自己評価を高めた場合に生じる他者軽視について述べられている。ということは，Eの直前に来る文は，Eとは逆の内容となっているはずである。その観点で他の文を検討すると，Cの文が，他者評価を高めた場合に生じる自己軽視についての内容であることがわかる。よって，C→Eが確かなつながりである。C→Eのつながりとなっている選択肢は肢4しかないため，この時点で正解は肢4と判断できる。

　なお，正答を導き出せたとしても，必ず全体のつながりを確認することが大切である。Aで「他者軽視と仮想的有能感との関係は，他者評価と自己評価の関係として見ることもできる」と主題を投げかけ，その他者評価と自己評価は独立したものではなく（F），一方の評価の結果が他方の評価に反映される（D）ことを筆者の意見として述べている。そしてその意見を説明するために，他者評価を高めた場合に生じる自己軽視（C）と，また逆に自己評価を高めた場合に生じる他者軽視（E）について，「他者評価と自己評価が相反する方向に作用する例」（G）として言及し，「つまり」という接続語で，他者評価と自己評価の相互関係についての考えを締めくくっている（B）。

　よって，全体のつながりが意味をなしているのは，A－F－D－C－E－G－Bであり，正解は肢4である。

正答 **4**

実践 問題 **77** 〈基本レベル〉

頻出度	地上★	国家一般職★★	東京都★★	特別区★★
	裁判所職員★★	国税・財務・労基★★	国家総合職★★	

問 次の短文Ａ～Ｆの配列順序として，最も妥当なのはどれか。 （特別区2007）

A：「私」は，最初から抽象的な概念としての脳に備わっているのではなく，生まれ落ちて以来の母親や父親，その他身近な人たちとの具体的で，いきいきとした交渉のうちに，徐々に整理され，獲得されていくのです。

B：また，生き延びていくためにするべきこと，してはいけないことを整理していくのも，生物としてとても大切なことです。

C：新生児は，自らの身体を動かして周囲と折衝しつつ，しだいにその体験を整理する中で，何かにぶつかれば痛みを感じ，おいしいものを食べると喜びを感じる存在としての「私」の概念を獲得していきます。

D：さらに，周囲の人が，「私」がとった行動にもとづいて，「私」をほめたり，怒ったり，無視したりといったさまざまな行動をとることを経験し，それらを整理することによって，社会的存在としての「私」の概念も形成されていきます。

E：さまざまな体験を通して，何が自分の生存を脅かすことで，何か助けになることかという知が，だんだんと脳の中で整理されていきます。

F：熱いものに触ったり，階段から落ちて痛い目にあったり，犬に吠えられたり。

1：Ａ－Ｃ－Ｂ－Ｄ－Ｆ－Ｅ
2：Ａ－Ｆ－Ｂ－Ｃ－Ｅ－Ｄ
3：Ｃ－Ｄ－Ａ－Ｂ－Ｆ－Ｅ
4：Ｃ－Ｄ－Ｅ－Ａ－Ｂ－Ｆ
5：Ｃ－Ｆ－Ｄ－Ｂ－Ａ－Ｅ

実践 ▶ 問題 **77** ▶ の解説

〈文章整序〉

出典　茂木健一郎『「脳」整理法』筑摩書房

　冒頭に来る文はAかCであるが，記述内容だけでは直ちに絞り込むことができない。そこで，文章のつながりで判断する。ここで，Bの冒頭にある「また」に着目する。Bの内容は，するべきこと，してはいけないことを「整理していく」ことが生物として大切であると述べている。つまり，Bの前にも，整理することが述べられていなければ，「また」という接続語でつなぐ意味がない。整理という言葉が文中で用いられているのは，AとDであるが，Dは整理によって，「私」の概念が形成されるとあり，主題が「私」の概念の形成にある。これでは，Bの内容と適切につながらない。一方，Aであれば，「私」が徐々に整理され，獲得されていくとあるので，主題が整理と獲得にあり，Bの内容と適切につながる。ここで，A→Bの流れが確定し，肢3・4に絞り込まれる。

　肢3・4を比較すると，特徴的なのはEの位置である。Eの内容は，「さまざまな体験を通して」，「生存を脅かす」「助けになる」ものが何かという知が脳の中で整理されていくというものである。こう考えると，Eの直前には，「生存を脅かす」，あるいは「助けになる」体験に該当するものが入っていなくてはならない。Eの直前に入る文章は，DかFであるが，Dの場合，体験というべき記述がない。「ほめたり，怒ったり，無視したり」という記述は，ここでは「行動」と述べられている。一方，Fの場合，熱いものに触る，階段から落ちる，犬に吠えられるという，いずれも危ない体験というべき内容が述べられている。具体性がある点でも，これを「さまざまな体験」と表現するほうが妥当である。したがって，F→Eの流れが確定し，ここで肢3に確定する。

　改めて全体を読み返すと，私の概念の獲得（C）や，私の概念の形成（D）は，生まれてからの周囲の人との交渉の中で整理され，獲得される（A）。また，生き延びるためにするべきこと，してはいけないことの整理をすることも生物として大切であり（B），さまざまな体験を通して，知が脳の中で整理されていく（F・E）という記述となり，全体がスムーズにつながる。

　よって，正解は肢3である。

正答 **3**

SECTION ④ 現代文 文章整序

実践 問題 **78** 〈基本レベル〉

頻出度	地上★ 国家一般職★★ 東京都★★ 特別区★★
	裁判所職員★★ 国税・財務・労基★★ 国家総合職★★

問 次の短文A〜Fの配列順序として，最も妥当なのはどれか。 （特別区2015）

A：うっかり期限の過ぎたかまぼこをすぐには捨てずに鼻や舌を使うという小さなことですが，一事が万事，この感覚を生かすとかなり生活が変わり，そういう人が増えれば社会は変わるだろうと思うのです。

B：科学的とされる現代社会のありようは実は他人任せなので，これは「自律的な生き方」をしようという提案でもあります。

C：もちろん，上手に使っていないと鈍くなるので，感度を保つためにも日常その力を生かすことは大事です。

D：ネズミやイヌなど他の生きものに比べたら嗅覚などはかなり感度が悪くなっているとはいえ，私たちの五感はよいセンサーです。

E：常に自分で考え，自身の行動に責任を持ち，自律的な暮らし方をすることが，私の考える「生きものとして生きる」ということの第一歩です。

F：科学を知ったうえで，機械だけに頼らず生きものとしての自分の感覚をも活用するのが，私の考えている「人間は生きものである」ことを基本に置く生き方です。

1：A－C－D－B－F－E
2：B－C－D－A－E－F
3：D－C－F－B－A－E
4：D－E－C－A－F－B
5：E－D－C－A－B－F

実践 問題 **78** の解説

〈文章整序〉

出典　中村桂子『科学者が人間であること』岩波書店

　選択肢から，最初に来る文はAかBかDかEということになる。しかし，Aの前半は，前に説明されていることを受け，具体例を述べて内容を付け加えているとうかがえる。また，Bには「これは」という指示語が含まれており，Bが最初に来る場合には，指示語が受けられる具体的な内容がないことになる。したがって，これらが冒頭に来るのは不自然であり，肢1・2は消去することが可能である。

　残る3肢につき，確実につながる組合せをつくる手がかりとなりやすいのはCであろう。Cには「その力」という指示語があるとともに，Cの前半部から，Cの直前で「上手に使っていないと鈍くなる」ものが示されていることも予想できる。これに当てはまり，Cの指示語を受けられる内容を示しているのはDであり，D「私たちの五感」→C「その力」を表していると捉えられる。この組合せを持つのは肢3・5である。

　この2肢について，Dの位置が異なることから，どちらかに明らかにつながらないものがあれば正解が判明する。この点，肢5にある「E→D」は，内容的な連関性を持たないことから，両者はつながらないと判断できる。

　そこで，肢3について，最後までつながるかを検討する。D→C→F前半までは，「感度・感覚」についての内容が中心である。これに対してF後半からは，「『人間は生きものである』ことを基本に置く生き方」へと内容が発展している。そのうえで，FをBで「『自律的な生き方』をしようという提案」と言い換え，両者の具体例をAの前半部で述べている。そして，「F→B→A」をまとめる形でEが説明されているという流れが確認でき，最後までつながることが確認できる。

　ゆえに，正解は肢3である。

正答 **3**

実践 問題 **79** 基本レベル

頻出度	地上★	国家一般職★★	東京都★★	特別区★★
	裁判所職員★★	国税・財務・労基★★	国家総合職★★	

問 次の短文A～Fの配列順序として，最も妥当なのはどれか。 （特別区2022）

A：静物の構図を造るということは，それを描くということよりむずかしい気がします。

B：静物をやりたいと思いつつ，いい構図を造るのがむずかしくて弱っています。

C：静物の構図に独自の美が出せれば，もうその人は立派な独立した画家だといえると思います。

D：ちょうど，昔の聖書中の事蹟（じせき）や神話の役目を，近代においては卓（たく）や林檎（りんご）や器物がするわけになります。

E：立派な厳然とした審美を内に持っていなくては，立派な構図は生れない気がします。

F：こういう意味で近代，殊（こと）にこれからは静物という画因は一層（いっそう）重んぜらるべきだと思います。

（岸田劉生「美の本体」による）

1：A－B－C－D－E－F

2：A－B－F－C－E－D

3：A－D－B－E－F－C

4：B－A－E－C－F－D

5：B－C－A－E－D－F

実践 問題 **79** の解説 ─────────

〈文章整序〉

出典　岸田劉生『美の本体』河出書房

　選択肢から冒頭はAかBのいずれかである。Aの指示語「それ」は，Aの文中にある「静物」を受けているため，A・Bから冒頭に来るものとして不適切なものを絞ることはできない。

　そこで，確実につながる組合せを探すことで選択肢を消去することを考える。Fの指示語「こういう意味」に着眼し，選択肢をもとに接続を判断すれば，少なくとも肢2「B－F」は内容的に結びつきがないため，消去することが可能である。

　また，A，Bはともに「静物の構図を造ることが難しい」という主旨のことを述べているが，Bに比べてAのほうがより詳しい内容を説明しているため，両者ではBが先，Aが後に述べられていると考えられる。ゆえに，肢1・3を消去することが可能である。

　残る2肢について，肢4「B－A」,肢5「B－C－A」の接続を考える。肢5「C－A」は内容の結びつきを持たないため,接続として不自然である。これに対して，肢4「B－A」ならば接続可能であると判断できる。

　ゆえに，正解は肢4である。

正答 **4**

実践 問題 **80** 〈基本レベル〉

頻出度	地上★	国家一般職★★	東京都★★	特別区★★
	裁判所職員★★	国税・財務・労基★★	国家総合職★★	

問 次のA〜Fを並べかえて一つのまとまった文章にする場合，最も妥当なのはどれか。 (東京都2012)

A：そのために，「市民参加や紛争解決についてもヨーロッパやアメリカはこれほど進んでいるから，その実践や理論を導入すべきだ」という提案が行われ，また行政もそれを受け入れてきた。

B：問題解決のための方策を探るために，行政は，しばしば学識経験者といわれる人びとの意見を聴取するが，研究者の研究は欧米の先例や理論を対象としていることが多い。

C：というのは，社会的合意を必要とするような問題が生じたとき，これまで日本では，しばしば外国の事例を持ち出し，方法を紹介して，それを日本に当てはめようとすることが多かったからである。

D：しかし，考えてみれば，問題が生じているのは，日本であり，もっと正確に言えば，日本の各地の現場である。

E：合意形成の適切なプロセスが必要であるのは，主として市民と行政の間であるが，この合意形成をどのように構築すべきであるかということが課題である。

F：類似の問題が生じているからといって，まったく同じ問題が生じているかというとそうでもなく，同じ方法や考え方で解決できるかというと，そうともいえない。

1：B－A－C－D－E－F
2：B－D－C－E－F－A
3：E－A－F－D－C－B
4：E－C－B－A－D－F
5：F－C－A－B－D－E

実践 問題 **80** の解説

〈文章整序〉

出典　桑子敏雄『風景のなかの環境哲学』東京大学出版会

　冒頭に来る文は，B，E，Fのいずれかであるが，直ちに適切な文，不適切な文を絞り込むことはできない。そこで，内容に基づく接続関係で判断する。

　注目するのは，Dの「しかし」である。Dの内容は，問題が生じているのは，日本であり，日本各地の現場であるというものである。この内容が，逆接の接続詞で結ばれているということは，日本でない何かに関する記述が，直前に来なくてはならない。D以外の文を見ると，A，B，Cで欧米（ヨーロッパやアメリカ），あるいは外国の事例という記述がなされており，Dの前にこれらの文が来なければ，文章の展開上不自然である。この時点で肢3が消去される。

　続いて，Fの「類似の問題」に着目する。Fの内容は，類似の問題について，同じ問題が生じているわけでも，同じ解決法がとれるわけでもないというものである。類似の問題という表現がある以上，2つ（以上）の問題が述べられている部分がなくてはならない。しかし，D，Eにそのような記述はなく，A，B，Cがこれに該当すると判断できる。ここで，FはA，B，Cの後ろに来ることがわかり，ここで肢5が消去される。

　残ったのは肢1，4である。ここでEが入るべき位置について考える。A，B，C，D，Fは，いずれもヨーロッパと日本の事例に関する記述であるが，Eでは，「市民と行政」とあるのみで，他の5つに共通する記述がない。つまり，Eが他5つの記述の間に当てはまる並び順は，記述の流れを断ち切ってしまうことになり，不自然な文章になると判断できる。ここで肢1が消去され，肢4に確定する。

　最後に文章を読み直すと，市民と行政の間の合意形成をどう構築するかという問題提起に対し（E），これまでは，欧米の先例や理論を研究する学識経験者の意見を聴取したため，外国の事例を日本に当てはめがちで（C・B），市民参加や紛争解決の方法も同様に行ってきた（A）。しかし，日本で生じている問題である以上（D），類似の問題に対してもまったく同じ対応はできない（F），という記述になり，適切な文章の展開であることを確認できる。

　よって，正解は肢4である。

正答 **4**

実践 問題 **81** 〈 基本レベル 〉

頻出度	地上★	国家一般職★★	東京都★★	特別区★★
	裁判所職員★★	国税・財務・労基★★	国家総合職★★	

問 次の文を並べ替えて一つのまとまった文章にする場合，最も妥当なのはどれか。 (東京都Ⅰ類B2022)

A：久しぶりに帰省して親兄弟の中で一夜を過ごしたが，今朝別れて汽車の中にいるとなんとなく哀愁に胸を閉ざされ，窓外のしめやかな五月雨がしみじみと心にしみ込んで来た。大慈大悲という言葉の妙味が思わず胸に浮かんでくる。

B：父は道を守ることに強い情熱を持った人である。医は仁術なりという標語を片時も忘れず，その実行のために自己の福利と安逸とを捨てて顧みない人である。その不肖の子は絶えず生活をフラフラさせて，わき道ばかりにそれている。このごろは自分ながらその動揺に愛想がつきかかっている時であるだけに，父の言葉はひどくこたえた。

C：しかしそれは自分の中心の要求を満足させる仕事ではないのである。自分の興味は確かに燃えているが，しかしそれを自分の唯一の仕事とするほどに，――もしくは第一の仕事とするほどに，腹がすわっているわけではない。

D：昨夜父は言った。お前の今やっていることは道のためにどれだけ役にたつのか，頽廃（たいはい）した世道人心を救うのにどれだけ貢献することができるのか。この問いには返事ができなかった。五六年前ならイキナリ反撥（ばつ）したかも知れない。しかし今は，父がこの問いを発する心持ちに対して，頭を下げないではいられなかった。

E：雨は終日しとしとと降っていた。煙ったように雲に半ば隠された比叡山の姿は，京都へ近づいてくる自分に，古い京のしっとりとした雰囲気をいきなり感じさせた。

F：実をいうと古美術の研究は自分にはわき道だと思われる。今度の旅行も，古美術の力を享受することによって，自分の心を洗い，そうして富まそう，というに過ぎない。もとより鑑賞のためにはいくらかの研究も必要である。また古美術の優れた美しさを同胞に伝えるために印象記を書くということも意味のないことではない。

和辻哲郎「古寺巡礼」河出書房

1：A－B－C－F－D－E
2：A－D－B－F－C－E
3：A－F－C－E－B－D
4：F－A－D－B－C－E
5：F－C－D－B－E－A

実践 問題 **81** の解説

〈文章整序〉

出典　和辻哲郎『古寺巡礼』河出書房

　選択肢から，並び替える文章の冒頭はAかFのいずれかである。しかし，双方とも内容，文脈的に冒頭に来て不自然ではないと判断できる。

　そこで，指示語，接続語など，並びを確定する要素に着目して肢を絞ることを考える。この点，本問ではこの双方を含むCに着眼したい。Cの一文から，Cの指示語「それ」は「自分の中心の要求を満足させる仕事」を意味していることがわかる。また，選択肢から，Cの直前はB（肢1・4）かF（肢2・3・5）のいずれかである。ここからB，Fのうち，それが意味する内容として適切なのは，F「古美術の研究」だと考えられる。Bには「それ」が受けられる内容が見いだせない。ゆえに，「F→C」の並びになると判断でき，肢2・3・5に絞られる。

　そのうえで着眼したいのが，B，Fで共通して「わき道」とかかわる内容が指摘されている点である。この両者については，B「その不肖の子は絶えず生活をフラフラさせて，わき道ばかりにそれている」を受けて，Fで「実をいうと古美術の研究は自分にはわき道だと思われる。…というに過ぎない。」とより具体的な説明を続けていると捉えられる。選択肢で「B→F」の並びを持つのは肢2のみである。

　念のため，肢2について最後まで接続できるかどうかを確認する。A「親兄弟の中で一夜を過ごした」を受けて，Dで昨夜父が言った問いに関する内容を述べている。D「父がこの問いを発する心持ち」について，B「父は道を守ることに強い情熱を持った人である。…顧みない人である。」と続け，直後でより具体的な内容を説明していると捉えられる。そのうえで，「B－F－C」と続き，Eの情景・心情描写で文章を締めくくっていると捉えられ，最後まで接続できることが確認できる。

　ゆえに，正解は肢2である。

正答 **2**

実践 問題 **82** 〈 基本レベル 〉

頻出度	地上★ 国家一般職★★ 東京都★★ 特別区★★ 裁判所職員★★ 国税・財務・労基★★ 国家総合職★★

問 次のA～Fをならべかえて一つのまとまった文章にする場合，最も妥当なのはどれか。 (東京都2009)

A：ここから，官治・無謬・包括という日本型国家観念はくずれざるをえない。市民・基礎自治体（市町村）・広域自治体（県）・国のそれぞれが独自課題をもつ《分節》政治イメージこそが要請されている。

B：これでは，自治体レベルの情報が国民の共有たりえず，個性ある美しい都市づくりに必要な自治体改革をおしすすめえなかったとしても，やむをえないではないか。

C：自治の思想の形成には，市民の政治訓練だけでなく，同時に日本の近代がつくりあげた封鎖性をもつ日本型国家イメージの分解が不可欠である。この国家観念の崩壊は，ようやく日本の国際化・分権化というかたちですすみはじめた。日本の政策の対外・対内的な国際化は，制度の分権化なしにはありえない。

D：市民文化はそれぞれ個性をもつ美しい都市へと結晶する。市民文化の成熟には，自治体レベルをテコとした，自治の思想の形成，さらに社会科学の再編が必要とされるはずである。

E：生活レベルと国レベルとの中間に自治体レベルを設定し，これを中軸に自治の思想が形成されれば，国家観念は市民と政府，この政府も基礎自治体，広域自治体，国の各政府に分解され，私文化から市民文化への飛躍がはじまる。それは当然，政治の実態をなす法制・財政の分権をうながす。

F：日本の思想は，これまで保・革を問わず，国レベルの思想と生活レベルの思想とに両極化している。そこに自治体レベルの思想を欠落させてきた。自治体を制度媒体とする自治の思想を形成しえなかった。日本の社会科学も，最近まで，自治体レベルの問題究明を軽視してきた。

1：E－D－C－F－B－A
2：E－D－F－C－A－B
3：F－B－A－E－C－D
4：F－B－C－A－E－D
5：F－C－A－E－B－D

OUTPUT

実践 問題 **82** の解説

〈文章整序〉

出典　松下圭一『〈私文化〉と〈市民文化〉(「思想の言葉Ⅳ」)』岩波書店

　まず，選択肢に着目すると，EかFが冒頭文であることがわかる。Fのほうが問題提起の内容であるため冒頭文としてふさわしいと感じるが，Eがふさわしくないと断定できるだけの材料は見当たらないため，ここで選択肢を絞り込むことは避ける。

　続いて，A〜Fの文章にひととおり目を通すと，Aにある「基礎自治体（市町村）」・「広域自治体（県）」と，Eにある「基礎自治体」・「広域自治体」では，Aのほうに括弧つきで「基礎自治体（市町村）」などと言葉の説明が付されている。ということはつまり，EよりもAの文章のほうが順序としては先だということである。よって，ここで，EよりもAが先に来ている肢3・4・5に絞ることができる。

　次に，Aの文章の冒頭にある「ここから」という指示語に着目し，Aの前の文章を特定することにしたい。肢3〜5のうち，肢3はB→A，肢4・5がC→Aとなっているため，BとCを検討してAの「ここから」という指示語に該当する言葉を探してみると，Bには該当する言葉が見当たらないが，Cの「制度の分権化」が該当することがわかる。内容的にも，CとAは「日本型国家観念の崩壊」と「制度の分権化」・「《分節》政治イメージ」の関係について触れているため，意味のつながりとしても不自然はない。よって，C→Aの順序となっている肢4・5にさらに絞り込むことができる。

　最後に，肢4・5の順序を見比べ，Bがどこに入ったほうがふさわしいかを検討して，正解を導き出したい。双方の肢を見ると，肢4は冒頭文Fの次にBが来て，肢5はC→A→Eというつながりの後にBが来ている。ここでも先ほどと同様，Bの冒頭にある「これでは」という指示語に着目すると，肢5の順序ではBの文章が唐突で意味内容のつながりが見いだせないが，肢4のF→Bだと，Bの「これ」が，Fの「自治体レベルの思想を欠落させてきた」ことであることがわかる。肢4の全体を通しで読んでみても，意味の通じる内容となる。

　よって，正解は肢4である。

正答 **4**

実践 問題 **83** 〈 基本レベル 〉

頻出度	地上★	国家一般職★★	東京都★★	特別区★★
	裁判所職員★★	国税・財務・労基★★		国家総合職★★

問 次のA～Eの文を並べ替えてつなげると意味の通った文章（ある裁判における判決文の抜粋）になるが，その順序として最も妥当なのはどれか。

(国Ⅱ2011)

A：憲法82条1項の規定は，裁判の対審及び判決が公開の法廷で行われるべきことを定めているが，その趣旨は，裁判を一般に公開して裁判が公正に行われることを制度として保障し，ひいては裁判に対する国民の信頼を確保しようとすることにある。

B：筆記行為は，一般的には人の生活活動の一つであり，生活のさまざまな場面において行われ，極めて広い範囲に及んでいるから，そのすべてが憲法の保障する自由に関係するものということはできないが，さまざまな意見，知識，情報に接し，これを摂取することを補助するものとしてなされる限り，筆記行為の自由は，憲法21条1項の規定の精神に照らして尊重されるべきであるといわなければならない。

C：憲法21条1項の規定は，表現の自由を保障している。そうして，各人が自由にさまざまな意見，知識，情報に接し，これを摂取する機会をもつことは，その者が個人として自己の思想及び人格を形成，発展させ，社会生活の中にこれを反映させていく上において欠くことのできないものであり，民主主義社会における思想及び情報の自由な伝達，交流の確保という基本的原理を真に実効あるものたらしめるためにも必要であつて，このような情報等に接し，これを摂取する自由は，右規定の趣旨，目的から，いわばその派生原理として当然に導かれるところである。

D：裁判の公開が制度として保障されていることに伴い，傍聴人は法廷における裁判を見聞することができるのであるから，傍聴人が法廷においてメモを取ることは，その見聞する裁判を認識，記憶するためになされるものである限り，尊重に値し，故なく妨げられてはならないものというべきである。

E：裁判の公開が制度として保障されていることに伴い，各人は，裁判を傍聴することができることとなるが，右規定は，各人が裁判所に対して傍聴することを権利として要求できることまでを認めたものでないことはもとより，傍聴人に対して法廷においてメモを取ることを権利として保障しているものでないことも，いうまでもないところである。

（参考）　憲法21条1項　集会，結社及び言論，出版その他一切の表現の自由は，これを保障する。

　　　　　憲法82条1項　裁判の対審及び判決は，公開法廷でこれを行ふ。

1：A→E→C→B→D
2：B→C→D→A→E
3：C→B→E→A→D
4：D→B→C→E→A
5：E→A→D→B→C

実践 問題 **83** の解説

〈文章整序〉

出典　メモ採取不許可国家賠償請求事件（最大判平元.3.8）判決文（抜粋）

　A〜Eの各文章を見てみると，憲法82条１項（裁判の公開）に関するものと，憲法21条１項（表現の自由）に関するものの２つに大別されることがわかる。前者には，A・D・Eが当てはまり，後者にはB・C・Dが当てはまる。記述が重複しているDは，全体の結論として位置づけられているのであるから，冒頭か末尾に来るのが妥当という推測が可能である。ここで，いったんDを保留し，B・Cの前後について検討する。Bには，筆記行為の自由が憲法21条１項の規定の精神に照らして尊重されるべきであるとする記述が，Cには，憲法21条１項の保障内容と，これを摂取する自由が述べられている。両者の関係を見ると，Cが憲法21条１項の定義づけであり，Bが筆記行為の自由に，憲法21条１項の保障が及ぶかという関係にあることがわかる。かりに，B→Cとすると，筆記行為の自由に憲法21条１項の保障が及ぶかという検討を行った後に，憲法21条１項の定義づけを行うという，不自然な記述になるので，ここはC→Bと並べられると考えるべきである。ここで，肢１・３に絞られ，同時に，Dが末尾に来ることがわかる。続いて，A・Eの前後について検討する。Aには，憲法82条１項の定義と趣旨が述べられ，Eは裁判の傍聴が権利として要求することまでは認めず，メモを取ることも権利として保障していないことが述べられている。両者の前後関係は，B・Cの前後を検討した方法と同様の方法により判断できる。すなわち，Aにある憲法82条１項の規定は，裁判を傍聴する権利を認めたものではなく，メモを取る権利を保障したものでもないという流れになり，A→Eと並べられると考えるべきである。ここで肢１に確定する。

　最後に全体を読み返すと，憲法82条１項の規定が，裁判の傍聴権やメモの採取権を保障したものでないとしたうえで（A→E），憲法21条１項の規定から，筆記行為の自由は尊重されるべきであるとし（C→B），結論として，傍聴人が法廷でメモを取ることは，尊重に値し，故なく妨げられてはならないと述べているのである（D）。

　よって，正解は肢１である。

正答 **1**

memo

実践 問題 **84** 〈基本レベル〉

頻出度	地上★	国家一般職★★	東京都★★	特別区★★
	裁判所職員★★	国税・財務・労基★★	国家総合職★★	

問 次の文の後にA〜Fの文を並べ替えてつなげ，一つのまとまった文章にする場合，その順序として最も妥当なのはどれか。 （東京都2016）

今日「科学」という言葉からただちに連想されるのは，おそらくコンピュータ（情報科学），ＤＮＡ（生命科学），ミラーニューロン（脳科学），ナノテクノロジーといった先端分野の研究成果であろう。

A：科学研究と技術開発は，今日では社会システムの不可欠の一部であり，その最大のスポンサーは国家や企業にほかならない。実際，新聞やテレビで「科学」や「科学技術」といった言葉を目にしたり耳にしたりしない日は一日たりともないはずである。

B：正負いずれの側面を強調するにせよ，現代社会は科学や技術の成果なしには成り立たず，またそれに伴うリスクと無関係に存立することはできない。「持続可能性（sustainability）」が時代の標語となるゆえんである。

C：それに対して，「科学」の意味は誰でも理解しているにもかかわらず，改まって科学の「科」とは何かと問われれば，明確に説明できる人はむしろ稀であろう。

D：ただし，注意したいのは，これらは二十世紀初頭の相対性理論や量子力学などの純粋な科学理論とは異なり，技術的応用と一体となった分野だということである。現代では科学と技術の境界は不分明になり，両者は融合して「テクノサイエンス」とでも呼ぶべき領域を形作っている。

E：他方で，科学と聞いて環境破壊，核兵器，原発事故，薬害など科学技術がもたらしたさまざまな災厄を想起される向きも少なくないであろう。現代は「科学技術の時代」であると同時に，その「社会的リスク」をも否応なく背負わざるをえない時代なのである。

F：ところで，その「科学」という言葉だが，文字面を眺めただけでは「科」についての「学」というのみで，その内容はいっこうに判然としない。これが物理学ならば「物（物体，物質）」の「理（ことわり，法則）」を探究する「学問」，生物学ならば「生き物」に関する「学問」といった具合に，読んで字のごとく何のまぎれもない。

1：A－D－F－C－B－E
2：A－E－D－B－F－C
3：D－E－B－A－F－C
4：D－F－E－B－C－A
5：F－C－E－B－D－A

直前復習

OUTPUT

実践 問題 **84** の解説 ─────────

〈文章整序〉

出典　野家啓一『科学哲学への招待』筑摩書房

　選択肢から，冒頭文に続くのはAかDかFである。しかし，これらの記述内容はいずれも冒頭文に接続できうるものであることから，選択肢を絞り込むのは難しい。

　そこで，並びを確定しうる手がかりを探すと，Dに「これら」という，複数内容を受ける指示語がある。Dで「これらは…分野だということである」と述べていることから，Dの直前では複数の分野に関する指摘があるはずだと推理できる。それを示しているのは，冒頭文「コンピュータ（情報科学），ＤＮＡ（生命科学），ミラーニューロン（脳科学），ナノテクノロジーといった先端分野」しかない。ゆえに，「冒頭文→D」の並びが確定でき，肢3・4に絞ることができる。

　この2肢から正解を導くにあたって手がかりとなるのは，Cが「それに対して」という対比を示す接続語で始まっていることである。ここからCで，何かと比較して「科学」の語義について説明していることがわかる。この比較対象となる文を探すと，Fで提示されている「物理学」「生物学」であると判断できる。ゆえに，「F→C」の並びとなり，残る2肢でこの並びを持つのは肢3のみである。

　念のため，肢3についてD〜Cまでの並びが妥当であるかどうかを確認する。

　冒頭文→Dを受けて，E：科学技術がもたらす「社会的リスク」の側面を指摘→B：「冒頭文→D→E」のまとめ→A：Bの内容を繰り返して強調→F：「ところで」と話題を転換し，「科学」の意味について考察→C：Fの指摘にある物理学・生物学に対比された，「科」の「学」の内容的わかりにくさの説明，という展開で，最後まで接続できることが確認できる。

　ゆえに，正解は肢3である。

正答 **3**

実践 問題 85 基本レベル

頻出度	地上★	国家一般職★★	東京都★★	特別区★★
	裁判所職員★★	国税·財務·労基★★		国家総合職★★

問 次の _____ の文の後に，A～Fを並べ替えて続けると意味の通った文章になるが，その順序として最も妥当なのはどれか。 (国家一般職2017)

> トレードオフの関係とは，「両立しない関係」のことを指す。通常，ある利益を得ようとすれば，別の利益を犠牲にしなければならない。

A：すなわち，ただ乗りを禁じて発明による利益を発明者に帰属させるしくみである。発明に向けた活動が行われれば，発明者その人にとっても利益になるばかりでなく，産業の発展にも寄与するだろう。

B：このトレードオフの概念は，法律家にとっては決して馴染みのない概念ではない。そう意識しているにせよいないにせよ，法律家は長らくトレードオフの問題と闘ってきている。

C：そのように考えると，法制度の多くはトレードオフに対処するための試みと位置づけられる。特許法を例にして簡単に説明しておこう。特許法は，発明者の権利を保護することを通じ，発明へのインセンティブを人々に与える制度だ，と一般に言われる。

D：法理論にもトレードオフは登場する。いわゆる「利益衡量」の考え方は，対立する諸利益を比較したうえでより大きい利益をもたらす選択肢を支持するアプローチであり，実質的にはトレードオフの話と同じである。不可侵の価値や通約不可能な価値を認めない限りは，事あるごとにトレードオフの関係とつきあうことになろう。

E：もしかすると，他の分野に従事している人たちよりもずっと多様な種類のトレードオフの問題に悩まされてきたのかもしれない。裁判官は，原告と被告のどちらを勝たせるかというトレードオフに直面する。弁護士は，相手方に対してなしうる主張のうちのいずれを展開するかというトレードオフに直面する。

F：たとえば，引っ越しのアルバイトでお金を稼ごうとすると，同じ時間帯に勉強することは放棄せざるをえなくなる。トレードオフの関係においては，一方の目標値を上げると別の目標値は下がる。

1：C→A→B→E→F→D
2：C→D→A→F→E→B
3：F→B→E→D→C→A
4：F→C→A→D→E→B
5：F→C→B→A→D→E

実践 問題 **85** の解説 ——————————————

〈文章整序〉

出典　飯田高『法と社会科学をつなぐ』有斐閣

　冒頭文に続くのは，選択肢からCかFのいずれかである。しかし，両者とも冒頭文とつながりうる可能性を持つことから，本問では冒頭部から肢を絞ることはできない。

　そこで，確実につながる組合せを見つけることにする。Aは「すなわち」という言い換えの接続語で始まっていることから，Aの直前では「ただ乗りを禁じて発明による利益を発明者に帰属させるしくみ」について述べていることがわかる。この内容を示しているのはCしかないことから，「C→A」の並びが確定する。この並びを持つのは，肢1・3・4である。

　また，Cは「そのように考えると」という，前の内容から導ける結果を示す語で始まっている。ここから，Cの直前では法制度ついてトレードオフに対処するための試みと位置づけられる根拠が述べられているのだとわかる。その内容を示すのは，「法理論」について述べたDである。以上から，「D→C」の並びが見えてくる。選択肢の中でこの並びを持つのは肢3のみである。

　念のため，肢3の並びで妥当かどうかを検討する。Fの具体例をBで「このトレードオフの概念」と受け，法律家についての内容に話を転じている。そして，Bの具体的内容をEで解説し，「B→E」で法律家にまつわる内容を述べている。これらを受け，Dで「法理論にも」と内容を添加し，「D→C→A」と展開していることが確認できる。

　ゆえに，正解は肢3である。

正答 3

頻出度	地上★	国家一般職★★	東京都★★	特別区★★
	裁判所職員★★	国税・財務・労基★★	国家総合職★★	

問 次の文章Aのあとに，B～Fを並べ替えてつなげると意味の通った文章となる。その順序として最も適当なものはどれか。　　　　　　　　　（裁判所職員2014）

A：旅は楽しい，そしていろいろな学びの場でもある。旅をめぐるこういった価値観は，実は江戸時代以後につくりあげられてきたものではないだろうか。室町時代末期の，日本語の辞書として知られる『日葡辞書』をひもといてみよう。「旅」に関連する言葉をひろってみると，「旅」は他行すること，あるいは見知らぬ土地を歩き回ること，「旅人」は他国の人，あるいは巡歴者，「旅立ち」はよそへ向かって行くことで，「旅寝」は自分の家以外の所で寝る，「旅姿」は旅行用の衣服を着た人の姿，「旅やつれ」は旅行したり巡歴して疲れたり痩せたりすること，などなど。関連項目は十五ほどあるが，現代的な旅観に通じるものはなく，むしろ旅は辛く，もの悲しいといった感じが強い。

B：江戸時代にも，放浪の旅や公務・商用の旅，病気療養の旅，西国三十三ヵ所観音巡りや四国八十八ヵ所お遍路の旅など，さまざまな旅があった。歌枕などの故地を訪ねる旅，霊場巡りの旅などは，個人的な祈願や癒しを求める旅であり，楽しさや沿道の人たちとの交流がねらいではない。公務や商用の旅であれば，任務遂行のために脇目もふらず，道中での娯楽や交流などは御法度であったろう。

C：お伊勢参りが庶民の娯楽として成長した背景には，日本全国の地域文化の発展がある。江戸時代は，庶民経済，地域経済が急速な成長をみせ，各地に個性豊かな地域文化が花開いた。自分の目で確かめ，体験する価値のある地域社会を全国に生み出した，と言い換えてもよい。

D：そうした魅力的な旅の成果は，「伊勢参宮道中記」として庶民の手で書きとめられている。それら当時の各種史料から，お伊勢参りをする参詣客や，彼らをもてなす街道沿いの人々の姿が浮かび上がってくる。

E：かわいい子には旅をさせよ，という諺が，江戸時代には庶民の間でもちいられるようになる。旅には辛いこともあるが，道中の苦労や人の情けに触れることで人間的な成長をする，という意味で，教育的・学習的効果があるというのである。また，俗に旅を物見遊山といって，娯楽的要素を強調する見方もある。旅のなかに学習的効果や娯楽的要素を取り入れてきたのが，江戸時代の旅だっ

たといえそうだ。そして，楽しさと学びとを深く広く定着させた江戸時代の旅，その代表がお伊勢参りではなかったかと思う。

F：お伊勢参りの旅は，ちょっと違う。信仰心に支えられて伊勢神宮をお参りするが，彼らはその前後に街道のあちこちを見物し，地域の名物を食し，土産を買い求め，土産話だってどっさり持って故郷へ帰った。現代の旅観を育てた旅が，お伊勢参りであったことがわかるだろう。

1：B→E→D→C→F
2：B→C→D→F→E
3：C→E→D→B→F
4：E→B→F→C→D
5：E→C→B→F→D

実践 問題 86 の解説 ────────────────────

〈文章整序〉

出典　鎌田道隆『お伊勢参り』中央公論新社

事実上，Aが冒頭に与えられている文章となっている問題である。

　Aでは，旅は楽しい，学びの場であるという価値観は江戸時代以降につくりあげられたものであり，室町時代には旅は辛くもの悲しいという感じが強かったことが説明されている。選択肢では，これに続くものとしてB・C・Eが与えられており，冒頭部から肢が絞れるかを検討してみる。B・Cでは，旅の辛さ，もの悲しさと関連する内容は見られない。これに対し，Eには「旅には辛いこともある」という記述があり，旅の辛さについて指摘しているのはAを除けばEしかないことから，Aに続く並びはEであると判断ができる。ここで肢1～3を消去することが可能である。

　残る肢4・5では，「B→F」の並び，および，Dが最後に来ることが確定する。他方，Cの位置が両者で異なるため，Cの位置によって正解が導けると推測し，並びを考えていくとよい。

　Cでは，お伊勢参りが庶民の娯楽として成長した背景が説明されている。肢4の場合には，お伊勢参りとは具体的にどんな旅であったのかを述べたFを受け，Cが提示されることになる。これに対し，肢5では，お伊勢参りについて話題を提示したEを受け，Cですぐにそれが成長した背景が説明され，Bで江戸時代におけるさまざまな旅について述べられ，Fでお伊勢参りについての具体的な説明がなされるという流れになる。前者は「話題についての具体的説明→その背景」という流れで論を深める論理展開になるのに対し，後者は話題が二転三転し，論じる視点が一貫しない展開となる。ゆえに，前者＝肢4のほうが文脈として適切であると判断できる。

　よって，正解は肢4である。

正答 **4**

memo

実践 問題 **87** 〈 基本レベル 〉

頻出度	地上★	国家一般職★★	東京都★★	特別区★★
	裁判所職員★★	国税·財務·労基★★	国家総合職★★	

問 次の文章Aのあとに，B～Gを並べ替えてつなげると意味の通った文章となる。その順序として最も適当なものはどれか。　　　　　　　　（裁判所職員2016）

A：会社勤めをしていた頃，インドネシアの工事現場に１年ほど滞在したことがありました。化学プラントを建設する現場で，日本や海外の業者が多数入っていました。日本の機器メーカーの駐在員も大勢いましたが，彼らのうちのほとんどは技術指導員でした。実際の建設作業は，現地の業者がやるのですが，それの技術指導をする役割です。

B：ジャンルを問わず，職人の世界には「段取り八分，仕事二分」というような言葉があります。仕事をする前に，その準備を周到に行えという意味です。逆に言うと，準備をしっかりとやっておけば，仕事は簡単に終わるということにもなります。先に述べた指導員の話も，これと共通するように思います。

C：道具や工具がどこにあるか分からないような状態では，仕事の能率は極端に下がります。仕事をしている時間よりも，探し物をしている時間のほうが長いというようなことでは，話になりません。道具をいつも所定の場所に整理しておくことが大切なのです。暗闇の中でも，道具にたどり着くことができるくらい，体の感覚で覚えていることが望ましいと言えるでしょう。整理整頓が下手な私でも，必要に迫られて，そのような習慣が身に付きました。

D：あるメーカーの指導員が，客先から表彰されました。指導が適切，確実で，作業の能率が上がり，工期が短縮されて，全体のスケジュールに貢献したという理由でした。

E：そのレポートは，ごく短いものでしたが，冒頭に書かれたことが印象的でした。「仕事は整理整頓に始まり，整理整頓に終わる。それを繰り返し言って聞かせました」と書いてあったのです。何か画期的な秘策でもあったのかと想像していましたが，意外なほど基本的なことを指導のポイントにしていたのです。これには意表を突かれました。技術的な難しいことよりも，仕事の基本となる心構えを叩き込むことで，作業のミスが減り，能率が向上したのです。

F：私はあまり整理整頓が得意なほうではありません。身の周りはいつも散らかっています。それが遺伝したのか，子供たちも後片付けが苦手で，部屋の中はぐちゃぐちゃです。しかし，そんな私ですが，仕事場は比較的整っています。そ

れは，ある程度整っていなければ，仕事にならないということが身にしみて分かっているので，自然にそうなったのだと思います。

G：日本側のプロジェクトマネージャーは，その指導員に対してレポートを出すように命じました。どのような指導が功を奏して，現地の業者とうまく行ったのか，参考にするためでした。全般的には，日本チームと現地の作業員との関係は，あまり良くなかったのです。思い通りに仕事が進まない理由を，現地の人の勤勉さの欠如と決めつける指導員がほとんどでした。そんな中で，この表彰された指導員は，傑出した活躍を見せたのでした。

（大竹收『木工ひとつばなし』より）

1：B→G→D→E→C→F
2：C→B→F→D→E→G
3：C→D→G→F→B→E
4：D→E→F→G→C→B
5：D→G→E→B→F→C

実践 **問題 87** **の解説**─────────────

〈文章整序〉

出典　大竹收『木工ひとつばなし』プレアデス出版

選択肢から，Aに続くものはB・C・Dのいずれかである。しかしBは，Aと関連性がない内容であり，「先に述べた指導員の話」が受けられるものがAにはない。また，CもAと内容的な結びつきを持たない。これに対してDは，Aで指摘されている日本機器メーカーの駐在員のほとんどは技術指導員であったことを受け，Dで「あるメーカーの指導員が…表彰されました」と展開するのは不自然ではない。以上から，肢の冒頭の検討により，肢4・5に絞ることが可能である。

残る2肢では，Dに続くものが異なる。ゆえに，この検討によって正解を導けないかを考える。肢4の場合，Eにある「そのレポート」が受けられる内容がAとDで提示されていないことから，「D→E」の並びは不適切である。これに対して，肢5の場合，Gにある「その指導員」はDで指摘されている「あるメーカーの指導員」を受けていると捉えられ，「D→G」の並びは適切であると考えられる。それゆえ，肢5が正解であると判断できる。

念のため，肢5について，G以降が接続できるかを検討する。

G：あるメーカーの指導員がレポートを出すように命じられたこと→E：そのレポートで繰り返し説かれていた整理整頓の重要性→B：職人の世界と指導員のレポート内容との共通性→F：「E→B」と関連する，仕事場における私の実践→C：「E→B→F」の内容を繰り返すことによるまとめ，という展開で最後まで接続できることが確認できる。

ゆえに，正解は肢5である。

正答 5

memo

実践 問題 **88** 〈 基本レベル 〉

頻出度	地上★	国家一般職★★	東京都★★	特別区★★
	裁判所職員★★	国税·財務·労基★★	国家総合職★★	

問 次の文章Aのあとに，B～Gを並べ替えてつなげると意味の通った文章となる。
その順序として最も適当なものはどれか。 (裁判所職員2017)

A：嘘をついたことがない人はいないと思う。もちろん悪気があって嘘をつく場合だけに限らない。相手のためを思ってあえて本当のことを言わないということもあるだろう。いずれにしても嘘をついたら，それが相手に見破られてしまったのでは，と思い悩むこともあるかもしれない。相手は分かっていないような顔をしながら，本当は嘘であることを見抜いているのではないか。しかしこれは実は杞憂（きゆう）に過ぎないことも多い。つまり，実際は嘘はそれほど見抜かれていないのである。

B：透明性錯覚に関しては，嘘の場合だけに限らない。グリフィンらがこんな実験を紹介している。あるメロディを思い浮かべながら，それを声に出さず，リズムだけを手でタップする。それを数人の人に聞いてもらう。そのうち何人が当てられるだろうか。実際に当てられる人はごく少ないのに，当人は何人かの人には当てられたと感じてしまう。

C：どうして自転車や歩行者はそんな危険なことをするのか。彼らは「自分のことは相手によく見えている」と推測してしまうのだと思われる。ここに知識の呪縛が関与していると考えられる。自転車や歩行者の側からは車がよく見えている。車は煌々（こうこう）とヘッドライトを照らしているから，遠くから近づいてくるのが十分見える。このために，相手には自分が見えていない，という見方がしにくい。つまり自分の知識にとらわれてしまっている。このようなことが，さまざまな場面で生じていると考えられるのである。

D：ギロビッチらにより次のような実験が行われた。ゲームでもよくあるものだが，いくつかのコップに同じ色をした液体が入っている。ただし中身がおいしいジュースのものと，ひどい味のするものがあり，見ただけでは区別がつかない。前田君がそれらを順に口にする。五人の人たちがその様子を見る。前田君が口にしたのはジュースなのかひどい味のものなのかを当てられるだろうか。実際に当ててもらうし，前田君にも何人が当てられたかを予想してもらう。こうした実験では，前田君による正答率の予想は，実際の正答率の倍ぐらいになることが見いだされている。

E：夜間，車に乗っていて自転車とすれ違うときに，それが無灯火でしかも右側を走行して来ることがある。また，横断歩道でないところで，歩行者が急に飛び出して道を渡るのに出くわすこともある。いずれも自動車の側からは気づきにくい。筆者は免許を持っていないので助手席に座っているだけだが，それでもずいぶんひやっとさせられる。

F：嘘が見抜かれていると実際以上に思い込むのは，透明性錯覚が生ずるためである。透明性錯覚とは，自分の感じていることや考えていることなどが，実際以上に相手に分かっている，と推測する錯覚である。つまり，自分の心が透けて見られる，というふうに錯覚するというわけである。

G：これと似た「知識の呪縛」という概念もある。あることがらについて知識があると，そうした知識がない人がそのことがらをどう見るか考えるとき，自分には知識があることを棚上げにするのが難しいことを指す。

1：D→E→C→F→G→B
2：D→F→B→G→E→C
3：E→C→D→F→B→G
4：F→D→G→E→B→C
5：F→G→D→E→C→B

実践 問題 **88** の解説 ————————————————————————

〈文章整序〉

出典　岡本真一郎『言語の社会心理学：伝えたいことは伝わるのか』中央公論新社

　与えられている文章Ａでは，最終的に「実際は嘘はそれほど見抜かれていない」ことが述べられている。選択肢から，これに続くものはＤ・Ｅ・Ｆのいずれかである。しかし，ＡとＥは内容の連関がないため，「Ａ→Ｅ」と接続することはできない。他方，「Ａ→Ｄ」であればＤがＡの具体例，「Ａ→Ｆ」であればＡの内容をＦで逆の視点から捉え返して解説を加えているのだと読み取れる。以上から，冒頭の検討によって肢3を消去できる。

　残る４肢の絞り込みについて，本問では指示語・接続語が少ないことから，キーワードによって内容をグループ化する手法を使って，並びを確定していくとよい。

・「透明性錯覚」：Ｂ・Ｆ

　→両者では，「透明性錯覚」について定義をしているＦが先であり，Ｆとは観点の異なる内容をＢで加えていると判断ができる。ゆえに，「Ｆ→Ｂ」の並びとなる。

・「知識の呪縛」：Ｃ・Ｇ

　→両者では，「知識の呪縛」について定義しているＧが先となる。そのうえで，Ｃに「自転車や歩行者はそんな危険なことをするのか」とあることから，Ｃの直前では自転車や歩行者が行う危険な行為について説明されているのだとわかる。この内容を示しているのはＥである。したがって，このグループの並びは「Ｇ→Ｅ→Ｃ」となっていると判断できる。

　２つのグループの順序については，Ｇで「これと似た『知識の呪縛』」と指摘されていることから，「透明性錯覚」のグループが先，「知識の呪縛」のグループが後になることがわかる。

　残る４肢のうち，これらの並びを持つのは肢２のみである。肢２「Ｄ→Ｆ」についても，Ｄが生じる理由をＦで説明しており，並びとして妥当だと判断できる。

　ゆえに，正解は肢２である。

正答 **2**

memo

頻出度	地上★	国家一般職★★	東京都★★	特別区★★
	裁判所職員★★	国税・財務・労基★★	国家総合職★★	

問 次の ▢ の文の後に，A～Eを並べ替えて続けると意味の通った文章になるが，その順序として最も妥当なのはどれか。 （国税・労基2011）

では，視点を変えて，日本における若者の大人への移行について考えるならば，ヨーロッパの議論からどのような示唆を得ることができるだろうか。日本の場合，少なくとも「働く」ということに関しては，正社員というあり方が今なお非常に大きな意味を持っているのは事実として指摘できるだろう。

A：しかも日本では正社員としての採用は慣行的に新規学卒者が主な対象とされるなど機会が相対的に限定的であるため，「大人への移行」において就業すること，特に正社員になることは，特に重要なポイントとして注目されることになる。中でも非典型雇用から正社員になることは当事者にとっても社会的にも大きな課題とみなされ，「フリーターからの離脱」をめぐって多くの議論がなされている。

B：またある研究者によれば，フリーターをはじめとする非典型雇用が広がり，一般化する中で，正社員への離脱機会の少なさやキャリア上の年齢規範の変化などにより，フリーターにいわば「滞留」し，移行が進まなくなるというメカニズムが作動し始めているという。

C：正社員というあり方が多くの実質的なメリットをもち，正社員とそれ以外の働き方の間で様々な条件が大きく異なるという状態，そしてそれと対応して，正社員というあり方が社会の中で基本であり中心的な働き方とされている状態は，過去のものになったとはいえない。

D：就業を通じた「大人への移行」をあるべき移行ルートとみなす規範的な意識はまだ存在しているが，一方で就業を通じた移行というモデルが低学歴層を中心に成り立たなくなりつつあるというのが，現在の状況だと考えられる。

E：とはいえ，古典的な移行モデルがモデルとしての有効性を今後も保持し続けると想定するのは，日本においても現実的とはいえないだろう。従来の移行のあり方が，新規学卒一括採用のゆらぎ・若年層での非典型雇用の増加・晩婚化や未婚化傾向の進展などによってゆらぎつつあるという点に関しては，ヨーロッパにおける若者の大人への移行の脱標準化と共通する面も少なくない。

1：A→B→E→C→D
2：A→C→B→D→E
3：C→A→E→B→D
4：C→D→E→A→B
5：E→C→A→D→B

OUTPUT

実践 問題 **89** の解説

〈文章整序〉

出典　久木元真吾『若者の働きかた』（編 小杉礼子）ミネルヴァ書房

　冒頭で示された文の後に並べ替えるべき文章の，最初に来るのはA・C・Eのいずれかで，直ちに絞り込むことは困難である。そこで，文章の接続関係で判断する。ここで，Cの「過去のものになったとはいえない」と，Eの「今後も保持し続ける」想定は現実的でないという記述に着目する。両者が指しているものは，Cは，正社員というあり方が社会で中心的な働き方とされている状態を指し，Eは古典的な移行モデルを指していることは容易に読み取れる。そして，本文における「移行」とは，冒頭文にある「若者の大人への移行」を意味するものであり，それが正社員というあり方と判断できる。つまり，Cが指すものと，Eが指すものは同じである。そして，時系列で考えると，過去の状況を述べてから将来の推測を述べるのが自然であるため，Cの後にEが来ると判断できる。ここで，肢2・3・4に絞られる。続いて，接続語に着目する。Bは，フリーターに滞留することで，移行が進まなくなるというメカニズムの作動について述べた，ある研究者の見解について述べたものであり，これが，「また」という接続語に続く形で示されている。つまり，この直前にも，移行が進まなくなるという内容に類する記述が入っていなければならない。残り4つの記述のうち，これに該当するのはEしかない。つまり，E→Bが直接につながることがわかり，ここで肢3に絞られる。

　改めて冒頭から文章をつなげて読むと，冒頭で日本では「働く」ことについて，正社員というあり方が大きな意味を持っていることを示したうえで，正社員が社会の基本であり中心とする考え方は過去のものとはいえず（C），日本では「大人への移行」において，正社員になることが重要なポイントとされている（A）。しかし，古典的な移行モデルが今後も保持するとするのは現実的ではなく，移行のあり方がゆらぎつつあり（E），ある研究者は，フリーターへの滞留と移行が進まなくなるメカニズムの作動を指摘する（B）。結論として，就業を通じた「大人への移行」をあるべき移行ルートとする規範的意識は存在するが，これが低学歴層を中心に成り立たなくなっているのが現在の状況である（D）となり，文章が適切につながることがわかる。

　よって，正解は肢3である。

正答 **3**

実践 問題 **90** 基本レベル

頻出度	地上★	国家一般職★★	東京都★★	特別区★★
	裁判所職員★★	国税・財務・労基★★		国家総合職★★

問 次の _____ と _____ の文の間のＡ～Ｄを並べ替えて続けると意味の通った文章になるが，その順序として最も妥当なのはどれか。 (国家総合職2014)

> 「世間」の中で暮らしながら歴史と直接向き合うためには「世間」と闘うという方法のほかにもう一つの方法がある。それは自分の周囲にある「世間」を歴史として対象化する方法である。いうまでもなく「世間」そのものも歴史に他ならない。

Ａ：そのとき明治以来の知識人が行ってきたように，西欧の個人という概念によって「世間」を観察する仕方では「世間」の内実に届かないだろう。借り物の西欧的個人では「世間」の実質を捉えることはできないのである。

Ｂ：しかし私たちはその「世間」の中に視野を限定している限り，それは歴史の中で囲われた租界として歴史そのものの動きを直接に反映してはいない。

Ｃ：そのためには「世間」と無自覚のうちに一体化している現在の自分を「世間」から解き放たなければならない。

Ｄ：しかし「世間」のなかの人間関係も含めて自分の周囲の「世間」を歴史とし捉えることもできるはずである。

> むしろ「世間」と対峙する中で日本独自の個人が生れる可能性があるだろう。「世間」と対峙する中で生れる個人は「世間」をも歴史として見ることになるから，「世間」の中で生きる私たちの苦しみもやわらげられるかもしれない。

1：Ｂ→Ｃ→Ｄ→Ａ
2：Ｂ→Ｄ→Ｃ→Ａ
3：Ｃ→Ｄ→Ｂ→Ａ
4：Ｄ→Ａ→Ｂ→Ｃ
5：Ｄ→Ｂ→Ｃ→Ａ

OUTPUT

実践 問題 **90** の解説

〈文章整序〉

出典　阿部謹也『日本人の歴史意識：「世間」という視角から』岩波書店

　冒頭に示された文章では，「世間」の中で暮らしながら歴史と直接向き合う方法として「自分の周囲にある『世間』を歴史として対象化する方法」を説明している。

　これにつながる可能性のあるのは，選択肢からはB・C・Dである。しかしDは，冒頭の文章内容とほぼ同様であり，両者は逆接の論理関係にはない。ゆえに，Dを冒頭とする肢4・5は消去することが可能である。

　残る3肢について，逆接の接続語で始まるDに着眼して並びを考えれば，Dの直前では「自分の周囲の『世間』を歴史として捉えることができない」という類の内容が述べられていると推理できる。上下に示された文章も含め，その内容を示しているのはBしかない。したがって，「B→D」が確定できる。この組合せを持つ選択肢は肢2のみである。

　そこで，肢2が末尾に示された文章までつながるのかを確認する。

　「冒頭の文章→B」：自分の周囲にある『世間』の中に視野を限定している限り，その「世間」は歴史を反映していることにはならない。

　「B→D→C」：その（＝D：「世間」のなかの人間関係も含めて自分の周囲の「世間」を歴史とし捉える）ためには，現在の自分を「世間」から解き放たなければならない。

　「C→A→末尾の文章」：その（＝C：現在の自分を「世間」から解き放つ）ときの観察の仕方として，借り物の西欧的個人であっては「世間」の実質を捉えられない。むしろ，「世間」と対峙する中で日本独自の個人が生れる可能性があるだろう。

　以上のように，文脈的に無理なく末尾に示された文章まで展開していくことが可能である。よって，正解は肢2である。

　なお，選択肢の最後にあるものと末尾に示された文章とのつながりから肢を消去することも可能である。本問では，末尾に示された文章の冒頭が「むしろ」という接続語で始まっているが，この文はCの内容を否定し，それを正しく言い換えているものではない。このため，肢4が消去でき，並び替える文章の最後はAになることを確定できる。文章整序には，正解を導き出す幾通りもの方法が存在するので，さまざまに検討してみるのも効果的である。

正答 **2**

実践 問題 **91** 〈基本レベル〉

頻出度	地上★	国家一般職★★	東京都★★	特別区★★
	裁判所職員★★	国税・財務・労基★★		国家総合職★★

問 次の▢▢▢▢と▢▢▢▢の文の間のA～Eを並べ替えて続けると意味の通った文章になるが，その順序として最も妥当なのはどれか。 （国家一般職2014）

> 今でこそ，当たり前になっているが，明治になって日本に輸入された様々な概念の中でも，「個人individual」というのは，最初，特によくわからないものだった。その理由は，日本が近代化に遅れていたから，というより，この概念の発想自体が，西洋文化に独特のものだったからである。ここでは二つのことだけを押さえておいてもらいたい。

A：しかし，机は机で，もうそれ以上は分けられず，椅子は椅子で分けられない。つまり，この分けられない最小単位こそが「個体」だというのが，分析好きな西洋人の基本的な考え方である。

B：だからこそ，元々は「分けられない」という意味しかなかったindividualという言葉に，「個人」という意味が生じることとなる。

C：もう一つは，論理学である。椅子と机があるのを思い浮かべてもらいたい。それらは，それぞれ椅子と机とに分けられる。

D：動物というカテゴリーが，更に小さく哺乳類に分けられ，ヒトに分けられ，人種に分けられ，男女に分けられ，一人一人にまで分けられる。もうこれ以上は分けようがない，一個の肉体を備えた存在が，「個体」としての人間，つまりは「個人」だ。

E：一つは，一神教であるキリスト教の信仰である。「誰も，二人の主人に仕えることは出来ない」というのがイエスの教えだった。人間には，幾つもの顔があってはならない。常にただ一つの「本当の自分」で，一なる神を信仰していなければならない。

> 国家があり，都市があり，何丁目何番地の家族があり，親があり，子があり，もうそれ以上細かくは分けようがないのが，あなたという「個人」である。

1：D→B→E→C→A
2：D→E→C→A→B
3：E→A→C→B→D
4：E→B→C→A→D
5：E→C→D→B→A

直前復習

OUTPUT

実践 問題 **91** の解説 ────────

〈文章整序〉

出典 平野啓一郎『私とは何か：「個人」から「分人」へ』講談社

冒頭に与えられた文章では，「個人individual」という概念は，最初，よくわからないものだったこととその理由を述べている。そのうえで，「ここでは二つのことだけを押さえておいてもらいたい」と提起し，次の内容に展開していく文脈となっている。

これに続くのは，選択肢から，DかEである。しかし，一個の肉体を備えた存在が「個人」だと断じているDは，それがよくわからないものだったとする冒頭の文章内容に矛盾する。かつ，「二つのこと」と示唆して次内容に展開している文脈に照らしても，不自然さが否めない。これに対してEは，上記文脈を受ける形で「一つは」で始まっており，その後，Cで「もう一つ」の内容が提示される流れとなり，冒頭に与えられた文章に続くものとしてEは妥当たりうると判断できる。以上から，Dで始まっている肢1・2をここで消去できる。

残る3肢について，接続語を活用しながら，確実につながる組合せを見つけていきたい。組合せが作りやすいのは，逆接の接続語で始まるAに着眼することである。Aは「机・椅子はそれぞれ分けられない」という内容であることから，Aの直前では「机・椅子は分けられる」ことが示されていると推理できる。この内容を表しているのはCであり，「C→A」の順序が確定できる。また，「だからこそ」という順接の接続語で始まっているBの直前では，Bで示されている，individualという言葉に「個人」という意味が生じうる要因が説明されていると推理できる。それを表しているのは，「常にただ一つの『本当の自分』で，一なる神を信仰していなければならない」ことを述べたEであり，「E→B」の順序が確定できる。これらの組合せを有しているのは，肢4のみである。

念のため，肢4について，上記以外の部分もつながるかを確認する。「E→B：一つは，一神教であるキリスト教の信仰に関して」⇒「C→A→D：もう一つは，論理学に関して」という展開になっている。後者について，Aの後半「この分けられない最小単位こそが『個体』」ということについて，続くDで，動物というカテゴリーを例にとりながら具体的説明を加え，「D→末尾に与えられた文章」についても，A・Dを言い換えて説明しているのが末尾の文章だと捉えられ，つながりとして妥当性を有することが確認できる。

よって，正解は肢4となる。

正答 **4**

実践 問題 **92** 〈 基本レベル 〉

| 頻出度 | 地上★ 国家一般職★★ 東京都★★ 特別区★★
裁判所職員★★ 国税・財務・労基★★ 国家総合職★★ |

問 次の □□□□ と □□□□ の文の間のA～Eを並べ替えて続けると意味の通った文章になるが，その順序として最も妥当なのはどれか。

（国家一般職2021）

> 「無常」は，通常は「世は無常」という形で語られることが多い。その意味は「一切の物は生滅・変化して常住でないこと」と『広辞苑』（第四版）では説明している。

A：それは変化を求めない感情であって，現在の事態がいつまでも続くことを望んでいるのである。周囲の人が突然死んでしまったときなど，「世は無常」などというのはこのような場合である。これらの感慨は受け身のものである。

B：人々はそのようなとき，自分の諦念の感情を「無常」という形で表現してきたのである。「世は無常」という形はその表現のひとつなのである。

C：しかし世の中の事物が常住でないことは極めて自然のことであって，それをわざわざ「無常を観じ」という形で言葉にするのは，その背後にある種の感情があるからであろう。

D：つまり世間や世の中のさまざまな掟に縛られている個々の人間としては，自分なりの生き方をしたいと思っても容易にはできない。

E：しかし無常にはそれだけでなく，もう少し積極的な意味がある場合もある。それは世間や世の中のあり方の中で解明すべきものなのである。

> 無常についてはこれまでさまざまな解釈がなされてきたが，それらは皆世間や世の中との関係をぬきにして論じられる傾向が強かった。しかし，世間という概念を対象化して初めて，無常についても解明することができるのである。

阿部謹也『世間とは何か』（講談社）

1：C→A→E→D→B
2：C→B→D→A→E
3：C→D→A→B→E
4：E→A→C→D→B
5：E→D→B→A→C

OUTPUT

実践 問題 **92** の解説

〈文章整序〉

出典　阿部謹也『「世間」とは何か』講談社

冒頭に与えられた文章に続くのは，選択肢からCかEである。しかし，両者とも冒頭の文章と逆接でつなぎうることから，肢を絞り込むことができない。

そこで，指示語・接続語など，並びを決定しうる手がかりに着目し，肢を絞り込んでいく。

Aの「それ」という指示語に着目することで，Aの直前では「変化を求めない感情」，「現在の事態がいつまでも続くことを望んでいる」ことが示されているのがわかる。その内容に当てはまるのは，B「自分の諦念の感情」，C「その背後にある種の感情がある」であり，「B→A」（肢5），もしくは，「C→A」（肢1）の並びになっていると考えられる。ここで，これらの並びを持たない肢2～4を消去できる。

肢1・5に絞れた場合，「E→D→B」の並びが共通することから，両者で異なる「C→A」（肢1），「A→C」（肢5）のいずれの並びが適切であるかを考えるとよい。

逆接の接続語で始まるCの文に着目すると，Cの直前では「世の中の事物が常住でないこと」が示されているとわかる。肢5の並びとかかわり，Aは常住（現在の事態がいつまでも続く）を示す内容であるため，「A→C」の並びは成立しないと考えられる。これに対し，冒頭に与えられた文章では無常とは常住でないことを表しているため，冒頭に与えられた文章とCを接続するのが適切だと判断できる。この並びになっているのは肢1である。

念のため，肢1の並びで妥当かを検討する。

冒頭に与えられた文章→C→Aでつなげられるのは上述のとおりである。無常について受身の感慨たる内容を示したAに対し，逆接文のEで「もう少し積極的な意味がある場合」があることを提示している。このEで示されている「世間や世の中のあり方の中で解明すべきもの」の具体的内容が「D→B」で説明されている。末尾に与えられた文章との接続についても，無常について世間との関係を考慮する必要性を強調するこの文章に対して，肢1後半部の「E→D→B」はその内容を表しているため，並びとして妥当だと判断できる。

ゆえに，正解は肢1である。

正答 **1**

実践 問題 **93** 〈基本レベル〉

| 頻出度 | 地上★　　　国家一般職★★　　東京都★★　　特別区★★
裁判所職員★★　国税・財務・労基★★　国家総合職★★ |

問 次の [＿＿＿＿] と [＿＿＿＿] の文の間のA～Fを並べ替えて続けると意味の通った文章になるが，その順序として最も妥当なのはどれか。　（国家一般職2023）

> 　枠内思考という思考停止が生じてしまう理由の一つに，タテマエという〝枠〟の存在があります。
> 　現実の日本的な企業経営の中でどうしても避けなくてはならないのは，事実・実態に基づかないタテマエでのやり取りです。

A：これに対して，「人間は失敗する生き物」という言い方もできます。

B：この言葉は非常に大きな重みを持っています。確かに，失敗は許されないものであることは，〝あるべき論〟としては極めて正しいからです。

C：しかし，タテマエではなく，事実・実態に基づいて仕事をする，というのは意外と難しいことです。

D：これは〝あるべき論〟ではありません。人間である限り，名人にも天才にも，必ず失敗は起こります。つまり，事実・実態に即した言い方です。

E：たとえば，「失敗をしてはならない」という言い方はタテマエに通じています。「失敗をしてはならない」ということ自体が間違っているわけではありません。

F：ただし，この言い方だと，聞く人によっては，「失敗をしてもよい」「失敗を単に許容している」と捉えてしまう可能性があることも考えておく必要があります。

> 　ここで問題なのは，「失敗をしてはならない」という言い方が間違ってはいないにしても，事実・実態とは乖離（かいり）したタテマエになってしまっているということです。

1：C→B→A→F→E→D

2：C→D→F→B→A→E

3：C→E→B→A→D→F

4：E→B→F→A→C→D

5：E→D→C→B→F→A

OUTPUT

実践 ▶ 問題 **93** ▶ の解説

〈文章整序〉

出典　柴田昌治『日本的「勤勉」のワナ：まじめに働いてもなぜ報われないのか』朝日新聞出版

　選択肢から，上のリード文に続くのはCかEである。Cでは「タテマエ」「事実・実態に基づ」くという共通内容を取り上げているとともに，上のリード文とCとは逆接で結びつく関係でもある。これに対し，「たとえば」で始まるEは前文の具体例を意味する。確かにEでも「タテマエ」に関する内容は取り上げている。しかし，Eにある「『失敗をしてはならない』ということ自体が間違っているわけではありません」という内容は，上のリード文中の言葉を用いるならば「事実・実態に基づ」く内容である。ゆえに，Eは上のリード文の具体例たりえないと判断できる。以上から，冒頭の検討によって肢4・5を消去することが可能である。

　残る3肢から並びを考えるにあたっては，Aに着眼するのが有効である。A：「これに対して，『人間は失敗する生き物』という言い方もできます」の一文から，Aの前では「人間は失敗する生き物」という言い方と対立する別の言い方が説明されていると考えられる。その言い方に当てはまるのは，E：「『失敗をしてはならない』という言い方」しかない。以上から，両者の説明順序はEが先，Aが後になると判断できる。肢1～3のうち，この順序になっているのは肢3しかない。

　念のため，肢3について最後までつながるかを確認する。

　EではCの具体例を挙げている。続くBの指示語「この言葉」はEにある「『失敗をしてはならない』」を受けていると捉えられる。これらを受けて，Aで「これに対して，『人間は失敗する生き物』という言い方もできます」と転じ，D→Fで説明を加えている。そのうえで，C～Fを踏まえて下のリード文で全体内容をまとめていると読み取れ，肢3について全体がつながると判断できる。

　ゆえに，正解は肢3である。

正答 **3**

実践 問題 **94** 〈基本レベル〉

頻出度	地上★	国家一般職★★	東京都★★	特別区★★
	裁判所職員★★	国税·財務·労基★★	国家総合職★★	

問 次の文章Ａと文章Ｈの間に，Ｂ〜Ｇの文章を並べ替えてつなげると意味の通る文章となる。その順序として最も妥当なものはどれか。 （裁判所職員2022）

> Ａ：プラセボ（偽薬）の原義は，ラテン語で「私は喜ばす」です。プラセボ効果とは，本来効力のない物質や処置に対して，生体が効力があったように反応する事実をさします。

Ｂ：中味の薬の量は同一でも，大きい錠剤のほうが小さい錠剤よりも効果が出ます。とはいえ，極小の錠剤は，並の大きさの錠剤よりも薬効が大です。錠剤よりも，カプセルのほうが効果があったという報告も出されています。

Ｃ：入院中の患者に薬を飲ませるとき，ベッドの傍に看護師が来て手渡すよりも，主治医がわざわざやって来て飲ませたほうが，効果は大です。投与法は，注射のほうが錠剤よりも効き目があります。もちろん吸収率などの差をさし引いてもです。

Ｄ：一九八〇年代初頭に実施された実験では，八百三十五人の頭痛を訴える女性患者を四群に分けています。Ａ群はただ単に〈鎮痛薬〉と書いたプラセボ，Ｂ群は鎮痛薬の有名ブランド名を記したプラセボ，Ｃ群は〈鎮痛薬〉とのみ記されたアスピリン，Ｄ群はＢ群同様に有名ブランド名を記したアスピリンを投与しました。

Ｅ：このプラセボ効果の研究が，本格的に始まったのは一九七〇年代です。まず薬剤の投与法，薬剤の色と大きさ，内服する錠剤の数によって，人の反応が異なる事実が明るみに出ました。

Ｆ：前述したメディシンマンの薬草も，大いにこのプラセボ効果をねらっていると考えられます。遠くて高い山の上にのみ生息する植物から作った薬ですから，貴重そのものであり，効かないはずはありません。そう思って煎じ薬を飲んだ病人は，絶対治ってやるという気持になり，実際に病状の好転を感じるものです。その効果が永続するかどうかは，不確実とはいえ，全く無効だとはとても考えられません。

Ｇ：薬剤の色に関してはどうでしょうか。これには，薬学部の学生を対象にした実験があります。何の成分もはいっていない錠剤で，青とピンクの二種を用意して，「これは気分を変える薬です」と前置きして服用させます。すると三割の

学生が気分の変化を実感しました。青色の錠剤を飲んだ群は気分の落ち込みを感じ，ピンクの錠剤を試した群は，気分の高揚を報告したのです。しかも一錠飲んだ群よりも，二剤服用した群のほうが気分の変化が大きかったのです。

H：一時間後，頭痛がどのくらい軽くなったかを点数化して返答を集計すると，鎮痛効果はＤＣＢＡの順でした。プラセボよりもアスピリンの実薬のほうが効果があったのはいなめません。しかし有名ブランド名を記したほうが，偽薬，実薬ともに効果大だったのです。

帚木蓬生『ネガティブ・ケイパビリティ　答えの出ない事態に耐える力』
朝日出版社

1：E→C→F→G→B→D
2：E→C→B→F→G→D
3：F→E→C→B→G→D
4：F→D→E→C→B→G
5：F→D→B→G→E→C

実践 問題 **94** の解説 ─────────────────

〈文章整序〉

出典 帚木蓬生『ネガティブ・ケイパビリティ：答えの出ない事態に耐える力』朝日出版社

　選択肢から，プラセボ効果について定義しているリード文Aに続くのはEかFである。しかし，E，Fは1文目にともに「このプラセボ効果」という指示語があり，リード文Aを受けることが可能である。ゆえに，冒頭部から肢を絞ることができない。

　選択肢を絞るにあたり，本問ではプラセボ効果の研究と関係して年代が示されていることに着眼したい。Eには一九七〇年代，Dには一九八〇年代とある。かつ，内容的にEは事柄の概要を紹介し，その後，それぞれの具体的内容を述べるような説明にもなっている。以上から，DとEではEが先，Dが後の並びになっていると考えられる。両者につき，Dが先となっている肢4・5を消去することができ，肢1〜3に絞ることができる。

　これら3肢に絞れると，選択肢から，「E→C」の並び，ならびに，下のリード文Hの前はDであることが確定する。そこで，「E→C」の後に続くものとして，B（肢2・3）とF（肢1）のいずれが適当かを考える。「E→C」に続いて，薬剤の大きさについて述べているBが来るのは妥当である。これに対してFが続く場合，F「このプラセボ効果」が受ける内容はCで表されている内容ということになる。しかし，CとFとは内容的な連関が乏しく，Fの指示語が受けることが難しい。ここから肢2・3に絞られる。

　この2肢に絞れた場合，選択肢からはFの位置がポイントになる。肢2では「C－B」とGの間にFがはさまれる形となる。しかし，Eで指摘されているプラセボ効果の具体的説明が続くこれらの間でそれと直結しないFが説明されるのは不自然である。対して，肢3の並びであれば，リード文Aを受けてFが述べられた後，E以降，プラセボ効果の具体的説明がDまで続く形となり，並びとして妥当だと判断できる。B以降も，Gで薬物の色と内服する錠剤の数に関する内容に展開したうえで，Dで一九八〇年代初頭にA群〜G群に分けて実施した実験を紹介し，下のリード文Hでその結果を述べるという流れで，最後までつなげられることが確認できる。

　ゆえに，正解は肢3である。

正答 **3**

memo

第1章
SECTION ④ 現代文
文章整序

実践 問題 **95** 〈 基本レベル 〉

頻出度	地上★	国家一般職★★	東京都★★	特別区★★
	裁判所職員★★	国税・財務・労基★★	国家総合職★★	

問 次の　　　　　　と　　　　　　の文の間に，A～Eを並べ替えて続けると意味の通った文章になるが，その並べ方として最も妥当なのはどれか。

(国家総合職2013)

> これまで，都市の経済活動を規制する手法は，建物の高さを制限することで，都市空間の供給を制限する数量規制であった。その典型である住宅の容積率の規制について見てみよう。高度成長期，都心部に大規模なオフィスが集中して立地したことにともない，人口が集中して，道路や鉄道の混雑が深刻化することを防ぐため，建物の容積率が厳しく制限された。

A：今後，共働き世帯や高齢者が傾向的に増えるなかで，利便性の高い，都市部の高層住宅への潜在的需要は大きい。都市部でも容積率を引き上げ，四～五階建ての中高層住宅を基本とした市街地に転換することを，中期的な政策として打ち出せば，潜在的な住宅建設への需要を顕在化させる余地は大きい。

B：しかし，都市中心部での中高層住宅の建設が阻害されたことで，人口が郊外へ無秩序に拡大し，道路・下水道など社会資本の不足がより広範囲で問題となり，通勤ラッシュをいっそう深刻化させる要因となった。

C：オフィスや工場と異なり，都心部の住宅を整備することは，通勤時の道路や鉄道の混雑を緩和する。また，都心部ではすでに昼間人口が多いため，通勤者が居住者になって夜間人口が増えても，インフラ負荷の増大にはつながらない。

D：このためには，都市計画で定める指定容積率の大幅な引き上げが前提となる。もっとも東京都区部では，現行の容積率でも，その半分強しか活用されていない。この要因である建物の前面道路の幅員規制や日照権など，さまざまな規制を一括して改革する必要がある。

E：また，良好な住環境を確保するという名目で，木造二階建ての低層住居専用地域が，都市中心部にも幅広く残されている。

> 現在でも，都心部の商業地区においては，事務用ビルの一・五倍の容積率が高層住宅に認められており，こうした考え方はある程度受け入れられている。この適用を商業地域以外へも拡大する必要がある。

1：A→C→D→E→B
2：A→D→C→B→E
3：E→A→C→D→B
4：E→B→A→D→C
5：E→B→D→C→A

OUTPUT

実践 問題 **95** の解説 ─────────────

〈文章整序〉

出典　八代尚宏『新自由主義の復権』中央公論新社

　冒頭文の内容は，都市の介在活動を規制する手法として数量規制があること，その例として容積率を見ると，高度成長期に厳しく制限されてきたというものである。これに続く文がAかEであるが，Aの内容は，都市部の高層住宅への需要が大きいというもので，前の文脈を否定せずに別の主張を行っている。これでは文の前後でつながりが悪くなってしまうため，冒頭文に続く文はEであるとわかる。Eは，低層住居地域が今でもあるというもので，「また」という接続詞で結ばれている。これは，容積率が制限されたことと並列的に述べる内容であり，前後が正しくつながる。これにより，肢3・4・5に絞り込まれる。

　続いて，Bの「しかし」に着目する。Bの内容は，中高層住宅の建設が疎外されて，通勤ラッシュが深刻化したというものである。通勤ラッシュに関する記述は冒頭文にあり，Eの低層住居専用地域も同じ文脈にある。つまり，Eの内容を受けた逆接の接続詞として用いられていると考えるのが妥当であり，ここから肢4・5に絞り込まれる。

　E→Bの次に来るのは，肢4の場合Aであり，肢5の場合Dである。Aの場合，筆者の問題意識をBで示したうえで，今後の可能性としてAの都市部の高層住宅への需要を述べているため，文意が適切につながる。一方，Dの場合，「このためには」という接続語で始まっているが，問題意識を示しただけでどうすべきかまでが明らかにされていない。それゆえ，BとDのつながりがおかしくなる。これにより，B→Aの順番が確定し，正解は肢4である。

正答 **4**

実践 問題 **96** 〈応用レベル〉

頻出度	地上★	国家一般職★★	東京都★★	特別区★★
	裁判所職員★★	国税・財務・労基★★	国家総合職★★	

問 次の文章Ａのあとに，Ｂ～Ｅを並べ替えてつなげると意味の通った文章となる。
その順序として最も適当なのはどれか。　　　　　　　（裁事・家裁2011）

Ａ：美学上の新しい問題として≪複製≫が論じられるようになって，既に相当の年
月が経過しましたが，少なくとも当初は，二つの意味の複製が混同されていた
ように思われます。一つは版画に見られるような，マスプロダクションとして
の複製で，複数化を意味します。もう一つはオリジナルをコピーした複製です。
厳密に言えば，複製という日本語としては第二の意味だけが妥当するでしょう。
しかし，この問題を論じたベンヤミンの先駆的な論文が「複製技術時代の藝
術作品」（1936年）というタイトルで知られ，しかも，この論文が扱っていた
のが写真や映画のような「複数化」の現象であったため，この混同が起こった
のかと思われます。

Ｂ：この議論には，根本的な誤りがあります。たしかに，一般的に演劇の入場料は，
映画館の入場料よりも高価です。しかし，舞台俳優と映画俳優を較べた場合，
遠い存在である映画スターの方にわれわれはアウラを感じている，と思われま
す。

また，写真を絵画と，また映画を演劇と引き較べる議論もいまでは過去のもの
です（かつては××劇場という名の映画館が少なくありませんでしたが，映画
を演劇の≪複製≫と見る意識の反映です）。いまでは，写真も映画も，絵画や
演劇とは異なる，独特の藝術形式と見做されています。つまり，これらの作品
を複数化する藝術が，ただちに藝術性を割り引かれる，というわけではないの
です。

Ｃ：オリジナルに対するコピーは，価値の点で絶対に劣るもので，そのことが，コ
ピーという概念のなかに含まれている，と言うことができます。それに対して，
版画や写真，映画のような，本質的に複数化する藝術の場合，「マザー」と呼
ぶべきものはあります。版木，銅版や石版，ネガフィルムなどがそれですが，
これはオリジナルではありません。映画のマザーは，それを映写することがで
きますが，版木やネガフィルムはそれ自体が直接鑑賞の対象となることはでき
ません。

また，Ａ館で上映されているフィルムと，Ｂ館で上映されている同じ作品のフィ
ルムのあいだに，一方がオリジナルで，他方がそのコピーであるといった，優

劣の関係はありません。

D：貧困な階層に共感を抱いていたベンヤミンは，当然，この科学技術によって可能となった新しい藝術に期待を寄せました。そして，この新しい形態において藝術が大きな変化を遂げると考えました。すなわち，裕福な少数の人びとの手の中にあった藝術がもっていた独特の高級感（それをベンヤミンは「アウラ」〔光輝〕と呼びました）を喪って，言わばむき出しのものになる，と主張したのです。

E：ところが，複数性の意味での複製にも，やはり価値の問題がついてまわります。複数のものが作られるなら，必然的に価格が下がるからです。同一の作家の作品で，100枚刷られる版画が，一点制作の油絵よりも高価である，というようなことは，よほど例外的な状況でもないかぎり，考えられないことです。ベンヤミンの古典的な議論にも，この特徴を強調するところがありました。写真や映画は，絵画や演劇に較べて安価です。映画はたしかにマスプロダクションと言えますが，写真で多数のプリントが作られるものは例外でしょう。それでも安価であるという事実に変わりはありません。安価になったことによって，それまで裕福な人びとの手に独占されていた藝術が，広範な民衆のものとなりました。

1：B→E→D→C
2：C→B→D→E
3：C→E→D→B
4：D→C→B→E
5：D→E→B→C

〈文章整序〉

出典　佐々木健一『美学への招待』中央公論新社

　冒頭がAで，その次に続くのはB・C・Dのいずれかである。ただし，文章が非常に長いので，細かい内容を精査する時間はない。そこで，使われている言葉に着目する。全体にさっと目を通すと，Bにアウラという見慣れない言葉がある。そして，Dでは，「『アウラ』（光輝）と呼びました」という記述がある。つまり，Dでアウラの定義づけを行い，Bで再度使用したという流れが読み取れる。したがって，Bは少なくともDの後ろに来ることがわかり，この条件を満たさない肢1・2を消去する。次に，Eの「ところが」に着目する。Eの冒頭では，複数性の意味での複製にも価値の問題がついてまわるとある。Aで，「複製」の定義づけとして，マスプロダクションとコピーの2つが示されており，Eの記述は前者についてのものであると読み取れる。つまり，「ところが」の直前には，「コピー」としての複製の価値の問題が述べられていなくてはならない。しかし，Aには該当する記述がない。つまり，B・C・Dのいずれかに該当する記述がある。各肢に目を通すと，コピーに関する記述がCのみにある。したがって，Eの直前にCが来ることがわかり，ここで肢3に絞られる。

　最後に全体を読み返すと，複製に2つの意味があり（A），オリジナルに対するコピーは価値が劣るが，写真や映画はこのような優劣関係がないとしている（C）。しかし，複数性の意味での複製にも価値の問題がついてまわり，写真や映画が安価であることにより，芸術が民衆のものになったとしている（E）。これによって，ベンヤミンは，芸術が大きな変化を遂げると考え，アウラを喪ってむき出しになると主張したものの（D），この議論に対する批判を述べる（B）という展開が本文で行われていることがわかる。

　よって，C→E→D→Bと並べることができ，正解は肢3である。

正答 **3**

memo

実践 問題 **97** 〈応用レベル〉

頻出度	地上★	国家一般職★★	東京都★★	特別区★★
	裁判所職員★★	国税・財務・労基★★	国家総合職★★	

問 次の文の後に，A～Eを並べ替えてつなげると意味の通った文章になるが，その順序として最も妥当なのはどれか。 (国Ⅱ2009)

> 情報の経済学では，インセンティブという動機づけが制度の説明にとって重視される。だが，企業内部にいる人間は所得の増加という目的だけでなく，そこで多様なニーズを満たしている。ある人は仕事にやりがいをもって取り組みたいと思っているかもしれない。ある人は，人のつながりや良好な人間関係を求めているかもしれない。これらのニーズをすべて満たすためには，実際にはきわめて複雑な「仕掛け」が必要だということになる。

A：これまで，こうした精神的に過酷な労働現場をかろうじて支えてきたのは，マイホーム主義と呼ばれる男性中心の家族のあり方であった。その一方で，経営者がいくら失敗しても企業内部から批判する声が一切上がらなくなり，同調社会的な無責任体制をもたらしてきた。今日行われているように，インセンティブ理論に基づいて，いくら成果主義賃金を導入しても，状況を一層ひどくするだけだろう。

B：しかも多くの場合，査定基準が公開されておらず，協調性といった曖昧な基準が設けられている。それが恣意的な情報査定を横行させる。こうした状況が過労死を引き起こす一因となってきた。

C：しかし，より重要なのはパワー（権力）という問題である。実際には，多くの人びとはインセンティブによって動機づけられているというより，クビになるのを怖れて働いているかもしれないからだ。しかも，契約理論が言うように，日本の企業は契約というルールで覆いつくされているわけでもない。

D：一方，形式上は契約であっても，フィードバック関係がなく，情報が一方的にしか流れないために権力が生じるケースもある。日本の企業では，本人が人事査定に関して「知る権利」として保障されているわけではない。

E：たとえば，日本企業の「長期雇用」についても法律や労使協約などで決まったものではなく慣行があると言われてきただけにすぎない。こうしたケースを，契約理論は「暗黙のコミットメント」（あるいは「黙示の契約」）だと表現する。しかし，これは誰も証明不可能な命題であり，すでに最近の厳しい雇用リストラや雇用流動化という現実によって反証されている。

1：C→A→D→E→B
2：C→E→D→B→A
3：D→A→B→C→E
4：D→E→A→B→C
5：E→D→C→B→A

OUTPUT

実践 問題 **97** の解説 ─────────

〈文章整序〉

出典　金子勝・児玉龍彦『逆システム学』岩波書店

　最初に提示されている文の趣旨は，情報の経済学では，インセンティブという動機づけが制度の説明にとって重視されるが，企業内部にいる人間は所得の増加という目的だけでなく，そこで多様なニーズを満たしているというものである。そこで，この内容とのつながりを考えていくことにする。選択肢の冒頭を見ると，C・D・Eと3つある。まずDは，文頭に「一方」という語があるが，この後の内容が提示されている文の内容と対応しない。またEは，「日本企業の『長期雇用』」の例を挙げているが，これも提示されている文の内容とのつながりが見えない。それに対し，Cは「多くの人びとはインセンティブによって動機づけられているというより」という内容が，提示されている文と対応するのがわかる。したがって，肢1・2に絞られる。この2つを検討してみると，Aは冒頭に「こうした精神的に過酷な労働現場」という指示語があるが，これが指示する内容がCには見当たらない。それに対しEは「法律や労使協約などで決まったものではなく」の内容が，Cの最後にある「日本の企業は契約というルールで覆いつくされているわけでもない」の部分と呼応していることがわかる。

　ここで，C−Eの流れが決定し，正解は肢2となる。

正答 **2**

実践 問題 98 応用レベル

頻出度	地上★	国家一般職★★	東京都★★	特別区★★
	裁判所職員★★	国税・財務・労基★★	国家総合職★★	

問 次の文章Aのあとに，B～Gを並べ替えてつなげると意味の通った文章となる。その順序として最も適当なものはどれか。 （裁判所職員2015）

A：家計自立型非正規雇用の特徴は，従来のパート労働等よりは若干時給が高く1000円前後，月収は20万円前後と「ぎりぎり」生活できる水準にあるということだ。これらの雇用は「パート」とは区別されて，「契約社員」「派遣社員」という新しい呼び方がつけられていることが多い。こうした新しい非正規雇用は主に若者の間に広がっており，新卒から契約社員，派遣社員ということも決してめずらしくはない。

B：派遣や契約社員が正社員を目指す過程では，正社員なみの「無限の命令」を引き受ける必要がある。労働相談の中では「紹介予定派遣で働いているが，……派遣先からサービス残業を強要される」といった相談も寄せられる。もちろん，「トライアル」の非正規雇用者も待遇は非正社員のままであるし，正社員として採用されるかどうかはまったくの未知数。新卒紹介予定派遣の一部しか正社員に採用されておらず，しかも，はじめから採用枠が限られている中に，大量の新卒を「派遣」で送り込んでいるといわれている。

C：このことを顕著に示すのが，「非正規雇用のトライアル化」である。以前の非正規雇用とは異なり，現在の若者の多くは正社員になるための「トライアル（試用）」期間としての位置づけを，陰に陽に付与されている。正式に「試用期間」として非正規雇用で契約している場合もあれば，「がんばれば正社員になれるかもしれない」という漠然とした期待を与えられている場合もある。

D：家計自立型非正規雇用の若者は，従来のパートなどとは異なり，家計を自らまかなわなければならない。そのため，場合によっては配置転換や残業なども受け入れる。こうした家計自立型非正規雇用の増大は，これまでとは違ったレベルで正規雇用へのプレッシャーを増大させた。「低コスト」「いつでも解雇できる」にもかかわらず，生活を自立させるために高度な指揮命令も受け入れる非正規雇用の存在は，「正社員」の存在を脅かすのだ。

E：このように，若者の非正規雇用は家計自立型であると同時に，常に正社員を目指すことを求められ，「無限の指揮命令」の受け入れを要求されることも少なくない。若者は「非正規に安住する」ことすらできなくなってきたのだ。ブラッ

ク企業にとっては，非正規雇用を「トライアル」させて，使えなければ辞めさせる。「代わり」は新卒からいくらでも補充できる。また，「トライアル」から良い者を選抜することで，いつでも既存の正社員の「代わり」が補充できるために，既存の正社員を退職強要の対象として，辞めさせることもできる。こうして，非正規雇用の「トライアル」化は，ブラック企業に「代わり」を供給する。

F：どちらにしても，非正規雇用が「トライアル」期間になるということは，「このままではいられない」ということを意味する。正社員になるための「努力」を，常に非正規雇用も迫られる。非正規雇用のトライアル化は，例えば労働者派遣法の中にも現れている。近年導入され，特に批判の強い派遣形態に「紹介予定派遣」があるが，これは，まさに正社員を目指すために派遣される制度だ。そして，新卒の就職先として，紹介予定派遣が用いられることも増えているのである。

G：正社員も非正社員も，同時に競わせ，「選別」し，「使い捨て」る。「入社後もつづくシューカツ」は，非正規雇用まで広がりを持っており，正社員と非正社員相互が永遠に続く生き残り競争を強いられる。こうした労働市場全般を通じた競争圧力こそが，ブラック企業による若者の使い潰しを可能にしているのだ。

1：C→F→D→B→E→G
2：D→E→F→C→B→G
3：B→C→D→E→F→G
4：D→C→F→B→E→G
5：C→B→E→F→D→G

実践 問題 **98** の解説 ─────────────────────

〈文章整序〉

出典　今野晴貴『ブラック企業：日本を食いつぶす妖怪』文藝春秋

　文章Aでは，家計自立型非正規雇用の特徴，ならびに，そのような雇用が若者の間に広がっていることが説明されている。

　これに続くものは，選択肢からB・C・Dであるとわかる。このうちBでは，「派遣や契約社員が正社員を目指す過程」で求められることが述べられているが，Aでは家計自立型非正規雇用者が「正社員を目指す」という内容までは説明されていないため，A→Bは，文脈上，唐突さが免れない。これに対し，「家計自立型非正規雇用の若者」について説明しているDは，Aとの接続が最も適切でありそうだと判断できる。ただし，A→Cの接続も否定できない。少なくとも，ここで肢3は妥当でないと判断できる。

　確実につながる並びを見つけるにあたり，Fの冒頭がヒントになりうる。Fでは「どちらにしても，非正規雇用が『トライアル』期間になるということは，『このままではいられない』ということを意味する。」と述べられている。ここから，Fの前では，非正規雇用が「トライアル」期間になるという主旨のことが説明されていて，Fからは非正規雇用のままではいられないことを意味するということが新たに説明されていると推察することが可能である。「非正規雇用のトライアル化」についてCで説明されていることから，C→Fの並びを見いだすことができる。この並びを持つのは，肢1・4のみである。

　これら2つでは，「B→E→G」の並びが共通している。ゆえに，Dの位置が判断できれば，正解を確定できる。肢1では「D→B」の並びとなっているが，DとBとでは内容的な連関性が乏しく，Bへの文脈が唐突となる。これに対して肢4であれば，Dの後半で説明されていることを，Cの冒頭「このこと」で受けてFに展開し，Fの後半で「正社員を目指すために派遣される」と指摘されているのを受けて，Bの冒頭でも「派遣や契約社員が正社員を目指す過程」を説明しているというように，段階をおって内容が展開するさまが読み取れる。そのうえで，「このように」という接続語で始まるEにおいて，「若者の非正規雇用は家計自立型」でA→D，「常に正社員を目指すことを求められ」でC→F→Bを受けているのだと読み取れる。

　したがって，D→C→F→B→E→Gの並びとなり，正解は肢4である。

正答 **4**

memo

実践 問題 **99** 応用レベル

頻出度	地上★	国家一般職★★	東京都★★	特別区★★
	裁判所職員★★	国税・財務・労基★★	国家総合職★★	

問 次の[　　　　]の文の後にA～Gを並べ替えて続けると意味の通った文章になるが，その順序として最も妥当なのはどれか。 (国家総合職2015)

> それは，私たちに少しでも不愉快な感情を起こさせたり苦痛の感覚を与えたりするものは全て一掃して了いたいとする絶えざる心の動きである。

A：むしろ逆に，不快を避ける行動を必要としないで済むように，反応としての不快を呼び起こす元の物（刺激）そのものを除去して了いたいという動機のことを言っているのである。

B：すなわち其処には，事態との相互的交渉を意味する経験が存在する。

C：苦痛や不愉快を避ける自然な態度は，その場合その場合の具体的な不快に対応した一人一人の判断と工夫と動作を引き起こす。通常の意味での回避を拒否して我慢を通すことさえもまた不快感を避ける一つの方法である。

D：そうして，どういう避け方が当面の苦痛や不愉快に対して最も望ましいかは，当面の不快がどういう性質のものであるかについての，その人その人の判断と，その人自身が自分の望ましい生き方について抱いている期待と，その上に立った工夫（作戦）の力と行動の能力とによって始めて決まって来るものである。

E：それに対して，不快の源そのものの一斉全面除去を願う心の動きは，一つ一つ相貌と程度を異にする個別的な苦痛や不愉快に対してその場合その場合に応じてしっかりと対決しようとするのではなくて，逆にその対面の機会そのものを無くして了おうとするものである。

F：苦痛を避けて不愉快を回避しようとする自然な態度の事を指して言っているのではない。

G：そこには，個別具体的な状況における個別具体的な生き物の識別力と生活原則と智慧と行動とが具体的な個別性をもって寄り集まっている。

1：C→B→E→F→D→A→G
2：C→E→F→A→B→G→D
3：F→A→C→D→G→B→E
4：F→C→D→A→B→G→E
5：F→E→A→B→D→C→G

実践 問題 **99** の解説 ───────────

〈文章整序〉

出典　藤田省三『全体主義の時代経験』みすず書房

　選択肢から，冒頭に与えられた文章とつながる可能性があるのはCかFである。しかし，これらはともに与えられた文章と内容的な連関性を持つことから，選択肢を絞ることは難しい。

　そこで，確実につながりそうな2文の並びを検討する。本問はA〜Gの冒頭に指示語・接続語を含む文が多いことから，その手がかりが比較的得やすい。

　E「それに対して」に着眼すると，Eの前では不快の源そのものの一斉全面除去を願う心の動きと対比的な内容が説明されていると推理できる。これに当てはまりうる内容として，A：不快を避ける行動をしないで済むようにする動機，B：事態との相互的交渉を意味する経験が存在する，F：苦痛を避けて不愉快を回避しようとする態度のことではない，が候補として挙げられる。すなわち，AかBかFに続いてEが説明されているのではないかと予想できる。これにつき，肢1・3は「B→E」，肢5は「F→E」の並びとなっており，この3つのいずれかが正解の可能性が高いと考えられる。

　また，A「むしろ逆に」に着眼すれば，Aの前ではAと逆の内容が説明されているのが明らかである。加え，「むしろ」は，直前の内容を打ち消し，「むしろ」の後でその内容を正しく言いなおす際に用いる接続語である。つまり，「むしろ」の直前文は否定文になっているはずであり，同時にその文はAとは逆の意味内容を示していることになる。この条件に当てはまるのはFしかなく，「F→A」の並びが確定する。この並びを持つのは肢2・3であり，ここで肢3が正解であると判断できる。

　念のため，肢3の全体の並びを確認する。

　「F→A」で冒頭に与えられた文章を言い換え，Cで苦痛や不愉快を避ける自然な態度がもたらす影響を説明している。そして，Dで苦痛や不愉快の避け方の決定法を述べ，Cの内容をDで深めている。G「そこ」は，D「当面の不快が…その人その人の判断と，その人自身が自分の望ましい生き方について抱いている期待と，その上に立った工夫（作戦）の力と行動の能力…決まって来る」を受けており，DとGは内容的な対応が見て取れる。そのうえで，「C→D→G」についてBで「其処には，事態との相互的交渉を意味する経験が存在する」とまとめ，「C→D→G→B」に対して，Eでそれらと対比的な「個別的な苦痛や不愉快に対して…対面の機会そのものを無くして了おうとする」心の動きについて説明していると捉えられる。

　以上から，肢3の並びで意味の通った文章になることが確認できる。ゆえに，正解は肢3である。

正答 3

実践 問題 100 〈応用レベル〉

頻出度	地上★	国家一般職★★	東京都★★	特別区★★
	裁判所職員★★	国税・財務・労基★★	国家総合職★★	

問 次の□□□□□と□□□□□□の文の間に，A～Eを並べ替えて続けると意味の通った文章になるが，その並べ方として最も妥当なのはどれか。

(国家総合職2012)

> 最澄・空海による天台・真言密教の開宗は仏教界に新しい風を入れるものであった。彼らは，それぞれ深山と言うべき比叡山・高野山を根拠地とし，土着の神に対して融和的態度をとった。最澄は日吉神社を，空海は丹生神社をそれぞれ土着の神として篤くあがめた。

A：熊野信仰は，かかる思想的な流れの中で盛んになったものであろうが，浄土教の隆盛が一層それに輪をかけたに違いない。

B：このような思想の帰結として，神と仏とを共存させる信仰が起こった。それは結局，本地垂迹説として現われる。つまり，インドの仏たちが姿を変えて日本に現われて，いろいろな神々になったというのである。

C：仏教の本国インドでも中国でも浄土教は既にすたれていたのである。中国では，浄土教は唐の時代，善導という僧がしきりに浄土教を勧めた頃がその最盛期だったのであろう。

D：こういう本地垂迹説によって仏たちと神々の共存が可能になり，それとともに日本独自の修験道というものが現われる。修験道というまさに仏教が土着の神道と混合して出来上がり，山を聖地として，回峰，すなわち山めぐりを主な宗教的な行事とする宗教である。

E：10世紀になると，天台宗の中で浄土信仰が盛んになっていく。念仏は円仁によってもたらされたものであると言われるが，これは真言宗や禅宗のように外国で流行した仏教がそのまま同時代の日本にもたらされたというようなものではない。

> この8世紀に栄えた浄土教が10世紀になって日本で盛んになり，そして11世紀になって源信，12世紀になって法然・親鸞という思想家を生み出して，浄土教が日本仏教の中心になったのは一体どういうわけであろうか。私は，日本人にとって山はもともと死者の住む場所であり，山を根拠とした仏教はそういう死者の霊と交わらずにはいられなくなり，古くから日本人の信仰の中心であるあの世信仰が，仏教のあの世信仰，すなわち浄土信仰と結びついたからではないかと思う。

1：B→A→C→E→D
2：B→D→A→E→C
3：D→E→A→C→B
4：E→A→C→B→D
5：E→B→D→C→A

OUTPUT

実践　問題 100 の解説

〈文章整序〉

出典　梅原猛『日本の原郷：熊野』新潮社

　冒頭文に続く記述はB・D・Eのいずれかであるが，冒頭文の内容を受けて直ちに１つに絞り込むことは容易でない。そこで，各記述の前後関係から判断する。

　注目すべきなのはB・Dにある「本地垂迹説」である。B・Dを見ると，Bで「インドの仏たちが姿を変えて日本に現われて，いろいろな神々になった」とするという説明がなされ，Dで「こういう本地垂迹説によって…」とある。Dでは，すでに説明をしたことを前提とした記述がなされている以上，DがBより先に来るのは妥当でなく，この時点で肢3が消去される。なお，B→Dが直接つながるか否かは，この時点では確定できない。

　続いて，Aの「かかる思想的な流れ」に着目する。A～Eの各記述を見ると，B・Dでは本地垂迹説の説明があり，Cでは浄土教が，Eでは浄土信仰の説明がなされている。つまり，B・Dで１グループ，C・Eで１グループが形成される。そして，Aでは，「浄土教の隆盛が一層それに輪をかけた」とあるように，Aが受ける記述には，浄土教の内容が入るべきでないことがわかる。すなわち，Aの前にB・Dが，Aの後にC・Eが入ることがわかる。この条件を満たす肢は，肢2しかない。

　確認のため，肢2の順番に従い文章を読むと，最澄・空海が土着の神に融和的態度をとった結果，本地垂迹説が現れる信仰が起こり（B），これにより，日本独自の修験道が生まれた（D）。熊野信仰が盛んになったのはこのような経緯であるが，浄土教の隆盛が一層輪をかけ（A），10世紀に天台宗で浄土信仰が盛んになったが（E），インドでも中国でも浄土教は廃れており（C），日本で浄土教が仏教の中心になった理由に対する考察が末尾文でなされているという展開になる。このように，文が適切につながることを確認できる。

　よって，B→D→A→E→Cという順番となり，正解は肢2である。

正答 **2**

memo

第2章

英文

SECTION

① 内容把握
② 要旨把握
③ 空欄補充
④ 文章整序

NOTE

出題傾向の分析と対策

試験名	地上			国家一般職(旧国Ⅱ)			東京都			特別区			裁判所職員			国税・財務・労基			国家総合職(旧国Ⅰ)		
年度	15〜17	18〜20	21〜23	15〜17	18〜20	21〜23	15〜17	18〜20	21〜23	15〜17	18〜20	21〜23	15〜17	18〜20	21〜23	15〜17	18〜20	21〜23	15〜17	18〜20	21〜23
出題数／セクション	15	16	16	15	14	15	13	15	15	9	11	11	15	15	15	14	15	15	21	21	21
内容把握	★★	★★	★★	××★9	××★8	××★9	×★10	×★15	×★15	×★5	×★6	×★9	×★7	×★9	×★9	×★8	×★9	×★9	××★15	××★15	××★15
要旨把握	××15	××13	××14																		
空欄補充				★★★	★★★	★★★				★★★	★★★	★★★	××8	×5		★★★	★★★	★★★	★★★	★★★	★★★
文章整序				★★★	★★★	★★★				★	★★	★★	★	★★★	★★★	★★★	××4	★★★	★★★	★★★	★★★

(注) 国家一般職, 国税の出題数は, 基礎能力試験のみのものです。

　どの試験種でも必ず出題される重要科目の1つです。なお, 地方上級や国立大学法人を除いて, 近年英文要旨把握の出題はありません。全体的に雑誌や英字新聞を出典としたものが目立ち, 現代文と異なり時事性を帯びた文章が多い傾向にあります。人事院・裁判所の大半の職種では, 2012年から出題数が増加しました。絶対に苦手にしたくない科目といえるでしょう。

地方上級

　統一試験日程では要旨把握か内容把握のみの出題で, 5問が出題されます。なお, 要旨把握と銘打たれていても, 実質的に内容把握と同じ解法で正解にたどり着ける問題が大半です。比較的短い文章量の割には読解に時間のかかるものが多く, 1問あたりの制限時間の短さもあり, 正確さが求められる試験種です。

国家一般職 (旧国家Ⅱ種)

　4問が出題され, 内容把握が2問と空欄補充と文章整序が1問ずつ出題されています。文章は長いものの, 題材には比較的なじみやすいテーマや著名な事実を用いており, 読解難易度はそれほど高くありません。また, 肢と本文の照らし合わせも比較的簡単で, 全文を把握できていなくても解答できる問題も多いです。専門試験にも英語の問題はあり, 選択問題として基礎・一般でそれぞれ5問出題されます。基礎では文法問題が2問見られますが, それ以外はすべて内容把握です。題材は政治, 医学, 歴史など多岐にわたり, かつ内容も高度です。さらに, 肢も英文で構成されるため, 読解には相当の英語力を要します。

東京都

一般方式では4問，新方式では5問が出題されています。エッセイや小説など
を題材としたものも多く，他の試験種に比べて文章の長さも短めで，読解難易度
も低いです。話題となっているビジネス書などからの出題も見られます。

特別区

直近3年では4問が出題され，内容把握が2問，空欄補充が1問，文章整序が
1問です。フィクションや人文系からの出典が主で，以前に比べて読みやすいも
のになってきています。

裁判所職員

5問が出題され，内容把握3問と空欄補充1問，文章整序1問です。英文その
ものは身近な話題のエッセイか英語学習教材からの出典で，それほど難解ではな
いものの，他の試験種と比べて文章が長いという特徴がありましたが，2023年は
東京都や特別区と同じ程度の分量・難易度となり易化しました。

国税専門官・財務専門官・労働基準監督官

5問が出題され，内容把握3問と空欄補充，文章整序が各1問という配分です。
出題傾向は国家一般職と類似しており，ほぼ同様の対策が通用します。専門試験では，
選択問題として英語と商業英語が各6問出題されます。内容把握のほか，空欄補充，
文章整序の出題が見られ，試験制度変更前と比べて長文化が進んでいます。

国家総合職（旧国家Ⅰ種）

出題数は7問で変わっていません。内容把握が5問，空欄補充と文章整序がそ
れぞれ1問出題されます。政治や思想，科学など，高度な内容の問題文が目立ち，
かなりの単語力が求められますが，文章量は問題によりかなりの差があります。
出典は雑誌や国外の新聞社，通信社など多岐にわたります。

Advice 学習と対策

ほとんどの試験種では，問題肢からキーワードを抜き出し，本文中の対応
箇所の前後を読むことで正解に導ける問題が出題されます。問題文をすべて
読むよりも，時間の節約にもなりますので，ぜひ活用してください。ただし，
多少の言い換えがなされている場合に，適切な単語を連想する必要がありま
すので，一定の単語力は必要です。高校レベルの英単語に不安がある場合は，
英字新聞などを活用して文章に慣れて基礎的な単語力を培う必要があるで
しょう。なお，英字新聞は初級者にはThe Japan News（読売新聞系）やThe
Japan Times を，上級者にはTIMEやNewsweekをお勧めします。

英文

英文問題考察

1 英文学習の研究

(1) 英文問題の学習とは…

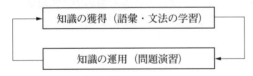

```
知識の獲得（語彙・文法の学習）

知識の運用（問題演習）
```

① 「知識の獲得」の方法

(a) 単語集の活用：内容把握問題で「選択肢→本文」の手順で解答できるように,「日→英」型の暗記を行います。

(b) 問題文の復習：文章全体の通読・再読。「黙読」による語彙の復習,「音読」によるスピードの体感と単語の定着,「精読」による語彙・文法の総合的復習,の3つの方法で行うようにします。

> **ポイント** 公務員試験で求められる「読み」
> ① 要旨を読み取る
>   →要旨把握
>   文章整序
> ② 必要な情報を読み取る
>   →内容把握
> ③ 熟語や語法,文法の分析
>   →空欄補充

② 「知識の運用」の方法

(a) 「追実践」のすすめ：本文で解説されている解法を自分で繰り返し実践しましょう。

(b) 「自動化」を目指す：はじめは時間をかけて解答の手順を1つひとつ確認し,その反復と知識の充実により解答時間の短縮を図っていきます。

(2) 解けない原因の分析

① 辞書を引きながら問題を解いてみます。
　　　解けるようになる→語彙力の補強
　　　解けるようにならない→②
② 解説にある【全訳】を読んでみます。
　　　理解できる→文法力の補強
　　　理解できない→背景知識の補強

(3)　語彙力の補強

① 「選択肢→本文」の流れを可能にするための「日→英」型の暗記を行います。

② 問題演習の際にわからなかった単語を辞書で確認し，余白に書き込んでおきましょう。

(4)　文法力の補強

　文章全体を通読します。読むための文法力は基本的な文法事項を確認しつつ，数多くの文を何度も読むことで身につきます。

(5)　「演習読み」と「復習読み」

① 「演習読み」：解法に従って読むこと。全文理解ではありません。

② 「復習読み」：語彙や文法の復習のために全文を通して読むことになります。

★「復習読み」の方法

① 黙読

→単語のチェック向け

② 音読

→文法のチェック向け

③ 精読

→単語・文法の総合的なチェック

> 「復習読み」のためのワンポイント
> ① 本文中の知らなかった単語は，マーカーで塗っておくと目立つ
> ② 精読ではスラッシュを書き込むので（文中の語のまとまりを「/」で区切る），コピーをとっておくと便利

必修問題 セクションテーマを代表する問題に挑戦！

英文の内容把握は，問題肢との照らし合わせが素早く解答する秘訣です。
まずは問題肢から本文内容のイメージを作って，解いてみましょう。

問 次の英文の内容と合致しているのはどれか。　　　（オリジナル）

Many people are attracted to surfing because of its 'cool' image and the popularity of professional surfers. Catching a wave can be an amazing experience, but people should remember that surfing is an extreme sport and can lead to serious injury or even death. For these reasons, it is essential to follow some basic rules for safe surfing. It is important to choose the right equipment. Beginners will need a large, buoyant board to make it easier to get started. It is also important to be able to swim for at least 50 metres. Before you go into the sea, check how big the waves are and ask other surfers for advice. Only surf in places where there are lifeguards. Watch out for rocks, other surfers, swimmers and other objects that might be in the sea. Respect the local surfers and the environment. If you get into trouble, wave your arm above your head. Always wear a leash to keep your board near to you. Check the weather; the sun can burn your skin and cold weather can make it difficult to swim.

——Copyright© 2009 by TOKYO LEGAL MIND K.K.

1：サーフィンを始める場合，50メートル以上泳げることが必須条件である。
2：初心者が楽にサーフィンを始めるには大型のボードが必要となる。
3：サーフィンは非常に危険なスポーツであるが，適切な装備を選べば危険を回避できる。
4：サーフィンをするときは，天候に注意し，水温の変化に注意することが必要である。
5：サーフィンをする人は自然に配慮して，決して自然を損なわないようにすべきである。

直前復習

必修問題の解説

〈内容把握〉

出典　ＬＥＣオリジナル

1× 本文7～8行目に「また,少なくとも50メートルは泳げることが重要である」と述べられている。本肢のように「50メートル以上泳げることが必須条件である」とまでは述べられていない。

2○ 6～7行目に「初心者がより楽に始めるためには大型のボードが必要であろう」と述べられている。

3× 3～4行目に「サーフィンは過激なスポーツであり,大けがや死ぬことすらありうるということである」と述べられ,5～6行目に適切な装備の必要性に触れているが,危険を回避できるとまでは述べられていない。

4× 最終文に「天候をチェックする」と述べられているが,本肢の後半部分（水温の変化に注意すること）については述べられていない。

5× 下から4行目に「地元のサーファーや環境に配慮しよう」と述べられているが,決して自然を損なわないようにすべきであるとまでは述べられていない。

【全訳】

　クールなイメージやプロサーファーらの人気もあり,多くの人がサーフィンに魅了されている。波に乗ることはなるほど素晴らしい体験であるが,よく覚えておいてほしいのは,サーフィンは過激なスポーツであり,大けがや死ぬことすらありうるということである。このような理由から,安全なサーフィンの基本ルールに従うことが不可欠なのだ。適切な装備を選ぶことが重要である。初心者がより楽に始めるためには大型で浮力のあるボードが必要であろう。また,少なくとも50メートルは泳げることが重要である。海に入る前に,波の大きさを確認し,他のサーファーにアドバイスを求める。ライフガードがいるところだけでサーフィンをしよう。岩石や,他のサーファーたち,泳いでいる人や,海にあるいろいろな物体に注意しよう。地元のサーファーや環境に配慮しよう。何か問題が起こったときは頭上で手を振る。サーフボードがはなれていってしまわないようにリーシュコードを常に着けておくこと。天候をチェックすること,日差しは肌を火傷させるし,寒いと泳ぎが困難になるからである。

正答 **2**

第2章　英文

1 内容把握の研究

(1) 英文における内容把握とは…

　英文問題における内容把握問題とは，選択肢で要求された情報を本文中から探し出す問題のことで，したがって選択肢を先に読み，本文は必要な箇所だけを読んでいくことになります。

出題パターン
① 本文の１箇所だけを抽出し，その部分の理解を問う
② ５つの選択肢をそれぞれ本文中の別の箇所に対応させて，その対応箇所を探させる問題

(2) 内容把握問題の解法

　大まかな解法の流れを説明すると…

① 選択肢を分析する
→本文中のどのような情報を要求しているのかを見極める。
※この場合文章本来の要旨（＝筆者の主張）などは関係ない。

A：各選択肢に共通の表現
　多肢共通の表現から本文のテーマを推測する。

② 本文の対応箇所を発見し,その内容(＝和訳)と一致する選択肢を選ぶ。要旨(＝筆者の主張)などは関係ない。

B：各選択肢に固有の表現
　肢特有のキーワードを抽出し，本文との対応を行う。

　A．英語表現の予測

　選択肢は多くの場合，日本語ですから，本文テーマやキーワードとして抽出し，表現が本文中でどのような英語で表現されるのか予測します。

　B．本文中から対応箇所を探す方法

　たとえば選択肢から「教育」という言葉を捉えた場合，educationという単語を予測することになります。このときにeducationというまとまり全体を見つけようとするのではなく，「edu-で始まる単語を見つけよう」という感じで，語頭の数文字を手がかりに探していくとうまく見つけられます。

解答かくしシート

INPUT

C. 対応箇所の理解

対応箇所が見つかったら，その文を文頭から読んでいきます。ここでは正確に理解することが大切です。

★まとめ：この問題形式を解くのに必要なこと
・対応箇所を素早く発見すること［速読的要素］
・対応箇所を正しく理解すること［精読的要素］

これだけは押さえよう

■本文と選択肢を照らし合わせる際に注意すべき間違い選択肢のパターン

①言いすぎ：強い表現（だけ・かならず・絶対など）に注意。

②意見・可能性・予測と事実のすり替え：助動詞・判断・評価の形容詞を用いたit〜to/that構文に注意。

③まったく本文で述べられていない。

④肯定・否定のすり替え：見落としがちな否定表現（few, little, neither など）に注意。

⑤因果関係の捏造：2つの事柄が原因—結果，理由—主張として述べられているか。

⑥数字に関する誤り：数字の言い換え（million, billion），事柄と数字との対応に注意。

⑦主語と述語のすり替え：本文を読む際に主部を明確にして読む。

⑧代名詞が指しているもののすり替え：本文を読む際に代名詞が前の何を指しているのかきちんと把握する。

☆常識的に考えておかしい，自分の持っている背景知識から考えておかしい場合には疑ってかかる（特に，歴史的，時事的な内容の選択肢）

●必修問題の検討方法（解説はP325）

Many people are attracted to surfing because of its 'cool' image and the popularity of professional surfers. Catching a wave can be an amazing experience, but people should remember that surfing is an extreme sport and can lead to serious injury or even death. For these reasons, it is essential to follow some basic rules for safe surfing. ③It is important to choose the right equipment. ②Beginners will need a large, buoyant board to make it easier to get started. ①It is also important to be able to swim for at least 50 metres. Before you go into the sea, check how big the waves are and ask other surfers for advice. Only surf in places where there are lifeguards. Watch out for rocks, other surfers, swimmers and other objects that might be in the sea. ⑤Respect the local surfers and the environment. If you get into trouble, wave your arm above your head. Always wear a leash to keep your board near to you. ④Check the weather; the sun can burn your skin and cold weather can make it difficult to swim.

1：サーフィンを始める場合，50メートル以上泳げることが必須条件である。

2：初心者が楽にサーフィンを始めるには大型のボードが必要となる。

3：サーフィンは非常に危険なスポーツであるが，○適切な装備を選べば/×危険を回避できる。

4：サーフィンをするときは，○天候に注意し，/×水温の変化に注意することが必要である。

5：サーフィンをする人は○自然に配慮して，/×決して自然を損なわないようにすべきである。

[注意事項]

　本書は，英文読解の力をつけるために過去問を中心に問題文を掲載しております。したがって，問題文の内容は出題当時のものとなっており，現在の時事的な内容とは数値等が異なる場合がございます。

　時事的な内容につきましては，別途，弊社「時事白書ダイジェスト講座」などをご利用のうえ，ご確認いただきますようお願い申し上げます。

memo

実践 問題 101 基本レベル

頻出度	地上★★★ 国家一般職★★★ 東京都★★★ 特別区★★★
	裁判所職員★★★ 国税・財務・労基★★★ 国家総合職★★★

問 次の英文中に述べられていることと一致するものとして，最も妥当なのはどれか。 (特別区2023)

Diana was reading a book in the living room when the visitors entered. She was a very pretty little girl, with her mother's black eyes and hair, and a happy smile she got from her father.

"Diana, take Anne out and show her your flower garden … She reads entirely too much," Mrs. Barry added to Marilla. "I'm glad she has a friend to play outside with."

Out in the garden, the girls stood among the flowers looking at each other shyly. "Oh, Diana," said Anne at last, "Do you like me enough to be my best friend?"

Diana laughed. Diana always laughed before she spoke. "Why, I guess so. I'm glad you've come to live at Green Gables. There isn't any other girl who lives near enough to play with."

"Will you swear to be my friend forever and ever?" Anne demanded.

Diana looked shocked. "It's bad to swear."

"Oh, no, not like that. I mean to make a promise."

"Well, I don't mind doing that," Diana agreed with relief. "How do you do it?"

"We must join hands, like this. I'll repeat the oath first. I solemnly swear to be faithful to my friend, Diana Barry, as long as the sun and moon shall shine. Now you say it with my name."

Diana repeated it, with a laugh. Then she said:

"You're a strange girl, Anne. But I believe I'm going to like you real well."

"We're going to play again tomorrow," Anne announced to Marilla on the way back to Green Gables.

(L. M. Montgomery：森安真知子『英語で読む赤毛のアン』による)

1：ダイアナは，父から黒い髪と目を，母から楽しげなほほえみを受け継いだ。
2：バリー夫人は，ダイアナに，アンと花壇で本を読んでくるように言った。
3：アンは，ダイアナに親友になってくれるほど好きかと尋ねたところ，ダイアナは声をあげて笑った。
4：ダイアナは，先にアンに忠実であることを誓い，次にアンに同じことを自分に誓うように言った。
5：アンは，ダイアナは変わった子だが，明日も遊ぶことにしたと帰る途中にマリラに言った。

OUTPUT

実践 ▶ 問題 **101** ▶ の解説

〈内容把握〉

出典　L. M. Montgomery：森安真知子『英語で読む赤毛のアン』IBCパブリッシング

1×　本文と本肢では父と母が逆である。

2×　本文内容と矛盾しているので誤りである。バリー夫人は「アンを外に連れて行ってあなたの花園を見せてあげて。まったく彼女ったら読書のしすぎなのよ」と述べており，花壇で本を読むようには言っていない。

3○　第3〜4パラグラフの内容と合致している。laughは「（声を出して）笑う」という意味であり，本肢の「声をあげて」の部分はこの単語に含まれている。なお，声を出さずに笑う場合はsmileを用いる。

4×　アンが先に忠実であることを誓い，ダイアナに同じことを促したのである。

5×　「変わった子」というのは，ダイアナがアンに言ったセリフである。

【全訳】
　訪問者たちが入ってきたとき，ダイアナはリビングルームで本を読んでいた。彼女は母親ゆずりの黒い瞳と髪を持ち，父親ゆずりの楽しげな微笑みをたたえたとても可愛い女の子だった。
　「ダイアナ，アンを外に連れて行ってあなたの花壇を見せてあげて。まったく彼女ったら読書のしすぎなのよ。」バリー夫人は「彼女に外で一緒に遊べる友達がいるとうれしいわ」とマリラに付け足した。
　庭に出ると，女の子たちはお互いを恥ずかしそうに見ながら，花々の中で立っていた。ようやくアンが口を開いた。「ダイアナ，あなた，親友になれるくらい私のこと好き？」
　ダイアナは声を出して笑った。ダイアナはいつも，声に出して笑ってから話すのだ。「たぶんね。あなたがグリーンゲイブルズに住むことになって，うれしいのよ。一緒に遊べる女の子なんか他に近所にいないしね。」
　「ずっとずっと私の親友でいるって誓ってくれる？」アンは要求した。
　ダイアナはショックを受けたようだった。「誓うなんて嫌よ。」
　「そうじゃないの。約束するっていう意味よ。」
　「まあ，それならいいわよ。」ダイアナはほっとして答えた。「どうすればいいの？」
　「こんな風に手をつなぐの。まず私が誓いの言葉を暗唱するわ。私は，太陽と月が輝く限り友達のダイアナ・バリーに忠実であることを心より誓います。さあ，私の名前で言って。」
　ダイアナは笑いながら復唱した。そして彼女は言った。
　「アン，あなたって変な子ね。でも，本当に好きになれそう。」
　「明日も一緒に遊ぶのよ。」アンはグリーンゲイブルズに帰る途中，マリラに言った。

正答 3

第2章　英文

頻出度	地上★★★	国家一般職★★★	東京都★★★	特別区★★★
	裁判所職員★★★	国税・財務・労基★★★	国家総合職★★★	

問 次の英文中に述べられていることと一致するものとして，最も妥当なのはどれか。 (特別区2022)

Japanese people worry too much about their own English.

Then, when Japanese people give speeches, they apologize for not being good at English at the beginning. Sometimes, they say, "I'm not good at English, so I feel nervous, " so the listeners think the Japanese person has no confidence and wonder if there is any value in listening to what he or she is saying.

Be aware that when giving speeches or presentations, Japanese people and Westerners have different **tacit rules.**

Japanese people think that the person giving the speech should convey the message to the listeners clearly, and that he or she should speak with perfect knowledge and knowhow.

On the other hand, Westerners think that in order to understand the person giving the speech, the listeners have a responsibility to make active efforts to understand.

There is a difference between Japanese people, who place a heavy responsibility on the speaker, and Westerners, who have a sense of personal responsibility for understanding the speaker. This causes various miscommunications and misunderstandings at presentations which include Japanese people.

Therefore, Japanese people should not apologize for not being able to speak English. They should start by saying clearly what they want to talk about.

（山久瀬洋二：Jake Ronaldson「日本人が誤解される100の言動」による）

OUTPUT

1：日本人は，自分の英語力を気にして，スピーチのときに，最後に英語がうまくなかったことを謝ることがある。

2：スピーチやプレゼンテーションをするとき，日本と欧米とでは，暗黙のルールに違いがあることは有名である。

3：日本人は，スピーチをする人は完璧な知識とノウハウをもって話をしなければならないと考える。

4：欧米では，スピーチをする人の責任として，聞き手に理解させるために，積極的に行動しなければならないという意識がある。

5：日本人は，英語ができないことを謝ってから，自分の言いたいことを堂々と話し始めるようにしたいものである。

実践 問題 **102** の解説

〈内容把握〉

出典　山久瀬洋二：Jake Ronaldson『日本人が誤解される100の言動』IBCパブリッシング

1× 本文の内容に反しているので誤りである。第2パラグラフで，日本人が謝るのは最後ではなく最初であると述べられている。

2× 本文で述べられていない内容を含んでいるので誤りである。「日本人と西洋人では違う暗黙のルールがあると知っておかなければならない」と述べられているが，それが有名であるとは述べられていない。

3○ 第4パラグラフの内容と合致している。

4× 本文の内容に反しているので誤りである。第5パラグラフで，欧米では聞き手に責任があると述べられている。

5× 本文の内容に反しているので誤りである。最終パラグラフで，英語がしゃべれないことを謝るべきではないと述べられている。

【全訳】

日本人は自身の英語に対して心配しすぎである。

日本人はスピーチをするとき，最初に自分の英語が上手でないことを謝る。ときには，「私は英語が得意ではないので，緊張します。」と言うので，聞き手はその日本人は自信を持っていないと思い，言っていることを聞く価値があるのかどうか疑問に思ってしまうのだ。

スピーチやプレゼンテーションをするときは，日本人と西洋人とでは違う暗黙のルールがあると知っておかなければならない。

日本人は，スピーチをする人は聞き手にメッセージをはっきり伝えるべきだと考えており，完璧な知識とノウハウをもって話すべきだと思っている。

一方で，欧米人はスピーチをする人の言っていることを理解するために，聞き手は積極的に努力して理解する責任があると考える。

話し手に重い責任があるとする日本人と，話し手を理解する責任が個人にあるという感覚を持っている欧米人とでは違いがあるのだ。これが，日本人のいるプレゼンテーションでのさまざまな聞き違いや誤解の原因となる。

だから，日本人は英語がしゃべれないことを謝るべきではない。伝えたいことをはっきりと言うことから始めるべきなのだ。

正答 3

memo

頻出度	地上★★★	国家一般職★★★	東京都★★★	特別区★★★
	裁判所職員★★★	国税・財務・労基★★★	国家総合職★★★	

問 次の文の内容と合致するものとして最も妥当なのはどれか。 （国家一般職2018）

Evidence shows that opening of economies to trade, especially in the late 20th century, boosted incomes and living standards across advanced and developing countries. Since the early 2000's, however, the pace of opening has largely stalled[*1], with too many existing trade barriers and other policies that favor chosen domestic industries over the broader economy remaining in place, and new barriers being created. Such policies can cause a chain reaction, as other countries adopt similar measures with the effect of lowering overall growth, reducing output, and harming workers.

Reinvigorating[*2] trade, packaged with domestic policies to share gains from trade widely, needs to be a key priority. One part of this is to remove trade barriers and reduce subsidies and other measures that distort trade. Stepping up trade reform is essential to reinvigorate productivity and income growth, both in advanced and in developing countries.

But these reforms also require thinking in advance and during implementation about those workers and communities that are being negatively affected by structural economic changes. Even though job losses in certain sectors or regions have resulted to a larger extent from technology than from trade, thinking in advance about the policy package that shares trade gains widely is critical for the success of trade reforms. Without the right supporting policies, adjustment to structural changes can bring a human and economic downside that is often concentrated, sometimes harsh, and has too often become prolonged.

This is why governments must find better ways of supporting workers. Each country needs to find its own mix of policies that is right for their circumstances. Approaches such as a greater emphasis on job search assistance, retraining, and vocational training can help those negatively affected by technology or trade to change jobs and industries. Unemployment insurance and other social safety nets give workers the chance to retool.

（注）[*1] stall：停滞する　　[*2] reinvigorate：〜を再び活気付ける

直前復習

OUTPUT

Joint Statement by the Heads of the IMF, World Bank and WTO on the Need to Reinvigorate Trade to Boost Global Economic Growth July 6, 2017　より

1：20世紀後半，先進国と発展途上国の間で貿易が活発になったことで，先進国と発展途上国の間の所得と生活水準の格差は，ますます拡大した。

2：国内産業の保護と経済成長は両立できるので，両者を追求することで，経済成長を低下させ，生産高を減らし，労働者を害する現在の連鎖反応を断ち切ることができる。

3：生産性と所得の伸びを回復させるには，貿易改革が不可欠であり，貿易障壁を取り除くことや，貿易をゆがめる補助金などを削減することが考えられる。

4：ある特定の分野や地域での雇用の喪失は，貿易ではなく技術発展によってもたらされているので，貿易改革と雇用に関する政策は，切り離して考える必要がある。

5：各国政府は，求職援助や職業訓練を行い，セーフティネットを用意することで，国民が現在の仕事を辞めることなく，同じ産業内で生産性を高められるようにすべきである。

実践 問題 **103** の解説

〈内容把握〉

出典　IMF PRESS RELEASE №17/264 "Joint Statement by the Heads of the IMF, World Bank and WTO on the Need to Reinvigorate Trade to Boost Global Economic Growth" July 6, 2017

1 × 20世紀の後半には，先進国と途上国とで収入と生活水準が向上した，と述べられており，格差がますます拡大した，とは述べられていない。

2 × 国内産業の保護は，経済成長を低下させ，生産高を減らし，労働者を害する連鎖反応をもたらす原因となる可能性があると述べられている。

3 ○ 本文第2パラグラフで述べられていることと一致する。

4 × 貿易改革と雇用に関する政策は，一体として包括的に考える必要があることが述べられている。切り離して考える必要がある，とは述べられていない。

5 × 求職援助や職業訓練を行い，セーフティネットを用意することは，人々が雇われ先を変えたり，従事する産業（業界）を変える助けになると述べられている。仕事を辞めることなく，同じ産業内で生産性を高められるようにすべき，とは述べられていない。

【全訳】

　貿易に関する経済の開放が，特に20世紀後半には，先進国と途上国とを問わず，収入と生活水準を向上させたことは事実だ。2000年代の初頭以来,しかしながら，その開放のペースが大きく停滞しているが，（それは）多くの既存の貿易障壁があり，広く経済全般の領域において国内産業を保護する政策が残っており，そして新しい障壁が生み出されている（からだ）。このような政策は，他国が，同じような政策を採用することで連鎖反応を引き起こす可能性がある。全体的な成長を低下させる結果をもたらし，生産が縮小し，労働者が痛めつけられる。

　貿易を再び活発なものにすること，（これは）広く貿易からの利益を共有するために，国内政策と一体化したものであって，重要な優先事項である必要がある。その1つは，貿易障壁を取り除き，補助金や貿易を歪めるその他の措置を縮減することである。先進国と途上国の双方において，貿易改革を促進することは，生産を再び活気付け，所得を伸ばすために必要不可欠である。

　しかし，これらの改革を実施するにあたり，構造的な経済の変化によって悪い影響を受けている労働者や地域に対して，事前に，または（改革の）実施中に考えていくことも必要だ。ある分野または地域で雇用が失われているのは，貿易からというよりも技術革新の広範な広がりの結果であるけれども，貿易の利益を広く分け合うことを含む政策について，事前に考えることは，貿易改革の成功を左右する重要事項である。適切な支援政策なしには，構造的な変化に対する調整が，人的な，または経済的な弱点をもたらす可能性があり，これらはしばし集中し，時に過酷であり，しばし長期化する。

OUTPUT

　これが，なぜ政府が労働者を支援するより良い方法を見いださなければならない理由である。それぞれの国は，それぞれの経済状況にとって正しい独自のポリシーミックスを見いだす必要がある。求職支援や，再訓練，職業訓練により重きを置くようなアプローチは，技術革新や貿易により悪い影響を受けた人々が，会社や業界を変えることを助けることができる。失業保険やその他の社会的セーフティネットは，労働者に再び生産手段を手にする機会を与えるのだ。

【単語サポート】

economy	(名) 経済		productivity	(名) 生産性
trade	(名) 貿易		advanced country	(名) 先進国
boost	(動) 向上させる		developing country	(名) 発展途上国
income	(名) 収入		implementation	(名) 実施
favor	(動) かばう		community	(名) 地域, 地域の人々, 社会
broad	(形) 広く, 広範な		negatively	(副) 悪く, ネガティブに
remain in place	(熟) 変わらずに		structural	(形) 構造的な, 構造上の
chain reaction	(名) 連鎖反応		sector	(名) 分野, 部門, 区域
adopt	(動) 採用する		extent	(名) 拡大
effect	(名) 影響		critical	(形) 重要な, 決定的な
lower	(動) 低下させる		adjustment	(名) 調整
overall	(形) 全体的		downside	(名) 弱点, 悪化 (形) 下向きの
growth	(名) 成長		concentrate	(動) 集中する
output	(名) 生産		harsh	(形) 過酷な, 粗い, 不快な
harm	(動) 痛めつける, 有害となる		prolonged	(形) 長引く, 長期の
share	(動) 共有する		government	(名) 政府
package	(動) ひとまとめにする		circumstance	(名) 経済状況, 生活状態
domestic	(形) 国内の		emphasis	(名) 重きを置くこと, 重要視
policy	(名) 政策, 方針		assistance	(名) 支援
key	(形) 重要な, キーとなる (名) 鍵		vocational	(形) 職業に関する
priority	(名) 優先事項		industry	(名) 業界
subsidy	(名) 補助金, 助成金		unemployment insurance	(名) 失業保険
distort	(動) 歪める		retool	(動) 再編する, 入れ替える
essential	(形) 必要不可欠な			

正答 **3**

実践 問題 **104** 〈 基本レベル 〉

頻出度	地上★★★ 国家一般職★★★ 東京都★★★ 特別区★★★
	裁判所職員★★★ 国税・財務・労基★★★ 国家総合職★★★

問 次の英文中に述べられていることと一致するものとして，最も妥当なのはどれか。 (特別区2021)

THE SECOND PLANET was inhabited by a very vain man.

"Ah! A visit from an admirer!" he exclaimed when he caught sight of the little prince, still at some distance. To vain men, other people are admirers.

"Hello," said the little prince. "That's a funny hat you're wearing."

"It's for answering acclamations*," the very vain man replied. "Unfortunately, no one ever comes this way."

"Is that so?" said the little prince, who did not understand what the vain man was talking about.

"Clap your hands," directed the man.

The little prince clapped his hands, and the vain man tipped* his hat in modest acknowledgment.

This is more entertaining than the visit to the king*, the little prince said to himself. And he continued clapping. The very vain man continued tipping his hat in acknowledgment.

After five minutes of this exercise, the little prince tired of the game's monotony*. "And what would make the hat fall off?" he asked.

But the vain man did not hear him. Vain men never hear anything but praise.

"Do you really admire me a great deal?" he asked the little prince.

"What does that mean — *admire?*"

"*To admire* means to acknowledge that I am the handsomest, the best-dressed, the richest, and the most intelligent man on the planet."

(Antoine de Saint-Exupery：Richard Howard・小島俊明
『対訳 英語で読もう「星の王子さま」』第三書房)

* acclamation‥‥大かっさい   * tip‥‥挨拶のためにちょっと傾ける

* entertaining‥‥面白い   * monotony‥‥単調さ

1：見栄張り男は，王子さまを見つけると，遠くから手を振った。

2：見栄張り男は，王子さまが何について話しているのかよく分からなかった。

3：王子さまが手を叩くと，見栄張り男は，帽子をちょっと傾け，ずうずうしい態度で挨拶した。

4：王子さまは，遊びの単調さに飽きて，帽子を作ってくれないか，と見栄張り男に聞いた。

5：見栄張り男は，本当にうんとほめたたえてくれているのか，と王子さまに聞いた。

実践 問題 **104** の解説 ────────────

〈内容把握〉

出典　Antoine de Saint-Exupéry：Richard Howard・小島俊明『対訳 英語で読もう「星の王子さま」』第三書房

1✕ 遠くから手を振ったとは述べられていないので誤りである。

2✕ 主語のすり替えがあるので誤りである。何を言っているのかよくわからなかったのは，見栄張り男ではなく，小さな王子さまである。

3✕ ずうずうしい態度とは述べられていないので誤りである。見栄張り男はmodest（謙遜するような）という態度で帽子を傾けている。

4✕ 帽子を作るよう頼んだのではなく，なんとか落とせないかと聞いたので誤りである。本文にある，what would make the hat fall offという表現について，このmakeは第5文型で用いられており，「～を…にする」という意味で使われている。ここでは，「帽子を落ちている状態にする」という意味から，「帽子を落とす」という意味になる。

5◯ 見栄張り男の最後から2番目の発言内容に合致しており，正しい。

【全訳】

　2番目の星には，とても見栄張りな男が住んでいました。

　「あっ，ファンがやって来た。」彼はまだ遠くにいる小さな王子さまを見つけると，そう叫びました。見栄張り男にとって，他のすべての人は，彼をほめたたえる人です。

　「こんにちは。」小さな王子さまは言いました。「おもしろい帽子を被っているね。」

　「大かっさいに答えるためさ。」とても見栄張りな男は言いました。「残念なことに，誰もこの道にやって来ないんだけどね。」

　「そうなの？」小さな王子さまは言いましたが，見栄張り男が何を言っているのか，よくわかりませんでした。

　「拍手をしなよ。」男は指図しました。

　小さな王子さまが拍手をすると，見栄張り男は帽子をちょっと傾けて謙遜するようにお礼をしました。

　これは，王さまの所へ行くよりもおもしろいぞ，と小さな王子さまは独り言をいいました。そして，拍手を続けました。見栄張り男は帽子を傾けるお礼を続けました。

　こんなやりとりが5分続いて，小さな王子さまは単調なやりとりに飽きてしまいました。そこで，「その帽子を落とすにはどうしたらいいのかな。」と尋ねました。

　しかし，見栄張り男は彼の話を聞いていませんでした。見栄張りな男というのは賞賛以外なにも聞こえないのです。

　「君は本当にうんとほめたたえてくれたのかい。」彼は小さな王子さまに尋ねました。

　「ほめたたえるって，どういうこと。」

　「ほめたたえるっていうのは，僕がハンサムで，格好良くきまっていて，お金持ちで，この星で一番頭がいいって認めることだよ。」

【単語サポート】

inhabit	(動) 住む	modest	(形) 謙遜した, 控えめな
vain	(形) 見栄っ張りな	acknowledgment	(名) お礼, 感謝, 認定
admirer	(名) 賞賛する人, ファン	say to oneself	(熟) 独り言を言う
exclaim	(動) 叫ぶ	tired of	(熟) 飽きる
catch sight of	(熟) 見かける	fall off	(熟) 落とす
replied	(動) relplyの過去形	praise	(名) 賞賛
reply	(動) 返事をする	acknowledge	(動) 認める, 礼を言う
direct	(動) 指図する		

正答 5

問 次の文の内容と合致するものとして最も妥当なのはどれか。

(国家総合職2023)

A range of forces has pushed the Ainu language to the brink of extinction, galvanizing efforts by the government, community groups and citizens to preserve and revitalize it in a race against time. Today these include the Symbolic Space for Ethnic Harmony (Upopoy) that opened in Shiraoi, Hokkaido, in 2020 as well as projects designed to incorporate the language in daily life. For example, people can now hear announcements in Ainu on some bus routes in Hokkaido, and anyone with an internet connection can access a popular conversational Ainu channel on YouTube.

A broader long-running effort to protect the cultural identities of indigenous peoples is International Mother Language Day, which is observed every Feb. 21. Formally declared by UNESCO in 1999, International Mother Language Day sees a variety of worldwide events and workshops conducted to raise awareness of languages and promote multilingualism. It is also associated with the United Nations International Decade of Indigenous Languages, which kicks off in 2022.

According to the third edition of UNESCO's Atlas of the World's Languages in Danger, eight languages in Japan are endangered, including various Ryukyuan languages and Hachijo in addition to Ainu. The Ainu language is the only one designated as being critically endangered, where the "youngest speakers are grandparents and older, and they speak the language partially and infrequently." On a five-level scale with five meaning extinct, this represents level four. Formerly there were distinct Hokkaido, Sakhalin and Kuril dialects of Ainu, but today UNESCO categorizes the Hokkaido dialect as the sole remaining dialect in existence.

It is difficult to pinpoint how many people can speak Ainu, or even how many Ainu people there are. According to a 2017 survey by the Hokkaido Prefectural Government, an estimated 13,118 people in Hokkaido identify as Ainu, although the actual number may never be known, given that past discrimination forced many to hide their Ainu heritage, even at times from their own children.

OUTPUT

Ainu is categorized as a language isolate, meaning it doesn't come from a protolanguage and cannot be linked to any language family. It is linguistically distinct from Japanese, and traditionally an oral language without an original writing system.

The Japan Times Feb 21,2022

1：政府，企業，学校によって，アイヌ語を広める活動が行われており，行政機関の広報誌のほか，路線バスのアナウンスや小中学校の授業で，アイヌ語に触れる機会が設けられている。

2：国際母語デーの2月21日には，絶滅の危機にある母語を持つ先住民族たちが，世界各地で行われるイベントやワークショップに参加し，自らの言語を相互に教え合う活動を行っている。

3：日本では，アイヌ語のほかにも絶滅の危機にある言語が存在するが，独自の文字体系を持たないアイヌ語は，話し手の年齢が高くなっており，その危機は極めて深刻とされている。

4：アイヌ語の話し手は1万人以上いるが，北海道庁の調査によれば，過去に行われた差別から，幾つかのアイヌ語の方言は絶滅の危機に瀕していることが判明している。

5：アイヌ語は，日本語と同様にどの語族にも属さない孤立した言語で，基本的に口述しかないため，ユネスコによれば，習得する難しさが5段階評価のうち，4段階目に相当するという。

実践 問題 **105** の解説 ─────────────

〈内容把握〉

出典 "Efforts underway to save Ainu language and culture" The Japan Times Feb 21, 2022

1 × 本文にない記述を含む選択肢なので誤りである。本文では企業や学校がアイヌ語を広める活動をしていると述べられていない。また，行政機関の広報誌や小中学校の授業についても述べられていない。

2 × 本文にない記述を含む選択肢なので誤りである。先住民族がイベントやワークショップに参加することや互いの言語を教えあうことなどは本文で述べられていない内容である。

3 ○ 日本にアイヌ語以外にも絶滅の危機にある言語があることは，最終パラグラフ冒頭で述べられている。アイヌ語が独自の文字体系を持たないことは，最終文に述べられている。また，アイヌ語の話し手の年齢が高くなっていることは第3パラグラフの「最年少の話者は祖父母以上であり，彼らは部分的にしか使わないし，めったに使わない」という内容から読み取ることができる。

4 × 因果関係の捏造があるので誤りである。アイヌ語の話し手が10,000人以上いることや，差別が行われたこと，方言が絶滅の危機に瀕していることは本文で述べられている。しかし，アイヌ語の方言が消えていった理由が差別だとは述べられていない。アイヌ語やアイヌ語の方言が絶滅の危機に瀕している理由までは本文では述べられていない。

5 × 本文の内容と矛盾しているので誤りである。5段階評価のうち，4段階目に相当するのは難しさではなく，言語の消滅の段階である。また，日本語がどの語族にも属さない孤立した言語であるとは述べられていない。最終パラグラフのdistinct from Japaneseは「日本語とは異なり」という意味である。

【全訳】

　さまざまな力がアイヌ語を絶滅の危機に追いやっており，時間との戦いの中で，政府，コミュニティグループ，市民がアイヌ語を保存し隆盛を取り戻すための努力をしている。現在は，2020年に北海道白老町にオープンした「民族共生象徴空間（ウポポイ）」や，アイヌ語を日常生活に取り入れるプロジェクトなども展開している。たとえば，北海道の一部のバス路線ではアイヌ語のアナウンス

OUTPUT

を聞くことができ，インターネットに接続している人なら誰でもYouTubeで人気のアイヌ語の会話チャンネルにアクセスできるようになった。

先住民族の文化的アイデンティティを保護するための，より広範な長期にわたる取り組みは，毎年2月21日に執り行われる国際母語デーだ。1999年にユネスコによって正式に宣言された国際母語デーでは，言語の意識を高め，多言語主義を促進するために，さまざまな世界的なイベントやワークショップが開催される。また，今年開幕する「国連先住民言語の国際の10年」にも関連している。

UNESCO's Atlas of the World's Languages in Dangerの第3版によると，日本ではアイヌ語に加えて，さまざまな，琉球語や八丈語を含む8つの言語が絶滅の危機に瀕している。アイヌ語は，絶滅の危機に瀕していると指定されている唯一の言語であり，「最年少の話者は祖父母以上であり，彼らは部分的にしか使わないし，めったに使わない」。絶滅の意味を持つ5段階の等級で，これはレベル4となる。以前はアイヌ語には北海道方言，サハリン方言，千島方言といった別個の方言があったが，現在ユネスコは北海道方言を現存する唯一の方言として分類している。

アイヌ語を話せる人が何人いるか，あるいはアイヌの人が何人いるかを特定することは困難だ。北海道庁による2017年の調査によると，北海道には推定13,118人が自分自身がアイヌであると認識しているが，過去の差別により多くの人がアイヌであることを自分たちの子供にさえ隠すことを余儀なくされたことを考えると，実際の数はわからない可能性がある。

アイヌ語は孤立した言語として分類され，これは祖語に由来していないことを意味し，どの語族とも関連づけることができない。日本語とは言語的に異なり，伝統的に，独自の文字体系を持たない口頭言語だ。

正答 3

実践　問題 **106**　〈基本レベル〉

頻出度	地上★★★　国家一般職★★★　東京都★★★　特別区★★★ 裁判所職員★★★　国税・財務・労基★★★　国家総合職★★★

問 次の文の内容と合致するものとして最も妥当なのはどれか。

(国税・財務・労基2016)

Few wildlife spectacles in North America compare to the sight of bears gathered along streams and rivers to scoop up spawning[*1] salmon. The hungry bears have long attracted attention, particularly from fishery managers, who in the late 1940s proposed their broadscale culling[*2] in Alaska to reduce the "economic damage" the predators might be wreaking on salmon populations. In fact, several sensationalized reports implied that Alaska might fall into "financial and social collapse" unless the bear populations were controlled.

Fortunately, common sense came to the rescue, and the bear cull never came about. Scientific interest in the interaction between bears and salmon died down. Recently, however, researchers have discovered a new facet of this relationship, and the finding has radically changed notions about how the salmon, the streams and the bordering woodlands affect one another — and, naturally, notions about how they should be managed.

Our own contributions to this work have spanned more than a decade. During this time we have walked hundreds of kilometers along salmon streams, examined tens of thousands of salmon carcasses[*3], and had too many close encounters with agitated bears. Our findings surprised us: bears actually fertilize the forests, nourishing them by discarding partially eaten salmon carcasses. Not intentionally, of course, but the end result is that these large predators bring valuable marine-derived nutrients, in the form of salmon tissue, to the streamside woodlands, where the uneaten fish provide sustenance for an array of animals and plants. The flow of nutrients from ocean to streams to woodlands is an unexpected, even unprecedented, uphill direction for resources to travel. A close look at the life history of the predator and its favorite prey helped us and other scientists piece together how this unusual transfer system operates.

（注）　[*1]spawn：産卵する　[*2]cull：間引く　[*3]carcass：死骸

1：熊が川に集まり，産卵期の鮭を捕る光景は，1940年代後半以降，アラスカを除く北米においてはほとんど見られなくなった。

2：熊の生息数を管理しなければ，財政的，社会的な危機に陥るとの報告を受け，アラスカでは熊の駆除が行われ，鮭の生息数が増加した。

3：鮭の生態が急激に変化してきたことが明らかとなったため，鮭が生息する川やその周辺の森林地帯の管理方法も変化した。

4：川や森林に残される熊や鮭の死骸が，川や森林の豊かさに関係するという仮説が事実であることが明らかとなった。

5：熊と鮭の生活史を詳しく調べたことが，海から川，さらには森林地帯へという栄養素の移動について理解するのに役立った。

実践 ▶ 問題 106 の解説

〈内容把握〉

出典 〈英語で読む日経サイエンス（SCIENTIFIC AMERICAN日本語版）〉より。"The Fish and the Forest" August 2006

1× 3～4行目に該当箇所があるが，本文1～2行目に「熊が小川や川の岸辺に集まり，産卵期の鮭をすくいあげる光景は，北米でも比類のない大自然の壮観だ」とあり，第2パラグラフ1～2行目にも「幸い常識的な判断がくだされ，熊の大量駆除が実行されることはなかった」とあるので誤りである。

2× 5～6行目に該当箇所があるが，肢の後半部分「アラスカでは熊の駆除が行われ，鮭の生息数が増加した」は，第2パラグラフ1～2行目の「熊の大量駆除が実行されることはなかった」と矛盾している。

3× 第2パラグラフ5～6行目が肢後半の内容と対応しているが，肢前半の「鮭の生態が急激に変化してきたことが明らかとなった」については本文に記述がないので誤りである。

4× 第3パラグラフ4～5行目と6～9行目に，鮭の死骸が森林を豊かにするという記述があるが，熊の死骸については一切言及されていない。

5○ 本文最終行に該当箇所がある。

【全訳】

　熊が小川や川の岸辺に集まり，産卵期の鮭をすくいあげる光景は，北米でも比類のない大自然の壮観だ。腹をすかせたこの熊たちは，以前から注目を集めてきた。中でも漁業関係者たちは，1940年代後期にアラスカの熊を広範囲にわたって駆除し，熊が鮭に与えているであろう「経済的損失」を食い止めるべきだと声を上げた。実際，反響を呼ぶ報告がいくつもあがった。熊の生息数を減らさなければ，アラスカは「経済的にも社会的にも崩壊」する恐れがある，というものだ。

　幸い常識的な判断がくだされ，熊の大量駆除が実行されることはなかった。熊と鮭の関係についての科学的関心は薄れていった。ところが最近になって，研究者たちは，この関係に新たな側面があることを解明した。その発見が，鮭と，川と，河川を区切る森林地帯の相互作用に関する概念を大きく変えた。当然ながら，これらを管理する方法もがらりと変わった。

　私たちはこの調査を10年以上続けてきた。その間，鮭川に沿って数百キロ歩き，鮭の死骸を数万体調べ，幾度となく興奮した熊と間近で遭遇する羽目になった。調査結果は驚くべきものだった——熊たちは，実のところ森を豊かにし，食べか

けの鮭を捨てることで土壌に養分を与えていたのだ。もちろん意図したわけではないが，結果的にこの大型の肉食動物は，海洋物から生成された貴重な栄養素を，鮭の組織という形で川のほとりの森林地帯に運んでいる。食べ残しの魚は，運ばれた先でたくさんの動植物に養分を補給する。海から川，川から森への栄養素の移動は，予想外どころか前例がない，天然資源が高所に向かう移動なのだ。捕食者の生活史とそのお気に入りの獲物を注意深く観察することで，私たち科学者は，この稀有な移送システムがどのように機能しているのか，その全貌をつかむ手がかりを得た。

【単語サポート】

spectacle	(名) 壮観, 後継	notion	(名) 概念, 考え
compare	(動) 比較する	affect	(動) 影響を与える
gather	(動) あつまる	one another	(熟) お互いに
stream	(名) 小川	manage	(動) 管理する
scoop up	(熟) すくいあげる	span	(動) 期間に及ぶ (名) 期間, スパン
attract	(動) ひきつける	examine	(動) 調査する
attention	(名) 注意	agitate	(動) 興奮させる
fishery manager	(名) 漁業関係者	fertilize	(動) 豊かにする
propose	(動) 提案する, 申し込む	nourish	(動) 栄養を与える, 肥やす, 養う
broadscale	(形) 広範囲の	discard	(動) 捨てる
reduce	(動) 減らす	partially	(副) 部分的に, 不完全に
predator	(名) 捕食者	intentionally	(副) 意識して, 故意に
wreak	(動) 危害を加える	nutrient	(名) 栄養素
imply	(動) 示唆する, ほのめかす	tissue	(名) 組織
collapse	(名) 崩壊	sustenance	(名) 食物
come to the rescue	(熟) 助けに来る	an array of	(熟) ずらりと並んだ
come about	(熟) 起こる, 生じる	flow	(名) 流れ
interaction	(名) 関係	uphill	(形) のぼりの
discover	(動) 発見する	prey	(名) 獲物
facet	(形) 側面	operate	(動) 機能する, 影響を与える, 手術する
relationship	(名) 関係		
radically	(副) 根本的に		

正答 5

問 次の英文の中で述べられていることと一致するものとして，最も妥当なのはどれか。

(東京都2016)

Everybody knows that cars in Japan drive on the left. What about other countries? It's been estimated that cars drive on the right in about 65 percent of the world's nations and on the left in about 35 percent.

Regions where traffic keeps to the right include North America, South America and Europe. Regions where cars keep to the left include Southeast Asia and former British colonies such as India, Pakistan, Jamaica, Australia and New Zealand. The only major country in Europe where cars drive on the left is the United Kingdom.

Has any country ever changed its direction of driving? Amazingly, yes! One example is Sweden. Until 1967, drivers drove on the left like in Japan. Then, in September of that year, the whole nation changed direction and began driving on the right. How did they do it?

A major campaign was held to prepare Swedish people for what was called "H Day*." Signs were put up to warn drivers to drive on the right. Reminders were printed on milk cartons and women's underwear. Swedish TV and radio stations broadcast a catchy* pop song called *Let's All Drive on the Right, Svensson**!

Then, at 6 a.m. on September 3 rd, drivers all over the nation carefully changed lanes, from left to right, then continued driving on the other side of the road. The switch went so well that only a handful of accidents were reported. Afterward, the number of traffic accidents actually dropped as people drove more carefully until they got used to the new system.

So, when traveling overseas, don't forget! Look both ways when you cross the street and don't forget which side of the road the cars drive on.

(Kip A. Cates「Look left, look right」

「The Japan Times ST Friday, September 25, 2015」による)

＊ H Day‥‥右側通行の日。HはHögertrafik(スウェーデン語で「右側通行」)の略。

＊ catchy‥‥覚えやすい　　＊ Svensson‥‥スウェーデンの一般的な姓

1：日本では車は左側通行であるが，世界で車が左側通行の国は，4分の1以下であると推定されている。

2：左側通行の地域には，北米やインドなどイギリスの旧植民地であった地域が含まれるほか，ヨーロッパの大国ではイギリスだけが含まれる。

3：これまでに運転する方向を変えた国は世界でも多く知られており，そのうちのスウェーデンは19世紀中に変更した。

4：スウェーデンでは，運転手に右側を通行するように警告する看板が設置されたり，牛乳パックに注意書きが印刷されたりした。

5：スウェーデンでは，レーンを変えた当時は事故が多発したが，その後，交通事故の件数は実際に低下した。

実践 問題 **107** の解説

〈内容把握〉

出典　Kip A. Cates "Look left, look right" The Japan Times ST, Friday, September 25, 2015

1 × 第1パラグラフに「左側走行の国は35％を占める」とあるので，4分の1（25％）以下とはいえない。

2 × 第2パラグラフに「右側通行の地域は，北アメリカ（略）など」とあるので，肢の「左側通行の地域には，北米やインドなど（略）が含まれる」の部分が誤りである。

3 × 第3パラグラフに「1967年まで，車は左側通行を運転していた。（略）同年9月，国全体で車線が変更され」とあるので，車線変更が行われたのは20世紀。「19世紀中に」の部分が誤りである。

4 ○ 第4パラグラフに「注意喚起の文字が，牛乳パックにも女性の下着にも印字された」とあり，肢の内容と一致する。

5 × 第5パラグラフに「切り替えは非常にうまくいき，自動車事故はごく少数しか報告されなかった」とあるので，前半部分が矛盾している。

【全訳】

　誰もが知っているように，日本では自動車が左側車線を走行する。ほかの国々はどうだろうか。自動車が右側を走る国は世界のおよそ65％を占め，左側通行の国は35％を占めると推定されている。

　右側通行の地域には，北アメリカ，南アメリカ，ヨーロッパが含まれる。左側通行の地域には，東南アジアや，インド，パキスタン，ジャマイカ，オーストラリア，ニュージーランドのようなイギリスの旧植民地が含まれる。ヨーロッパの先進国の中で唯一，左側通行を採用しているのがイギリスだ。

　これまで，どこかの国が車線を変えたことはあったのだろうか。驚くことに，答えはイエスだ。その一例がスウェーデンだ。1967年まで，車は左側車線を運転していた。日本と同じだ。それから，同年9月，国全体で車線が変更され，車は右側を走るようになった。その方法はどのようなものだったのか。

　大々的なキャンペーンが開かれ，スウェーデン国民は「Hデー」と名づけられた当日に備えた。看板が設置され，運転手たちに，右側通行を呼びかけた。注意喚起の文字が，牛乳パックにも女性の下着にも印字された。国内のテレビ局やラジオ局が放送した覚えやすいポップミュージックのタイトルは，〈スヴェンソン

さん，みんなで右車線を走ろう〉だ。

　こうして，9月3日の午前6時を境に，国中の運転手たちが慎重に車線を左から右に変更し，これまでと反対の車線を運転しはじめた。切り替えは非常にうまくいき，自動車事故はごく少数しか報告されなかった。その後，自動車事故の件数は目に見えて減った。運転手たちが新しいシステムに慣れるまで注意して運転するようになったからだ。

　なので，海外を旅行するときには，どうか忘れないでほしい！　道を渡るときは左右をたしかめて，車が道路のどちら側を走っているかを忘れないでほしい。

【単語サポート】

estimate	(動) 推定する	a handful of	(熟) わずかな，少量の
region	(名) 地域	afterward	(副) その後
Regions where	(文法) whereは関係副詞。	get used to	(熟) 慣れる
include	(動) 含んでいる	oversea	(名) 海外
major	(形) 主要な		

正答 **4**

実践 問題 **108** 基本レベル

頻出度	地上★★★　国家一般職★★★　東京都★★★　特別区★★★
	裁判所職員★★★　国税・財務・労基★★★　国家総合職★★★

問 次の英文中に述べられていることと一致するものとして，最も妥当なのはどれか。 （特別区2017）

In Japan, 'respecting yourself' is always showing that you are a careful player. It does not mean that you have to follow some ethical code such as not lying. In Japan, self-respect (*jicho*) means 'a self that has weight.' When a man says, 'You must respect yourself,' it means, 'You must be intelligent in studying all the factors in the situation and do nothing that will cause yourself to be criticized or that will reduce your chances of success.'

'Respecting yourself' means the opposite of what it does in America. In Japan, a worker says, 'I must respect myself,' and it means not that he must demand his rights, but that he must say nothing to his boss that will make him angry. Parents say it all the time to their children, and they mean that they should follow the rules and do what others expect them to.

This way of understanding self-respect means that people cannot defend themselves by saying that they were trying to do the right things. Everything a person does has some effect, and one must think about that effect before acting. It is good to give things to others, but one must understand that it will create an *on*. It is okay to say bad things about someone, but only if one is ready for him to be angry at one.

The idea that self-respect means being careful in ones actions includes the idea that other people are always judging one. People need self-respect because of society. If there were no society, one would not need to respect oneself. Of course, Japanese often have strong feelings of guilt, but in Japan, **shame** is stronger.

（Ruth Benedict：西海コエン「菊と刀（縮約版）」による）

直前復習

1：日本では，自重という言葉があり，常に慎重なプレイヤーでいることを示しており，道徳的な規範，たとえば嘘をつかないといったことである。

2：自重するということは，アメリカでは自らを大切にするといって，なされていることとは逆のことを意味する。

3：親は子どもに自重するようにとは指導していないが，子どもは自らルールに従い，他の人が求めているように行動している。

4：相手から怒りを買うことを受け入れる気持ちがあったとしても，他人のことを悪くいうことは認められない。

5：日本人は，しばしば恥の意識を抱くが，日本では強い罪の意識がもっと強く作用している。

実践 問題 **108** の解説

〈内容把握〉

出典　Ruth Benedict著　西海コエン訳『菊と刀　縮約版（対訳ニッポン双書）』IBCパブリッシング

1✕ 本文では，第1パラグラフで，自重は「嘘をつかないといった道徳的な規範に従わなければならないということを意味しない」と述べられている。

2○ 第2パラグラフで述べられている内容である。「なされていることとは逆のこと」とは本文のthe opposite of what it does in Americaに対応する箇所であると思われるが，ここでのit doesは‘Respecting yourself’meansを指している。つまり，同じ‘Respecting yourself’という言葉の意味が，日本とアメリカとで異なっているという意味である。

3✕ 第2パラグラフに「親はいつも自重するように子どもに言う」とあり，「親は子どもに自重するようにとは指導していない」という部分が本文に矛盾する。

4✕ 第3パラグラフに「誰かについて悪く言うことは構わないが，その人を怒らせる覚悟ができているときだけだ」という記述があり，本肢はこの記述に矛盾する。

5✕ 最終パラグラフの最後の文に「もちろん日本人は強い罪の意識を持つことが多いが，日本では，恥の意識のほうが強い」とあり，本肢はこの記述に矛盾する。

【全訳】

　日本では，「自分を尊重すること」は，いつも，慎重な人であるということを示している。それは，嘘をつかないといった，道徳的な規範に従わなければならないということを意味しない。日本では，自重は「重みを持つ自己」を意味する。ある人が「あなたは自重しなくてはならない」と言うとき，それは，「あなたは，その（おかれた）状況のなかで，すべての要素を観察することに聡明でなければならず，あなた自身が非難される原因となることや，成功の可能性を低下させることは，何もしないようにしなくてはならない」ということを意味する。

　「自分を尊重すること」はアメリカでそれが意味するものと逆のことを意味する。日本では，労働者が「私は自重しなければならない」と言うとき，それは，自らの権利を要求しなければならないということではなく，上司を怒らせるようなことを一切言ってはならないことを意味する。親は，子どもに対していつもそ

のことを言い聞かせるが，それは，ルールに従い，他の人々の期待に沿うように行動すべきだということを意味しているのである。

自重というものの理解がこのようであると，正しいことをしようとしていた，と言ったところで自身を正当化することはできないことになる。人が行うことのすべてはなんらかの影響を持つのであり，行動する前にそれがどのような影響を及ぼすかについて考えなければならない。人に施しをすることはいいことだが，それが恩を生むことを理解しなくてはならない。他人の悪口を言うのも構わないが，それは相手を怒らせる覚悟ができている場合だけだ。

自重が，行動について注意深くあることを意味するという考えは，他人がいつも自分を判定しているという考えを含んでいる。人々が自重を必要とするのは，社会のなかに生きているからだ。もしも社会がなければ，人は自重する必要がない。もちろん，日本人はしばしば強い罪の意識を抱くが，日本では恥の意識のほうがより強い。

【単語サポート】

ethical	(形) 道徳的な，倫理上の	opposite of what it does	(文法) whatは関係代名詞であり，itは 'Respecting yourself'，doesはmeansを指している。
code	(名) 規範，規則，記号	demand	(動) 要求する
factor	(名) 要素	rule	(名) ルール
cause	(動) 原因となる	expect	(動) 期待する
criticize	(動) 非難する	what others expect them to	(文法) expect them to the thing「彼らにそのことを期待する」のthe thing が関係代名詞のwhatになって，「彼らに期待すること」となっている。
reduce	(動) 減らす	effect	(名) 影響
opposite	(名) 逆 (形) 逆の，向い側の	create	(動) 生み出す

正答 2

実践 問題 **109** 〈基本レベル〉

頻出度	地上★★★ 国家一般職★★★ 東京都★★★ 特別区★★★ 裁判所職員★★★ 国税・財務・労基★★★ 国家総合職★★★

問 次の英文中に述べられていることと一致するものとして，最も妥当なのはどれか。 (特別区2018)

I was lucky — I found what I loved to do early in life. Woz and I started Apple in my parents' garage when I was 20. We worked hard, and in 10 years Apple had grown from just the two of us in a garage into a $2 billion company with over 4000 employees. We had just released our finest creation — the Macintosh — a year earlier, and I had just turned 30. And then I got fired. How can you get fired from a company you started? Well, as Apple grew we hired someone who I thought was very talented to run the company with me, and for the first year or so things went well. But then our visions of the future began to diverge and eventually we had a falling out. When we did, our Board of Directors sided with him. So at 30 I was out. And very publicly out. What had been the focus of my entire adult life was gone, and it was devastating.

I really didn't know what to do for a few months. I felt that I had let the previous generation of entrepreneurs down — that I had dropped the baton as it was being passed to me. I met with David Packard and Bob Noyce and tried to apologize for screwing up so badly. I was a very public failure, and I even thought about running away from the valley. But something slowly began to dawn on me — I still loved what I did. The turn of events at Apple had not changed that one bit. I had been rejected, but I was still in love. And so I decided to start over.

(Steve Jobs：小野寺粛「こころに残る卒業式のスピーチ」
IBCパブリッシング株式会社による)

直前復習

OUTPUT

1：ガレージの中で，たった2人きりで創業してから10年経ち，アップルは，売上200億ドル，従業員4000人の会社にまで成長した。

2：私がアップルを解雇された1年後に，アップルは，最高傑作ともいえるマッキントッシュを発売した。

3：アップルが大きくなり，私たちは，共同経営にふさわしいと思える人材を雇い入れたが，初めからうまくいかなかった。

4：アップルを追い出されてから数箇月は，何も手につかず，私は，次に続く世代の起業家たちをがっかりさせてしまったと感じていた。

5：アップルでの一連の出来事の後でも，今までやってきたことを，今でも愛しているという思いは，まったく揺るぎなかった。

実践 問題 **109** の解説 ─────────────────

〈内容把握〉

出典　Steve Jobs：小野寺粛『こころに残る卒業式のスピーチ』IBCパブリッシング

1 × 第1パラグラフに「4,000名以上の従業員を抱える20億ドルの企業に発展した」と述べられている。「＄2 billion」は200億ドルではない。

2 × 第1パラグラフに「我々は1年前に最高の製品であるマッキントッシュを発表したところであり，私はちょうど30歳になったところだった。そこで私は解雇されたのだ。」と述べられている。「解雇された1年後」ではないので，本肢と本文の内容とは一致しない。

3 × 第1パラグラフに「会社を共同経営するために非常に有能と思われる人を雇用していた。そして最初の1，2年の間は，物事はうまく運んだ」と述べられている。初めのうちはうまくいっていたので，本肢と内容は一致しない。

4 × 第2パラグラフに「本当に私は2，3か月というもの何をしてよいかわからなかった。一世代前の起業家たちを失望させてしまったと感じた」と述べられている。本肢のように「次に続く世代の起業家たちをがっかりさせてしまった」のではない。Previousは「前の，以前の」との意味である。

5 ○ 本文の最後に述べられている文章の内容と合致する。

【全訳】

　私は運が良かった，人生の早い時期に好きなことを見つけたからだ。私が20歳のとき，ウォズと私は私の両親の車庫でアップル社を創業した。我々は一生懸命に働いて，10年間でアップル社は，2人だけで車庫で始めた会社から4,000名以上の従業員を抱える20億ドルの企業に発展した。我々は1年前に最高の製品であるマッキントッシュを発表したところであり，私はちょうど30歳になったところだった。そこで私は解雇されたのだ。自らが起業した会社から解雇されるなんてことがありえるのか。アップル社が成長するにつれ我々は，私と一緒に会社を共同経営するために非常に有能と思われる人を雇用していた。そして最初の1，2年の間は，物事はうまく運んだが，しかし，我々の将来へのヴィジョンが異なり始め，ついに我々は決裂した。我々が決裂したとき，取締役会は彼に味方した。そして私は30歳で解雇された。しかもかなり公然とクビになったのだ。私が成人してからの人生の中心にあったものが失われてしまったのだ。それは本当

にひどいものだった。

　本当に私は２，３か月というもの何をしてよいかわからなかった。一世代前の起業家たちを失望させてしまったと感じた。私に託してくれたバトンを私は落としてしまったのだ。デビッド・パッカードとボブ・ノイスに会い，これほど台なしにしてしまったことを謝ろうと思った。私が失敗者であることは知れ渡っていたので，このシリコンバレーから逃げようとさえ考えた。しかし，ゆっくりと，自分がやってきたことを私は今でも愛しているという思いに気づき始めた。アップル社での出来事はそれを少しも変えなかった。私は拒絶されたものの，いまだ愛していた。そして再出発することに決めた。

【単語サポート】

billion	(形) 10億の (名) 10億	devastating	(形) ひどい
employee	(名) 従業員, 労働者	previous	(形) 前の, 以前の
release	(動) 発表する	entrepreneur	(名) 起業家
creation	(名) 創作品, 創作, 創造	apologize	(動) 謝る
fire	(動) 解雇する, 火をつける (名) 火	screw up	(熟) 失敗する, めちゃくちゃにする
hire	(動) 雇う (名) 雇用, 雇用者, 使用量, 賃金	valley	(名) 谷 ＊本文においてはシリコンバレー
talented	(形) 有能な, 才能のある	dawn on	(熟) 気づき始める, わかり始める
diverge	(動) 異なる, 分かれる	that one	(文法)「自分がしてきたことをいまだ愛しているということ」を指している。
eventually	(副) ついに	bit	(名) 少し ＊名詞であるが, 副詞的に用いられる
side	(動) 味方をする, 〜の側につく (名) 側	reject	(動) 拒絶する, 排出する
focus	(名) 中心 (動) 集中させる	start over	(熟) 再出発する, やり直す
entire	(形) 全部の, 全体の		

正答 5

実践 問題 **110** 〈基本レベル〉

頻出度	地上★★★　国家一般職★★★　東京都★★★　特別区★★★ 裁判所職員★★★　国税・財務・労基★★★　国家総合職★★★

問 次の英文中に述べられていることと一致するものとして，最も妥当なのはどれか。　　　　　　　　　　　　　　　　　　　　　　　　（特別区2018）

Until recently, I would have agreed with the idea that stress is harmful. And yet, new research has made me rethink my beliefs about stress. Psychologists at Yale* have found that people with a positive view of stress are healthier, happier and more productive than people who fear stress. They've also shown that if you adopt a more positive view on stress, it improves your well-being and success.

Changing your mind about stress can be challenging. We are bombarded* by stories about how stress can make you sick, depressed, distracted or lonely. You may have been kept awake at night by worries. It's natural to wonder, "What's so good about stress?"

Let me share one way to rethink stress that can immediately help you. When you experience stress, your heart races, and you breathe faster. Usually, we interpret these physical symptoms as negative effects of stress. What if you viewed them instead as signs that your body was energized? What if you interpreted them as delivering more oxygen to your brain and body, to help you think better and perform to your full potential?

This one change in stress mindset* — viewing stress as energy — has been shown to improve cardiovascular function*, focus, confidence, and performance under pressure. The next time it feels like stress is getting in the way of your goals, remind yourself that stress gives you energy. When you take this point of view, stress can help you reach your goals.

　　　　　　　　（Kelly McGonigal『スタンフォードの「英語ができる自分」になる教室』

　　　　　　　　　　　　　　　　　　　　　　　　朝日出版社による）

　＊ Yale‥‥エール大学　　　＊ bombard‥‥浴びせる
　＊ mindset‥‥考え方　　　＊ cardiovascular function‥‥心臓血管機能

OUTPUT

1：私は最近まで，ストレスは無害であるという考えであったが，新しい研究によって，ストレスに対する考えを改めさせられた。

2：心理学者の研究結果によると，ストレスを恐れる人のほうが，ストレスを肯定的にとらえる人よりも，健康で，幸せで，生産性が高い。

3：ストレスがあると病気になりやすいといった話ばかり聞かされているが，私たちがストレスに対する見方を変えるのは容易なことである。

4：ストレスを感じると，心臓がドキドキして，呼吸が速くなり，私たちはたいてい，こうした身体症状をストレスの良くない影響だと考える。

5：ストレスに対する考え方をエネルギーとみなすだけでは，ストレスは目標達成の助けにはなりえない。

実践 問題 **110** の解説

〈内容把握〉

出典　Kelly McGonigal『スタンフォードの「英語ができる自分」になる教室』朝日出版社

1 × 冒頭に「最近まで，私はストレスは危険なものという考えに賛同していた」と述べられている。本肢のように「最近まで，ストレスは無害であるという考えであった」とは述べられていない。

2 × 第1パラグラフに「エール大学の心理学者たちは，ストレスを恐れる人よりも，ストレスを肯定的に考える人のほうがより健康で，幸せで，生産性が高いことを発見した」と述べられている。本肢の記述は本文の内容とは逆である。

3 × 第2パラグラフに「ストレスへの考え方を変えるのは骨の折れることだろう」と述べられ，容易ではないことが読み取れる。

4 ○ 第3パラグラフの内容と一致する。

5 × 最終パラグラフには，ストレスをエネルギーとみなすというように考え方を変えれば，ストレスが目標達成の助けになる，と述べられている。本肢の記述は本文の内容とは逆である。

【全訳】

　最近まで，私はストレスは危険なものという考えに賛同していた。しかし，新たな研究によって，ストレスへの思い込みを考え直すことにした。エール大学の心理学者たちは，ストレスを恐れる人よりも，ストレスを肯定的に考える人のほうがより健康で，幸せで，生産性が高いことを発見した。彼らは，ストレスに対してより肯定的な考えをとれば，健康や成功の可能性を向上させることをも示したのである。

　ストレスへの考え方を変えるのは骨の折れることだろう。ストレスがいかにあなたを病気にさせ，意気消沈させ，悩ませ，孤独にさせるかという話を浴びせられている。心配のあまり夜寝られずにいることもあるかもしれない。「ストレスの何がそんなにいいのか」と不思議に思うのもうなずける。

　すぐにあなたを助けることができるストレスを見直すための方法を共有してみよう。ストレスを経験すると，心臓がドキドキして，呼吸が速くなる。通常，私たちはこれらの身体症状はストレスの悪影響と捉えている。もしかりにあなたの身体を元気づけるサインとみるならどうだろうか。あなたの脳や身体に多くの

酸素を運ぶものとして，あなたがよりよく考えるのを助け，あなたの最大の可能性まで力を発揮するためのものだと考えてみてはどうだろうか。

　ストレスへの考え方を変えることで，—ストレスをエネルギーと考えることで—，プレッシャーのもとでの心臓血管機能，焦点を合わせることや自信，パフォーマンスを改善することが示されている。今度ストレスが目標の妨げになるように思えるときは，ストレスがあなたにエネルギーを与えてくれることを思い出そう。あなたがこの観点に立ったとき，ストレスはあなたが目標を達成するのを助けることができる。

【単語サポート】

would	（文法）wouldは過去の習慣，習性を表すこともできる。	race	（動）ドキドキする，競争する（名）競争
harmful	（形）有害な	breathe	（動）息をする
yet	（接）しかし（副）まだ	interpret	（動）捉える，解釈する
belief	（名）思い込み，信仰，信念	symptom	（名）症状
psychologist	（名）心理学者	effect	（名）影響
productive	（形）生産的な，利益がある	energize	（動）元気づける
adopt	（動）採用する，採択する	what if	（文法）もし〜ならどうだろうか。＊後は仮定法となる
improve	（動）向上させる，改善する	oxygen	（名）酸素
well-being	（名）健康	brain	（名）脳
depressed	（形）意気消沈した，落胆した，へこんだ	perform	（動）発揮する
awake	（形）起きている	focus	（名）精神集中，焦点（動）焦点をあわせる
immediately	（副）すぐに	confidence	（名）自信
experience	（動）経験する	energy	（名）エネルギー，元気

正答　4

頻出度	地上★★★	国家一般職★★★	東京都★★★	特別区★★★
	裁判所職員★★★	国税・財務・労基★★★	国家総合職★★★	

問 次の英文中に述べられていることと一致するものとして，最も妥当なのはどれか。 (特別区2019)

A: Japan is famous throughout the world for the large amount of personal savings its citizens have in the bank, and I read recently that one of the reasons for this can be laid at the feet of Confucianism*, which teaches frugality*.

B: Well, that is a very romantic theory, although you'll probably find that the true reason is more pragmatic. Japanese houses are mostly of timber-frame* construction, and they usually need to be rebuilt or refurbished every thirty years or so. This means that people tend to save as much as possible so they are ready for any eventuality. But, you might be interested to know that Japan's savings ratio has been in decline since the burst of the bubble economy, and it is currently considerably lower than figures in the United States and many European countries. Japanese households save approximately 1.8% of disposable income, but USA households save 5.2% and UK households 5.8%.

A: Really? I had no idea. I suppose the ageing* of society is a contributing factor to this. People can only save if they are earning, so the higher the percentage of retirees, the less number of people there are with a large enough disposable income to save.

(Christopher Belton：渡辺順子「知識と教養の英会話　第2版」DHCによる)

* Confucianism····儒教　　　* frugality····倹約
* timber-frame····木骨造の　　* ageing····老齢化

OUTPUT

1：日本は個人貯蓄率が高いことで世界でも有名であるが，本当の理由は倹約を説く儒教によるものである。

2：日本の家はたいてい木造の骨組みで建てられているため，30年以上建て替える必要はない。

3：日本の貯蓄率は，バブル経済の崩壊以来上昇し，アメリカや多くのヨーロッパの国の貯蓄率より高くなっている。

4：日本の家庭の約1.8％が貯蓄しており，イギリスの家庭の約5.8％より低くなっているのは，社会の高齢化が原因である。

5：退職者の割合が高くなればなるほど，貯蓄できるだけの十分な可処分所得がある人の数が減る。

実践　問題 **111**　の解説―――――――――――――――――――

〈内容把握〉

出典　Christopher Belton：渡辺順子『知識と教養の英会話　第2版』DHC

1✕　本肢の内容は確かに最初のＡの発言で述べられているが，直後のＢの発言で，本当の理由はもっと実践的なものであり，建て替えや改築などに備えるためであると述べられている。

2✕　Ｂの発言で，「普通30年くらいで建て替えや改築が必要になる」とあり，30年前後で建て替えが必要であることがわかるが，本肢にあるように30年以上建て替えが不要であるという記述は本文にない。

3✕　Ｂの発言の後半の「バブル経済の崩壊以降，日本の貯蓄率が下がっていて」という部分から，貯蓄率は上昇ではなく下降していることがわかる。

4✕　1.8％や5.8％という数字はＢの発言の後半部分で触れているが，これは可処分所得に対する貯蓄の率であり，全家庭に対する貯金をしている家庭の率ではない。

5○　Ａの発言の最終文に対応する肢であり，正しい。

【全訳】

Ａ：　日本ではとても多くの人が銀行に貯蓄をしているというのは世界では有名で，私は最近このことの理由の1つは倹約を説く儒教に根ざしている可能性があると本で読んだんだ。

Ｂ：　うん，それはとてもロマンチックな説だね。でも本当の理由はもっと実践的なものだとたぶんわかるよ。日本の家屋はほとんどが木造で，普通30年くらいで建て替えや改築が必要になるのさ。これはつまり，人々ができるだけ貯蓄をしてどんな出来事にも備えるようにしているということさ。でも，バブル経済の崩壊以降，日本の貯蓄率が下がっていて，今ではアメリカやヨーロッパの多くの国々の貯蓄率よりもずいぶんと低いと知ったら，興味があるんじゃないかな。日本の世帯では可処分所得の約1.8％を貯蓄しているけど，アメリカは5.2％，イギリスは5.8％なんだよ。

Ａ：　本当に？知らなかったなあ。高齢化社会もそのことに寄与してると思うよ。人々は収入を得ているときだけしか貯蓄できないから，退職者の割合が上がるほど，貯蓄できるだけの十分な可処分所得がある人の数は減るよね。

【単語サポート】

throughout	(前) 至るところで, ～じゅうくまなく
savings	(名) 貯蓄, 預金, 預金額
pragmatic	(形) 実践的な, 実用的な
construction	(名) 構造, 建設, 解釈
eventuality	(名) 可能性, 結末
ratio	(名) 率, 歩合

considerably	(副) ずいぶん, かなり
approximately	(副) 約, おおよそ
disposable income	(名) 可処分所得
household	(名) 世帯, 家庭
contribute	(動) 寄与する, 一因となる, (意見などを) 述べる
retiree	(名) 退職者, 年金受給者

正答 **5**

頻出度	地上★★★　国家一般職★★★　東京都★★★　特別区★★★
	裁判所職員★★★　国税・財務・労基★★★　国家総合職★★★

問 次の英文中に述べられていることと一致するものとして，最も妥当なのはどれか。 (特別区2019)

Today, many people believe that Einstein was not a good student, and there is a famous story that he once failed math. It is a great story because it gives hope to many poor math students, but it is not true.

The truth is that Einstein was one of the best students in the school. He loved math so much that he often studied difficult math books by himself during the summer. He read Euclid* when he was just 10 years old.

Einstein was intelligent, but he did not like to be told what to do. He sometimes made his teachers very angry. He was once made to leave school, and some of his teachers said that he was lazy. One of them said he would never do anything special in his life!

Einstein liked to spend a lot of time alone, and it was very easy to make him angry. He often used to throw things at the other children, and one time he threw a chair at his violin teacher!

When Einstein was nine, he started going to a school that was well known for teaching math and science.

Einstein was not interested in space and time until he got older. Most children think about space and time when they are very young, but Einstein did not start thinking about them until he was an adult. Because he was an adult, Einstein was able to think about them more deeply.

Einstein once said that he believed that being a slow child was what helped him to explain the theory of relativity.

（Jake Ronaldson「英語で読むアインシュタイン」による）

* Euclid………ユークリッド

1：アインシュタインは，優秀な生徒だったわけではなく，数学では一度落第したことがあった。

2：教師の中には，アインシュタインは怠け者だと言う人がいたが，アインシュタインは生きている間に何か特別なことをするだろうと言う人もいた。

3：アインシュタインは，大半の時間を一人で過ごしていたせいか，ほとんど怒ることのない子どもであった。

4：時間と空間について，多くの子どもは，大人になるまで深く考えないものだが，アインシュタインは，小さい頃からよく考えていた。

5：アインシュタインは，自分が奥手だったせいで，相対性理論を解明することができたと思うと語ったことがあった。

実践 問題 **112** の解説 ─────────────

〈内容把握〉

出典　Jake Ronaldson『英語で読むアインシュタイン』IBCパブリッシング

1 ✕　本肢の内容は冒頭部分で述べられている内容ではあるが，第1パラグラフの最後で，優秀でなかったというのは真実ではないと否定され，第2パラグラフで優秀であったことが述べられている。

2 ✕　第3パラグラフ最終文に対応する肢であるが，本文では「彼らのうちの一人は彼が人生においてなにか特別なことを成すことなど決してないだろうと言った」と述べられている。本文内容とは逆の内容なので誤りである。

3 ✕　第4パラグラフに「アインシュタインは多くの時間を一人で過ごすことを好み，そのことは彼をひどく怒りっぽくさせた」とある。肢2と同様，本文と肢で内容が逆になっているので誤りである。

4 ✕　第6パラグラフの内容と逆になっているので誤りである。

5 ○　最終文の内容と一致している。なお，本肢や本文全訳にある奥手という言葉は，晩熟や晩生といった意味があり，slow childの訳として成立する。

【全訳】

　今日，多くの人々はアインシュタインは良い学生ではなかったと信じていて，彼がかつて数学で落第したという有名話もある。それはすごい話である。なぜなら多くの数学が苦手な学生に希望を与えるものだからだ。しかし，それは真実ではない。

　アインシュタインは学校で優秀な生徒の一人だったというのが真実である。彼は数学が非常に好きだったので，夏の間，独学で難解な数学の本をしょっちゅう勉強していた。彼はちょうど10歳のときにはユークリッドを読んだ。

　アインシュタインは理知的だったが，なにをすべきかを言われるのは好まなかった。彼は時に教師を大いに怒らせた。彼は一度学校を退学させられ，教師の中には彼を怠け者だと言うものがいた。彼らのうちの一人は彼が人生においてなにか特別なことを成すことなど決してないだろうと言った！

　アインシュタインは多くの時間を一人で過ごすことを好み，そのことは彼をひどく怒りっぽくさせた。彼はよく他の子供にむかって物を投げたりして，一度は，ヴァイオリンの教師に椅子を投げつけたこともある！

　アインシュタインは9歳のとき，数学と科学を教えることでよく知られている学校に通い始めた。

　アインシュタインは年齢があがるまで，空間や時間に対して興味がなかった。ほとんどの子供は幼いうちに空間や時間について考えるが，アインシュタインは大人になるまでそれらについて考えなかったのだ。大人だったから，アインシュタインはそれらについてさらに深く考えることができたのだ。

　アインシュタインはかつて，奥手な子供であったことが相対性理論を説明する手助けになったのだと思うと語った。

【単語サポート】

fail	（動）失敗する，試験に落ちる	lazy	（形）怠け者
math	（名）数学	used to	（熟）〜したものだ
by oneself	（熟）一人で	slow child	（熟）奥手な子ども，晩成な子ども
during	（前）〜の間じゅう		

正答 **5**

実践 問題 113 基本レベル

| 頻出度 | 地上★★★ | 国家一般職★★★ | 東京都★★★ | 特別区★★★ |
| | 裁判所職員★★★ | 国税·財務·労基★★★ | 国家総合職★★★ | |

問 次の英文の内容と合致しているのはどれか。 （オリジナル）

Making English a second official language in Japan, as some have suggested, would probably have little positive effect; Japanese products and culture (from Toyota to Pokemon) have already conquered the English-speaking world, and English speakers in Japan remain a tiny minority. In fact, a bilingual government would make far more sense in the United States, where 55.4 million people (17.4%) are now Hispanic.

Politicians and marketers are finally realizing the growing political and economic power of the world's fifth-largest Spanish-speaking community. When US presidential candidate Newt Gingrich called Spanish a "ghetto" language, the resulting media firestorm forced him to apologize on television — in Spanish, of course. Many major US newspapers (the Miami Herald, for example) are printed in Spanish every day, and superstars like Jennifer Lopez and Christina Aguilera are a global pop culture force. Hispanics have been there from the beginning (California, Los Angeles, Las Vegas, Arizona, Florida, and Montana are all Spanish names) so why not make America declare English and Spanish as the official languages? Next door in Canada, where French-speaking people total about 21%, French and English are officially equal. Tiny Switzerland, with its four official tongues, is a global business hub. India, a fast-rising economy, has twenty-two principal languages. America would be wise to take note.

——Copyright© 2009 by TOKYO LEGAL MIND K.K.

1：日本で英語を第2外国語にすることは，経済的には多大なメリットがある。

2：アメリカを2カ国語の国にすることは，有意義なことである。

3：アメリカでは，500万人が現在スペイン語を話している。

4：あるアメリカの大統領候補はスペイン語を「ゲットーの」言語といったせいで大統領になれなかった。

5：スイスでは，4つの公用語があり，このことが世界的な経済の中心になることを妨げている。

直前復習

OUTPUT

実践 ▶ **問題 113** ▶ **の解説** ────────────

〈内容把握〉

出典　ＬＥＣオリジナル

1× 本文1～2行目で「日本で英語を第2公用語とすることは，おそらくほとんど効果がないであろう」と述べられており，妥当とはいえない。

2○ 本文4～5行目で「2カ国語にすることは，アメリカにおいては，ずっと意義深いものになるであろう」と述べられており，以降はその理由が述べられているので，妥当である。

3× 本文5～6行目で「アメリカでは，5,540万人（人口の17.4％）が現在スペイン語を話す人である」と述べられており，約500万人ではない。

4× 本文8～10行目で「メディアの集中砲火によって彼はＴＶで謝罪せざるをえなくなった」とは述べられているが，「大統領になれなかった」とは述べられていない。

5× 本文下から3～2行目で「小国のスイスでは，4つの公用語があり，世界的な経済の中心である」と述べられているが，「妨げになっている」とは述べられていない。

【全訳】

　一部の人たちが提案している，日本で英語を第2公用語とすることは，おそらくほとんど効果がないであろう。日本の製品と文化（トヨタからポケモンまで）はすでに英語圏を征服しており，日本で英語を話す人は少数である。事実，2カ国語にすることはアメリカでのほうが，ずっと意義深いものになるだろう。アメリカでは，現在5,540万人（人口の17.4％）がラテンアメリカ系だからだ。

　政治家や市場で売買する人は世界で5番目に大きなスペイン語圏共同体の政治的・経済的な力が増していることをようやく認識し始めている。アメリカの大統領候補ニュート・ギングリッチはスペイン語を「ゲットーの」言語といった。その結果として起こったメディアの集中砲火によって彼はＴＶで謝罪せざるをえなくなった。もちろんスペイン語である。多くの主なアメリカの新聞（たとえばマイアミ・ヘラルド）は毎日スペイン語で印刷されており，ジェニファー・ロペスやクリスティーナ・アギレラなどのスーパースターは，世界的なポップカルチャーの巨人である。そしてヒスパニックは最初からそこにいた（カリフォルニア，ロサンゼルス，ラスベガス，アリゾナ，フロリダ，モンタナはみなスペイン語の名前である）のだから，アメリカは英語とスペイン語を公用語と規定すべきである。お隣のカナダでは，フランス語を話す人は全部で約21％であり，フランス語と英語が対等の関係であることが，公式に認められている。スイスは小国だが，4つの公用語を持ち，世界的な経済の中心である。経済的に急成長しているインドには22の主な言語がある。アメリカも気づいたほうが賢明だ。

正答 2

実践 ▶ 問題 **114** ⟨ 基本レベル ⟩

頻出度	地上★★★ 国家一般職★★★ 東京都★★★ 特別区★★★
	裁判所職員★★★ 国税·財務·労基★★★ 国家総合職★★★

問 次の英文中に述べられていることと一致するものとして，最も妥当なのはどれか。　　　　　　　　　　　　　　　　　　　　　　　　(特別区2021)

People around the world **are impressed with** Japanese people's politeness. When foreign tourists return home, they tell their friends and family: "Japanese people are so kind and polite." If you ask for directions, someone won't just tell you; they'll walk you to your destination. If they cannot help you with directions, they will apologize seriously, maybe **with a bow**.

Also, Japanese people are always **giving compliments**. For example:

"You speak Japanese so well!"

"You look like David Beckham!"

Westerners really and truly do believe that Japanese people are polite. Most believe that Japanese people are more polite than people in their own country! You won't get compliments on your language ability in a Western country. Somebody might give you directions. Or they might say "sorridunno" (that's "I'm sorry I don't know" said very fast!) and turn away.

Most foreign people are happy to live in such a polite country — a country more polite than they could ever have imagined possible. Japan even encourages them to try harder to be more polite. What a good thing!

"If only every place in the world could be this polite," foreign visitors to Japan think.

Then a door hits them in the face.

This happens to every single Western person at least once. It is a great shock. Getting hit in the face by a door is not such a shock. It is a surprise, but one that is quickly over. But getting hit in the face by a door in "the most polite country in the world" is a shock. It is a very big shock that causes Western people deep confusion.

In Western countries, it is the custom to hold the door open for someone coming behind you.

（Rebecca Milner：森安真知子『ガイコク人ニッポン体験記』IBCパブリッシング）

1：日本人は，とても親切で礼儀正しいため，海外からの旅行者に道を尋ねられる
と，一生懸命になって目的地まで連れて行ってくれる。

2：欧米人は，日本人が礼儀正しいと信じており，日本人の言語能力を褒めたたえ
ている。

3：ほとんどの外国人は，非常に礼儀正しい国に住めて幸せだと思っており，日本
はまた，外国人にも礼儀正しく振る舞わせようとすらする。

4：日本人は，世界中の旅行者も日本人のように礼儀正しければよいのに，と考え
る。

5：欧米では，後ろから来る人のために，ドアを押さえて開けておく習慣はない。

実践 問題 **114** の解説

〈内容把握〉

出典 Rebecca Milner：森安真知子『ガイコク人ニッポン体験記』IBCパブリッシング

1 × 本肢は主語に誤りがある。本文では，日本人の中には目的地まで一緒に歩いて行ってくれる人もいると述べられているが，日本人全員がそうだとは述べられていない。

2 × 肢1同様，主語に誤りがある。日本人が外国人の言語能力をほめると述べられているが，外国人が日本人の言語能力をほめるとは述べられていない。

3 ○ 本文で，「ほとんどの外国人は，このような想像を越える礼儀正しい国で暮らせて幸せである。日本は外国人にも，より礼儀正しく振舞わせようとすらする」と述べられており，正しい。

4 × 本文では，「『もし，世界中のどこもがこんなにも礼儀正しかったなら』と，日本にやって来る外国人旅行者は思う」とは述べられているが，本肢のようには述べられていない。

5 × 最終パラグラフの内容に反しているので，誤りである。本文では，「西洋の国々には，後ろから来る人のためにドアを押さえておく習慣があるのだ」と述べられている。

【全訳】

　世界中の人々が，日本人の礼儀正しさに感銘を受ける。外国人旅行者は帰宅すると，家族や知人に言うのだ。「日本人はとても親切で礼儀正しい。」もし道を尋ねれば，ただ教えるだけでなく，一緒に目的地まで歩いて行ってくれる人もいる。助けにならないときは，おそらくはお辞儀までして申し訳なさそうに謝るのだ。

　日本人はいつもほめ言葉を投げかける。たとえば，

　「日本語がとても上手ですね。」

　「David Beckhamみたいに見えますよ。」

　西洋人は日本人が親切だと信じている。ほとんどの人は自身の国の人間よりも日本人が親切だと信じているのだ。西洋では語学の能力でほめられることなどないだろう。方角を教えてくれる人はいるかもしれない。あるいは，「sorridunno」（「ごめんなさい，知りません」と早口で言うとこうなる）と口にして，どこかへ行ってしまうかもしれない。

　ほとんどの外国人は，このような想像を越える礼儀正しい国で暮らせて幸せである。日本は外国人にも，より礼儀正しく振舞わせようとすらする。何といいことであろうか。

　「もし，世界中のどこもがこんなにも礼儀正しかったなら」と，日本にやって来る外国人旅行者は思うのだ。

　そして，ドアに顔をぶつけるのだ。

　これは，西洋人が一人のとき，誰でも一回はやってしまう。ずいぶんとショックなものだ。顔をぶつけたこと自体はそれほどショックではない。驚きはするが，すぐ痛みは消える。しかし，「世界で一番礼儀正しい国で」ドアに顔をぶつけたことがショックなのだ。西洋人が困惑するようなとても大きなショックだ。

　西洋の国々には，後ろから来る人のためにドアを押さえておく習慣があるのだ。

【単語サポート】

be impressed with	(熟) 感銘を受ける		Westerner	(名) 西洋人
politeness	(名) 礼儀正しさ		encourage	(動) 〜するようにする，勇気づける，促進する
tourist	(名) 旅行者		If only〜	(文法)「もし〜だったら」と訳す。後は仮定法となる。
polite	(形) 礼儀正しい		cause	(動) 原因となる
destination	(名) 目的地		confusion	(名) 困惑，混乱
bow	(名) おじぎ (動) おじぎをする，曲げる，屈服する		custom	(名) 習慣
compliment	(名) ほめ言葉，賛辞，あいさつ			

正答 **3**

頻出度	地上★★★	国家一般職★★★	東京都★★★	特別区★★★
	裁判所職員★★★	国税・財務・労基★★★	国家総合職★★★	

問 次の英文中に述べられていることと一致するものとして，最も妥当なのはどれか。 (特別区2022)

The winner of the drawing-prize was to be proclaimed at noon, and to the public building where he had left his treasure Nello made his way. On the steps and in the entrance-hall there was a crowd of youths—some of his age, some older, all with parents or relatives or friends. His heart was sick with fear as he went amongst them, holding Patrasche close to him. The great bells of the city clashed out the hour of noon with brazen clamor. The doors of the inner hall were opened; the eager, panting throng rushed in: it was known that the selected picture would be raised above the rest upon a wooden dais*.

A mist obscured Nello's sight, his head swam, his limbs almost failed him. When his vision cleared he saw the drawing raised on high: it was not his own! A slow, sonorous* voice was proclaiming aloud that victory had been adjudged* to Stephan Kiesslinger, born in the burgh* of Antwerp*, son of a wharfinger* in that town.

When Nello recovered his consciousness he was lying on the stones without, and Patrasche was trying with every art he knew to call him back to life. In the distance a throng of the youths of Antwerp were shouting around their successful comrade, and escorting him with acclamations* to his home upon the quay.

The boy staggered to his feet and drew the dog into his embrace. "It is all over, dear Patrasche," he murmured—"all over！"

Ouida：小倉多加志「フランダーズの犬」南雲堂

* dais………台座　　* sonorous………朗々とした
* adjudge………与える　　* burgh………町
* Antwerp………アントワープ（地名）　　* wharfinger………波止場主
* acclamation………大喝采

OUTPUT

1 ：ネロは，絵の受賞者が発表される公会堂に向かう道の途中に，自分の大事な宝物を置いてきてしまった。
2 ：段々の上や入口の広間にいた若者達は，彼と同じ年頃や年上の者もいたが，みな両親か，身寄りの者か，友達と連れ立っていた。
3 ：日がはっきり見えるようになった時，ネロの絵が高く掲げられるのが見えた。
4 ：波止場主の息子であるステファン・キースリンガーは，ゆっくりと朗々とした声で，受賞者を発表した。
5 ：ネロは知っている限りの術を用いて，パトラッシュを生き返らせようとした。

実践 問題 **115** の解説

〈内容把握〉

出典 Ouida著 小倉多加志訳注『フランダーズの犬』南雲堂

1 × 第1パラグラフで，公会堂に向う途中に宝物を置いてきてしまったのではなく，かつて宝物を置いてきてしまった公会堂で発表があると述べられている。

2 ○ 第1パラグラフ第2文と合致している。

3 × 第2パラグラフで，はっきり目が見えるようになった時に見えた，高く掲げられた絵は，ネロの絵ではなかったと述べられている。

4 × 主語のすり替えがあるので誤りである。ステファン・キースリンガーは発表者ではなく，受賞者であることが第2パラグラフに述べられている。

5 × 主語のすり替えがあるので誤りである。第3パラグラフで，パトラッシュがネロを生き返らせようとしていたと述べられている。

【全訳】

　絵の受賞者は正午に発表されることになっていて，その場所はネロが生計を立てるのに大事な宝物を置いてきてしまった公会堂だった。階段の上や入り口の広間は若い人たちでごったがえしていた。彼と同じ年頃や年上の人もいたが，みな，親か身寄りの者や友達と一緒だった。彼は不安で胸をいっぱいにしながら，近くのパトラッシュを抱き，彼らにそって進んでいった。街のグレートベルが不快な大きな音とともに正午の時間を告げた。ホールの奥の扉が開かれた。待ちに待った人たちが中へなだれ込んだ。選ばれた絵が木製の台座の上に飾られているということだった。

　もやがネロの視界を覆い，頭がぐらぐらし，手足がほとんど動かなくなった。目がはっきり見えるようになった時，彼は高く掲げられた絵を見た。それは，彼の絵ではなかった。ゆっくりとして，朗々とした声が，アントワープの町の生まれで，町の波止場主の息子であるステファン・キースリンガーに勝利が与えられたことを告げた。

　ネロが意識を取り戻した時，彼は屋外の石の上に横たわっていて，パトラッシュは知っている限りの術を用いて，ネロを生き返らせようとしていた。離れたところではアントワープの町の若者たちが成功した仲間の周りで歓声をあげていて，大喝采とともに彼の家の波止場へと連れ立っていくところだった。

　男の子は足をふらつかせ，犬を引き寄せて抱きしめた。「すべて終わったよ，大好きなパトラッシュ。」彼はささやいた。「すべて終わった。」

正答 **2**

memo

実践 問題 **116** 〈 基本レベル 〉

頻出度	地上★★★　国家一般職★★★　東京都★★★　特別区★★★ 裁判所職員★★★　国税・財務・労基★★★　国家総合職★★★

問 次の英文の内容と合致しているのはどれか。 （オリジナル）

　They put a man on the moon, but it doesn't take a rocket scientist to see that NASA has failed us. With $450,000,000,000 spent since 1969, where are the lunar bases, space stations, and manned Mars missions we were promised? Instead we've had two horrible (and preventable) Space Shuttle disasters with fourteen killed, the once-proud SkyLab falling to pieces over Australia, a $125 million Mars probe lost to a basic Metric error that a child could have noticed, and a creaky, super-expensive "international" space station that may never be ready for research. Even the tabloids are full of the wrong stuff: two employees shot dead by an unhappy engineer, and a silly kidnap plot following a torrid astronaut love-triangle. These days, NASA's specialty seems to be producing epic measures of tragedy and farce, and then handing us the bill. Yes, the humble Hubble telescope has taken some wonderful photos, but even that mission was nearly ruined by a greasy lens. (Hey, even my eight-year old daughter knows to wipe her camera before using it!) It's time to cancel NASA's blank-cheque budget and start putting our hopes behind the Russians, the Chinese, the Europeans, or even those crazy billionaires. They're all doing a much better job up there, and for a lot less money.

—— Copyright© 2009 by TOKYO LEGAL MIND K.K.

1：NASAの科学者たちは人間を月に送ることはできたが、私たち人類の科学的役割を果たすことには失敗している。

2：1969年以来、4,500億ドルもの巨費が月面基地を建設する計画のためだけに投じられてきたが、いまだに現実化されていない。

3：NASAによる火星探査は日進月歩の進展を遂げ、現在では有人オペレーションの準備が整っている。

4：NASAは、子どもでも気づいただろうメートル法に関するミスが原因で大きな損失を出したことがあった。

5：NASAは宇宙開発事業での国民からの信頼回復に向けて、さらなる努力を続けるべきである。

OUTPUT

実践 ▶ **問題 116** ▶ の解説 ────────────

〈内容把握〉

出典　LECオリジナル

1 × 第1文の文末の〜 have failed usは，「我々を失望させてきた」という文脈になり，本肢の「人類の科学的役割を果たすことには失敗している」という部分と合致しない。

2 × 本文2行目から始まる第2文中の4,500億ドルであるが，後半の「月面基地，宇宙ステーション，有人の火星探査計画」に費やされてきたことが文脈から読み取れる。本肢のように「月面基地を建設する計画のためだけに」とこれに限定してはいない。

3 × このような，NASAについての肯定的な内容については本文では一切述べられてはいない。

4 ○ 本文5〜6行目に本肢の内容について述べられている。

5 × このような筆者による主張については本文では一切述べられていない。

【全訳】

　NASAは人類を月面に送ったが，ロケット科学者がいなくとも，NASAが我々を失望させてきたことは明白だ。4,500億ドルが1969年以来費やされてきたが，私たちに約束した月面基地，宇宙ステーション，有人の火星探索計画はどうなったのだろうか？　それどころか恐ろしい（防止できたはずの）スペースシャトル事故で14人が亡くなり，かつて誇られたスカイラブもオーストラリア上空に粉々に散り，1億2,500万ドルの火星探査船は子どもでも気づくような初歩的なメートル換算のミスで行方がわからなくなり，巨額の費用をかけたがたがたの「国際」宇宙ステーションも研究用のものとして完成しないかもしれない。タブロイド誌でさえ，おかしな情報にあふれている。2人のある職員が不幸な技術者に撃ち殺された，宇宙飛行士の三角関係から誘拐事件が起こった，というものだ。最近，NASAの専門分野は，信じられないような悲劇と茶番劇を生み出しているようだ。そしてそのツケは我々に回ってくる。そう，確かに粗末なハッブル望遠鏡は素晴らしい写真をいくつか撮ったが，このためのミッションすら，もう少しで油で汚れたレンズで失敗するところだった。（ひどいもんだ，私の8歳になる娘でさえ，撮影の前にはカメラの汚れを拭き取るぞ！）いまこそ，NASAに予算を自由に使うことをやめさせ，私たちの期待をロシア人，中国人，ヨーロッパ人，さらには億万長者たちにさえ向ける時だ。彼らはずっと少ない予算で，ずっといい仕事を宇宙でやってくれている。

正答 **4**

| 頻出度 | 地上★★★　国家一般職★★★　東京都★★★　特別区★★★ |
| | 裁判所職員★★★　国税・財務・労基★★★　国家総合職★★★ |

問 次の英文の内容と合致しているのはどれか。　　　　　（オリジナル）

　A $100 laptop for poor children?　When the non-profit OLPC group（One Laptop Per Child）announced their plans in 1995, people said it was an impossible dream.　Yet today, the super-cheap, kid-friendly notebook computers they promised is now a reality.　Praise should indeed be given to OLPC's brilliant team of developers and financiers for their amazing technical achievement.　Argentina, Brazil, Libya, Nigeria, Rwanda, Thailand and Uruguay have already placed huge orders.　But do we have our priorities straight?　Does a hungry, thirsty, war-weary child really need a computer?　Nearly 16% of the world's people are hungry, and 40% do not have enough clean water.　AIDS is still spreading unchecked throughout the world, Rio's slums are exploding with gang violence, and war continues to rage in hotspots across the Middle East and Africa.　The government of Rwanda intends to order half a million of the cute little green PCs, almost half of all victims slaughtered in its recent civil war.　I wonder: do corpses prefer Windows or Linux?　After we have secured peace, food, water, medicine, and basic literacy for each and every child, maybe then we can start thinking about computers.　Nice idea, but first things first.

——Copyright© 2009 by TOKYO LEGAL MIND K.K.

1：ある非営利団体は，子どもたちへ小型パソコンを無料で提供する計画をたてている。

2：ＯＬＰＣグループは大財閥による支援があるので，格安パソコンが可能になっている。

3：ルワンダ政府は国民のニーズによって小型ＰＣを50万台注文している。

4：戦争状態にある国々では，子どもたちにパソコンが必要とは言えない。

5：100ドルパソコンの大量注文は南米の国々が圧倒的に多い。

OUTPUT

実践 問題 **117** の解説

〈内容把握〉

出典　LECオリジナル

1× 冒頭に，OLPCグループによる計画が述べられているが，無料ではなく「100ドルパソコン」と述べられている。

2× 本文4～6行目に「驚くほど完成度の高い技術に関して，このOLPCの卓越した開発チームや資本家を賞賛すべきである」と述べられているが，大財閥による支援があるとは述べられていない。

3× 本文の下から5～4行目にルワンダ政府がPCを注文したことが述べられているが，これが国民のニーズによるものかどうかは述べられていない。

4○ 本文7～8行目に「飢え，渇き，戦争に苦しんでいる子どもたちが本当にコンピュータを必要としているのか」と述べられ，最終文にかけても平和が訪れてからコンピュータについて考え始めることができると述べられている。よって，本肢は内容と合致している。

5× 本文6～7行目に「アルゼンチン，ブラジル，リビア，ナイジェリア，ルワンダ，タイ，そしてウルグアイはすでに大量注文をしている」と述べられている。南米はアルゼンチン，ブラジル，ウルグアイの3カ国であり，他はアフリカ，アジアである。注文数の比率が明記されているわけでもないため，本肢は内容と合致しない。

【全訳】

　貧しい子どもたちへ100ドルパソコンを贈るとはどういうことか。非営利団体のOLPCグループ（子ども一人一人へラップトップを）が1995年にその計画を表明したとき，それは不可能な夢物語だと人々は語った。しかし，今日，彼らが約束した激安の子ども向けの格安ノートパソコンが現実味を帯びてきた。驚くほど完成度の高い技術に関して，このOLPCの卓越した開発チームや資本家を賞賛すべきである。アルゼンチン，ブラジル，リビア，ナイジェリア，ルワンダ，タイ，そしてウルグアイはすでに大量注文をしている。しかし我々の優先順位は正しいのだろうか。飢え，渇き，戦争に苦しんでいる子どもたちが本当にコンピュータを必要としているのか。世界中で16％近くの人々は飢えに苦しみ，40％には十分な飲み水がない。エイズは依然として世界中に野放し状態で広がっている。リオのスラムではギャングによる暴力事件が発生しており，中東やアフリカの紛争地帯では，激しい戦争が続いている。ルワンダ政府は緑色のかわいい小型PCを50万台注文する予定だ。最近の内戦で殺害された人々のほぼ半数である。果たして亡くなった人々はウィンドウズとリナックスのどちらを好むのだろうか。この世に平和が訪れ，食糧や水，薬品，そしてすべての子どもたちが基本的な読み書きができるようになって初めてコンピュータについて考え始めることができるのではないか。結構な考えだが，まず最初にやるべきことをしよう。

正答 **4**

第2章

英文

問 次の文の内容と合致するものとして最も妥当なのはどれか。

(国家一般職2020)

UNHCR, the UN Refugee Agency, is today calling on European governments to allow the immediate disembarkation of 507 people recently rescued on the Central Mediterranean who remain stranded[*1] at sea. Many are reportedly survivors of appalling abuses in Libya and are from refugee-producing countries. They are in need of humanitarian assistance and some have already expressed an intention to seek international protection.

"This is a race against time," said Vincent Cochetel, UNHCR Special Envoy for the Central Mediterranean. "Storms are coming and conditions are only going to get worse. To leave people who have fled war and violence in Libya on the high seas in this weather would be to inflict suffering upon suffering. They must be immediately allowed to dock, and allowed to receive much-needed humanitarian aid."

151 people remain on board an NGO's boat while 356 people more have been rescued in recent days by a rescue ship of another NGO. A port of safety should be immediately provided and responsibility shared amongst States for hosting them after they have disembarked.

Many European leaders expressed their shock at the events last month when more than 50 people died in an airstrike on a detention centre in Tajoura, Libya, and as many as 150 others died in the largest Mediterranean shipwreck[*2] of 2019. These sentiments must now be translated in to meaningful solidarity with people fleeing from Libya. This includes providing access to territory and asylum procedures to people seeking international protection.

Nearly 600 people have died or gone missing on the Central Mediterranean in 2019. In comparison to the Central Mediterranean, far more people are arriving, and far fewer people dying, on the Western and Eastern Mediterranean routes.

(注)　*1 strand：立ち往生する　　*2 shipwreck：難破

UNHCR urges Europe to allow 507 rescued passengers to disembark：
UNHCR

OUTPUT

1 ：UNHCRは，ヨーロッパ各国政府と協力して中央地中海で遭難していた人々を救助したが，507人はまだ海上に取り残されている。
2 ：Cochetel氏は，暴力から逃れてきた人々を悪天候の中で海上に留めておくことは，更なる苦痛を与えることになるため，人道的援助が必要であるとしている。
3 ：UNHCRは，リビアで国内避難民のための保護センターを運営しており，空爆を逃れた多数の人々を保護している。
4 ：ヨーロッパ各国の指導者達は，国内世論の反発が大きいため，リビアから逃れてきた人々に上陸の許可を与えることや難民として受け入れることは困難であると表明した。
5 ：難民がリビアからヨーロッパに渡るに当たっては，西地中海を通るルートの方が，中央地中海を通るルートよりも命を落とす危険性が高い。

〈内容把握〉

出典 "UNHCR urges Europe to allow 507 rescued passengers to disembark" UNHCR

1 × 第3パラグラフで，NGOが救護のボートや救護船を出したと述べられており，UNHCRやヨーロッパ各国政府が協力して救助にあたったとは述べられていない。

2 ○ 第2パラグラフの内容と合致している。

3 × UNHCRが保護センターを運営しているとは述べられていない。

4 × 国内世論について本文では述べられておらず，受け入れが困難であるといった内容も述べられていない。

5 × 最終パラグラフを受けた肢であるが，中央地中海のほうが，東西のルートよりも危険であると本文で述べられている。本肢はこの部分に反している。「In comparison to 〜」は，「〜と比較して」という意味であり，ここでは，「中央地中海と比較して〜」となっている。中央地中海が主語となっているわけではないことに注意したい。

【全訳】

UNHCR（国連難民高等弁務官事務所）は今日，中央地中海で最近救助され，海で立ち往生している507人が早急に下船できるようヨーロッパ各国政府に訴えている。伝えられているところによると，多くは難民が出る国から来た人々で，リビアで酷い扱いを受けたとのことだ。彼らは人道的な支援を必要としており，国際的な保護を求める意志を表明している人もいる。

「これは時間との戦いだ。」と中央地中海情勢担当特使のヴィンセント・コシュテル氏は述べた。「嵐が近づいており，状況は悪くなっていっている。リビアでの暴力や争いから逃れてきた人をこの天候で海上に留めておくと，更なる苦痛を与えることになる。即座に船のドック入りを許可し，必要なだけの人道的援助を受けられるようにしなければならない。」

151人はNGOのボートで海上におり，356人はさらに別のNGOの救護船によって先日救出されている。安全な港を即座に提供すべきであり，下船後の受け入れについて，州で責任を共有すべきである。

ヨーロッパの指導者の多くは，先月，リビアのタジューラ収容センターへの空爆で50人以上が死亡したことや，2019年で一番大きな被害で150人もの死者が出た地

中海の難破に衝撃を受けたと表明した。これらの想いが，今こそ，リビアから逃れてきた人たちとの意味のある団結へと変えられなければならない。これには，国際的な保護を求める人の保護手続や，領土に入ることの許可が含まれる。

　2019年，中央地中海では600人近くが死亡，または行方不明になっている。中央地中海と比べれば，東西の地中海のルートは，生存者はずっと多く，死者はずっと少ない。

【単語サポート】

disembarkation	(名) 下船, 積み下ろし	flee	(動) 逃げる, 消え去る (flee-fled-fled)
rescue	(動) 救う, 救助する (名) 救出, 脱走	inflict	(動) 損害を与える, 苦痛を与える
the Mediterranean	(名) 地中海	dock	(動) 船をドックに入れる (名) ドック, 造船所
reportedly	(副) 伝えられるところによると	sentiment	(名) 想い, 心情
appalling	(形) びっくりさせるほどの, ひどい	translate	(動) 変える, 翻訳する, わかりやすく説明する
abuse	(名) 悪い扱い, 悪習 (動) 悪用, 傷つける	solidarity	(名) 団結, 利害の一致
humanitarian	(形) 人道的な, 博愛主義者	asylum	(名) 保護, 避難, 亡命, 避難所
intention	(名) 意志, 意図	procedure	(名) 手続, 処置, 手順, 行動, 行為
envoy	(名) 大使, 公使		

正答 2

実践 問題 **119** 基本レベル

頻出度	地上★★★ 国家一般職★★★ 東京都★★★ 特別区★★★
	裁判所職員★★★ 国税・財務・労基★★★ 国家総合職★★★

問 次の文の内容と合致するものとして最も妥当なのはどれか。

(国家一般職2016)

I sit writing this on a bank holiday, one of nine such public holidays we have in Ireland every year. Many of them coincide with religious holidays, such as Christmas Day, but most are bonus holidays that have their origins in the 1870s, when the government — then British — decided banks should close on specific days of the year. This meant businesses would shut too and overworked Victorian labourers would get some well-earned rest.《中　略》

Sadly, the bank holiday is one of only a few things we have to be grateful for when it comes to the banks, especially in Ireland where people are still counting the cost of the near-collapse of our banking system in 2008.

There are many idioms around banking and finance in English. Many of them get across the idea of trust and security — which is why you put your money in the bank in the first place. When you are "banking on" something, you are depending on it. "You can take that to the bank," you might be told when being assured of something. Credit itself means trust and when you find something "incredible" it means you don't believe it — you don't credit it to be true. Credit in finance is the trust placed in you to pay back money that you've borrowed.

Banks borrow money from one another as well, of course, but all that ground to a halt with the "credit crunch" of 2007-2008, when the banks suddenly stopped trusting each other. Much of the banking vocabulary that has crept into English since the global financial crisis centres around mistrust and fear.《中　略》

Financial institutions were facing huge losses and these "zombie banks" were kept on artificial life support by governments. Many were considered "too big to fail" and what we all believed to be the rules of capitalism were suspended as billions in public funds were pumped into private companies in taxpayer-backed "bailouts."

The €64 billion rescue of the Irish banks has cost every Irish citizen €9,000 in wage cuts and tax hikes. It's enough to ruin your bank holiday.

直前復習

OUTPUT

1：1870年代のアイルランドにおいて，当時の政府は，宗教的な祝日とは別に銀行を休業にする特別な日を設けるべきだとして，年に9日のバンクホリデーを定めた。

2：アイルランドでは，2008年に銀行システムが崩壊寸前となり，銀行の救済のため，公的資金が投入され，それは今も国民の負担となっている。

3：銀行にまつわる英語のイディオムは信用を表すものが多いが，それらは，世界金融危機により生じた銀行に対する不信や恐れを払拭しようとする動きから生まれた。

4：世界金融危機による莫大な損失を埋めるため，アイルランドでは，私企業から集めた資金をつぎ込んで新しい銀行システムを構築するという措置が採られた。

5：世界金融危機以降，多くの銀行が実質破綻し，アイルランド国民は今も預金を自由に引き出すことができないため，せっかくのバンクホリデーも台無しになっている。

実践 問題 **119** の解説

〈内容把握〉

出典　Mike Dwane "Bank holidays and bailouts" The Japan Times ST, August, 28, 2015

1× 第1パラグラフに該当箇所がある。肢の「銀行を休業にする特別な日を設けるべきだとして」の部分は正しいが、「宗教的な祝日とは別に」とまでは書かれていない。また、本文の「（バンクホリデーの）多くは（略）宗教的な祝日と重なる」と矛盾する。

2○ 第2パラグラフには「2008年に起こった金融危機による損失」、第5パラグラフには「その借金は、納税者の税金を使った政府から企業への財政援助」とあり、第6パラグラフには、納税者の負担が具体的に説明されている。本肢は上記3つの内容をまとめたもの。

3× 第3パラグラフに肢の前半部分と対応する箇所があるが、肢後半の「世界金融危機により生じた銀行に対する不信や恐れを払拭しようとする動きから生まれた」の部分が誤りである。第4パラグラフに「世界的な金融危機（略）のあとで散見されるようになった"bank"を用いた表現の多くは、不信と不安をほのめかすものになった」とあるが、本肢のような因果関係はない。

4× 第5パラグラフに該当箇所がある。前半は正しいが、「私企業から集めた資金」は「新しい銀行システムを構築する」ためのものではなく、本文第5パラグラフにあるように、銀行を「人工的に延命させ」るためのものである。

5× 第5パラグラフに該当箇所がある。前半と後半は正しいが、中程の「アイルランド国民は今も預金を自由に引き出すことができないため」という部分が本文には書かれていないため誤りである。

【全訳】

　この記事を書いている今日はバンクホリデーだ。バンクホリデーとはアイルランドの祝日のことで、毎年9日間定められている。多くはクリスマスのような宗教的な祝日と重なるが、ほとんどは純粋な休日で、その起源は1870年代にまで遡る。当時の政府が（当時はイギリス政府だった）、銀行は一年のうち所定の数日は休むべきだと判断した。これに伴い、国内のほかの企業も休むことになった。こうして、酷使されていたヴィクトリア朝時代の労働者たちは、与えられて当然だった休みを得た。《中略》

　残念ながら、私たちが銀行に感謝することといえばバンクホリデーくらいしかない。特にアイルランドでは、2008年に起こった金融危機による損失が一体いくらになったのか、国民はいまも計算を続けている。

　英語には、銀行や経済をもとにした表現が多い。そのような表現のほとんどは、信用と安全というイメージから生まれた。だからこそ人々は、自分の財産を真っ先に銀行に預けるのだ。"bank on" という表現は、「～に頼る」という意味だ。

OUTPUT

あなたが，"You can take that to the bank" といわれたら，それは「間違いない」と請け合ってもらっているということだ。"credit" という言葉には「信頼」という意味があり，"incredible" は「信じられない」という意味になる。それが事実であるという "信頼" を置くことができないからだ。金融用語として使われる "credit" は，あなたに信頼が置かれていることを意味する。この人なら貸したお金を返してくれるだろうという信頼だ。

　もちろん銀行も互いに金の貸し借りはする。だが，そうした取引はすべて，2007年から2008年にかけて起こった "信用危機" によって，途端に停止された。いきなり，銀行は互いを信用しなくなったのだ。世界的な金融危機のあとで散見されるようになった "bank" を用いた表現の多くは，不信と不安をほのめかすものになった。《中略》

　金融機関は甚大な損失を抱えていた。このような "ゾンビ銀行" は，政府の支援を受けて人工的に延命させられていた。多くは「大きすぎて倒産させられない」とみなされている。税金を使った財政援助という形で，数十億単位の公的資金が民間企業に投入されたので，私たちが資本主義の原則だと思っていたルールは無効になってしまった。

　アイルランド国内の銀行に対する援助として使われた640億ユーロ（8兆7,700億円）をまかなうために，アイルランド国民1人あたりが，賃金カットや増税などによって9,000ユーロ（120万円）を負担している。この事実を知れば，あなたのバンクホリデーは楽しい休日などではなくなるはずだ。

【単語サポート】

coincide	(動) 重なる，同時に起こる	institution	(名) 機関
religious	(形) 宗教的な，宗教の	artificial	(形) 人工的な
labourer	(名) 労働者	consider	(動) みなす，考える
grateful	(形) 感謝している	capitalism	(名) 資本主義
idiom	(名) 表現	suspend	(動) 停止する，支払い不能になる
bank on	(熟) 頼る，あてにする	public fund	(名) 公的資金
assure	(動) 保証する	pump	(動) 投入する，くみ上げる
credit	(名) 信頼，信用，預金	bailout	(名) 経済的な救済措置
halt	(名) 停止	rescue	(名) 援助
credit crunch	(名) 金融危機	wage	(名) 賃金
crept	(動) creepの過去形・過去分詞	tax hike	(名) 増税
creep into	(熟) 徐々に広がる	ruin	(動) 台なしにする
financial crisis	(名) 金融危機		
centre	(動) 中心となる		

正答 2

実践 問題 120 基本レベル

頻出度	地上★★★ 国家一般職★★★ 東京都★★★ 特別区★★★
	裁判所職員★★★ 国税・財務・労基★★★ 国家総合職★★★

問 次の英文の内容と合致しているのはどれか。 （オリジナル）

These days, more and more homes are being built in factories and delivered to the customer. Stylish, modern, and high-quality homes can be made to order and shipped almost anywhere. More than 80 percent of all houses in Sweden are factory made. And in Japan, premium homes from companies like Panasonic and Toyota are quite high-status. In Europe, some countries such as Germany and Netherlands have been seeking this new technique to built houses using prefabricated parts.

Why are pre-made homes becoming so popular? One reason is quality. Lexus- or Volvo-style factory technology makes for better safety and quality. And because "prefabs" are made indoors, there is no weather damage during construction. The second reason is cost. Prefabs are cheaper than site-built houses, because factories waste far fewer materials than construction crews. And the third reason is speed. A normal house might take up to a year to build, while a factory-made home can sometimes be finished in just some weeks.

——Copyright© 2009 by TOKYO LEGAL MIND K.K.

1：工場生産の家はヨーロッパでは人気があるが，日本ではあまり人気がない。
2：アメリカでは，全住宅の80％が工場生産である。
3：ヨーロッパでプレハブ住宅を扱うのは，ドイツやオランダのような工業国に限られる。
4：プレハブ住宅が人気となっている理由の1つに，その完成が早いことがある。
5：プレハブ住宅は屋内で作られるので，たった数週間で完成されることもある。

OUTPUT

実践 ▶ 問題 **120** ▶ の解説 ────────────

〈内容把握〉

出典　LECオリジナル

1 ✕　第1パラグラフで「日本では，パナソニックやトヨタのような企業のプレミア住宅が憧れの的である」と述べられているので，「日本ではあまり人気がない」という記述は本文と矛盾する。

2 ✕　第1パラグラフで「スウェーデンでは80％以上の家屋が工場生産である」と述べられており，アメリカではない。

3 ✕　第1パラグラフで，「ヨーロッパでは，ドイツやオランダのような国が，以前からこの新しい技術の追求を続け，プレハブ部品を使って住宅を建てている」とあるが，そのような国に「限られる」とまでは書かれていない。

4 ○　第2パラグラフで，プレハブ住宅が人気となっている理由の3番目に本肢の内容が述べられており，妥当である。

5 ✕　第2パラグラフで，「プレハブ住宅は屋内で作られる」ことも「たった数週間で完成されることもある」ことも述べられているが，前者と後者との間に因果関係があるようには述べられていない。

【全訳】

　最近では，家屋が工場で作られ，顧客に送られることがだんだん多くなっている。洗練され，現代的で，質の高い家が注文にしたがって作られ，ほとんどどこにでも輸送することができる。工場生産の家屋はヨーロッパとアジアで特に人気がある。スウェーデンでは80％以上の家屋が工場生産である。そして日本では，パナソニックやトヨタのような企業のプレミア住宅が憧れの的である。ヨーロッパでは，ドイツやオランダのような国が，以前からこの新しい技術の追求を続け，プレハブ部品を使って住宅を建てている。

　なぜ既製の家屋がそれほど人気になっているのか。1つ目の理由はその質である。レクサス，もしくはボルボのような工場技術がよりよい安全性と品質を生み出している。そして「プレハブ住宅」は屋内で作られるので，建築中に天候のダメージを受けない。2つ目の理由は価格である。工場の場合，大工が建てるよりずっとわずかな資材ですむので，プレハブ住宅は建売の家よりも安い。そして3つ目の理由はスピードである。通常の家は建てるのに1年ぐらいかかるだろうが，工場生産の家はたった数週間で完成されることもありうる。

正答 4

実践 問題 **121** 基本レベル

頻出度	地上★★★　国家一般職★★★　東京都★★★　特別区★★★ 裁判所職員★★★　国税・財務・労基★★★　国家総合職★★★

問 次の英文中に述べられていることと一致するものとして，最も妥当なのはどれか。
(特別区2023)

　From the time he was 16, Einstein often enjoyed thinking about what it might be like to ride a beam of light. In those days, it was just a dream, but he returned to it, and it changed his life.

　One day in the spring of 1905, Einstein was riding a bus, and he looked back at a big clock behind him. He imagined what would happen if his bus were going as fast as the speed of light.

　When Einstein began to move at the speed of light, the hands of the clock stopped moving! This was one of the most important moments of Einstein's life!

　When Einstein looked back at the real clock, time was moving normally, but on the bus moving at the speed of light, time was not moving at all. Why? Because at the speed of light, he is moving so fast that the light from the clock cannot catch up to him. The faster something moves in space, the slower it moves in time.

　This was the beginning of Einstein's special theory of relativity. It says that space and time are the same thing. You cannot have space without time, and you cannot have time without space. He called it "space - time*."

　No scientist has ever done anything like what Einstein did in that one year. He was very ambitious. Einstein once said, "I want to know God's thoughts. ..."

(Jake Ronaldson「英語で読むアインシュタイン」による)

*space - time ………… 時空

1：16歳の頃から，アインシュタインはしばしば，光に乗ったらどう見えるのかと想像して楽しんでおり，その空想が彼の人生を変えた。
2：アインシュタインは，光の速度で移動を始めることを想像したとき，時計を持つ手の動きを止めた。
3：アインシュタインが振り返ると，時間は通常どおり動いていたが，バスの中の現実の時計は完全に止まっていた。
4：アインシュタインがどんなに速く移動しても，時計からの光に追いつくことはできなかった。
5：科学者は，アインシュタインが成し遂げたことを1年でできると，意欲満々だった。

OUTPUT

実践 問題 **121** の解説

〈内容把握〉

第2章 英文

出典　Jake Ronaldson『英語で読むアインシュタイン』IBCパブリッシング

1○ 第1パラグラフの内容と一致しており，正しい。

2× 「時計を持つ手の動きを止めた」という記述が本文にないので誤りである。第3パラグラフを受けた肢であるが，handsは「手」以外に「針」という意味があり，hands of the clockとあるので，「時計を持つ手」ではなく「時計の針」と訳すのが妥当である。

3× 第4パラグラフで，「アインシュタインが現実の時計を振り返ったとき，時間は正常に動いていた」と述べられているので，誤りである。現実の時計は，高速で動いていると想定されているバスの中にあるのではない。バスの中で動いていないのは時間である。

4× 主語のすり替えがあるため，誤りである。第4パラグラフ後半で，「時計からの光が追いつけない」と述べられている。追いつけないのは時計からの光であって，アインシュタインではない。仮にアインシュタインが光速で動いたら，時計からの光が追いつけないという文脈である。

5× 科学者に意欲があるかどうかは本文で述べられていない。

【全訳】

16歳の頃から，アインシュタインはしばしば光線に乗って行くとはどういうことなのかを想像して楽しんでいた。当時，それは夢に過ぎなかったが，彼はその夢へと戻っていき，それが彼の人生を変えたのだ。

1905年の春のある日，アインシュタインはバスに乗って，後ろにあった大きな時計のほうに振り返った。彼は，もしバスが光速で進んで行くとしたら，何が起こるのかを想像した。

アインシュタインが光速で動き出すと，その時計の針が動くのを止めたのだ！これはアインシュタインの人生の中で最も大切な瞬間のうちの1つであった！

アインシュタインが現実の時計を振り返ったとき，時間は正常に動いていたが，光速で動くバスでは，時間はまったく動いていなかった。なぜか。光速においては，とても速く動いているため時計からの光が彼に追いつけないからだ。空間において何かが動くのが速ければ速いほど，時間においては遅くなっていくのだ。

これが，アインシュタインの特殊相対性理論の始まりであった。それによれば，空間と時間は同じものなのだ。時間なしに空間はなく，空間なしに時間はない。彼はそれを，「時空」と呼んだ。

アインシュタインがその1年で成したようなことをした科学者はこれまでいない。彼はとても野心的だった。アインシュタインはかつて，「神の考えが知りたい」と口にしたのだ。

正答 1

実践 問題 **122** 〈 基本レベル 〉

頻出度	地上★★★	国家一般職★★★	東京都★★★	特別区★★★
	裁判所職員★★★	国税・財務・労基★★★	国家総合職★★★	

問 次の英文の内容と合致しているのはどれか。　　　　　　　　（オリジナル）

　Australia's list of "alien invaders" is nearly endless　— everything from honeybees to horses.　Some are obviously dangerous: fire ants from South America have a painful, deadly sting, while water buffalos (Africa) and mynah birds (India) both spread serious diseases such as tuberculosis.　But it's actually the "harmless" animals that do the most damage.　Fast-breeding European rabbits are devastating grassland, cats are killing off entire species of small native mammals, and foreign starfish are destroying huge areas of the famous Great Barrier Reef.　Camels from Saudi Arabia, introduced in the 1800s, now roam the outback in massive hordes, draining precious watering holes and damaging the fences that keep other invasive animals from spreading.

　With so much at risk, what can be done?　Not much, it seems.　Army helicopters shoot camels from the air to control their spread, yet their population still doubles every eight years.　Cane toads now span the entire Northeast, and no amount of "steer and squash" is going to change that.　Yes, Australia's troublesome houseguests are here to stay.

——Copyright© 2009 by TOKYO LEGAL MIND K.K.

1：オーストラリアでは，ミツバチのような昆虫から馬のような哺乳類に至るまでの「侵略的外来種」と呼ばれるものたちが，国内の生物の圧倒的大部分を占めるようになった。

2：オーストラリア国内で「侵略的外来種」とされているのは，病気を感染させるような有害な動物のみであり，駆除の対象になっている。

3：オーストラリア国内で実際に，環境や原産の生物に対する害のほとんどの原因となっているのは，「無害」とされている動物である。

4：オーストラリアでは，国内の生物の生態系を維持するために数多くの対策がなされ，注目すべき効果を上げている。

5：オーストラリアでは，「侵略的外来種」とされるラクダの数の調整が試みられたが，現実にそれらの個体数は毎年倍増している。

直前復習

OUTPUT

実践 ▶ 問題 **122** ▶ **の解説**

〈内容把握〉

出典　ＬＥＣオリジナル

1 ✕　本文第１パラグラフ第１文では，"alien invaders"「侵略的外来種」について，このリストがnearly endless「ほとんど際限がない」とは述べているが，本肢のように「国内の生物の圧倒的大部分を占めるようになった」とは述べられていない。

2 ✕　本文第１パラグラフ２～４行目には，「侵略的外来種」として危険で有害な生物について言及されてはいるが，４～５行目にある第３文では，it's actually the "harmless" animals that do the most damage「最も害を及ぼしているのは，実際には『無害な』生き物たちである」と述べられている。本肢のように「有害な動物たちのみ」と限定してはいない。

3 ◯　上記で述べたように，第１パラグラフ第３文の内容と本肢は合致する。

4 ✕　第２パラグラフ第３文では，動物の繁殖を抑制する対策の具体例が述べられているが，本肢のように「注目すべき効果を上げている」とは述べられていない。

5 ✕　第２パラグラフ第３文後半では，ラクダの頭数について「８年ごとに２倍」であると述べられており，本肢は本文の内容と合致しないことがわかる。

【全訳】

　オーストラリアの「侵略的外来種」のリストは，ミツバチから馬まであらゆるものが含まれており，ほとんど際限がないようだ。これには明らかに危険なものも含まれる。南アフリカのヒアリというアリは痛く殺傷能力のある有毒なハリを持ち，また一方でアフリカの水牛やインドのマイナは，結核のような重大な病気の感染拡大の原因になっている。しかし，実は，最も害を及ぼしているのは，「無害な」生き物である。急速に繁殖するヨーロッパ産のウサギは草原を食い荒らし，ネコはこの国原産のあらゆる種類の小動物を捕食し続け，外国産のヒトデは有名なグレートバリアーリーフを広範囲にわたって破壊し続けている。1800年代に持ち込まれたサウジアラビア産のラクダは，今や未開の大平原を群れで闊歩し，貴重な井戸を枯れさせ，他の侵入動物の繁殖を食い止める柵を壊している。

　これほど多くのものが危険に晒されている中で，どんなことができるだろうか。大したことは期待できない。軍用ヘリが繁殖を調整するために空からラクダを撃ったが，ラクダの数はいまだに８年ごとに倍増している。オオヒキガエルたちは今や北東部一帯に広がり，どんな「調整と間引き」を行ってもこの状況は変えられないだろう。このように，この地には困った外来客が居座っているのだ。

正答 3

実践 問題 **123** 〈 基本レベル 〉

頻出度	地上★★★　国家一般職★★★　東京都★★★　特別区★★★ 裁判所職員★★★　国税·財務·労基★★★　国家総合職★★★

問 次の英文の内容と合致しているのはどれか。 （オリジナル）

　The term 'whistle blower' comes from British policemen who used to blow a whistle to alert other policemen or the general public of the commission of a crime and any inherent dangers.　In recent times, however, the term has often been associated with people 'snitching' on people they work with, or their neighbors, for misdemeanors ranging from petty to prominent, and whistleblowers have often been the targets of persecution — including being ostracized at work, fired from their jobs, and even being attacked.　For this reason, laws have been enacted in a number of countries such as the UK and the USA to protect whistleblowers, but this is seemingly not enough to persuade potential informants to divulge what they know; therefore cash rewards are now being offered.

　Frauds against the state or national agencies, including tax avoidance and welfare fraud, cost billions of dollars each year in a number of countries, but many people are often wary of disclosing what they know for fear of retribution. Offering money for information — which depends on the amount revealed — appears to be the best way to get people to come forward.　The system has been in use in the USA for many years and is now adopted in other countries.

——Copyright© 2009 by TOKYO LEGAL MIND K.K.

1：「笛を吹く者」，つまり，不正の告発者を意味する言葉はイギリスの警官たちが，今でも笛を吹くことで相手に警告することに由来している。

2：現在，「笛を吹く者」，つまり，不正の告発者を意味する言葉は，仕事で不正を働く人たちを指す言葉として使われることがある。

3：不正の告発者が，告発したことで迫害を受けることがないよう，周囲の人間には特別な配慮が必要である。

4：不正の告発者を保護するために，多くの国々で法律が制定された。

5：告発者の情報提供に現金を与えることは，一番の方法のようであるが，これにより社会的問題が起こることが懸念される。

OUTPUT

実践 問題 **123** の解説

〈内容把握〉

第2章 英文

出典　ＬＥＣオリジナル

1× 第1パラグラフ第1文には「笛を吹く者」についてBritish policemen who used to blow ～「かつては笛を吹いていたイギリス人警官」と述べられている。このused toは過去の習慣的動作を表す助動詞であり，「今でも」という本肢の内容とは合致しない。

2× 第1パラグラフ第2文中のthe term has often been associated with people 'snitching' on peopleでは，「この言葉は，告げ口する人たちという意味としてしばしば用いられる」と述べられている。本肢のいうように「不正を働く人たちを指す言葉」ではない。

3× 第1パラグラフ下より4～3行目では，告発者を保護するために法律が制定されたことが述べられている。本肢のいうように「周囲の人間には特別な配慮が必要である」とは述べられてはいない。

4○ 第1パラグラフ下より4～3行目と本肢は内容が合致する。

5× 第2パラグラフ下より3～2行目では，「告発者の情報提供に現金を与えることは，一番の方法のようである」と述べられてはいるが，本肢のいうように「社会的問題が起こることが懸念される」とは述べられていない。

【全訳】

　「笛を吹く者（不正の告発者）」という言葉は，かつてイギリスの警官が，笛を吹いて，ほかの警官または市民に，犯罪やそれぞれの危険を知らせて警告したことに由来する。しかしながら，現在ではこの言葉は，同僚や近所の人たちの悪事を，些細なことから重大なことまで「告げ口する」人たちという意味としてしばしば用いられ，告発者は仕事場で仲間外れにされ，解雇され，さらには暴行されるなど，迫害の的になってしまう。こうした理由から英国や米国などの多くの国々では，告発者を保護するための法律が制定されてきたが，告発者予備軍が知っている秘密を漏らすには十分とはどうやらいえないことから，現金の報酬が提示されているのが現状である。

　脱税や福祉の不正請求を含め，政府機関に対する詐欺行為は毎年多くの国々に何十億ドルもの損害を与えているが，多くの人たちは報復を恐れて，知っていることを暴露するのをためらってしまうことがよくある。情報提供に対して報酬を与えることは，明らかにされる程度によるが，人をその気にさせる一番の方法のようだ。このやり方は何年もの間，アメリカで用いられてきたが，現在では他の国々にも採用されている。

正答 4

実践 問題 **124** 基本レベル

頻出度	地上★★★	国家一般職★★★	東京都★★★	特別区★★★
	裁判所職員★★★	国税・財務・労基★★★	国家総合職★★★	

問 下の会話の内容と合致するのはどれか。 （オリジナル）

Tom: Sorry I'm late. Have you been waiting long?

Janet: No problem, I've only just got here myself.

Tom: You wouldn't believe how bad the traffic was. It took me an hour just to get to the station!

Janet: Really? What was the problem?

Tom: Well, you know they're building that new hospital near the college?

Janet: Oh, yeah. Haven't they finished that yet?

Tom: Nowhere near. And now they've blocked off two roads leading into the city, so all traffic has to go via the park.

Janet: What a pain!

Tom: Tell me about it. Well, we should be going in. The show will be starting any second now.

Janet: OK, let me just grab a drink. You've got the tickets, right?

Tom: Right here.

——Copyright© 2009 by TOKYO LEGAL MIND K.K.

1：病院の近くに新しいビルが建設される。
2：駅まで行くのに通常よりも1時間以上かかった。
3：ビル建設のために大学へ通じる道路が通行止めになった。
4：ジャネットはトムの来る1時間も前から待っていた。
5：彼らはこれから映画を見るところである。

実践 問題 **124** の解説 ————————

〈内容把握（会話文）〉

出典　LECオリジナル

1× 6行目に「大学の近くに新しい病院が建設される」ことが述べられている。本肢は内容に一致しない。

2× 3〜4行目にトムが「駅に着くだけで1時間もかかったよ」と述べている。通常より1時間以上かかったのではない。

3× 6行目に，大学の近くで病院が建設されていることが述べられている。また8〜9行目では，市街地に入る道路が通行止めになっているとあるだけで，大学へ通じているかどうかは触れられていない。

4× 2行目でジャネットは「大丈夫よ。私も今ちょうど来たばかりよ」と言っている。

5○ 下から4〜3行目にThe show will be starting any second now.とあり，もうじきshowが始まることが述べられている。showは「映画，芝居，ショー」などの意味がある。よって本肢は内容と一致する。

【全訳】

トム：　　　遅くなってごめんね。ずいぶん待った？

ジャネット：　大丈夫よ。私も今ちょうど来たばかりよ。

トム：　　　交通渋滞が信じられないくらいひどかったんだ。駅に着くだけで1時間もかかったよ。

ジャネット：　本当？　どうしたのかしら。

トム：　　　そうだね，大学の近くに新しい病院が建設されていること知ってるでしょ。

ジャネット：　知ってるわ。まだ完成しないの？

トム：　　　とても終わらないよ。市街地に入る2つの道路が通行止めなので，すべての交通は公園を経由しなければならないしね。

ジャネット：　それは大変だわ。

トム：　　　どうにかしてほしいよ。さて，もう入場しないとね。映画がもうすぐ始まるよ。

ジャネット：　そうね。飲み物買っていくわ。チケット持っているでしょ。

トム：　　　ここにあるよ。

正答 **5**

実践 問題 **125** 〈基本レベル〉

頻出度	地上★★★　国家一般職★★★　東京都★★★　特別区★★★ 裁判所職員★★★　国税・財務・労基★★★　国家総合職★★★

問 次の英文の中で述べられていることと一致するものとして，最も妥当なのはどれか。　　　　　　　　　　　　　　　　　　　　　　（東京都Ⅰ類B2014）

Chile's Michelle Bachelet easily won the presidential runoff* Dec. 15, returning center-left parties to power by promising profound social changes in response to years of street protests.

Bachelet won 62 percent of the vote, the most decisive victory in eight decades of Chilean elections. The resounding* victory will help strengthen her mandate and overcome congressional opposition.

The 62-year-old pediatrician* ended her 2006-2010 presidency with 84 percent approval ratings despite failing to achieve any major changes in her first term.

This time, however, activists vow to hold her to her promises, which include raising corporate taxes to 25 percent from 20 percent to help fund an education overhaul* and changing the dictatorship-era constitution, a difficult goal given congressional opposition.

"The social and political conditions are here and at last the moment has arrived," Bachelet said in her victory speech Dec. 15 in Santiago.　　　(AP*)

（「The Japan Times ST Friday, December 27, 2013」による）

*runoff‥‥決選投票　　*resounding‥‥顕著な
*pediatrician‥‥小児科医　　*overhaul‥‥見直し
*AP‥‥AP通信（Associated Press）

1：バチェレ氏は，何年も続く路上生活者たちの抗議に応え，階級社会の変革を約束し，12月15日，チリの大統領選の決選投票で大勝した。

2：チリの大統領選の決選投票での顕著な勝利は，バチェレ氏の粘り強さをさらに強めるものであり，財界の反対を乗り切る助けになるだろう。

3：62歳の小児科医のバチェレ氏は，重要な改革を何も実現せぬまま2006年から2010年までの大統領任期の1期目を終えた。

4：今回，活動家たちは，バチェレ氏の公約に反対して自分たちが足を引っ張るようなことはしないと断言している。

5：バチェレ氏の公約には，金権政治の時代に定められた憲法を変えることが含まれている。

OUTPUT

実践 ▶ 問題 **125** ▶ の解説 ──────────

第2章 英文

〈内容把握〉

出典：The Japan Times ST（Friday, December 27, 2013）

1 × street protestsとは，街をデモ行進するなどの抗議という意であり，路上生活者たちの抗議であるとは述べられていない。また，profound social changesとは，十分な社会変革という意味であり，階級社会の変革とは述べられていない。

2 × 決選投票での顕著な勝利は，議会の反対に打ち勝つ助けになるだろうと記述されているのであり，財界の反対ではない。

3 ○ 本文の第3パラグラフに説明されていることと一致しており，妥当である。

4 × 今回，活動家たちは，公約を守らせるようにしようと考えている。

5 × 金権政治の時代ではなく，独裁政治の時代の憲法を変えることである。

【全訳】

　チリのミチェル・バチェレは，12月15日の大統領選決選投票に大勝し，中道左派の諸政党が政権に返り咲いた。何年にもわたる街頭抗議に応えて，十分な社会変革を約束したことが勝因であった。

　バチェレは投票数の62％を得た。これは80年にわたるチリの選挙の歴史の中でも最も圧倒的な勝利だった。彼女の任期中の権限はこの完全な勝利によって強固なものになり，議会の反対も押しのけられるだろう。

　この62歳の小児科医は，2006〜2010年の大統領職の1期目ではたいした変革を達成できなかったが，84％の支持率をもって任期を終わらせた。

　しかし今回，政治的に熱心に活動している者たちは，大統領に公約を守らせると宣言している。この公約には，教育見直しの資金確保に役立てるために法人税を20％から25％に上げることと，独裁主義の時代の憲法を改正することが含まれているが，議会の反対を考えると手ごわい目標である。

　「社会的，政治的な環境がここに整い，やっとこの時期が到来したのです」と，12月15日の勝利宣言でバチェレは言った。

【単語サポート】

party	（名）政党	presidency	（名）大統領の任期・地位
promise	（動）約束する	approval ratings	（名）支持率
profound	（形）重大な，深い	vow	（動）宣言する
street protest	（名）街頭抗議	corporate taxes	（名）法人税
vote	（名）投票数，投票結果	constitution	（名）憲法
decisive	（形）圧倒的な，決定的な，明白な		

正答 **3**

頻出度	地上★★★ 国家一般職★★★ 東京都★★★ 特別区★★★ 裁判所職員★★★ 国税・財務・労基★★★ 国家総合職★★★

問 次は，『仮名手本忠臣蔵』に関する文であるが，この内容と合致するものとして最も妥当なのはどれか。 （国税2008）

Kanadehon Chushingura or "The Treasury of Loyal Retainers," is the single most popular play in the Bunraku puppet theatre and kabuki. It is based on a sensational historical incident, but more than just history, the incidents of the play, many of them pure fiction, reveal enduring features of Japanese society: interaction within a group, loyalty and disloyalty, bullying...

The original historical incident is wrapped in mystery. On March 14, 1701, Asano Takumi-no-kami, the lord of the small domain of Ako, was performing his duties as one of the representatives of the shogun to receive emissaries[1] from the imperial court. Suddenly he drew his sword and attacked Kira Kozuke-no-suke, the chief of ceremonies for the shogun. Asano's motives are completely unknown and explanations range from bullying and insulting behavior by Kira, if perhaps Asano did not bribe him sufficiently, to a burst of insanity. It was strictly forbidden to draw swords in the shogun's palace, but Asano's fate was sealed by the fact that this particular ceremony was especially important to Tsunayoshi, the rather hysterical shogun of the time. Tsunayoshi was seeking unprecedented honors for his mother from the imperial court and was waiting anxiously for the answer. He was furious at the violent incident and ordered Asano to commit ritual suicide within the day and his domain confiscated. He also disregarded the time-honored[2] rule that both parties in a fight be punished, letting Kira go and even praising him for not fighting back.

Then, on December 14, 1702, some former retainers of Asano under the leadership of chief retainer Oishi Kuranosuke attacked Kira's mansion and killed and beheaded him. Although samurai were dominant in Edo society, by this time, it had been nearly a century since there was any warfare for warriors to prove themselves. The vendetta[3] of the Ako retainers was a sensation and proved that samurai ideals were still alive.

（注）[1] emissary：使者 [2] time-honored：昔ながらの，由緒ある [3] vendetta：復讐，仇討ち

1：赤穂藩は小藩であったが，江戸城内で起きた事件を知らせる将軍の使者が到着したときは，伝統的な格式に従って使者を迎えた。

2：浅野内匠頭が，突然，江戸城内で刀を抜いて吉良上野介に斬りかかったのは，将軍綱吉の母の葬儀が終了した直後であった。

3：将軍綱吉にとって重要な儀式が執り行われていたその日，刃傷沙汰が起きたことに対して綱吉は激怒し，浅野内匠頭を即日厳罰に処した。

4：大石内蔵助ら浅野内匠頭の遺臣が吉良上野介の屋敷を襲撃したとき，吉良の家臣たちは果敢に応戦したが，その多くは討たれてしまった。

5：『仮名手本忠臣蔵』は，実際に起きた事件について，討ち入りの関係者からの取材を経て書かれ，比較的史実に近い内容の作品となった。

実践 問題 **126** の解説

〈内容把握〉

出典　大島明『第231回歌舞伎公演　「仮名手本忠臣蔵」解説書』（平成14年11月）国立劇場

1 ✕　本文第2パラグラフで，迎えることになっていたと述べられている使者は朝廷からの使者であり，将軍からの使者ではない。

2 ✕　本文第2パラグラフには，浅野内匠頭が吉良上野介に斬りかかったのは，朝廷からの使者を待っている時であったと述べられており，綱吉の母の葬儀後ではない。

3 ◯　本文第2パラグラフ12行目からの文に，「彼は暴力的な事件に激怒し，当日中の切腹を浅野に命じ」たと述べられている。本肢はこの内容と合致する。

4 ✕　本文第3パラグラフに赤穂浪士による吉良邸討ち入りについての記述があるが，その多くが討たれてしまったという記述はない。

5 ✕　本文第1パラグラフに，『仮名手本忠臣蔵』の大部分がフィクションであると述べられている。このため，本肢はこの内容と矛盾する。

【全訳】

　『仮名手本忠臣蔵』は，文楽や歌舞伎で最も人気のある演目である。それは衝撃的な歴史的事件に基づいているが，単なる史実ではない。芝居での事件は，多くが純粋なフィクションであるものの，集団内の相互作用，忠誠心，反目，いじめなどの日本社会の長く続く特徴を明らかにしている。

　オリジナルの歴史的事件は謎に包まれている。1701年3月14日に，赤穂の小さな領地の領主である浅野内匠頭は，朝廷から使者を迎えるために将軍の代表の一人として職務を行っていた。突然彼は刀を抜き，将軍のための儀式の長を務めていた吉良上野介を攻撃した。浅野の動機はまったく不明だ。おそらく浅野は吉良に十分に賄賂を送っておらず，それにより吉良によるいじめや侮辱的な行動があったのではないかということから，急に気がふれたのではないかということまで，さまざまな説明がある。将軍の居城で刀を抜くことは厳に禁止されていたが，浅野の運命は，当時のかなりヒステリックな将軍，綱吉に特にこの儀式が重要であったという事実によって，決定的となった。綱吉は朝廷から母親のために前例のない特別な栄誉を求め，その返答を心配そうに待っていたところだったのである。彼は暴力的な事件に激怒し，当日中の切腹を浅野に命じ，彼の領地は没収された。彼はまた喧嘩両成敗という由緒ある規則を無視し，吉良にとがめなしとし，さらには反撃しなかったということで彼を賞賛した。

　その後，1702年12月14日に，家老大石内蔵助の指揮のもと，浅野の一部の元家臣は，吉良の邸宅を襲撃し，吉良を殺害し斬首した。侍は江戸社会で支配的だったが，この時点で，侍が戦士としての自分自身を示す戦いに明け暮れていた時代から，百年近くも経過していた。赤穂浪士の仇討ちは衝撃であるとともに，侍の

OUTPUT

思想がまだ生きていたことを証明した。

【単語サポート】

play	(名) 劇 (動) 遊ぶ, スポーツをする		insanity	(名) 狂気, 精神錯乱
sensational	(形) 衝撃的な		strictly	(副) 厳しく
incident	(名) 事件		forbid	(動) 禁止する
reveal	(動) 明らかにする		seal	(動) [運命などを] 決定する, 調印する, シールをはる
enduring	(形) 長く続く		seek	(動) 求める
feature	(名) 特徴		unprecedented	(形) 前例のない
interaction	(名) 相互作用		honor	(名) 栄誉, 名誉
loyalty	(名) 忠誠心		anxiously	(副) 心配そうに
disloyalty	(名) 反目		furious	(形) 激怒している
bully	(動) いじめをする		commit	(動) 罪を犯す
wrap	(動) 包む		ritual	(形) 儀式的な
domain	(名) 領地		suicide	(名) 自殺
perform	(動) 仕事などを行う		confiscate	(動) 没収する
representative	(名) 代表		disregard	(動) 無視する
imperial court	(名) 朝廷		punish	(動) 罰する
sword	(名) 刀, 剣		letting Kira go ~	(文法) letting以下は分詞構文。goは原形不定詞。「行かせた」が直訳であり, そこから,「とがめなかった」という意味になる。
chief	(名) 長, 頭, チーフ		praise	(動) 賞賛する (名) 賞賛
ceremony	(名) 儀式		former	(形) 元の, 前の, 前者
motive	(名) 動機		retainer	(名) 家臣, 家来
explanation	(名) 説明, 解釈		mansion	(名) 邸宅, マンション
range	(動) 及ぶ, またがる, 広がる		behead	(動) 斬首する
insulting	(形) 無礼な		prove	(動) 示す, 証明する
bribe	(動) わいろを贈る, 買収する (名) わいろ		warfare	(名) 戦い, 戦争
sufficiently	(副) 十分に		ideal	(名) 思想, 理想
burst	(名) 爆発			

正答 3

実践 問題 127 基本レベル

頻出度	地上★★★ 国家一般職★★★ 東京都★★★ 特別区★★★
	裁判所職員★★★ 国税・財務・労基★★★ 国家総合職★★★

問 次の文の内容と合致するものとして最も妥当なのはどれか。

(国家一般職2015)

Homework is the bane* of schoolchildren worldwide, but is still pushed on kids by parents and educators. Is the battle really necessary?

Kids around the world are still racking up plenty of hours on homework. According to a recent study by the Organization for Economic Cooperation and Development, kids in Shanghai top the global study league with an average of 13.8 hours per week, nearly three times the OECD average of 4.9 hours. Children in Australia and the United States did around six hours a week of homework set by teachers, while those in Japan reported a surprisingly low 3.8 hours. However, Japanese kids do a lot more extra work in juku (cram) tuition, which helps prepare for future school entrance examinations.

Does all that extra work pay off? Based on the latest 2012 Program for International Student Assessment (PISA) survey of 15-year-old students, Asian teens outperformed the rest of the world, with those in Shanghai, Singapore, Hong Kong, Taiwan, South Korea, Macau and Japan the top performers. Among the OECD countries that took part in PISA, Japan ranked first in reading and science and second in mathematics performance, continuing its strong record. By contrast, Australian students ranked 17th in maths, 10th in reading and eighth in science, falling further behind its Asian neighbours. And when it comes to our kids' future, studying more pays off in the long run. A tertiary-educated worker in Japan typically earns around 52 percent more over the course of his or her working life than someone whose highest qualification is high school.

But all work and no play makes Jack (or Taro) a dull boy. Researchers advise parents to spend time on physical activity with their kids, to ensure children lead healthy lifestyles. So next time your kids complain about homework, just remind them it is for their ultimate benefit. But also spend time having a walk, run or swim, because kids need all the power they can get to rule the world.

(注) ＊bane：悩みの種

OUTPUT

1：上海のトップレベルの学校に通う子どもの自宅学習時間は週に13.8時間で，O
ECD加盟国の平均より4.9時間も長かった。

2：日本の子どもは学習塾でたくさん勉強している一方で，学校の宿題をする時間
はオーストラリアや米国の子どもより短かった。

3：2012年のPISAの調査結果によると，日本はアジアの中では上位の成績だっ
たが，欧米諸国には後れをとっていることが分かった。

4：日本では，高等教育を受けた労働者の52％は，自らの生涯給与が長時間の労
働に見合っていないと感じている。

5：遊びに費やす時間を勉強に振り向けることが，結局は子ども自身の利益になる
ということを，親は子どもに思い出させる必要がある。

実践 問題 127 の解説

〈内容把握〉

出典　Anthony Fensom "Loving homework" The Japan Times ST, November 7, 2014

1× 第2パラグラフで「上海の児童が平均週13.8時間で世界的な学習競争のトップである」と述べられているが,「上海のトップレベルの学校に通う子ども」ということではない。また,「4.9時間というOECD平均の約3倍弱である」と述べられているので「OECD加盟国の平均より4.9時間も長かった」ということでもない。

2○ 第2パラグラフで「オーストラリアとアメリカの子どもは教師に出された宿題を週6時間くらいする。その一方で日本の子どもはなんと,3.8時間という低さだという。しかし,日本の子どもは塾でもっとたくさんの勉強をしており」とあるので妥当である。

3× 第3パラグラフに「2012年度学習到達度調査（PISA）によると,アジアの10代は世界の他の地域よりも優れており,上海,シンガポール,香港,台湾,韓国,マカオ,日本の学生がトップを占めている。PISAに参加しているOECD加盟国で,日本は読解と科学で1位,数学的能力で2位であり,好記録を続けている」とあるが,「欧米諸国には後れをとっていることが分かった」とは述べられていない。

4× 第3パラグラフに「日本では,大卒労働者は高卒労働者より生涯賃金で約52％以上稼ぐのが典型的である」とあるが,「高等教育を受けた労働者の52％は,自らの生涯給与が長時間の労働に見合っていないと感じている」とは述べられていない。

5× 最終パラグラフで「だから次に子どもが宿題に文句を言ったときには,宿題が究極的には子ども自身のためになることを思い起こさせればよい。しかし,散歩,ランニング,水泳などの時間も設けよ」と述べられているので,「遊びに費やす時間を勉強に振り向けること」を勧めているわけではない。

【全訳】

　宿題は世界中の生徒の悩みの種であるが,親や教師によっていまだに課されている。そうした戦いは実際のところ必要なのだろうか。

　世界中の子どもが宿題に多くの時間をとられている。経済協力開発機構（OECD）による最近の研究では,上海の児童が平均週13.8時間で世界的な学習競争

のトップである。これは，4.9時間というOECD平均の3倍弱である。オーストラリアとアメリカの子どもは教師に出された宿題を週6時間くらいする。その一方で日本の子どもはなんと，3.8時間という低さだという。しかし，日本の児童は塾でもっとたくさんの勉強をしており，これが将来の入学試験の準備に役立つ。

こうした課外勉強はみな割に合うのか。15歳の生徒に関する最新の2012年度学習到達度調査（PISA）によると，アジアの10代は世界の他の地域よりも優れており，上海，シンガポール，香港，台湾，韓国，マカオ，日本の学生がトップを占めている。PISAに参加しているOECD加盟国で，日本は読解と科学で1位，数学的能力で2位であり，好記録を続けている。これに対して，オーストラリアの生徒は数学で17位，読解で10位，科学で8位であり，アジアの隣国に遠く及ばない。そして我々の子どもの将来ということになると，より多くの勉強は長期的に見れば割に合う。日本では，大卒労働者は高卒労働者より生涯賃金で約52%以上稼ぐのが典型的である。

しかし，勉強ばかりして遊ばないと子どもは駄目になる。研究者は親に，子どもが健康な生活を送れるよう，子どもと運動する時間をつくるよう勧めている。だから次に子どもが宿題に文句を言ったときには，宿題が究極的には子ども自身のためになることを思い起こさせればよい。しかし，散歩，ランニング，水泳などの時間も設けよ。子どもには世界を統べるのに手に入れられるあらゆる力が必要なのだから。

【単語サポート】

rack up	(熟)［損失を］重ねる，［利益を］得る	outperform	(動) ～より優れている
plenty	(形) 多くの	qualification	(名) 学歴，資格
according to	(熟) ～によると	dull	(形) 駄目な，つまらない，鈍い
tuition	(名) 授業	ensure	(動) 確実にする
prepare	(名) 準備	complain	(動) 文句を言う
pay off	(熟) 割りに合う	rule	(動) 思いのままにする，支配する

正答 2

実践 問題 **128** 基本レベル

頻出度	地上★★★ 国家一般職★★★ 東京都★★★ 特別区★★★
	裁判所職員★★★ 国税・財務・労基★★★ 国家総合職★★★

問 次の文の内容と合致するものとして最も妥当なのはどれか。 （国税2008）

What kind of pants would you choose to go with a navy blue jacket and a white shirt? My guess is that most Japanese men would choose something in a pale color, such as light-gray summer wool trousers or beige chinos.

The same cannot be said for their Italian counterparts, who often prefer shocking red or orange pants — at least the ones I met in Italy during a business trip I made this spring.

To me, they were prepared to don unique color coordinations that few Japanese would even think of adopting.

Even in other parts of the world, when I talked to men wearing red or orange pants, I discovered that many were Italian.

"I wear red pants because red expresses passion," said an Italian man in his late 40s wearing tight red pants. With his brown shoes, they appeared quite fashionable.

I have heard Christians say red symbolizes love and blue signifies intelligence. Priests often wear red garments. In light of this, Italians, many of whom are Roman Catholic, may be used to red clothes.

As this Italian fashion becomes familiar to Japanese, word is spreading quickly about the trend. Recently, many Italian boutiques in Japan have started selling red and orange pants. However, these bright-colored pants have yet to gain popularity among Japanese men. "Such pants are less popular than black or beige ones, and few middle-aged or elderly men buy red or orange pants," a shop clerk said.

It may be some time before Japanese men work up the courage to wear pants in such bright colors. Italian fashion trends are sometimes not easy to accept.

(The Daily Yomiuri 2007/ 5 /29)

OUTPUT

1：日本人の中高年男性の間では，赤やオレンジなど明るい色のズボンをはくことが一部で流行になりつつあり，その勇気ある行動が話題になっている。

2：細くて赤いズボンをはいた，ある40代後半の日本人男性は「赤は愛情を表す色なので，私は赤い色のズボンをはくのです。」と言っていた。

3：キリスト教では，青色は知性を表す色であるため，カトリック教徒の多い欧米では，宗教的儀式の場では，赤色の服よりも青色の服を好んで着る人が多い。

4：最近では，日本にある多くのイタリアンブティックで赤やオレンジのズボンを販売し始めているが，日本人男性の間では，いまひとつ人気がない。

5：多くのイタリア人の若者は赤やオレンジの明るいズボンを好む傾向があるが，中高年になるにつれて淡い色を選ぶようになる。

実践 ▶ 問題 128 の解説

〈内容把握〉

出典 "Hot Pants: Wear red the Italian way" The Daily Yomiuri 2007/5/29

1× 最後から2番目のパラグラフに，日本人の中高年男性は赤やオレンジのズボンをほとんど買わないと述べられている。また，最後のパラグラフに，日本人男性にはそのような明るい色のズボンをはく勇気はまだない，とも述べられている。

2× 2つの誤りがある。1つは，本肢の男性は日本人でなくイタリア人である。また，彼が赤いズボンをはく理由は，赤が愛情ではなく「情熱（passion）」を表すためである。

3× 本肢の前半，「キリスト教では，青色は知性を表す色である」という記述は本文中で述べられているが，本肢の後半については本文中ではまったく触れられていない。

4○ 正解。第7パラグラフに書かれている。

5× 本文では，イタリア人の年代別の好みについてはまったく触れられていない。

【全訳】

　濃紺色のジャケットと白いシャツに合わせるとしたら，どんなズボンを選びますか？　私の推測では，たいていの日本人男性は何か淡い色のものを選ぶと思います。たとえば，色はライトグレーで生地はサマーウールの長ズボン，あるいはベージュのチノパンなど。

　同じことをイタリア人男性に対しては言うことはできないでしょう。イタリア人男性はしばしば鮮やかな赤やオレンジのズボンを好むものです。少なくとも，私が今春，イタリアに出張したときに出会った男性たちはそうでした。

　私が思うに，イタリア人男性は，ほとんどの日本人男性が取り入れないような個性的なカラー・コーディネーションの服を身に着ける心構えができているのです。

　イタリア以外の国にいる場合でも，赤やオレンジのズボンをはいている男性に話してみると，その多くはイタリア人でした。

　「私が赤いズボンをはくのは，赤が情熱を表すからです」と，赤い細身のズボンをはいた40代後半のイタリア人男性は言いました。彼の赤いズボンと茶色い靴の組合せは，とても今風のものに見えました。

　私は，キリスト教徒が，赤は愛を象徴し，青は知性を表す，というのを聞いたことがあります。司祭はよく赤い衣服を身に着けています。このことを踏まえると，イタリア人男性は，多くがローマ・カトリック教徒であるので，赤い服に慣れているのかもしれません。

　このようなイタリアのファッションが日本人に身近なものになるにつれて，その流行に対する評判も急速に広まってきています。最近，日本にある多くのイタリアのブティックは赤やオレンジのズボンを売り始めています。しかし，こういった明るい色のズボンはまだ日本人男性の人気を獲得してはいません。「そういったズボンは，黒やベージュよりも人気がありませんし，中高年男性のほとんどは赤やオレンジのズボンを買いません」とある店員が言っていました。

　日本人男性がそんな明るい色のズボンを着る勇気を発揮するまでには，もうしばらく時間がかかるかもしれません。イタリア・ファッションの流行は，ときには，受け入れるのが簡単ではないのです。

【単語サポート】

trouser	（名）ズボン	adopt	（動）取り入れる，採用する
beige	（形）ベージュ色の	express	（動）表す，表現する
chino	（名）チノパン	signify	（動）意味する
counterpart	（名）対応する人，対応するもの	garment	（名）衣服
prefer	（動）好む	boutique	（名）ブティック，衣服屋
don	（動）着用する	clerk	（名）店員

正答 4

実践 問題 **129** 〈 基本レベル 〉

頻出度	地上★★★ 国家一般職★★★ 東京都★★★ 特別区★★★
	裁判所職員★★★ 国税・財務・労基★★★ 国家総合職★★★

問 次の文の内容と合致するものとして最も妥当なのはどれか。　(国Ⅰ2007)

Although the Edo Period (1603-1867) is known as the period of Japan's self-imposed national isolation, the fact that diplomatic relations were maintained with China and the Netherlands as trading nations and with Korea and the Ryukyu Islands as friendship nations, means the description is somewhat simplistic. During the period, king's envoys were dispatched to Japan from both of the friendship nations, Korea and the Ryukyu Islands. The Korean envoys were called tsushinshi, a term suggesting the idea of goodwill. The envoy system was thus a symbol of peace and goodwill founded on a relationship of trust between the Japan and Korea of the Edo period.

The invasion of Korea by the Japanese ruler Toyotomi Hideyoshi was brought to a halt by his death, but not before war had devastated the Korean nation. His successor in power, Tokugawa Ieyasu, who refrained from military missions to Korea, reestablished diplomatic relations through negotiations with Songun Daesa Yuchong*, and the Tokugawa feudal regime thereafter attached great importance to the welcoming of the Korean envoys, which was the occasion for one of the grandest ceremonies during the reign of each shogun. In the roughly two hundred years between 1607 and 1811, twelve Korean envoy missions came to Japan. Thus, each time the Tokugawa regime had an especial celebration or inaugurated a new shogun, an envoy mission was sent to present the credentials of the Korean king and receive the reply of the shogun.

《中略》

Each mission counted three envoys proper: the seishi (chief envoy), fukushi (vice-envoy) and the jujikan (overseer), who were accompanied by painters, physicians, interpreters and musicians in a huge delegation of four to five hundred. The mission started out from Hanseong (now Seoul) and spent more than six months on the return journey of some 3,000 kilometres. These visits had a great impact on all levels of the Japanese populace: their fleets and processions were greeted with wild enthusiasm by the common people, and at the various stations of their progress, the envoys would hold large gatherings with local men of letters at which they practised written exchange through Chinese characters and mutual composition and recital of verse and prose.

（注）＊ Songun Daesa Yuchong：松雲大師惟政（朝鮮の高僧）

1：徳川家康の招きにより朝鮮の高僧が訪日したことへの返礼として，朝鮮国王への親書とともに幕府は朝鮮へ大使節団を派遣した。

2：朝鮮から派遣された使節団は，日本に6か月間滞在した。その間，幕府は何百人もの画家・音楽家などを動員して，盛大に儀式を執り行った。

3：日本，朝鮮，琉球の3国間では，相互に使節団の派遣が行われたが，朝鮮から琉球へ派遣されたものが，回数も人数も最も多かった。

4：朝鮮からの使節団は，民衆からの熱狂的な歓迎を受け，日本各地の文人たちとの間で，筆談や詩文の交換などが盛んに執り行われた。

5：朝鮮との交流は鎖国下でも続けられており，朝鮮の国王が替わるたびに，朝鮮と日本との間で，大規模な使節団が相互に派遣された。それは江戸時代を通じて，12回行われた。

実践 問題 **129** の解説 ───────────────

〈内容把握〉

出典　京都文化博物館『「こころの交流　朝鮮通信使」展　図録』

1✕　第2パラグラフに，朝鮮の高僧を通じて外交交渉に携わったことが述べられている。また同パラグラフ後半部分には「このように徳川幕府が特別の祝典や新将軍の就任の度に，使節団は朝鮮国王の親書を携え，将軍の返書を受け取るために派遣された」と述べられ，本肢の内容とは合致しない。

2✕　第3パラグラフに「彼らは漢城を出発し，6カ月以上かけて往復約3,000キロを旅した」と述べられている。日本に6カ月滞在したわけではない。the return journeyは「漢城を出発し，江戸を訪れ，再び漢城に戻っていくまでの旅」という意味。

3✕　琉球王国に関しては，第1パラグラフに，鎖国時代の日本において朝鮮と琉球王国とは友好国関係を維持していたことが述べられているが，相互に派遣が行われたことも，最も多かったのはどれかという記述もない。

4○　第3パラグラフに「彼らの船団と行列は一般市民の大変な熱狂の中迎えられ，彼らの立ち寄るさまざまな土地では，使節団は地元の文人たちと集い，漢字を用いて筆談でやりとりを行い，相互の作品，韻文や散文の朗読など盛んに披露しあった」と述べられている。本肢は内容と合致する。

5✕　第2パラグラフの後半部分に述べられているように，徳川将軍が替わるたびに朝鮮から使節団が派遣されたのであり，本肢は内容と合致しない。

【全訳】

　江戸時代は日本が自ら鎖国を課した時代として知られているが，中国とオランダとは貿易国として，朝鮮と琉球王国とは友好国として外交関係が維持されたという事実を見ると，その記述はある意味単純すぎる。その時代には，友好国として朝鮮と琉球王国の両国から国王の使節団が日本に派遣された。朝鮮使節団は通信使とよばれていたが，これは親善・厚情の意味を示唆する語である。この使節の制度はこのように平和と親善の象徴であり，江戸時代の日本と朝鮮間の信頼関係の上に基づくものであった。

　当時の日本の支配者である豊臣秀吉による朝鮮侵攻は秀吉の死によって中止されたが，すでに朝鮮国内は大きな戦禍を被っていた。秀吉の権力上の継承者である徳川家康は，朝鮮への軍事的派遣は取りやめ，松雲大師惟政との交渉を通して外交関係を再び樹立した。そして，徳川政権はその後，朝鮮使節の歓迎に重大な

関心を寄せた。これは代々の徳川政権下で，盛大な行事の1つとなった。1607年から1811年までのおよそ200年にわたり，12回の朝鮮通信使が日本を訪れた。このように徳川幕府が特別の祝典や新将軍の就任の度に，使節団は朝鮮国王の親書を携え，将軍の返書を受け取るために派遣された。

《中略》

　各使節団は3名の正式な公使がいた。つまり正使，副使，そして従事官である。彼らは画家，医師，通訳，そして楽士の，400から500名を伴っての大代表団であった。彼らは漢城（現在のソウル）を出発し，6カ月以上かけて往復約3,000キロを旅した。彼らの来日は日本のあらゆる階層の民衆に大きな影響を与えた。彼らの船団と行列は一般市民の大変な熱狂の中迎えられ，彼らの立ち寄るさまざまな土地では，使節団は地元の文人たちと集い，漢字を用いて筆談でやりとりを行い，相互の作品，韻文や散文の朗読など盛んに披露しあった。

正答 4

実践 ▶ 問題 **130** ◁ **基本レベル**

頻出度	地上★★★　国家一般職★★★　東京都★★★　特別区★★★
	裁判所職員★★★　国税・財務・労基★★★　国家総合職★★★

問 次の英文の内容に合致するものとして最も妥当なものはどれか。

(裁判所職員2020)

　The Japanese are said to be skillful with their hands. Of course there is no rule without exceptions, but it is true that even an elementary school child knows how to make a crane or a helmet by folding paper. A foreigner who does not know anything about Origami at all would be impressed by what can be made out of a single piece of paper.

　Simple Origami originated in the era of Prince Shôtoku-taishi (574-622) when the method of paper production was introduced to Japan by Tan Zhi (a Korean priest). Traditionally, the actions of 'break,' 'fold' and 'tie' were closely related to religion or ceremony. The ancient people developed certain rules for paper folding because such folded paper was used on formal and sacred occasions. In the Muromachi period (1333-1568), when the Shogun family established the official manners, the Ogasawara family and the Ise family established the rules for ceremonial ornaments (made of folded paper) and gift-wrapping. They declared that the rules should be passed on as a family secret only by certain select people.

　It was important that the gift-giver wrap the gift in such a way that its contents could be easily guessed. So he had to wrap the gift to show the shape of the thing inside, or wrap it with an opening so that the receiver could see it before removing the wrapping. When the gift inside was very small, the giver needed to write the name and the quantity of the gift on the wrapping paper.

　According to the textbook of manners for the Emperor's palace, 'The paper used for the gift must be of high quality and made of *Kôzo* (mulberry paper).' And at a wedding or any other special and important occasions, it must be two-layered. First fold the left side and then the right side. When the gift is cash or another small article, also fold the top and bottom to the backside. When it is an unfortunate occasion such as a funeral, use only one sheet of paper, and the left side must go over the top of the right side.

　From the time of the Muromachi period, the material used for letters was also called Origami. This Origami was folded once in the middle, and then sideways along its length. This style was used for certificates of experts' valuation of goods. The expression, '*Origami-tsuki*' (with Origami) derives this use, and it means, 'If a thing comes with Origami, you can trust it.'

(山本素子『日本の伝統文化 Understanding Cultural Treasures of Japan』より)

1：日本人の小学生ならば，誰もがおりがみで鶴や兜を作ることができる。

2：日本に初めておりがみを紹介し，広めたのは，聖徳太子だという説がある。

3：紙を折る行為は宗教や儀式と深くかかわっていたため，その方法は秘伝とされ，礼法を司る家の長男だけが教えられた。

4：贈り物をするときは，相手に中身がわからないように，紙を二重にして包むことが求められた。

5：専門家が書いた品物の価値を証明する手紙にもおりがみが使用されており，この使用方法が「折紙付き」という表現の語源となった。

実践 問題 **130** の解説 ——————————————

〈内容把握〉

　出典　山本素子『日本の伝統文化 Understanding Cultural Treasures of Japan』IBCパブリッシング

1×　本肢の「誰もが」の部分に誤りがある。本文第１パラグラフを受けた肢であるが，おりがみで鶴や兜を折れる小学生について，「例外はあるが」と前置きがあり，本肢はこの内容に反している。

2×　第２パラグラフを受けた肢であるが，おりがみは聖徳太子の時代に起源があると述べられているにすぎず，聖徳太子が広めたとは述べられていない。

3×　「長男」という部分に誤りがある。本肢は第２パラグラフ最終文を受けた肢であるが，礼法を受け継ぐのは特別に選ばれた人物であると述べられており，それが長男に限られているとは述べられていない。

4×　紙を二重にするという内容は，第４パラグラフで，婚礼などの際に二重にすると述べられているにとどまっている。また，第３パラグラフには「中身が容易に予想できるような方法で贈り主が贈り物を包むことが大切であった」と述べられているので，本肢とは合致しない。

5○　最終パラグラフの内容と合致している。

【全訳】

　日本人は手が器用だと言われている。もちろん例外はあるが，小学生でさえおりがみで鶴や兜を折るやり方を知っている。おりがみについて何も知らない外国人は一枚の紙切れから何が作れるのかを知れば感銘を受けるだろう。

　元のおりがみは，曇徴によって紙の製法が日本に伝えられた聖徳太子の時代に起源がある。伝統的に，「破る」，「折る」，「つなぐ」といった行為は，宗教や儀式と密接な関係があった。古代の人々は，紙の折り方に明確な作法を定めた。それは，このような折られ方をした紙が，公の場で神聖な行事が行われる際に使われたからである。室町時代には，将軍家が公式の礼法を確立し，小笠原家と伊勢家はおりがみで作られる儀式的なオーナメントや贈り物の包装の礼法を確立した。彼らは，その礼法を家の秘伝として，特別に選ばれた者のみが継承していくべきものであるとした。

　中身が容易に予想できるような方法で贈り主が贈り物を包むことが大切であった。ゆえに，受け取り主が包装をとるまえにそれが何なのかがわかるよう，中身の形がわかるように包装したり，隙間を開けて包装したりしなければならなかった。

OUTPUT

贈り物の中身がとても小さい場合は，贈り主は名前と中身がどれくらい入っているかを包装紙に記載する必要があった。

　天皇家の礼法の教本によると，「贈り物に使われる紙は質の良いもので，楮から作られたものでなければならない。」とある。そして，婚礼などの特別な行事には，二重になっていなければならない。まず，左折り，次に右折りである。贈り物が現金や小物の場合，上下を裏側へ折る。葬儀などの弔事に際しては，紙1枚を用いて，紙の左側が右側の一番上にかぶさるように左前になっていなければならない。

　室町時代より，手紙に用いられるものも，おりがみと呼ばれた。このおりがみは，真ん中で一度折られ，その線に沿って横が折られた。このスタイルは専門家による品物の価値の証明に用いられた。「折紙付き」という表現は，この使用方法が起源であり，「おりがみと共に贈られてきたら，それは信用できるものだ。」という意味である。

【単語サポート】

exception	（名）例外，除外，異議	declare	（動）発表する，断言する，明らかにする
originate	（動）起源となる，起こる，始まる	quantity	（名）量
era	（名）時代，年代，時期	cash	（名）現金 （動）現金に換える
religion	（名）宗教，信仰	article	（名）品物，物，記事，論文，規約，契約
ceremony	（名）儀式，礼儀，作法	certificate	（名）証明，証明書，免許状
sacred	（形）神聖な	valuation	（名）価値，評価，査定額
occasion	（名）時，場合，行事，出来事，機会，理由，根拠	derive	（動）起源がある，受け継ぐ，〜から得られる
period	（名）時代，期間，終止符		

正答 5

頻出度	地上★★★	国家一般職★★★	東京都★★★	特別区★★★
	裁判所職員★★★	国税・財務・労基★★★	国家総合職★★★	

問 次の文の内容と合致するものとして最も妥当なのはどれか。 （国税2009）

Even if the speaker and the listener know the same language, communication can never be perfect. The problem of perfect communication lies on both sides of the interaction.

First, there is a fundamental limit to expressing one's thoughts in words that is imposed by the tool of language itself. We may not be aware of this limitation, because we apply the tool we know so unconsciously, but assiduous learners of Japanese become aware, in time, that the Japanese often express different thoughts and feelings than those that can be expressed in English (for instance, politeness levels). Of course, this holds true in the opposite direction as well.

Second, speakers often cannot perfectly express their thoughts in language — this is an issue of the skill of the language user.

Third, the speaker's concept of a thing is quite subjective and can hardly be shared completely by others via whatever the means may be; sometimes the listener and the speaker, even though they share the same language, may have a different idea about what words mean.

Fourth, the listener may not hear, or may mishear, some parts of what was said, or may forget some parts of it.

Fifth, even if the listener has heard perfectly well, he or she generally cannot form exactly the same thought that the speaker had in mind, except maybe between experts using highly technical language.

So, language is in no way perfect for communication. Indeed, knowing what another person is thinking — truly understanding them — is one of the hardest tasks of human social interaction, even when language is shared. Nevertheless, we humans continue to use it; we constantly seek to be understood.

Why do we try to communicate at all? What does communication mean to us?

These are some of the most basic questions about the nature of human life. People are social animals. Like most animals, we require connection with other members of our species to prosper. As a basic observation it makes sense to recognize the urge to communicate as an essential survival mechanism.

直前復習

OUTPUT

Humans have always asked themselves, in some form, the question "What makes living worthwhile?" Apart from the physical requirements of food, water and shelter for survival, I believe that, spiritually speaking, communication is the most essential desire we have for living.

1：話し手と聞き手とが理解し合うためには，少なくとも同じ種類の言語を使用する必要がある。

2：人間は社会的動物であり，繁栄するために同じ種の仲間とのつながりを必要としている。

3：聞き違いや聞いた内容を忘れることがなければ，コミュニケーションは完全に成立し得る。

4：異なる言語間の共通性は，勤勉な学習によってこそ理解できるようになるものである。

5：人間にとってコミュニケーションは，水や食料よりも生きるために重要なものである。

実践 問題 **131** の解説 ─────────────────

〈内容把握〉

出典　Shigekatsu Yamauchi "Japanese in Depth/Live to communicate!" The Daily Yomiuri 2008/5/20（抜粋）

1 ✕ 第1，第4，第7パラフラフで，「話し手と聞き手は，たとえ同じ言語を共有している場合でも，理解し合えないことがある」と筆者は述べている。この点から，本肢のような見解を「推測」してしまいがちではあるが，ここでの「推測」はあくまで主観に基づくものであり，確実に本文と合致するとはいえない。本文で明示的に述べられている選択肢を選ぶこと。

2 ○ 正解。最後から2番目のパラグラフ，1～3行目で明示的に述べられている。本文は最後から3番目のパラグラフを境に議論が展開している（前半は「コミュニケーションが不完全な理由」，後半は「人がコミュニケーションを求める理由」）が，本文のように比較的長い文章の場合，話の展開をしっかりと押さえておくと，選択肢と本文を照らし合わせるときに効率的である。

3 ✕ 本文の前半では，コミュニケーションが完全には成立しえない理由が5つ挙げられている。聞き違いや聞き忘れは4番目の理由として述べられているが（第5パラグラフ），これはあくまで5つある理由のうちの1つにすぎない。そのため，「聞き違いや聞いた内容を忘れることがなければ，コミュニケーションが完全に成立し得る」とはいえない。

4 ✕ 第2パラグラフの3～5行目，勤勉な学習者は，日本語と英語では表現できる考えや感覚が異なることに気づけるようになると述べられている。つまり，勤勉な学習によって理解できるようになるのは，異なる言語間の「共通性」ではなく，むしろその「差異」である。

5 ✕ 最後のパラグラフの2～4行目で，確かに「水や食料」と「コミュニケーション」が対照的に取り上げられているが，筆者はどちらがより重要であるかを比較しているわけではない。筆者は，「水や食料」は「物理的（physical）」に必要である一方，「コミュニケーション」は「精神面（spiritually）」で最も根本的であるとして，別のカテゴリーとして取り扱っている。Apart from（〜を別にすれば）を見落とさず，その意味をしっかり押さえること。

【全訳】

　たとえ話し手と書き手が同じ言語を知っていたとしても，コミュニケーションは決して完璧ではありえない。完璧なコミュニケーションの課題は，会話の当事

者双方に存在している。

第一に，自分の考えを言葉で表現することには根本的な限界がある。これは言語という道具それ自体によって課される限界である。私たちは，無意識にしか知らないこの道具のことを利用しているために，その限界に気づいていないかもしれない。しかし，勤勉な日本語学習者は，日本人はしばしば，英語で表現できるのとは違った考えや感覚を表現しているということに気づく（たとえば，礼儀正しさの程度など）。もちろん，逆もまた然りである。

第二に，話し手はたいてい，完璧に自分の考えを言語で表現することはできない。これは，言語使用者のスキルの問題である。

第三に，話し手があるものについて持っている概念は，極めて主観的で，どんな手段をもってしても，他人と完全に共有することは不可能に近い。たとえ聞き手と話し手が同じ言語を共有していたとしても，時に，両者は言葉が意味するものについて異なる認識を持っているかもしれないのだ。

第四に，聞き手は言われたことの一部を聞いてない，あるいは聞き間違えているかもしれないし，また，忘れてしまう部分もあるかもしれない。

第五に，たとえ聞き手が完璧に聞きとっていたとしても，一般的に聞き手は話し手が考えていたこととまったく一致するような考えを抱くことはできない。専門家同士で非常に専門的な言語を使用するような場合は例外かもしれないが。

以上から，言語は決してコミュニケーションにとって完璧なわけではない。実際，他人が考えていることを知る（正しく理解する）ことは，たとえ言語が共有されている場合であっても，人間の社会的相互作用の中で最も骨の折れる仕事の1つである。そうであるにもかかわらず，私たち人間は言語を使い続け，いつも理解されようとしている。

一体全体，なぜ私たちはコミュニケーションをしようとするのか。コミュニケーションは私たちにとって何を意味するのか。

これらは人間生活の本質に関する最も基本的な疑問である。人間は社会的動物である。たいていの動物と同様，私たちは繁栄のために同じ種の仲間とのつながりを必要としている。基本的な観察として，コミュニケーションを求める衝動を根本的な生存メカニズムとみなすことは理に適っている。

人間は，常に何らかの形で，「何が生活を価値のあるものにするのか」と自問してきた。生存のための食料や水，住まいという物理的に必要なものを別にして，精神面でいえば，コミュニケーションをすることが私たちが生活していくうえで抱く最も根本的な欲求だと思う。

正答 2

問 次の英文の内容に合致するものとして最も妥当なものはどれか。

(裁判所職員2019)

Sleep, defined as a behavior marked by diminished responsiveness and reduced mobility that is easily disrupted (unlike hibernation or coma), exists in creatures without brains at all. Jellyfish sleep, the pulsing action of their bodies noticeably slowing, and one-celled organisms such as plankton and yeast display clear cycles of activity and rest. This implies that sleep is ancient and that its original and universal function is not about organizing memories or promoting learning but more about the preservation of life itself. It's evidently natural law that a creature, no matter the size, cannot go full throttle 24 hours a day.

"Being awake is demanding." says Thomas Scammell, a neurology professor at Harvard Medical School. "You've got to go out there and outcompete every other organism to survive, and the consequences are that you need a period of rest to help cells recuperate."

For humans this happens chiefly during deep sleep, stages 3 and 4, which differ in the percentage of brain activity that's composed of big, rolling delta waves, as measured on an EEG. In stage 3, delta waves are present less than half the time; in stage 4, more than half. (Some scientists consider the two to be a single deep-sleep stage.) It's in deep sleep that our cells produce most growth hormone, which is needed throughout life to service bones and muscles.

There is further evidence that sleep is essential for maintaining a healthy immune system, body temperature, and blood pressure. Without enough of it, we can't regulate our moods well or recover swiftly from injuries. Sleep may be more essential to us than food; animals will die of sleep deprivation before starvation, says Steven Lockley of Brigham and Women's Hospital in Boston.

Good sleep likely also reduces one's risk of developing dementia. A study done in mice by Maiken Nedergaard at the University of Rochester, in New York, suggests that while we're awake, our neurons are packed tightly together, but when we're asleep, some brain cells deflate by 60 percent, widening the spaces between them. These intercellular spaces are dumping grounds for the cell's metabolic waste— notably a substance called beta-amyloid, which disrupts communication between neurons and is closely linked to Alzheimer's. Only during sleep can spinal fluid slosh like detergent through these broader hallways of our brain, washing beta-amyloid away.

（Michael Finkel, SLEEP, NATIONAL GEOGRAPHIC 2018年8月号より）

1：8000万人以上のアメリカの大人たちは慢性的に睡眠不足なので，免疫システムや体温や血圧を健康に保つことができない。

2：睡眠の本来の共通した働きは生命そのものを維持することなので，睡眠は脳が全くない生き物にも存在する。

3：トーマス・スキャンメルは，我々は生き残るためにほかのあらゆる生き物を打ち負かさなければならないので，目覚めていることが必要だと言う。

4：ベータアミロイドは認知症の発症リスクを低下させるために生涯を通して必要とされる成長ホルモンの1種である。

5：冬眠や昏睡状態になることによって食べ物なしで生き延びられる動物もいるので，睡眠は食べ物よりも不可欠かもしれない。

実践 問題 **132** の解説

〈内容把握〉

出典　Michael Finkel "SLEEP" NATIONAL GEOGRAPHIC 2018年8月号

1 × 8,000万という数字をはじめ，本肢の内容は本文でまったく述べられていないので誤りである。

2 ○ 第1パラグラフの内容として正しい。

3 × トーマス・スキャンメルの発言は第2パラグラフに見られる。そこで，「あなたは外に出て，生き残るために他のすべての生命と競わなければならず，結果として細胞の回復を助けるための休息期間が必要になる」と述べられており，必要なのは「目覚めていること」ではなく「休息期間」，つまり睡眠であることがわかる。よって本肢は誤りである。

4 × ベータアミロイドが必要であるとは述べられていないので本肢は誤りである。最終パラグラフで「特にベータアミロイドとよばれる物質は，ニューロン間の通信を妨害し，アルツハイマー病と密接に関連している」と述べられており，ベータアミロイドは認知症の発症リスクを低下ではなく上昇させるものであると推測できる。

5 × 睡眠が食べ物よりも不可欠であるかもしれない，ということは第4パラグラフで述べられているが，本文では冬眠や昏睡状態になることによって食べ物なしで生き延びられる動物について述べられていない。よって本肢は誤りである。

【全訳】

　睡眠は，反応性の乏しさや，動きの減少によって特徴づけられ，それらは容易に中断（覚醒）される（冬眠や昏睡とは異なる）行動と定義され，脳を持たない生命にも存在している。クラゲは寝る。その際に体（傘）を開いたり閉じたりする行動は明らかに遅くなり，プランクトンや酵母菌といった単細胞生物も明確に活動と休息のサイクルを見せている。これは睡眠が原始的であり，その起源や普遍的な機能は記憶の整理や学習の促進に関するものではなく，生命そのものの維持に関するものであるということを意味している。生命が，その大きさにかかわらず24時間活動できないというのは明らかに自然の法則である。

　「起きているというのは求めているということである。」とハーバード大学医学部の神経学教授，トーマス・スキャンメルは言う。「あなたは外に出て，生き残るために他のすべての生命と競わなければならず，結果として細胞の回復を助けるための休息期間が必要になる。」

　人間であれば，主にこれが深い睡眠の間に起こり，ステージ3とステージ4は，ＥＥＧで測定される，大きく波打つデルタ波で構成される脳活動の割合が異なっている。ステージ3では，デルタ波が現れるのは半分未満であり，ステージ4で

は半分よりも多い。（この２つが単純に深い眠りのステージだとする科学者もいる。）深い眠りの間に，我々の細胞は成長ホルモンを最も多くつくり，それらは（成長ホルモンは）骨や筋肉を保つために生きる間，必要とされるものだ。

さらに，免疫システム，体温，血圧の維持のために睡眠が必要であるということの証拠がある。十分にそれが得られなければ，我々は精神的な健康を保つことができず，素早く傷を癒すこともできない。睡眠はおそらく我々にとって食料よりも大切なものであるかもしれず，動物は飢餓よりも前に睡眠不足で死ぬことになる，とボストンのブリガム女性病院のスティーブン・ロックリーは言う。

また，良い睡眠は認知症の発症リスクを減らす可能性も高い。ニューヨークのロチェスター大学で，マイケン・ネデルガードによって行われたマウスを用いた研究では，私たちが覚醒している間，私たちのニューロンはお互いきっちりと詰まっているが，私たちが眠っている間は，一部の脳細胞は60％までしぼんで，細胞と細胞の間の空間が広がっているということが示唆されている。これらの細胞間の空間は，細胞の代謝廃棄物のための廃棄場所となる―― 特にベータアミロイドとよばれる物質は，ニューロン間の通信を妨害し，アルツハイマー病と密接に関連している。睡眠中のみ，脊髄液は脳の中の広い通路を洗剤のようにパシャパシャとかき回し，ベータアミロイドを洗い流すことができる。

【単語サポート】

define	(動) 定義する	immune	(形) 免疫の
mark	(動) 特徴づける	blood pressure	(名) 血圧
diminish	(動) 小さくする	regulate	(動) 良い状態に整える
mobility	(名) 動き	swiftly	(副) すばやく
disrupt	(動) 中断する	deprivation	(名) 欠如
hibernation	(名) 冬眠	starvation	(名) 飢餓
one-celled organisms	(名) 単細胞生物	dementia	(名) 認知症
yeast	(名) 酵母菌	neuron	(名) ニューロン
display	(動) 見せる，示す	deflate	(動) しぼむ
imply	(動) 意味する，ほのめかす	widen	(動) 広がる
preservation	(名) 維持	metabolic	(形) 代謝の
evidently	(副) 明らかに	notably	(副) 特に
neurology	(名) 神経学	disrupt	(動) 妨害する
outcompete	(動) 勝ち抜く	spinal	(形) 脊髄の
consequence	(名) 結果	slosh	(動) パシャパシャかき回す
recuperate	(動) 回復する	detergent	(名) 洗剤
chiefly	(副) 主に	hallway	(名) 通路
roll	(動) 波打つ，転がる		
hormone	(名) ホルモン		
further	(形) さらなる		

正答 2

第２章 英文

実践 問題 133 基本レベル

頻出度	地上★★★ 国家一般職★★★ 東京都★★★ 特別区★★★
	裁判所職員★★★ 国税·財務·労基★★★ 国家総合職★★★

問 次の文の内容と合致するものとして最も妥当なのはどれか。 （国Ⅱ2011）

In Japan, the more parents earn, the higher their children's academic test scores, a new survey has revealed. Commissioned by the Education, Science and Technology Ministry, the survey results released last month show a clear link between parental income and test results.

This basic inequality goes to the heart of what should be a democratizing educational system. However, the survey also showed that income is not always destiny.

The disparity in academic performance between students of low- or high-income families was clearly established. Those whose parents have an annual income between ￥12 million and ￥15 million scored nearly 20 percent higher on average than children whose parents' annual income is less than ￥2 million. This difference reveals a terrible rift in Japanese society, one that will likely increase if the social income gap continues to widen.

However, money was not the only causal factor in student performance on national tests. The survey found many activities boosted student performance regardless of socioeconomic level. Reading books, talking about the news or going to museums all led to higher scores at all income levels. Clearly, encouraging academic achievement does not entirely depend on how much money is spent. Parental effort and attitude count tremendously.

Schools, too, play a role in student performance. The determining factor was not so much emphasis on test-taking strategies or drill practice as on such basic daily behaviors as active participation, friendly greetings and a positive atmosphere at schools. Giving teachers much-needed training programs outside school also boosted student performance regardless of parents' income.

Japanese society is becoming increasingly unequal, but not irreversibly so. Education is tilted toward the wealthy, but the democratic foundations are not entirely lost. Clearly, parents and schools both need to emphasize early education and active engagement with youngsters instead of heaping on more pressure to cram for exams when entrance time approaches.

1：収入の高い家庭と低い家庭における生徒の成績には差があり，1年間の収入が200万円以上の家庭は，200万円未満の家庭よりほぼ20％成績が高い。

2：ニュースについて話し合ったり，博物館に行ったりすることは，家庭の収入水準にかかわらず生徒の成績の向上につながる。

3：成績の良さと最も相関が高い要素として，ドリルを日常的に実践することが挙げられる。

4：生徒の学力差を考慮しない画一的な教育は，教育における民主主義の精神を失わせることになる。

5：親や学校は，学校教育の重要性をもっと認識すべきであり，入学試験を念頭に置いた教育に力を入れるべきである。

実践 ▶ 問題 **133** の解説

〈内容把握〉

出典 "The rich go to college" The Japan Times 2009/ 8 /16

1× 本肢の前半は正しいが，第3パラグラフの2〜4行目にあるように，本文で比較されているのは，1,200〜1,500万円の家庭と200万円未満の家庭である。

2○ 第4パラグラフの3〜4行目が本肢と一致している。

3× ドリルについては第5パラグラフの2行目に記述があるが，同箇所で，良い成績の要因はドリルやテスト対策ではなく日頃の基本的な行動であると述べられているので誤り。

4× 「生徒の学力を考慮しない画一的な教育」というような記述は本文中には一切ない。また，民主主義の基礎という言葉は最終パラグラフにあるが，これは収入格差との関係について述べられているにすぎない。

5× 第5〜6パラグラフで，「入学試験を念頭においた教育」よりもより基本的，基礎的な教育の重要性が主張されている。また，本肢の前半も本文中では述べられていない。本文で述べられていない内容は，一見妥当にみえても不正解なので注意すべきである。

【全訳】

　日本では両親の収入が多いほど子どもの学力テストの成績が高いということを最新の調査が明らかにした。文部科学省の委託によって行われた同調査の結果は，先月発表され，親の収入とテスト結果の間にはっきりと関連があることを示している。

　この根本的な不平等は，民主主義的な教育システムのあるべき姿の核心に迫るものである。しかし，同調査はまた，収入が常に運命を決するわけではないということも示している。

　収入の低い家庭の生徒と高い家庭の生徒の間には，明らかに学力格差が認められた。両親の年収が1,200〜1,500万円の生徒は，両親の収入が200万円未満の生徒よりも，平均するとほぼ20％成績が高かった。この差は，日本社会にあるおそろしい亀裂を示しており，この亀裂はもし社会の所得格差が拡がり続けるならば，おそらくさらに大きくなるだろう。

　しかし，お金は生徒の全国テストにおける成績を決める唯一の要因ではなかった。同調査によれば，多くの活動が社会的，経済的水準とは無関係に生徒の成績

を押し上げていたことがわかった。本を読むこと，あるいはニュースについて話し合うこと，博物館に行くことなどが，収入水準にかかわらず，成績の向上につながっていた。学力の促進が費やしたお金の額にのみ依存しているのではないことは明らかだ。親の努力と態度が非常に重要なのだ。

　学校も生徒の成績に影響を与える。決定的な要因は，受験対策やドリルの日常的な実践ではなく，積極的な参加や好意的な挨拶，学校での前向きな雰囲気のような，基本的な日常の行動であった。教師に本当に必要とされる訓練プログラムを学校外で受けさせることも，両親の収入と無関係に，生徒の成績向上をもたらした。

　日本社会はますます不平等になりつつあるが，不可逆的にそうなのではない。教育は富裕な人たちのほうに傾いているが，しかし民主主義の基礎が完全に失われたわけではない。間違いなく，親と学校の両者がすべきことは早期教育と子どもへの積極的な関与を強調することであって，入学試験が近づいてきたときになってから，試験のために詰め込み勉強をするというプレッシャーをどんどん積み重ねるべきではない。

正答 2

実践 問題 134 基本レベル

頻出度	地上★★★ 国家一般職★★★ 東京都★★★ 特別区★★★
	裁判所職員★★★ 国税·財務·労基★★★ 国家総合職★★★

問 次の文の内容と合致するものとして最も妥当なのはどれか。 （国税2010）

When the Scottish Botanist Robert Fortune (1812-1880) visited the Edo village of Somei (present-day Komagome, Tokyo), he was apparently overwhelmed by the abundance of young trees, writing that the entire village was covered with tree nurseries[1], and that the straight path connecting them extended for over a mile. He wrote that he had never seen commercial horticulture[2] on such a large scale, noting that each gardener's land took up three to four acres and that several thousand plants were being well cared for.

At the time, the village of Somei was famous for gardening. While there are differing theories on the origins of the Somei Yoshino cherry trees, one says that they were cultivated in the village between the mid Edo period and the final days of the Tokugawa shogunate. The former glory of the gardening village survives to this day through the tree's name.

Each year, announcements on the blooming of Somei Yoshino cherry blossom trees ring in spring across Japan. This year the cherry blossom front is quickly moving north, causing Japanese, who love to anticipate the seasons, to rush about in preparation for spring. There have been many areas in Kyushu and Shikoku where the cherry blossoms have come out at the earliest time on record, with trees already having flowered in Fukuoka on March 13.

It's said that Somei Yoshino cherry trees will not bloom unless they are exposed to cold temperatures of 10 degrees Celsius or less for two months during winter. Some predictions say that rising temperatures during winter could result in cherry trees not fully blooming or not flowering at all in some areas of southern Kyushu and neighboring areas.

It was a foreigner who came to Japan and described the seasonal flowers as "a timeless calendar." Somei Yoshino cherry trees could be described as a timeless calendar masterpiece that Japanese have created by themselves, but divergences in the calendar have become noticeable, and are a matter of concern for the future.

（注） [1] nursery：苗木　　[2] horticulture：園芸

直前復習

1：スコットランドの植物学者は，手つかずの美しい自然道が，1マイル以上も続く村の風景に圧倒された。
2：ソメイヨシノの名の由来には諸説あるが，一説には，江戸時代に染井村から各地に持ち込まれたためといわれている。
3：ソメイヨシノは，冬の2か月間，摂氏10度以下の低い気温にさらされないと開花しないといわれている。
4：今年，桜の開花が記録的に早かった地方では，多くの人々が桜の実のなる時期を楽しみにしている。
5：桜の開花時期が早まってきたため，ソメイヨシノをカレンダーの特定月の背景画に使用することが難しくなってきている。

実践 問題 134 の解説 ━━━━━━━━━━━━━━━━━━━━━━━━

〈内容把握〉

出典 "Early cherry blossoms send out climate change warning signal" The Mainichi Daily News 2009/ 3 /20

1 ✕ 2～4行目，スコットランドの植物学者が圧倒されたのは，1マイル以上も続く苗木の小道である。また，その植物学者が記したのは，見たこともない大規模な園芸であって，「手つかずの美しい自然」では本文の内容と正反対。

2 ✕ 第2パラグラフ，2～3行目の「one says」以下が諸説のうちの「一説」の内容。それによると，ソメイヨシノは染井村で「栽培 (cultivated)」されていたとあるが，「各地に持ち込まれた」かどうかは本文中に記述がなく不明。

3 ○ 最後から2番目のパラグラフ，1～3行目に，本肢の内容がそのまま述べられている。

4 ✕ 第3パラグラフに，桜の開花が記録的に早かった地方が多くあった，と述べられているが，「桜の実」については，本文中では一切述べられていない。

5 ✕ 最後のパラグラフで，桜の開花時期の誤差が目立つようになってきたために，ソメイヨシノを「不滅のカレンダー」といえなくなるかもしれない，という懸念が示されているが，本文では，「ソメイヨシノをカレンダーの特定月の背景画に使用すること」に関しては何も述べられていない。

【全訳】

　スコットランドの植物学者ロバート・フォーチュン (1812-1880) は，江戸時代の染井村（現在の東京都駒込）を訪れたとき，どうやら生い茂る若い木々に圧倒されたようだ。村全体が苗木で覆われ，まっすぐに伸びる小道がその苗木をつなぎ合わせながら1マイル以上続いていたと，彼は書き綴っている。彼の手記によれば，栽培者各人の土地は3～4エーカーの広さで，数千という植物が見事に手入れされており，彼はかつてそれほどに大規模な商業園芸を見たことはなかったとのことである。

　当時，染井村は園芸で有名であった。ソメイヨシノという桜の木の由来には諸説あるが，一説には，染井村で江戸時代中期から徳川幕府の終焉まで栽培されていたことがその名の由来であるといわれている。その園芸の村がかつて博した名声は，今日に至るまで，その木の名前を通して生き残っている。

OUTPUT

　毎年，ソメイヨシノの開花発表が春の到来を日本各地で伝えている。今年は，桜の開花前線がすぐに北上し，季節を先取りすることを好む日本人に，急いで春の準備をするよう仕向けた。3月13日にはもう福岡で開花するなど，九州や四国の多くの場所で，観測史上，最も早く桜が開花した。

　ソメイヨシノは，冬の2カ月間，摂氏10度以下の低い気温にさらされないと開花しないといわれている。一部の予想によると，冬季の気温の上昇の結果として，桜が満開にならない，あるいは，南九州やその周辺の一部の地域ではまったく花が咲かない可能性もある。

　日本に来て，季節の花を「不滅のカレンダー」であると表現したのは外国人である。ソメイヨシノは，日本人が自身で作り上げた不滅のカレンダーの代表作といえるかもしれない。しかし，そのカレンダーの誤差が目立つようになってきており，これは将来への気がかりな問題である。

正答 **3**

実践 ▶ 問題 **135** ⟨ 基本レベル ⟩

頻出度	地上★★★	国家一般職★★★	東京都★★★	特別区★★★
	裁判所職員★★★	国税·財務·労基★★★	国家総合職★★★	

問 次の文の内容と合致するものとして最も妥当なのはどれか。 （国税2011）

The use of information technology in the classroom is set to enter a new phase in the next school year, when more than half of textbooks for primary school students will come with digital textbooks for teachers.

Digital textbooks —— whose content can be displayed on an electronic blackboard —— are expected to improve students' academic ability, but some observers wonder whether teachers will be able to get the most out of the high-tech devices and software. In the future, each pupil may get their own digital textbook, rather than just the teacher.

Currently, only one textbook series for Japanese has an e-textbook for primary school teachers.

According to a May survey by the Textbook Publishers Association of Japan, 28 of 51 textbooks series to be used from next academic year —— 55 percent —— will come with digitalized versions for teachers. Textbooks used for health and music classes will not have digitalized versions.

The association surveyed its 45 member companies, of which 15 publish primary school textbooks.

These companies are considering seven more potential e-textbook contenders, including a series for health classes. If these seven get the green light*, the overall percentage of subjects with e-textbooks would rise to 69 percent.

Twenty-one of the 22 textbook series for the four major subjects —— Japanese, arithmetic, science and social studies —— are due to come with e-textbooks, with the remaining one under consideration.

The survey results were reported to a panel on the digitalization of information used in education, set up by the Education, Culture, Sports, Science and Technology Ministry.

Pages of a digitalized textbook can be displayed on an electronic blackboard, and its characters, sentences and photos can be moved, shrunk or enlarged as desired. The ministry has been considering setting up a network of electronic terminals for teachers and individual student terminals that would have

OUTPUT

textbooks installed.

Digital textbooks currently used in the classroom are designated "teaching materials." Because of this, teachers are not obliged to use them. At present, there are only three courses for which only one digitalized textbook series is available: primary school Japanese, middle school Japanese and middle school English.

（注）＊green light：許可，認可

1：小学生用教科書のすべてがデジタル化すれば，デジタル世代の子どもたちが授業に集中しやすくなり，学級崩壊の抑止が図られる。

2：デジタル教科書は生徒の学力向上を期待させるものの，生徒自身がそれを使いこなせるかどうか疑問を抱く人もいる。

3：全国の半数以上の小学校において，次年度から生徒用にデジタル教科書が導入されることが，最近の調査で判明した。

4：デジタル教科書の各ページは，電子黒板に映し出され，そこに表示されている文字や写真の大きさを変えたり移動させたりすることができる。

5：デジタル教科書は，現在は試験的に1社のみから出版されているが，今後は，小学国語，中学国語，中学英語の分野に限り，複数の出版社から出版される予定である。

実践 問題 **135** の解説 ————————————————————

〈内容把握〉

出典 "E-textbooks making inroads at primary schools" The Daily Yomiuri 2010/ 6 / 3

1 × 子どもたちが授業に集中して学級崩壊の抑止が図られるとは，本文中には述べられていない。

2 × 本文第2パラグラフに対応する箇所があるが，そこでは「ハイテク機器やソフトウェアを教師が最大限に活用できるか」が問題なのであって，「生徒」が使いこなせるか否かが問題なのではない。

3 × 「最近の調査」とは，本文第5パラグラフにあるように教科書会社を対象にしたものであり，小学校を対象としたものではない。このため本肢のような調査結果も述べられていない。

4 ○ 本文第9パラグラフ第1文の「電子教科書のページは電子黒板で表示することが可能で，ページ上の文字，文，写真は移動させたり，縮小・拡大させることも自由にできる」という記述と合致する。

5 × 本文最終パラグラフに対応箇所があるが，現在利用可能な教科書について述べられているのであって，今後の話ではない。

【全訳】

　教室での情報技術の利用は，来年度に新たな段階に達することになる。来年度は，小学生向け教科書の半数以上が教師向けのデジタル教科書を用意しているのだ。

　デジタル教科書は，内容を電子黒板に表示することが可能で，児童の学力向上につながると見られているが，そうしたハイテク機器やソフトウェアを教師が最大限に活用できるかを疑問視する専門家もいる。将来的には，教師だけでなく児童一人一人がデジタル教科書を手にするようになるかもしれない。

　現在，小学校教師が利用できる電子教科書は，国語の教科書にしかない。

　社団法人教科書協会が5月に行った調査によると，来年度から使用される教科書のうち，全体の55％にあたる51点中28点が教師用のデジタル版を用意している。保健や音楽の教科書はデジタル版が用意されない見込みである。

　教科書協会では加盟する教科書会社45社を対象に調査を行った。そのうち小学校教科書を発行しているのは15社である。

　教科書会社では，教科書の電子コンテンツをさらに7点検討しており，このな

かには保健の教科書もある。この7点が検定を通れば，電子版がある教科書の割合は69％にのぼる。

　国語・算数・理科・社会の主要4教科の教科書22点のうち21点は，電子版を用意することになっており，残る1点については検討中である。

　調査結果は文部科学省が設置した学校教育の情報化に関する懇談会に報告された。

　電子教科書のページは電子黒板で表示することが可能で，ページ上の文字，文，写真は移動させたり，縮小・拡大したりすることが自由にできる。文科省では教科書をインストールした教師用電子端末と児童用端末のネットワークを導入することを検討している。

　現在教室で使用されているデジタル教科書は「教師用指導書」として制作されたものである。このため，教師は必ずしも使用することを求められない。現在は，電子教科書を利用可能なのは，小学校国語，中学校国語，中学校英語の3つだけである。

正答 4

実践 問題 136 応用レベル

頻出度	地上★★★ 国家一般職★★★ 東京都★★★ 特別区★★★
	裁判所職員★★★ 国税・財務・労基★★★ 国家総合職★★★

問 次の英文の内容と合致しているのはどれか。 （オリジナル）

It seems odd that the nation that gave the world such inventions as the train, the World Wide Web, sandwiches, fire extinguishers and, of course, the language you are reading now, should also be behind such curious pursuits as cheese rolling, bog snorkelling and worm charming. Oddness, though, has always been a particularly English trait.

Quite why eccentricity seems to be connected so closely with the English rather than the British as a whole is unclear, but the English simply seem to be better at being daft. Only in England will you find snail racing 'world championships' or a shin-kicking competition. (In case you were wondering, the competition involves two people wearing steel-capped boots kicking each other until one is thrown to the ground or cannot stand the pain any longer. A tradition dating back almost 400 years.) A lot less violent, but almost as dangerous, is the sport of cheese rolling, in which cheese is rolled down an incredibly steep hill and pursued by a number of contestants. Nobody actually catches the cheese. It can hurtle down the slope at speeds approaching 70mph. Therefore the aim is to reach the bottom first, preferably still in one piece.

English history is peppered with tales of eccentric behaviour, from living underground or underwater, outlandish dress and obsessive hoarding to the invention of, and participation in, the questionable 'sports' outlined above. Eccentricity particularly flourished during the heady days of the British Empire, but was somewhat frowned upon when the Empire collapsed. For a number of years, eccentrics confined their quirks to themselves, but the seemingly inherent desire to be different couldn't be contained forever and the English can now once again be relied on to produce eccentrics for every occasion.

——Copyright© 2009 by TOKYO LEGAL MIND K.K.

1：電車，インターネット，サンドウィッチ，消火器，英語を生み出した国は，チーズ追いかけ競走のような奇妙な娯楽を生み出さなかった。

2：イングランド人の特色はその慎重さにあり，それゆえ奇抜なことを好まない。

3：片方が地面に倒れるか痛みに耐えられなくなるまで，表面が鉄のブーツを履いた2人が蹴りあうという競技がある。

4：チーズ追い掛け競走では，チーズは険しい坂から転がされ，先にチーズをつかまえることが目的である。

5：イギリスの歴史の中で，奇抜な振舞いの話がよく聞かれるようになったのは，つい最近のことである。

実践 問題 **136** の解説 ————————————

〈内容把握〉

出典　ＬＥＣオリジナル

1 ✕ 第1パラグラフで「電車，インターネット，サンドウィッチ，消火器，そしてもちろん今あなたが読んでいるこの言語のような発明を世界にもたらした国が，チーズ追いかけ競走，沼地をシュノーケルで泳ぐ大会，ミミズとり競走のような**奇妙な娯楽を支持している**」と述べられており，本肢は妥当ではない。

2 ✕ 本文全体を通じてイングランド人が奇抜なことを好むことが述べられているので，妥当とはいえない。

3 ○ このような競技が第2パラグラフ4行目以降のカッコ内で紹介されており，妥当である。

4 ✕ 第2パラグラフ9行目以降で，「実際にはだれもチーズをつかまえられない。チーズは最高時速70マイルのスピードで坂を転げ落ちるのだ。だから，その目的は一番に下にたどり着くこと，願わくは無事にたどり着くことである」と述べられており，本文に矛盾する。

5 ✕ 第3パラグラフで，「イギリスの歴史には，…奇抜な振舞いの話が散りばめられている。奇抜さは特に大英帝国の盛期に繁栄したが，帝国が崩壊したときやや好まれなくなった」と述べられていることから，「つい最近のことである」とはいえない。

【全訳】

電車，インターネット，サンドウィッチ，消火器，そしてもちろん今あなたが読んでいるこの言語のような発明を世界にもたらした国が，チーズ追いかけ競走，沼地をシュノーケルで泳ぐ大会，ミミズとり競走のような奇妙な娯楽を支持しているというのは不可思議なことに思われる。もっとも，不可思議さはかねてからイングランド人の特色であるのだが。

なぜ奇抜さがイギリス人全体にではなく，イングランド人と緊密に結びついているのかははっきりとはわからないが，イングランド人は単純にバカをやるのが比較的得意であるらしい。カタツムリレース世界大会やすねの蹴り合い競争が見られるのはイングランドだけである。（何のことかわからないという人のために説明しておくと，そうした大会は，片方が地面に倒れるか痛みに耐えられなくなるまで，表面が鉄のブーツを履いた2人が蹴りあうものである。これはほぼ400

年前にさかのぼる伝統的競技である。）これに比べたらはるかに暴力的ではないが同じくらい危険なのがチーズの追いかけ競走である。この競走ではチーズがありえないぐらい険しい坂から転がされ，多くの競技者が追いかけまわす。実際にはだれもチーズをつかまえられない。チーズは最高時速70マイルのスピードで坂を転げ落ちるのだ。だから，その目的は一番に下にたどり着くこと，願わくは無事にたどり着くことである。

　イギリスの歴史には，地下生活や水中生活，異国風の服装，度を越した広告から，上で紹介した怪しげな「スポーツ」の発明と参加まで，奇抜な振舞いの話が散りばめられている。奇抜さは特に大英帝国の盛期に繁栄したが，帝国が崩壊したときやや好まれなくなった。長年にわたり，奇抜な人は自分の気まぐれを自分の中に収めていた。だが，人とは違っていたいという，もって生まれた欲望を永遠に収めておくことはできず，イギリス人はいまにまたきっと，あらゆる機会をつかまえて奇抜さを生み出すだろう。

正答 **3**

頻出度	地上★	国家一般職★★★	東京都★★★	特別区★★★
	裁判所職員★★★	国税・財務・労基★★★	国家総合職★★★	

問 次の英文の内容と合致するものとして最も妥当なのはどれか。 （オリジナル）

Although plagued by setbacks and cost overruns, AirFast Industries' new X800 "super-plane" was finally unveiled today at the Paris Air Show. The jumbo jet is an updated version of the X700 series, which has been a mainstay of long-haul flight operators for over twenty years. A total of 500 orders from three major carriers have already been placed for the X800, and talks with several others are in-progress. "Interest in this plane has been phenomenal," a spokesperson told reporters. "This is more than just an update on our old design — it is a whole new concept of flying."

True to its name, the X800 can seat 800 passengers, while still offering significantly greater comfort than existing planes, according to its press release. An executive from Canada Air, who was aboard the plane's first promotional test flight told us, "The reworked Business Class is considerably more spacious, and I think our customers will be amazed." He says that even 'cheap seat' ticket-holders will be pleased, adding that, "Economy Class similarly offers a much more relaxing experience than ever before. All passengers are going to love this plane."

Given the project's huge price tag, expectations are high. At an average purchase price of 60% more than its predecessor, the plane is a huge gamble for AirFast, which was only last year near bankruptcy. "This jet will guarantee our company's growth for many years to come," reads the press release. However, AirFast will soon face tough competition from rival Goeing, who will be introducing their own super jetliner early next year.

——Copyright© 2009 by TOKYO LEGAL MIND K.K.

1：パリの航空ショーでお目見えした新機種は，高額にもかかわらず海外からの注文が殺到しているが，生産が追いつかない。

2：現在利用されている機種は20年以上使用されているため，ライバル社の新機種に性能的に完全に負けている。

3：新機種の飛行機は，エコノミークラスの席でも利用者が満足できるように配慮されている。

4：今回のプロジェクトは会社の威信をかけたものであり，競合する航空会社の脅威となる。

5：航空機の開発費は莫大であるが，新機種の購入価格はこれまでで最も低く設定されている。

OUTPUT

実践 ▶ 問題 **137** **の解説** ────────────

〈内容把握〉

第2章 英文

出典　LECオリジナル

1 ✕　第1パラグラフ4行目から「すでに主要な旅客航空会社3社からX800に対して全部で500機の注文があった」と述べられているが、「生産が追いつかない」とは述べられていない。

2 ✕　第1パラグラフにX700シリーズの機種が20年以上にわたり長距離フライトの中心となっていることが述べられているが、本肢のようにライバル社に完全に負けているとは述べられていない。

3 ○　第2パラグラフ後半に「エコノミークラスもまた同様に、これまでより遥かにリラックスできる癒しの体験を与えてくれる。乗客は誰もがこの飛行機を気に入るだろう」と述べられている。

4 ✕　第3パラグラフ1〜3行目に「前機種よりも60％平均購入価格が高くなるので、昨年まで倒産寸前であったエアファスト社にとってこの新機種は大きな賭けとなる」とあることから、今回のプロジェクトが会社を挙げてのものであることが読み取れる。もっとも、最終文に「エアファスト社はまもなく競合するゴーイング社との厳しい競争に直面するだろう」とは述べられているものの、本肢のように「競合する航空会社の脅威となる」とは明確に示されていない。

5 ✕　第3パラグラフに、新機種は「前機種よりも60％平均購入価格が高くなるので」と述べられており、これまでで最も低い価格設定とはいえない。

【全訳】

　収益後退や開発費用の超過に苦しめられたにもかかわらず、エアファスト社の新星X800「スーパープレーン」が本日ついにパリの航空ショーでベールを脱いだ。このジャンボジェット機は、20年余りにわたり長距離輸送フライトの頼みの綱になってきたX700シリーズの最新機種である。すでに主要な旅客航空会社3社からX800に対して全部で500機の注文があった。そして数社との商談が進行中である。「この飛行機への関心は驚くべきものである」とスポークスマンは報道陣に語った。「これは単なる旧型の最新版以上のものである。つまり飛行機のまったく新たなコンセプトなのだ」。

　報道発表によると、その名に違わず、X800型機には席が800ある一方で、既存の旅客機よりもはるかに快適な乗り心地が提供されている。カナダ航空のある重

役で，最初のテスト飛行に搭乗した人が語ってくれた。「改良されたビジネスクラスは空間的にかなりゆとりが増していて，利用者は驚くと思う」。彼は加えて，「エコノミークラスもまた同様に，これまでよりはるかにリラックスできる癒しの体験を与えてくれる。乗客は誰もがこの飛行機を気に入るだろう」と述べ，「安値の航空券」の購入者でも，十分に満足できると言っている。

　このプロジェクトに非常な高値がついていることを踏まえると，期待も高くなる。前機種よりも60％平均購入価格が高くなるので，昨年まで倒産寸前であったエアファスト社にとってこの新機種は大きな賭けとなる。「このジェット機は今後長年にわたり，弊社の成長を保証してくれるだろう」との報道発表があった。しかしながら，エアファスト社はまもなく競合するゴーイング社との厳しい競争に直面するだろう。ゴーイング社は来年早々に独自のスーパージェット旅客機を導入することになっているからである。

正答 3

memo

実践 問題 **138** 応用レベル

頻出度	地上★	国家一般職★★★	東京都★★★	特別区★★★
	裁判所職員★★★	国税・財務・労基★★★	国家総合職★★★	

問 次の英文の内容に合致するものとして最も妥当なものはどれか。

（裁判所職員2021）

Washington's Birthday, also known unofficially as Presidents' Day, is a federal holiday. Falling on the third Monday in February, it celebrates the birth of George Washington, the first president of the United States. All government offices and schools, and most corporations, are closed for Washington's Birthday.

The United States Congress first voted to make Washington's Birthday a holiday in 1879, and the holiday was first observed in 1885. The holiday was originally celebrated on February 22, George Washington's actual birthday, but in 1971, it was legally changed to the third Monday in February in order to give employees a long weekend. It was also changed to this date because at the time, some members of U.S. Congress wanted the holiday not to honor just one president (Washington), but the role of the presidency in general. Because of this, they chose a day that would fall between George Washington's birthday (February 22) and Abraham Lincoln's birthday (February 12).

Although the date of the holiday was officially changed, the attempt to honor all presidents was never officially accepted, so the holiday technically remains Washington's Birthday.

However, U.S. businesses have taken advantage of the idea of "Presidents' Day" to promote sales of their products. There are many "Presidents' Day" sales across the nation, especially at department stores and car dealers.

Whether it is called Washington's Birthday or Presidents' Day, the spirit of the holiday is focused on patriotism, honoring the nation's leaders and the work they do. It is also a time to recognize the men and women who have served in the U.S. military. Many cities host Presidents' Day parades and community events. The biggest celebration of Washington's Birthday, however, happens in Alexandria, Virginia, the town where George Washington was born.

（ニーナ・ウェグナー著，高橋早苗訳『アメリカ歳時記』IBCパブリッシングより）

1：呼び方がワシントンの誕生日から大統領の日に変更された結果，祝日の主眼が愛国心と，国の指導者と彼らの仕事を称えることに置かれることとなった。

2：大統領の日は，大統領の任務全般を称える日にしようと2月22日に設定されていたが，労働者に長い週末休暇をとらせるために2月の第3月曜日に変更された。

3：大統領の日は，兵役を務める人びとに感謝する日でもあり，ワシントンの故郷で開催されるのと同規模の祝賀行事が多くの都市で開催される。

4：2月の第3月曜日に当たるワシントンの誕生日は，大統領の日と定められ，学校や会社は休みとすることが義務付けられている。

5：大統領の日では，自社製品の販売促進を目的とするデパートや自動車のディーラーなどによる「大統領の日」セールが全国的に行われている。

実践 **問題 138** **の解説**

〈内容把握〉

出典　ニーナ・ウェグナー著，高橋早苗訳『アメリカ歳時記』IBCパブリッシング

1× 因果関係の捏造があるので，誤りである。最終パラグラフで，「祝日の主眼は，愛国心と，国の指導者と彼らの仕事を称えることに置かれている」と述べられているが，それが呼び方を変更した結果だとは述べられていない。

2× 大統領の日はもともとワシントンの誕生日であった2月22日だったが，長い週末休暇と大統領の任務全般を称えるという2つの目的から，2月の第3月曜日に変更になったことが第2パラグラフで述べられているので，誤りである。

3× 最終パラグラフの内容を受けた肢であるが，ワシントンの故郷で行われる祝賀行事が最大であると述べられており，同規模の行事が多くの都市で開催されるとは述べられていない。

4× 義務付けられているとまでは述べられていない。第1パラグラフで，ほとんどの企業は休みになると述べられており，ここから，すべての企業が義務的に休むわけではないことがわかる。また，ワシントンの誕生日は2月22日である。

5○ 第4パラグラフの内容と合致しており，正しい。

【全訳】

　ワシントンの誕生日は，非公式には大統領の日としても知られているが，合衆国全体の祝日である。2月の第3月曜日にあたり，合衆国の初代大統領であるジョージ・ワシントンの誕生をお祝いする日だ。すべての政府関係施設や学校，ほとんどの企業はワシントンの日ということで，休みになる。

　1879年に，合衆国の議会は最初，ワシントンの誕生日を祝日とすることを議決し，1885年に初めて祝日として祝われた。祝日はもともと，実際のワシントンの誕生日である2月22日だったが，1971年に，労働者の週末休暇を長くすることを目的として，法的に2月の第3月曜日に移された。同時に，合衆国の議会の中に，ワシントンただ一人を誇るのではなく，広く大統領という任務全般を誇る祝日を求めるメンバーがいたというのも理由だ。だから，ジョージ・ワシントンの誕生日である2月22日とエイブラハム・リンカンの誕生日である2月12日の間の日を選んだのだ。

OUTPUT

　公式には祝日の日付は変更となったが，すべての大統領を称えようという試みは公には受け入れられず，祝日はワシントンの誕生日として正式に残っている。

　しかし，合衆国の企業は「大統領の日」という考え方を自社製品の販売促進に活用してきた。国内のあちらこちら，特にデパートと自動車のディーラーによって，「大統領の日」のセールが行われている。

　祝日がワシントンの誕生日とよばれようが，大統領の日とよばれようが，祝日の主眼は，愛国心と，国の指導者と彼らの仕事を称えることに置かれている。合衆国で兵役に就く人に感謝する時間でもある。多くの都市では大統領の日のパレードやコミュニティイベントを実施する。しかし，ワシントンの誕生日を祝す最大の催しは，ジョージ・ワシントンが生まれたヴァージニア州のアレクサンドリアで行われる。

【単語サポート】

federal	(形) 連邦の，合衆国全体の	presidency	(名) 大統領の役職・任期・地位
celebrate	(動) 祝う	attempt	(名) 試み
corporation	(名) 企業	technically	(副) 正式には
vote	(動) 議決する，投票する	product	(名) 製品
observe	(動) 祝う，観察する	patriotism	(名) 愛国心
employee	(名) 労働者	serve	(動) 仕える
honor	(動) 称える	host	(動) 開催する，ホストになる

正答 5

実践 問題 **139** 〈 応用レベル 〉

頻出度	地上 裁判所職員★	国家一般職 国税・財務・労基	東京都	特別区 国家総合職

問 次の英文の内容に合致するものとして最も適当なのはどれか。

（裁判所職員2013）

Active euthanasia, or taking the life of a dying patient to prevent further suffering, remains illegal in the U.S. But one physician in Michigan, Dr. Jack Kevorkian, challenged the law by helping patients kill themselves painlessly. He assisted about 130 suicides with his suicide machine, but was finally convicted when he videotaped the lethal injection of a man and the tape aired on television. In the Netherlands, physician-assisted death has been officially illegal, but prosecutors have overlooked mercy killings conducted within strict guidelines.

A doctor in Japan who ended the life of a patient with an injection of potassium chloride was convicted, because he did not satisfy the four conditions necessary for euthanasia. These are: the patient must be suffering unbearable pain; death is inevitable and close at hand; there is no other way to relieve the patient's pain; and, the patient has clearly expressed a desire not to have life prolonged artificially.

Today, living wills are legal throughout the U.S. These wills express a person's desire not to have life extended by artificial means in the event of a terminal illness. Respecting an individual's right to refuse treatment is a key aspect of death with dignity; but allowing people to die with a doctor's help remains controversial.

OUTPUT

1：In America, one physician in Michigan broke the law by helping patients kill their family members.

2：In the Netherlands, mercy killing has been ignored within strict guidelines although physician-assisted death has been officially illegal.

3：One of the conditions necessary for euthanasia in Japan is that the close family member has clearly expressed a desire not to have life prolonged artificially.

4：In America, to write a document explaining what medical decisions someone should make if a person becomes so ill that he or she cannot make those decisions is prohibited.

5：A doctor in Japan ended the life of a patient because he was dissatisfied with his financial compensation.

実践 問題 **139** の解説

〈内容把握〉

出典　Hideaki Motegi, Stephen Hesse and Denji Suzuki "Debating the Issues"
マクミランランゲージハウス

1 ✕　本文の内容と異なる。「患者がその家族を殺したことに手を貸した」のではなく、「患者が苦しむことなく自殺することに手を貸した（本文：by helping patients kill themselves painlessly）」ことにより法律を破ったのである。

2 ◯　正解である。（本文：In the Netherlands, physician-assisted death has been officially illegal, but prosecutors have overlooked mercy killings conducted within strict guidelines.）

3 ✕　本文の内容と異なる。人工的な延命を欲しないという希望を、「近親者」がはっきりと述べていることではなく、「患者」がはっきり述べていること（本文：the patient has clearly expressed a desire not to have life prolonged artificially）である。

4 ✕　本文の内容と異なる。「今日、リヴィング・ウィルは、アメリカ全土で合法となっている。（本文：Today, living wills are legal throughout the U.S.）」

5 ✕　本文に該当箇所がない。患者の生命を絶った理由については何も書かれていない。患者の生命を絶ったことで訴えられた理由については、4要件を満たさなかったからだ（本文：because he did not satisfy the four conditions necessary for euthanasia）と述べられているにすぎない。

【全訳】

　積極的な安楽死、つまり、死を目前にした患者がそれ以上苦しまないようにするために生命を奪うことは、アメリカでは依然、違法である。しかし、ミシガン州の医師ジャック・ケヴォーキアンは、患者が苦しむことなく自殺することに手を貸すことにより、その法律に異議を唱えた。彼は、自身の自殺装置によって、約130人の自殺者の手助けをしたが、とうとう、致死量の注射を行うところを録画し、そのテープをテレビ放映したとき、訴えられた。オランダでは、医師による自殺幇助は公式には違法であるが、検察は、厳格なガイドラインに基づいて寛容の心から行われた場合には、大目に見過ごしている。

　ある日本の医師は、塩化カリウムを注射して患者の生命を絶ったとき、安楽死に必要な4つの要件を医師が満たさなかったという理由で訴えられた。この4要

件とは，患者が耐えがたい苦しみを抱えていること，死が避けられず，間近に迫っていること，患者の苦しみを和らげる方法が他にないこと，そして，人工的に延命しないことを希望すると患者がはっきり述べていること，である。

　今日，リヴィング・ウィルは，アメリカ全土で合法となっている。この遺言は，疾患が末期となった場合には人工的な延命はしないでほしいという患者の希望を明示したものである。治療を拒否する個人の権利の尊重は，尊厳死に対する重要な側面ではあるが，医師の助けを借りて死ぬことを認めることには，なお議論の余地がある。

正答　2

実践 問題 **140** 〈応用レベル〉

頻出度	地上★★★	国家一般職★★★	東京都★★★	特別区★★★
	裁判所職員★★★	国税・財務・労基★★★	国家総合職★★★	

問 次の文の内容と合致するものとして最も妥当なのはどれか。　　(国Ⅰ2011)

　Diving deep into the human gene pool, scientists in the United States have drawn one of the most detailed maps to date of our evolutionary past.

　Their findings are detailed in two studies published Feb. 20 in the British journal Nature. One paper reveals that human genetic diversity decreases the further one gets from Africa, the cradle of humanity. People of African descent are more varied genetically than Middle Easterners, who are in turn more diverse than either Asians or Europeans, the study found. By the time Homo sapiens migrated to the Americas across the Bering Strait, diversity had dwindled even further.

　The other paper shows that Americans of European descent have more potentially damaging mutations in their DNA than African-Americans.

　It is now clear, the researchers say, that all the people of European descent, and not just isolated geographic groups, experienced a "genetic bottleneck" — probably between 30,000 and 100,000 years ago — as a small, founding population moved into present-day Europe.

　As a result, the gene pool in Europe was restricted, and possibly harmful mutations in DNA were handed down over the generations instead of being flushed out of the genome through the evolutionary process of natural selection.

　Both papers have important implications for understanding the genetic origin of disease and why some populations — associated with ethnic groups, geographic locations or both — seem more at risk from certain disorders than others.

1：ヒトの風土病による死亡率は，アフリカから遠い地域ほど低くなる傾向がある。

2：ヒトの遺伝的多様性は，アジア系やヨーロッパ系よりも中東系の方が低い。

3：ヨーロッパ系アメリカ人はアフリカ系アメリカ人よりもDNAに有害な突然変異が起きやすい。

4：地理的に隔離された集団は，「遺伝的ボトルネック」の影響を受けにくいため，進化の過程で有害なDNA突然変異は淘汰されていった。

5：ヒトのある集団が特定の疾患に罹患する可能性が他の集団よりも高いのは，遺伝要因よりも環境要因によるものが大きいと考えられる。

OUTPUT

実践 ▶ 問題 **140** の解説 ────────────

〈内容把握〉

　出典　"DNA study supports theory human ancestors originate from Africa" The Japan Times Weekly 2008/ 3 / 1

1 ×　風土病については触れていない。

2 ×　第2パラグラフに「アフリカ系の人々は中東系よりもさらに遺伝的多様性があり，一方中東系の人々はアジア系あるいはヨーロッパ系のいずれよりも多様であるとその論文は述べている」と述べられている。本肢のように中東系がアジア系，ヨーロッパ系より低いのではない。

3 ○　第3パラグラフに「他方の論文では，ヨーロッパ系アメリカ人はさらにアフリカ系アメリカ人よりも，おそらくDNAに損傷を与えるような突然変異が起こっていることを証明している」と述べられている。本肢は内容と合致する。

4 ×　第4パラグラフに「研究者によると，地理的に孤立した集団だけではなく，すべてのヨーロッパ系の人々が『遺伝的ボトルネック』を体験したことは明らかであり，おそらく3万年から10万年前に，祖先となる小規模の集団が今日のヨーロッパに移動してきたのだ」と述べられている。地理的に隔離された集団は遺伝的ボトルネックの影響を受けにくいわけではない。

5 ×　最終パラグラフに「病気の遺伝上の起源を理解するうえで，そして民族か，地理的環境，または両方によって分類されるある集団が，他の集団よりも特定の疾患に罹りやすいように思えるかを理解するうえで，この2つの論文は重要な意味を持つ」と述べられているが，遺伝要因よりも環境要因によるものが大きいとは書かれていない。

【全訳】

　米国の科学者たちはヒトの遺伝子貯蔵庫の研究に深く没頭することにより，我々の過去の進化時期を推定する最も精密な地図の1つを描いてきた。

　彼らの発見は2月20日発行の英国の「ネイチャー」誌の2つの研究論文で詳しく述べられている。一方の論文ではヒトの遺伝的多様性は人類の発祥地であるアフリカから遠くなるほど減少することが明らかにされている。アフリカ系の人々は中東系よりもさらに遺伝的多様性があり，一方中東系の人々はアジア系あるいはヨーロッパ系のいずれよりも多様であるとその論文は述べている。ホモ＝サピエンスがベーリング海峡を横断してアメリカに移動した頃には，多様性はさらに

低下していった。

　他方の論文では，ヨーロッパ系アメリカ人はアフリカ系アメリカ人よりも，さらにDNAに損傷を与えるような潜在的な突然変異が起こっていることを証明している。

　研究者によると，地理的に孤立した集団だけではなく，おそらく3万年から10万年前に，祖先となる小規模の集団が今日のヨーロッパに移動してきたすべてのヨーロッパ系の人々が「遺伝的ボトルネック」を体験したことは明らかである。

　結果としてヨーロッパでの遺伝子貯蔵庫は制限され，DNAの有害な可能性のある突然変異体は，自然淘汰の過程でゲノムから除去されることなく，何世代にもわたって引き継がれてきたのだ。

　病気の遺伝的原因を理解するうえで，そして民族や，地理的環境，または両方によって分類されるある集団が，他の集団よりもさらに特定の疾患に罹りやすいように思われる理由を理解するうえで，この2つの論文は重要な意味を持つ。

　＊遺伝的ボトルネック：遺伝的多様性が低くなること

正答 3

memo

実践 問題 **141** 応用レベル

| 頻出度 | 地上 裁判所職員★ | 国家一般職 国税・財務・労基 | 東京都 | 特別区 国家総合職 |

問 次の英文の内容に合致するものとして最も適当なものはどれか。

（裁判所職員2014）

Twenty seconds doesn't seem very long, but on one fine Sunday in July, twenty seconds felt like twenty minutes. I found myself crouched under my desk at 5 : 09 p.m. watching things tumble from my shelves and listening to the increasingly loud rattling of glass bottles. This was one of the biggest earthquakes Wellington had experienced and I was utterly terrified.

At the same time, part of me was washed over with a strange sense of calm. I thought that if this was how I was going to meet my end, then I was ready. I didn't have a single feeling of regret, of "If only I had…"

Regret is a frustrating feeling, because it's impossible to go back in time and change what you would've done. At the time, we may have decided to not do* something because of a fear of physical danger. But often in our everyday lives, it's because of a fear of rejection, embarrassment or the unknown. This is especially so with many students at my school who have said they find it difficult to speak English because they're afraid of making mistakes.

No language learner, including any native speaker, has ever spoken a language perfectly from day one. Native English speakers themselves are notorious for making grammatical mistakes and spelling errors, sometimes even on billboards. The main thing to remember as a language learner is that you can only worry about one thing at a time. Don't try to tackle your pronunciation, intonation and grammar all at once. Decide what you want to work on for that day and focus on that. And most importantly, don't ever regret making a mistake — how else will you learn ?

Fear of change is also what keeps us from improving or finding a more fulfilling life. Some language learners are afraid to try new ways of learning. Some adults in high stress or unsatisfying jobs are afraid to change their situation. As my fitness class instructors keep telling us, if things are getting too difficult, you always have options. Taking baby steps forward is better than not moving forward at all.

This year, I've tried new sports, spoken up in meetings, let myself be myself and even worn my heart on my sleeve. There has been awkwardness, embarrassment, and in the case of the sports, a few bruises and a new scar. But I've also made new friends, learned new skills and realised that my physical and mental limits are never where I think they are — I can always push them just that little bit more.

Whether it's something small like speaking the language you're learning, or improving yourself or your job, fears, doubts and nerves will always be there to test you. So the next time you find yourself holding back for whatever reason, remind yourself that if you're not nervous, you're probably not doing it right. Don't find yourself under a desk, thinking about your mortality and wondering what might've been.

(Samantha Loong, "No regrets", The Japan Times ST, September, 20, 2013)

*decided to not do＝decided not to do

1 : Native English speakers rarely make grammatical mistakes because they were born to their language.

2 : When the author experienced a big earthquake in Wellington, she was afraid that she might die and thought of her regrets.

3 : If you are nervous, stop worrying and prepare yourself for the worst to come.

4 : If things get difficult, think about your physical and mental limits and try not to go beyond them.

5 : Focusing on one thing at a time is the key to your success in language learning.

実践 問題 **141** の解説 ─────────────

〈内容把握〉

出典：Samantha Loong "No regrets" The Japan Times ST, September, 20, 2013

1 × "Native English speakers rarely make grammatical mistakes because they were born to their language" の意味は，「ネイティブの英語話者は英語が母国語なので，文法ミスはほとんどしない」である。しかし，本文では，ネイティブの英語話者は，文法ミスやスペリングミスをすることで悪名高いと述べられているので，本肢は妥当でない。

2 × "When the author experienced a big earthquake in Wellington, she was afraid that she might die and thought of her regrets" の意味は，「ウェリントンで大地震を体験したときに，著者は自分が死ぬかもしれないと怖くなり，後悔の念を抱いた」である。しかし，本文では，著者は後悔の念を抱くことなく，不思議にも覚悟ができていると思ったと述べられているので，本肢は妥当でない。

3 × "If you are nervous, stop worrying and prepare yourself for the worst to come" の意味は，「緊張した場合には，心配はやめて最悪の事態を覚悟することである」である。しかし，本文では，最悪の事態を覚悟するのではなく，緊張がなければ正しくできないことを思い出そうと言っているので，本肢は妥当でない。

4 × "If things get difficult, think about your physical and mental limits and try not to go beyond them" の意味は，「状況が困難な場合には，体と心の限界を意識して，限界を超えないようにしよう」である。しかし，本文では，状況が困難な場合にはいつでも他の選択肢があると言っているので，本肢は妥当でない。

5 ○ "Focusing on one thing at a time is the key to your success in language learning" の意味は，「言語学習では，一度に1つのことに集中することが成功の鍵である」である。本文の第4段落で，「発音，イントネーション，文法について，一度に取り組もうとしてはいけない。その日に学習することを決め，それに集中することだ」と述べられているので，本肢が妥当である。

【全訳】

20秒という時間はそれほど長く思わないものだが，7月のある晴れた日，20秒間が20分間に感じられた。午後5時9分，私は机の下にかがんでいた。いろんな物が棚から落ち，ガラス瓶のカタカタとなる音が大きくなっていった。これまで

ウェリントンで起こったものとしては最大規模の地震だった。私はすっかり恐ろしくなってしまった。

と同時に，奇妙にも私の中のある一部分を，静寂感が支配した。これが私の最期なのだとしても私は覚悟ができている，と思った。「あの時ああすれば……」などという後悔の念は微塵もなかった。

後悔は，いらいらさせられる感情だ。なぜなら時間を遡ってやったことを変えることはできないからだ。その地震の時，何もしないでじっとしていようと決めたのは，身体的な危険の恐れが理由だったのかもしれないが，日常生活でよくあるのは，拒絶や気恥ずかしさ，見ず知らずのものが怖いという理由からである。これは私の学校の生徒が特にそうで，間違うのがこわいから英語がしゃべりづらいと言う。

ネイティブスピーカーも含めて，ある言語を学習する場合に一日目から完璧に話せた者はいない。ネイティブの英語話者も，文法ミスやスペリングミスをすることで悪名高く，広告の掲示にまで誤りがあることもある。言語学習者として覚えておくべき大事なことは，一度にできることは１つだけということだ。発音，イントネーション，文法について，一度に取り組もうとしてはいけない。その日に学習することを決め，それに集中することだ。そして一番重要なことだが，ミスをしたことを後悔しないことだ。それ以外の学習方法などあろうか。

変化への恐れは，進歩，つまり，より充実した人生を送ることを妨げるものでもある。言語学習者の中には，新しい学習法を試すことを怖がる者もいる。大人でも，強いストレスや不満のある仕事に就いている人のなかには，状況を変えることに恐れを感じる人もいる。私の通っているフィットネス教室のインストラクターが繰り返し言うように，状況があまりにも困難な場合には，いつでも他の選択肢を選べるのだ。赤ん坊のようにハイハイしてでも少しずつ前に進むほうが，まったく動かないよりもよい。

今年，私は新しいスポーツを始め，ミーティングで発言した。自分らしく振る舞い，思っている感情を隠さず表現した。ぎこちなさが出たり，気恥ずかしい思いもしたりした。スポーツではあざや傷あとも作った。しかし，同時に新しい友人もできたし，新しい技術も身につけた。体や心の限界が自分の思っているところにはないことがわかった。いつだって私は，それくらいは前進できるのだ。

学んでいる言語をしゃべるような小さなことなのか，自分自身や自分の仕事で進歩を見せることなのかにかかわらず，そこには常に恐れや疑い，緊張がつきまとってあなたを試す。だから次回，どのような理由であれ気おくれするようなことがあったら，緊張がなければ正しくやることはほぼ無理なのだということを思い出そう。机の下でかがみながら，死期を意識してあの時ああすればよかったなどと考えることにならないようにしよう。

正答 **5**

実践 問題 142 応用レベル

頻出度	地上★★★ 国家一般職★★★ 東京都★★★ 特別区★★★
	裁判所職員★★★ 国税・財務・労基★★★ 国家総合職★★★

問 次の英文の内容と合致するものとして最も適当なのはどれか。

(裁事・家裁2008)

Nearly 3 million people were studying the Japanese language in 133 countries and territories worldwide as of 2006, up more than 25 percent from three years earlier, according to a survey conducted by the Japan Foundation.

The organization, one of whose main duties is to promote Japanese-language education overseas, last week released the data from its latest survey, conducted between November last year and March this year. It has been conducting surveys of this kind since 1979-initially every five years but now every three years beginning from the latest one.

For the survey, the Japan Foundation sent questionnaire sheets to about 27,000 educational institutions worldwide, of which 75 percent responded. It found that there were 2,979,820 students of the Japanese language overseas last year, about 23 times larger than the student number in 1979.

The government has been aiming at increasing the number of students of the Japanese language to 3 million by 2010. The Japan Foundation's latest survey shows that the goal has almost been achieved.

By nation and territory, South Korea topped the list with about 910,000 students, followed by China and Australia with about 680,000 and 370,000, respectively. The number of students in these three countries accounted for about two-thirds of the total figure.

Compared to the 2003 survey, 95 countries and territories saw increases in the number of students of Japanese.

On the other hand, 31 countries and territories showed the opposite trend — with Australia and the United States among them. The United States, the sixth highest country in terms of the number of students, had a 15.9 percent decrease.

The organization guesses that behind such decreases, there is an increasing popularity for learning other languages such as Chinese and Spanish.

Of the 3 million, nearly 60 percent were students at the primary and secondary school level, while about 25 percent were studying at higher educational institutions. About 490,000 were taught at other institutions outside the formal education system, such as language schools in the private sectors. This was an increase of nearly 70 percent from the 2003 survey.

"This is a new phenomenon that is occurring," said a Japan Foundation official who led the survey.

Nowadays, there is a greater variety of available methods for learning languages other than attending traditional classroom lessons, such as using the Internet, but the survey could not cover such individuals.

" [Sending the questionnaire sheets to relevant organizations] was a primitive but steady approach. The survey shows that there were 'at least' 3 million people studying Japanese worldwide," he said. "We'd like to find a way to cover students learning by various other methods in the future."

1：海外における日本語教育の推進を主要な責務とする国際交流基金では，1979年以来3年ごとに海外の日本語学習者数を調査している。

2：2006年度における世界の日本語学習者数は，初年度の調査結果の23倍となり，国際交流基金が設定した2010年までの目標値をほぼ達成した。

3：日本語学習者数のトップ3は，韓国，中国，オーストラリアで，全体のおよそ3分の2を占め，また，2003年度と比べると調査対象の国・地域の7割強で学習者数が増加した。

4：オーストラリアとアメリカでは，それぞれ16％程度日本語学習者数が減少した。その原因は日本語以外の外国語に人気が高まったためと推測される。

5：学校の授業を受けず個人的に言語を学習する機会が増えたので，今後の日本語学習者数の調査は，個人で学習している人を主な対象にする必要があると考えられている。

実践 問題 **142** の解説 ─────────────────

〈内容把握〉

出典　The Daily Yomiuri 2007/11/8

1 ✕ 本文第2パラグラフにこの調査が当初，5年おきに実施されていたことが述べられており，本肢はこの内容と矛盾する。

2 ✕ 本文第4パラグラフによれば，日本語学習者を2010年までに300万人に増やすという目標を設定したのは政府であり，国際交流基金ではない。

3 ◯ 本肢前半の内容は，本文第5パラグラフの内容と合致する。後半については，第6パラグラフに95の国と地域で日本語学習者数が増加していると述べられている。第1パラグラフに調査対象の国が133ヵ国あることが述べられているため，95÷133＝0.71…となり，本肢の「7割強」という記述と合致する。

4 ✕ 本文第7パラグラフに米国の日本語学習者数が15.9％減少したと述べられているが，オーストラリアでの減少率については述べられておらず，本肢の内容が本文と合致するとはいえない。

5 ✕ 本文最終パラグラフで「［関係機関にアンケート用紙を送るのは］原始的だが確実な方法だった」と述べられており，従来からの調査方法を否定してはいない。このため，本肢のように「個人で学習している人を主な対象とする」とまでは言い切れない。

【全訳】

国際交流基金（Japan Foundation）が行った調査によると，2006年には世界中で133の国と地域で約300万人が日本語を勉強していて，3年前と比べて25％以上増加していた。

同基金は，海外における日本語教育の振興を図ることを主な業務の1つとしており，昨年11月から今年3月にかけて実施した最新の調査のデータを先週発表した。同基金では1979年以降この種の調査を行っており，当初は5年ごとに実施していたが，今回以降は3年ごとに実施することにしている。

調査に際して，国際交流基金は，アンケート用紙を世界中で約27,000の教育機関に送り，そのうち75％から回答があった。それによると，昨年海外で日本語を学んでいた学習者が2,979,820人に上り，1979年と比べて約23倍であったことがわかった。

政府は，日本語の学習者数を増やすことを目指しており，2010年までに300万人を目標としている。国際交流基金の最新の調査では，この目標がほぼ達成され

ていることを示している。

　国や地域ごとにみると，韓国がトップで約91万の学習者が学んでおり，それに中国とオーストラリアがそれぞれ約68万と37万で続いている。これら３カ国の学生数で全体の数字の約３分の２を占めている。

　2003年調査と比較すると，95の国と地域で日本語学習者が増加している。

　一方で，31の国と地域では逆の傾向が示されており，その中にはオーストラリアと米国も含まれている。米国は学習者数では６番目であるが，15.9％減少していた。

　国際交流基金では，このような減少の背後に，中国語やスペイン語など，他の言語を学習することが人気を集めていることがあるのではないかと見ている。

　300万人のうち，60％近くが小中学校レベルの学習者で，これに対し高等教育機関で勉強している学習者は約25％であった。約49万の学習者は，民間の語学学校など，正規の教育機関以外の機関で教わっていた。これは2003年の調査と比べて約70％増加している。

　「これが現在発生している新しい現象です」と，この調査を指揮した国際交流基金の部長は述べている。

　今日では，インターネットの使用など，従来の教室での授業に出席する以外の言語を習得する方法が多様化しているが，今回の調査ではそのような個々の学習者を対象に含めることができなかった。

　「［関係機関にアンケート用紙を送るのは］原始的だが確実な方法だった。調査によって，（少なくとも）全世界で300万人の学習者が日本語を学んでいたことがわかった」と彼は言った。　そして「今後，他のさまざま手法で学習者を対象に含める方法を見つけていきたい」と続けた。

正答 ③

実践 問題 **143** 〈応用レベル〉

問 次の英文に関するＡ～Ｅの記述のうち，英文の内容と合致するもののみをすべて挙げているのはどれか。　　　　　　　　　　　　（裁事・家裁2010）

People may feel uncomfortable when they hear that even such a personal unit as the family is no exception to the ongoing process of globalization.

However, such a phenomena can be observed in many countries at a time when nursing care workers know no national borders.

The reason behind the phenomena is the aging population in advanced countries and an increase in the number of working women. In countries where welfare programs leave much to be desired and few men do the household chores and nurse their parents, it is easy to see a collapse in the supply and demand balance of nursing care within the family.

To fill this nursing care and housework "deficit balance," nursing care workers and household workers — most of whom are women — head to advanced countries from developing countries.

Italy is "advanced" in this perspective. Since the 1980s, the country has been accepting such workers from countries including Eritrea, the Philippines and Peru. The number of nursing care workers and household workers from Romania and Ukraine increased rapidly in the 1990s, and growth has been accelerating this century.

In Italy, people refer to such workers as "badante," a word derived from "badare," which means to take care of someone. The total number of such workers is unknown, because many work in Italy without visas. However, in one estimate, about 650,000 to 1 million badante are working in the country — perhaps even more. Many of them live in households containing elderly people and engage in the kind of work that previously would have been shouldered by wives, daughters and daughters-in-law. Their monthly wage is about 700 euros to 900 euros, which is about half the amount it would take to hire an Italian worker.

The practice of hiring badante is widespread and deeply rooted in Italy. As a result, political parties calling for a clampdown on immigration, such as the Lega Nord (Northern League), say they are prepared to make an exception for badante workers.

The practice of accepting nursing care workers and household workers from overseas also can be seen in other European countries, such as Austria and

OUTPUT

Germany.

The situation is not so different in Asia.

About 800,000 foreign nursing care workers and household workers — mostly women — are employed in Asian countries including Hong Kong, Taiwan, South Korea and Malaysia.

In relation to this practice, internationally arranged marriages are increasing in Asian countries. Two in seven marriages in Taiwan, and more than one-third in farming villages in South Korea, are internationally arranged.

In Tokyo, the number of households hiring foreign housekeepers is increasing gradually. The Japanese government has allowed Indonesian, and Filipinos to work in the nation's nursing homes for the elderly.

Workers who have crossed national borders have been dramatically changing the makeup of households and welfare facilities of the countries in which they operate.

Thinking back to the past, household styles have changed significantly over several generations, from extended families living under one roof to nuclear families. In Japan, people who live alone now account for a quarter of all households.

Foreign residents now play an important role in many of the nation's households. The number of such households will continue to increase as globalization marches on.

A：グローバル化の進展によって，多くの国々の家庭が，海外からの労働者を受け入れるようになっている。

B：発展途上国から先進国に介護や家事を行う労働者が進出する原因は，先進国における家庭内介護の需給バランスが崩れたことである。

C：イタリアでは，1980年代以降，ビザを持たない海外からの介護労働者が増加し，政府が規制に乗り出している。

D：アジアでは，介護や家事を行う海外からの働き手が，国際見合い結婚という形で増えている国や地域がある。

E：海外からの労働者は，国々の世帯の構造を劇的に変えつつあり，日本でも外国人労働者を抱える世帯が今後増え続けると考えられる。

1：A，C
2：A，B，D
3：B，C，E
4：C，D，E
5：A，B，D，E

実践 問題 **143** の解説

〈内容把握〉

　出典　Ken Endo "Nursing care services show extent of globalizetion" The Daily Yomiuri 2009/ 9 /12

A○　本文全体の内容と合致。個別にみても，第5パラグラフで，**イタリアが外国人労働者を受け入れ，その数が急速に増加している**と述べられており，さらに第6パラグラフで，**イタリアでは外国人労働者の受け入れが慣行になっている**と説明されている。また，第8，第9パラグラフで，**他のヨーロッパ諸国やアジア諸国でも状況は同様である**とし，第12パラグラフで，**日本（東京）でも外国人労働者を雇う家庭がしだいに増加している**と述べられている。以上より，多くの国々の家庭が，外国人労働者を受け入れるようになっているといえる。

B○　第3パラグラフ，4〜5行目に，**先進国における家庭内介護の需給バランスが崩れている**と述べられ，次のパラグラフで，この「**需給バランスの崩れ＝介護と家事の赤字**」を埋め合わせるために，発展途上国から先進国に介護や家事を行う労働者が進出していると書かれている。よって，本肢は本文の内容と合致する。

C×　第6パラグラフ，2〜3行目に多くの外国人労働者がビザを持っていないと述べられているが，第7パラグラフに書かれているように，**イタリアでは，移民の取り締まりを主張している政党でさえ，海外からの介護労働者（バダンテ）の受け入れには積極的**である。つまり，政府が規制に乗り出しているということは述べられていない。

D○　第10パラグラフで，**一部のアジア諸国では介護や家事を行う外国人労働者が非常に多くいること**，第11パラグラフで，**「この慣行に関連して（in relation to）」，国際見合い結婚が増えている**ことが述べられている。したがって，本肢は正しい。

E○　本肢の前半（「〜変えつつあり」まで）は最後から3番目のパラグラフに，本肢の後半は最後のパラグラフに明記されている。したがって，本肢は正しい。最後から2番目のパラグラフは日本の事情について触れており，最後のパラグラフのthe nation's householdsが「日本」の世帯を意味することに注意すること。

　したがって，内容と合致するものはA，B，D，Eであり，正解は肢5である。

【全訳】

　家族のように私的な単位でさえも，進行中のグローバル化の過程から除外されはしないと聞いたとしたら，人々はきっと不安を感じることだろう。

OUTPUT

ところが，介護福祉士に国境はないこの時代にあっては，そのような現象は多くの国々において見られるものだ。

この現象の背後にある原因は，先進国における高齢化や女性労働者の増加である。福祉プログラムに改善の余地が大いにあり，男性のほとんどが家事や両親の介護をしない国では，家庭内介護の需給バランスが崩れているのが容易にわかる。

この介護と家事の「赤字」を埋め合わせるために，発展途上国から先進国へと，介護福祉士や家事労働者が進出しているが，そのほとんどは女性である。

イタリアはこの観点からすれば「先進国」である。1980年代以降，そのような労働者をエリトリア，フィリピン，ペルーなどの国々から受け入れてきた。ルーマニアとウクライナから来た介護福祉士と家事労働者の数は1990年代に急速に増加し，その増加速度は今世紀に入ってさらに加速し続けている。

イタリアでは，人々はそのような労働者を「バダンテ（badante）」とよぶ。この語は，誰かの世話をするという意味の「badare」に由来している。そのような労働者の総数は不明である。なぜならイタリアで働く多くの労働者がビザを持っていないからだ。だが，ある推計によれば，約65万から100万人のバダンテがイタリアで働いているとされるが，もっと多い可能性もある。彼らの多くは高齢者のいる家庭に住み，以前であれば妻や娘，嫁がしたであろう仕事に従事している。彼らの月収は約700〜900ユーロで，イタリア人労働者を雇う場合のおおよそ半額である。

バダンテを雇うという慣行は，イタリアでは広く普及し，深く根付いている。結果として，移民の締め付けを主張する政党，たとえば北部同盟（Lega Nord）などは，バダンテ労働者のために例外を設ける用意があるといっている。

介護福祉士や家事労働者を海外から受け入れる慣行は，オーストリアやドイツなどの他のヨーロッパ諸国でも見られる。

状況はアジアでもそれほど変わらない。

約80万の外国人介護福祉士や家事労働者が，香港や台湾，韓国，マレーシアなどのアジア諸国で雇用されており，そのほとんどがやはり女性である。

この慣行に関連して，アジア諸国では国際見合い結婚が増加している。台湾では7組中2組，韓国の農村では3分の1以上が国際見合い結婚である。

東京では，外国人家政婦を雇う家庭の数がしだいに増えてきている。日本政府はインドネシア人とフィリピン人が日本の高齢者福祉施設で働くことを許可している。

国境を越える労働者は，彼らが働いている国々の世帯や福祉施設の構造を劇的に変えつつある。

過去を思い返してみると，世帯の形は数世代を経て，1つ屋根の下で暮らす大家族から核家族へと著しく変化した。日本では，一人暮らしをする人が，現在，全世帯の4分の1を占めている。

今日，日本の多くの世帯において，外国人居住者が重要な役割を果たしている。そのような世帯の数は，グローバル化の進行にあわせて増え続けることだろう。

正答 **5**

実践 問題 **144** 応用レベル

頻出度	地上★★★ 国家一般職★★★ 東京都★★★ 特別区★★★
	裁判所職員★★★ 国税・財務・労基★★★ 国家総合職★★★

問 次の文の内容と合致するものとして最も妥当なのはどれか。

(国家総合職2012)

The once ironclad axiom[*1] that the wealthier a nation is the lower its birthrate becomes is reversed when countries pass a certain threshold[*2] of development.

Most of the two dozen nations that have passed this tipping point — including Australia, Sweden, France, the United States and Britain — are enjoying modest baby booms, breaking a pattern of declining fertility, that has held for decades, if not longer.

If the trend holds for these and other countries moving up the socioeconomic ladder, it could have huge and largely positive implications for what have been up to now rapidly aging societies, the researchers said.

Most well-off nations have long since slipped below the fertility rate needed simply to maintain a stable population, an average of 2.1 children per woman.

The further these and other countries advanced along a widely used measure of social progress called the Human Development Index (HDI), earlier studies showed, the fewer babies were born per woman.

The HDI scale takes into account life expectancy, GDP per capita and literacy rates, and runs from zero to 1.0. The 20 lowest-placed countries — all in Africa — score from 0.30 to 0.48 and the 20 highest score from 0.93 to 0.97.

Some researchers in Philadelphia analyzed recent data from most of the world's nations to see if any new trends had emerged. What they uncovered was "a fundamental change in the well-established negative relationship between fertility and development."

On average, national birthrates begin to bottom out-when the HDI hits about 0.86 and climb again when the development index approaches 0.95, they found.

The 12 nations highest on the index averaged just over 1.8 births per woman in 2005 and in some cases the rate has continued to climb since then.

In 2008, France, for example, topped 2.0 for the first time in at least 40 years. Changes in society that make it easier for women to choose to have children are a key driver behind the rich nation baby boom, the study suggests.

　（注）　*¹ ironclad axiom：揺るぎない定説　　*² threshold：閾（いき），水準

1：国が豊かになればなるほど，出生率が低下するという仮説が最近の研究により
　　立証された。

2：フィラデルフィアの研究者たちは，米国内の時系列データを分析し，出生率に
　　関する研究結果を発表した。

3：HDIを算出するには，従来用いられてきた一人当たりGDPなどに加えて新しい
　　要素が必要であることが分かった。

4：HDIが0.86前後になるとそれまで一定していた出生率が下降しはじめ，そこか
　　ら更に0.09ポイントHDIが上昇したところで出生率が底を打つことが分かった。

5：最近の分析によれば，HDI上位12か国の中には出生率が上昇に転じる例がみら
　　れる。

実践 問題 144 の解説

〈内容把握〉

出典 "Baby booms, in rich nations belie axiom" The Japan Times

1 ✕ 「豊かになればなるほど…」に着目。「the wealthier ～ the lower...」という記述が想定できる。この語を含む第1パラグラフ1～3行目で,「国が豊かであるほど出生率は下がるという一時揺るぎなかった定説は,国の発展が一定の水準を超えると覆される」と述べられているので,本文と一致しない。

2 ✕ 「フィラデルフィア」に着目。この語を含む第7パラグラフ1～2行目で,「フィラデルフィアの研究者が,新しい傾向が現れていないか全世界のほとんどの国の最新データを分析した」とあるので,米国内の時系列データを分析したわけではない。

3 ✕ 「HDI」「GDP」の双方に着目。この2語を含む第6パラグラフ1～2行目で,「HDI指標は平均余命,国民1人あたりのGDP,識字率を考慮し,0から1.0で表される」とあるので,HDI指標に考慮される要素は確立されており,HDI算出に新しい要素が必要であることがわかったわけではない。

4 ✕ 「0.86」という数字に着目。この語を含む第8パラグラフで,「平均的に,国ごとの出生率はHDIが0.86に達したあたりで底をつき始め,0.95に近づくあたりで上昇することがわかった」とあるので,本文の内容とまったく一致しない。

5 ◯ 「12カ国」に着目。この語を含む第9パラグラフで,「数値が最も高い12カ国では,2005年の出生率が1.8を上回り,それ以降値が上昇している例もある」との記述があるので,「出生率が上昇に転じる例が見られる」との部分が正解。

【全訳】

　国が豊かであるほど出生率は下がるという,一時は揺るぎなかった定説は,国の発展が一定の水準を超えると覆された。

　この転換点を超えた24カ国(オーストラリア,スウェーデン,フランス,アメリカ,イギリスを含む)のほとんどが,最低でも数十年は続いてきた出生率低下の傾向を脱し,緩やかなベビーブームを迎えている。

　研究者によると,社会経済が上向き傾向にあるこれらの国々でこの傾向が続くとしたら,昨今急速に高齢化している社会のこれまでの状況に,多大な,そして大いに前向きな結果を期待することができる。

　ほとんどの豊かな国が,安定した人口を単に維持するために必要な,女性1人あたり平均2.1人の子どもという出生率を下回ってから久しい。

　これらの国や他の先進国が,HDIと言われる,幅広く使われている社会発展指標

によっても示されるように，発展すればするほど女性1人あたりが産む子どもの数は減っていると，初期の調査は示していた。

　HDI指標は平均余命，国民1人あたりのGDP，識字率を考慮し，0から1.0で表される。下位20位までの国（すべてアフリカにある）は0.3から0.48で，上位20位は0.93から0.97だった。

　フィラデルフィアの研究者らが，全世界のほとんどの国の最新データを分析し，新しい傾向が現れているか否かを調べた。彼らが明らかにしたのは，出生率と国の発展度には負の相関があるというよく浸透した定説を根本的に覆すものだった。

　平均的に，国ごとの出生率はHDIが0.86に達したあたりで底をつき始め，0.95に近づくあたりで上昇することがわかった。

　HDIの数値が最も高い12カ国では，2005年の出生率が1.8を上回り，それ以降値が上昇している例もある。

　たとえば2008年のフランスでは，少なくとも40年ぶりに2.0という最高記録を出した。女性にとって子どもを産むという選択がしやすいように社会が変化していくことが，先進国におけるベビーブームを引き起こす重要な要素であると，この調査は示唆している。

【単語サポート】

wealthy	（形）豊かな，裕福な	well-off	（形）豊かな
birthrate	（名）出生率	maintain	（動）維持する
reverse	（動）ひっくり返す	stable	（形）安定した
development	（名）発展	scale	（名）指標
tipping point	（名）転換点	take into account	（熟）考慮する，注意する
decline	（動）下へ向く，断る	life expectancy	（名）平均余命
fertility	（名）多産であること，肥沃，出生率	per capita	（熟）1人あたり
move up	（熟）上向きになる，上昇する，出世する	literacy rates	（名）識字率
socioeconomic	（形）社会経済的な	run	（動）書いてある，走る
ladder	（名）段階，はしご	analyze	（動）分析する
huge	（形）多大な，巨大な	emerge	（動）現れる
implication	（名）結果	negative relationship	（名）負の相関

正答 5

実践 問題 **145** 応用レベル

頻出度	地上★★★　国家一般職★★★　東京都★★★　特別区★★★
	裁判所職員★★★　国税・財務・労基★★★　国家総合職★★★

問 次の文の内容と合致するものとして最も妥当なのはどれか。

(国家総合職2013)

Maintaining the good education performance should be a priority given its important link to economic growth. Countries with more human capital innovate faster, thereby achieving greater productivity gains. This requires improving the education system and adapting it to the new challenges of a fast-changing world. In addition, more training is needed for workers. However, the heavy reliance on non-regular employment tends to limit on-the-job training. Addressing the duality[*1] of the Japanese labour market is therefore a priority and would have the double benefit of reducing inequality while supporting growth. This requires a comprehensive approach, including an adjustment in the employment protection for regular workers combined with more training and better social insurance coverage of non-regular workers.

Japan is also a leading OECD country in terms of R&D (research and development), although this is not fully reflected in its innovation performance. Co-operation among universities, government and research institutes needs to be enhanced through greater mobility of researchers and boosting the share of public research funds for universities that is allocated competitively. Upgrading tertiary education[*2], in part through stronger competition and internationalisation, would not only increase human capital but would also boost the role of universities in innovation.

Stronger competition and regulatory reforms in the service sector would not only boost innovation but also support the productivity of services which has lagged behind that in manufacturing in recent years. This is all the more important, given that services account for 70% of valueadded and employment in Japan. Strengthening competition is the key to improving productivity in this sector.

（注）*1 duality：二重構造　　*2 tertiary education：高等教育

OECD "Policies for a revitalization of Japan" より

1：非正規労働者に対する訓練や社会保険の充実などの方策により，日本の労働市場の二重構造に対処すべきである。

2：非正規労働者の労働力への過度の依存は日本の人的資本の質を低下させるため，正規労働者を増やし，非正規労働者を減らすべきである。

3：日本は生産管理の分野で他のＯＥＣＤ諸国に卓越している一方で，技術革新の分野では遅れをとっている。

4：大学や研究機関における公的研究資金を獲得するための競争が激化していることが，日本の大学や研究機関による技術革新を促している。

5：サービス部門は，日本の主要産業となっているが，雇用と付加価値の創出については製造業に遅れをとっている。

実践 問題 **145** の解説

〈内容把握〉

出典　OECD"Policies for a revitalization of Japan"

1 ○ 第1パラグラフの最後に述べられていることと一致する。

2 × 第1パラグラフには非正規労働者の労働力への過度の依存が，（労働者に対する）ＯＪＴを制限しかねないと述べられているが，「人的資本の質を低下させる」とは述べられていない。

3 × 第2パラグラフから，日本がリードしているのは，研究と開発であると読み取れるが，「生産管理の分野で卓越している」とは述べられていない。

4 × 「公的研究資金を獲得するための競争が激化している」とは述べられてない。

5 × 第3パラグラフに「製造業に大きく遅れをとっているサービスの生産性」と述べられている。つまり，製造業に遅れをとっているのは，生産性である。

【全訳】

　良質な教育の履行を維持することは，経済成長との重要なつながりを考慮すると，優先事項であるべきだ。より多くの人的資源を保有している国は，刷新が早く，それによって生産性が大幅に向上する。これには，教育システムを改善し，また，急速に変化する世界の新たな課題に適合したものにすることが必要である。加えて，労働者のため，より多くの訓練が必要である。しかしながら，非正規雇用への過度の依存は，ＯＪＴ（実施研修）を制限しかねない。日本の労働市場の二重構造に取り組むことは，したがって優先順位が高く，成長を支えながら不平等を減らすという2つの利益をもたらすだろう。これには，正規労働者の雇用保護を調整し，非正規労働者にはより多くの訓練と社会保障の適用範囲の拡大を組み合わせることが必要である。

　日本はＲ＆Ｄ（研究と開発）においては，ＯＥＣＤの主要国でもあるが，しかし，これは技術革新の業績には十分に反映されていない。大学と政府，研究機関との間の連携は，研究者の流動性を高め，競争力のある大学の公的研究資金の割合を増やすことを通して，強化することが必要だ。高等教育の向上は，競争の激化と国際化の中で，人的資源を増大させるのみならず，技術革新における大学の役割を押し上げるだろう。

　サービス分野における競争の激化と規制改革は，技術革新を加速させるだけでなく，近年の製造業に大きく遅れをとっているサービスの生産性を支援するだろう。サービス業が，日本の付加価値と雇用の70％を占めていることを考えると，これは

ますます重要である。競争の強化がこの分野の生産性を高めるための鍵である。

【単語サポート】

priority	（名）優先事項		co-operation	（名）連携
human capital	（名）人的資源		enhance	（動）強める
innovate	（動）刷新する		mobility	（名）流動性
productivity	（名）生産性		allocate	（動）割り当てる
improve	（動）改善する		competition	（名）競争
reliance	（名）依存する，信頼する		internationalisation	（名）国際化
labour	（形）労働の		role	（名）役割
benefit	（名）利益		regulatory reform	（名）規制改革
comprehensive	（形）包括的な		sector	（名）分野
adjustment	（名）調整		lag	（動）遅れている
combine	（動）組み合わせる		manufacturing	（名）製造業
social insurance	（形）社会保障の（名）社会保障		valueadded	（名）付加価値
coverage	（名）保障範囲			

第2章 英文

正答 1

実践 問題 146 応用レベル

頻出度	地上	国家一般職★★★	東京都	特別区
	裁判所職員★	国税·財務·労基★★★	国家総合職	

問 Select the statement which best corresponds to the content of the following passage. (国税・財務 専門英語2016)

A rapid population increase in Africa is anticipated even if there is a substantial reduction of fertility levels in the near future. The medium variant projection assumes that fertility will fall from 4.7 children per woman in 2010-2015 to 3.1 in 2045-2050, reaching 2.2 by 2095-2100. After 2050, Africa is expected to be the only major area still experiencing substantial population growth.

Population growth remains especially high in the group of 48 countries designated by the United Nations as the least developed countries (LDCs), of which 27 are in Africa. Although the growth rate of the LDCs is projected to slow from its current 2.4 percent annually, the population of this group is projected to double in size from 954 million inhabitants in 2015 to 1.9 billion in 2050 and further increase to 3.2 billion in 2100. Between 2015 and 2100, the populations of 33 countries, most of them LDCs, have a high probability of at least tripling. Among them, the populations of Angola, Burundi, Democratic Republic of the Congo, Malawi, Mali, Niger, Somalia, Uganda, United Republic of Tanzania, and Zambia are projected to increase at least five-fold by 2100. The concentration of population growth in the poorest countries will make it harder for those governments to eradicate poverty and inequality, combat hunger and malnutrition, expand education enrollment and health systems, improve the provision of basic services, and implement other elements of a sustainable development agenda to ensure that no one is left behind.

In sharp contrast, the populations of 48 countries or areas in the world are expected to decrease between 2015 and 2050. Several countries are expected to see their populations decline by more than 15 percent by 2050, including Bosnia and Herzegovina, Bulgaria, Croatia, Hungary, Japan, Latvia, Lithuania, Republic of Moldova, Romania, Serbia, and Ukraine. Fertility in all European countries is now below the level required for full replacement of the population in the long run (around 2.1 children per woman, on average), and in the majority of cases, fertility has been below the replacement level for several decades. Fertility for Europe as a whole is projected to increase from 1.6 children per woman in 2010-2015 to 1.8 in 2045-2050, but such an increase will not prevent a likely contraction of the total population size.

At the country level, much of the overall increase between now and 2050 is projected to occur either in high-fertility countries, mainly in Africa, or in countries with large populations. During 2015-2050, half of the world's population growth is expected to be concentrated in nine countries: India, Nigeria, Pakistan, Democratic Republic of the Congo, Ethiopia, United Republic of Tanzania, United States of America, Indonesia, and Uganda, listed according to the size of their contribution to the total growth.

Among the ten largest countries in the world, one is in Africa (Nigeria), five are in Asia (Bangladesh, China, India, Indonesia, and Pakistan), two are in Latin America (Brazil and Mexico), one is in North America (United States of America), and one is in Europe (Russian Federation). Amongst these, Nigeria's population, currently the seventh largest in the world, is growing the most rapidly. Consequently, the population of Nigeria is projected to surpass that of the United States of America by about 2050, at which point it would become the third largest country in the world. By 2050, six of the ten largest countries in the world are expected to exceed 300 million: China, India, Indonesia, Nigeria, Pakistan, and United States of America.

1 : In Africa, the medium variant projection assumes that fertility will fall from 4.7 children per woman in 2010-2015 to 3.1 in 2045-2050, going below the level required for full replacement of the population in the long run by 2095-2100.

2 : The population in 2100 of the LDCs is expected to be more than three times as much as that in 2015.

3 : The concentration of population growth in the poorest countries will make it more difficult for the governments of those countries to solve ethnic conflict and to promote birth control.

4 : Several countries are projected to see their populations decline by more than 15 percent by 2050, including Bosnia and Herzegovina, Bulgaria, Croatia, Hungary, Japan, Estonia, Lithuania, Republic of Moldova, Romania, Syria, and Ukraine.

5 : Currently, among the ten countries with the largest populations in the world, one is in Africa, five are in Asia, two are in North America, one is in Latin America, and one is in Europe.

実践 問題 146 の解説

〈内容把握〉

出典　国際連合「世界総人口統計」2015年版より
(https://esa.un.org/unpd/wpp/publications/files/key_findings_wpp_2015.pdf)

1 × 「中位推計によると，アフリカでは出生率が2010年から2015年の女性１人あたり4.7人から，2045年から2050年の3.1人に減少し，2095年から2100年までに，長期的な人口置換水準で望ましいとされるレベルよりも下がると考えられている」。第１パラグラフに該当箇所があるが，人口減少が危惧されているのはアフリカ以外の地域である。

2 ○ 「後発開発途上国の2100年の人口は，2015年の３倍以上になると考えられている」。第２パラグラフに該当箇所がある。2015年のＬＤＣの人口は９億5,400万人，2100年には32億人にまで増加する見込みだと述べられているので，およそ3.3倍であり選択肢の内容と合致している。

3 × 「最貧国に人口増加が集中していることにより，それらの国々の政府が民族紛争を解決したり避妊を推進したりすることが困難になっている」。第２パラグラフの後半に該当箇所があるが，最貧国に人口増加が集中することにより発生する障害の中に，民族紛争や避妊に関する記述はない。

4 × 「複数の国々で2050年までに人口が15％以上減少すると考えられている。ボスニア・ヘルツェゴビナ，ブルガリア，クロアチア，ハンガリー，日本，エストニア，リトアニア，モルドバ共和国，ルーマニア，シリア，ウクライナなどだ」。第３パラグラフに該当箇所があるが，選択肢に挙げられている「エストニア，シリア」については本文中で言及がない。

5 × 「現在，人口が世界で10位以内に入る国々のうち，１カ国はアフリカ，５カ国はアジア，２カ国は北アメリカ，１カ国は中南米，１カ国はヨーロッパにある」と，最終パラグラフに該当箇所があるが，本文は「中南米に２カ国，北アメリカに１カ国」である。数字が逆になっているので誤り。

【全訳】

　近い将来出生率の大幅な減少が見込まれている現在でも，アフリカでは急激な人口増加が予想されている。中位推計は，出生率は2010年から2015年の女性１人あたり4.7人から，2045年から2050年の１人あたり3.1人に減少し，2095年から2100年までには2.2人までに落ち込むと推定している。2050年以降では，アフリカだけが唯一，依然として大きな人口増加が見込まれる主要地域である。

　人口増加は，国際連合が後発開発途上国（ＬＤＣ）として指定した48カ国で，特に高い数値を維持している。そのうち27カ国がアフリカだ。ＬＤＣの成長率は

現在の年2.4％よりも落ちると予測されているが，同地域の人口は2015年の９億5,400万人から，2050年には倍の19億人に増加し，さらに2100年には32億人にまで増えると考えられている。2015年から2100年までには，主にＬＤＣで構成される33カ国の人口が，最低でも３倍増になる確率が高い。その中でも，アンゴラ，ブルンジ，コンゴ民主共和国，マラウィ，マリ，ニジェール，ソマリア，ウガンダ，タンザニア連合共和国，ザンビアの人口は，2100年までに少なくとも５倍に増える見込みだ。人口増加が最貧国に集中することにより，各国政府による貧困や不平等の是正，飢饉や栄養失調の根絶，学校機関の在籍者数の増加，医療制度の充実，基礎的サービスの提供，持続可能な開発計画を目指す各要素を実施して取り残される者をなくすこと，などがいっそう困難になる。

　非常に対照的だが，世界48の国や地域の人口は，2015年から2050年のあいだに減少する見込みだ。複数の国では，2050年までに人口が15％以上減少すると考えられている。ボスニア・ヘルツェゴビナ，ブルガリア，クロアチア，ハンガリー，日本，ラトビア，リトアニア，モルドバ共和国，ルーマニア，セルビア，ウクライナなどの国だ。ヨーロッパ全土の出生率は，長期的な人口置換水準で望ましいとされるレベル（平均して女性１人あたり2.1）に達していない。また，ほとんどの場合において，出生率は数十年前から人口置換水準よりも低い。ヨーロッパ全体の出生率は，2010年から2015年の女性１人あたり1.6人から，2045年から2050年の1.8人に増加すると予測されている。しかし，そうした増加は，予想されている全体的な人口減少を食い止めるものではない。

　国レベルでは，現在から2050年までの全体的な人口増加の多くは，アフリカを主とする出生率の高い国々か，人口の多い国々で見込まれる。2015年から2050年のあいだに，世界の人口増加の半数は次の９つの国で起こるだろう。インド，ナイジェリア，パキスタン，コンゴ民主共和国，エチオピア，タンザニア連合共和国，アメリカ合衆国，インドネシア，ウガンダだ。また，これらの国々は，全体的な人口増加に与える影響が大きい順に並んでいる。

　世界の中でも特に人口が多い10カ国のうち，１カ国はアフリカ（ナイジェリア），５カ国はアジア（バングラデシュ，中国，インド，インドネシア，パキスタン），２カ国は中南米（ブラジル，メキシコ），１カ国は北アメリカ（アメリカ合衆国），また１カ国はヨーロッパ（ロシア連邦）だ。中でも，人口が世界第７位のナイジェリアは，現在，最も増加が著しい。ひいては，ナイジェリアの人口は，2050年頃にはアメリカ合衆国をしのぐと考えられる。その時点で，ナイジェリアの人口は世界第３位になるだろう。2050年までには，人口が世界で10位以内に入る国々のうち次の６カ国は，人口が３億人を超えると予想されている。すなわち，中国，インド，インドネシア，ナイジェリア，パキスタン，そしてアメリカ合衆国だ。

正答 2

直前復習

必修問題 セクションテーマを代表する問題に挑戦！

英文の場合，各文の冒頭を読めば要旨であるか否かが判断できる問題が多いです。文のつながりを考えながら，要旨と思われる一節を見つけ出してください。

問 次の英文の要旨として最も妥当なのはどれか。　　（オリジナル）

It is a widely known fact, and an arguably obvious one at that, that working for prolonged periods of time without adequate rest is harmful to health, but is it really possible to work oneself to death? The answer, it seems, is a resounding 'yes', and nowhere is the phenomenon more prevalent than in Japan where a number of high-profile cases have thrust it into the spotlight.

Such is the scale of the problem that the Japanese government now publishes statistics on "karoshi", including suicides, and it has its own list of symptoms ranging from irritability, lethargy and depression to heavy drinking, ulcers and weakened immune systems. There has also been a surge in the number of death-by-overwork lawsuits being brought by the deceased person's family claiming compensation for the death of a loved one. Some cases of death-by-overwork include stories of company employees regularly working 16 hour days, six or seven days a week, and children picking their parents up from work to prevent them from working themselves to death.

——Copyright© 2009 by TOKYO LEGAL MIND K.K.

1：過労死の問題が日本で注目を集めているが，故人の家族による訴訟の数は多いとはいえない。

2：過労死の問題が日本で注目を集めているが，日本政府はそうした現状に注意を払っていない。

3：過労死の徴候には，いらだち，脱力感，抑鬱，過度の飲酒，胃潰瘍，免疫システムの弱体化がある。

4：過度に働くことは健康に有害であるが，日本ではいまだにこのことがあまり問題とされていない。

5：過度に働くことは健康に有害であり，過労死が日本では大きな問題となっている。

必修問題の解説

〈要旨把握〉

出典　ＬＥＣオリジナル

1× 第2パラグラフで「過労死訴訟（death-by-overwork lawsuits）も急増している」と述べられていることから，「故人の家族による訴訟の数は多いとはいえない」わけではない。

2× 第2パラグラフで，「日本政府が現在，自殺を含む，『過労死』に関する統計を公表している」と述べられていることから，「日本政府はそうした現状に注意を払っていない」とはいえない。

3× 第2パラグラフで本肢の内容について述べられているが，部分的すぎるので「要旨」とはいえない。

4× 第1パラグラフで「多数の注目すべき事例が大々的に取り扱われている日本ほど」と述べられていることから，「問題とされていない」とはいえない。

5○ 第1パラグラフで本肢の前半について述べられており，第2パラグラフは現状の具体的な説明となっているので，要旨として妥当である。

〔キーワード〕

phenomenon：現象, suicide：自殺, death-by-overwork lawsuits：過労死訴訟, compensation：補償, 賠償

【全訳】

　周知の事実であり，さらに，ほぼ間違いなく明らかなことだが，適度な休息なしに長い時間働くことは健康に有害である。だが，死ぬほど働くことなど現実に可能なのだろうか。その答えははっきりと「イエス」であり，その事実が広く受け入れられている国は日本をおいてほかにいない。日本では，世間の耳目を集める裁判が何度となく過労死の問題に関心を集めてきた。

　日本政府が現在，自殺を含む「過労死」に関する統計を公表していることからも，問題の大きさがうかがえる。そして，そこでは，いらだち，脱力感，抑鬱から過度の飲酒，胃潰瘍，免疫システムの弱体化にわたる徴候が挙げられている。故人の死に対する補償を求める遺族による，過労死訴訟も急増している。そうした過労死の事例には，1日16時間，週6日か7日働くのが当たり前のサラリーマンや，過労死を防ぐために自分の両親を迎えに行く子どもの話が含まれている。

正答 **5**

1 要旨把握の研究

(1) 英文理解における要旨把握について

内容把握問題が「本文の記述内容に合致するか否か」という「部分一致」を要求するのに対して，要旨把握問題では「筆者の主張を把握」するという，「全体一致」が要求されています。

(2) 英文の要旨把握問題のパターン

① 本文との全体一致で解く問題
② 同内容表現の把握で解く問題
③ 文法知識で解く問題
④ 実は単なる内容把握問題

多くの問題は④に当てはまります。

(3) 要旨把握問題の解法

基本的なスタンスは，「内容把握問題」と変わりませんが，スタンダードな解答手順を2つ示しておきますので，解答の際に使ってみましょう。

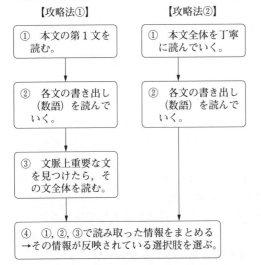

【攻略法①】

① 本文の第1文を読む。

② 各文の書き出し（数語）を読んでいく。

③ 文脈上重要な文を見つけたら，その文全体を読む。

【攻略法②】

① 本文全体を丁寧に読んでいく。

② 各文の書き出し（数語）を読んでいく。

④ ①, ②, ③で読み取った情報をまとめる
→その情報が反映されている選択肢を選ぶ。

解答のポイント
★具体例，たとえだけを述べた選択肢は誤りである場合が多い。
★「主張・意見は同一／理由づけの部分が異なる」というパターンが多いので，選択肢の理由づけの部分をよく見る。

INPUT

これだけは 押さえよう

■注意点

① 「主張・意見は同一／理由づけの部分が異なる」というパターンが多いので，選択肢の理由づけの部分をよく見る。

② 「べきだ」（ought to，should）・「しなくてはならない」（must，be necessary）などが使われている場合，そこが「筆者の言いたいこと」になっている場合が多い。

③ 逆接の接続語句（but，however，yet）の後に，「筆者の言いたいこと」が続く場合が多い。

ex. 一般論（常識）………逆接（but）筆者の意見………

⇒具体例，たとえ，一般論の部分は流し読みで，要旨を探し読みする。

④ 結論を導く接続語句 thereforeなど

■トピックセンテンスの見つけ方

トピックセンテンスはトピック（topic）と，そのトピックについての筆者のコメント（comment）から成り立っている。

トピック：筆者が取り上げたい話題を表す

コメント：その話題についての説明・意見・感情などを表す

トピックセンテンスがあるパラグラフでは，他の文は内容的にトピックセンテンスと関連を持つ。

トピックセンテンスの位置は，

→① パラグラフの最初

② パラグラフの最後

③ パラグラフの途中

の3箇所があるが，①の「パラグラフの最初」に来る場合が最も多いので，読解の際には注意したい。

●必修問題の検討方法（解説はP495）

It is a widely known fact, and an arguably obvious one at that, that <u>working for prolonged periods of time without adequate rest is harmful to health</u>, but is it really possible to work oneself to death? The answer, it seems, is a resounding 'yes', and ④<u>nowhere is the phenomenon more prevalent than in Japan</u> where a number of high-profile cases have thrust it into the spotlight. ⑤

Such is the scale of the problem that the ②<u>Japanese government now publishes statistics on "karoshi"</u>, including suicides, and it has its own list of symptoms ranging from ③<u>irritability, lethargy and depression to heavy drinking, ulcers and weakened immune systems</u>. There has also been a ①<u>surge in the number of death-by-overwork lawsuits</u> being brought by the deceased person's family claiming compensation for the death of a loved one. Some cases of death-by-overwork include stories of company employees regularly working 16 hour days, six or seven days a week, and children picking their parents up from work to prevent them from working themselves to death.

例示
要旨
×

death, overwork
suit
Japanese government

1：<u>過労死</u>の問題が日本で注目を集めているが，×故人の家族による<u>訴訟</u>の数は多いとはいえない。

2：過労死の問題が日本で注目を集めているが，×<u>日本政府</u>はそうした現状に注意を払っていない。

3：過労死の徴候には，いらだち，○脱力感，抑鬱，過度の飲酒，胃潰瘍，免疫システムの弱体化がある。　（例示のみ）

4：過度に働くことは健康に有害であるが，×<u>日本ではいまだにこのことがあまり問題とされていない。</u>

⑤：過度に働くことは健康に有害であり，過労死が日本では大きな問題となっている。

memo

実践 問題 **147** 〈 基本レベル 〉

頻出度	地上★★★	国家一般職★	東京都★	特別区★
	裁判所職員★	国税・財務・労基★		国家総合職★

問 次の英文の要旨として正しいのはどれか。　　　　　　　（オリジナル）

Only about twenty years ago, it was a luxury item served only in better restaurants and hotels. Now, bottled water is the fastest growing segment of the global drink industry, rising 57 percent from 1999 (98 billion liters) to 2004 (154 billion liters). Rich and poor, young and old — it seems nearly everyone is prone to carrying a bottle of tasteless, colorless, and expensive water these days. A late night TV comedian recently mused, "Are these people afraid they'll die of thirst? Just drink something before you leave the house!"

——Copyright© 2009 by TOKYO LEGAL MIND K.K.

1：20年前，高級レストランやホテルで出されるボトルドウォーターが人気だったが，現在ではもっと安い水が人気を呼んでいる。

2：この20年間に，ボトルドウォーターの消費が急激に増加し，今では皆が水の入ったボトルを持ち歩いているように思われる。

3：ボトルドウォーターが人気だが，味も色もない飲み物を飲みたくないと思っている人も少なからずいる。

4：ボトルドウォーターの人気の背景には，飲み水がなくて死んでしまうかもしれないという，人びとの不安がある。

5：のどが渇いて死ぬかもしれないという恐怖を取り除くには，出かける前に何か飲んでおけばよい。

OUTPUT

実践 ▶ **問題 147** ▶ の解説 ────────

〈要旨把握〉

出典　ＬＥＣオリジナル

1 ×　「現在ではもっと安い水が人気を呼んでいる」ということは，本文には述べられていない。

2 ○　ボトルドウォーターの消費量の増加は，本文２～４行目に述べられており，水を持ち歩くことが当たり前になっていることが，４～５行目に述べられている。本文のこの後の文は筆者自身の発言ではないことを考えれば，本肢が正解となる。

3 ×　ボトルドウォーターの人気は本文２～５行目に述べられているが，味も色もない飲み物を飲みたくないと思っている人の存在については，本文には述べられていない。

4 ×　本文下から２～１行目に「この人たちはのどが渇いて死ぬことを恐れているのだろうか」という疑問が挙げられているが，これはテレビに出ていたコメディアンの発言であり，筆者自身の発言ではなく，また疑問文に対する答えがないため，このことが事実かどうかを読み取る手がかりがない。

5 ×　本文最終行の「出かける前に何か飲んでおけばいいのに！」というのは，これはテレビに出ていたコメディアンの発言であり，筆者自身の発言ではなく，要旨とすることはできない。

【全訳】

　ほんの20年くらい前には，それは高級レストランやホテルでのみ供される贅沢品であった。いまではボトルドウォーターは，世界の飲料市場で最も急成長している分野となっており，1999年（980億リットル）から2004年（1540億リットル）にかけて，57％も増加している。富裕層も貧困層も，若年層や高齢層も，ほぼすべての人が無味無色で高価な水の入ったボトルを持ち歩く傾向にあるようだ。テレビの深夜番組に出ているコメディアンが，最近こう言っていた。「この人たちはのどが渇いて死ぬことを恐れているのだろうか。出かける前に何か飲んでおけばいいのに！」

正答 **2**

実践 問題 **148** 基本レベル

頻出度	地上★★★	国家一般職★	東京都★	特別区★
	裁判所職員★	国税・財務・労基★		国家総合職★

問 次の英文の要旨として最も妥当なのはどれか。 （オリジナル）

The Middleton County school board in suburban Baltimore reports that academic grades have jumped nearly 6 % for girls, and 5 % for boys, in the five years since it began separating classes. Other school districts across the USA who have tried gender-split classrooms have reported similar improvements. "We're not running a prison. Of course boys and girls can interact outside of class," says Tom Mason, Vice-Principal of Baltimore's Northwood Middle School. "But during lesson time, kids just behave better when they're separated, and that means they learn better. And the benefits really increase as puberty sets in."

—Copyright© 2009 by TOKYO LEGAL MIND K.K.

1 ：ボルチモア郊外の学校では，男女別クラスを導入したことによって学習状況が改善したが，他の地区では改善は見られなかった。

2 ：ボルチモア郊外の学校では，男女別クラスを導入したことによって学習状況が改善したが，学校は監獄ではないという批判もある。

3 ：男女別クラスは，特に思春期に入るにつれ学習状況の改善に有効となる。

4 ：男女別クラスは，特に地方において学習状況の改善に有効である。

5 ：授業中だけではなく授業中以外でも男女を分けることは，学習状況の改善に有効である。

OUTPUT

実践 ▶ 問題 **148** の解説 ─────────

〈要旨把握〉

出典　ＬＥＣオリジナル

1 ×　「他の地区では改善は見られなかった」とは述べられていない。

2 ×　ボルチモアのノースウッド・ミドル・スクールの副校長のトム・メイソンの ことばに「われわれは監獄を運営しているのではない」と述べられているが, このような批判があるとは述べられていない。

3 ○　男女別クラスの有効性については前半部で,「特に思春期（puberty）に入 るにつれ」という部分はボルチモアのノースウッド・ミドル・スクールの 副校長のトム・メイソンの台詞の最後で述べられており, 要旨としても妥 当である。

4 ×　「特に地方において」とは本文で述べられていない。

5 ×　「授業中以外でも男女を分けること」が学習状況の改善に有効であるかどう かは本文からは読み取ることができない。また, ボルチモアのノースウッド・ ミドル・スクールの副校長のトム・メイソンの台詞の中で,「もちろん男子 と女子は授業外では交友できる」と述べられていることから, このような 措置はとられていないことがわかる。

【全訳】

　ボルチモア郊外のミドルトン地方教育委員会は, クラス分けを始めてから５年で, 学習達成度が女子で約６％, 男子で５％跳ね上がったと報告した。男女別クラスを 試みたアメリカの他の学区も, 似たような改善を報告した。「われわれは監獄を運営 しているのではない。もちろん男子と女子は授業外では交友できる」とボルチモ アのノースウッド・ミドル・スクールの副校長のトム・メイソンは述べる。「だが 授業中には, 子どもたちは分けられている場合, 振舞いがよくなる。そしてこのこ とは彼らがもっとよく学習するということである。そしてこの効果は思春期に入る につれ確かに増す。」

正答 **3**

第2章　英文

実践 問題 **149** 〈基本レベル〉

頻出度	地上★★★	国家一般職★	東京都★	特別区★
	裁判所職員★	国税・財務・労基★		国家総合職★

問 次の英文の要旨として最も妥当なのはどれか。 （オリジナル）

Does every woman really need a husband? Growing numbers of women are choosing to remain single longer — or avoid marriage altogether. In America, single women now total 47 million (with 22 million between the ages of 25 and 44) making it the fastest-growing segment of the population. Marriage rates have fallen more than 50% since 1970, and churches and conservative groups are crying foul. Meanwhile, self-help books for single women (with titles like Better Single than Sorry, and Happy On My Own) are top sellers nationwide.

Why are so many women avoiding marriage? Careers are one reason. Today's women are less influenced by social pressures, and can choose their own path, whether it's running their own business, or heading a Fortune 500 corporation. A related reason is financial independence — many women simply enjoy not having to share a paycheque with anyone else. Yet another reason is the personal freedom that the single life brings. "I like the fact that I can sit at home anytime in my pajamas with esthetic mud all over my face, watch my stupid TV shows, and not have to explain myself to anyone," says Claire, a 42-year old lawyer in Miami.

——Copyright© 2009 by TOKYO LEGAL MIND K.K.

1：独身を選択する女性が増える理由には，職業が自由に選択できること，財政面での自立，そして独身生活がもたらす個人的な自由が挙げられる。

2：女性が結婚よりも職業を選択するのは，財政面での自立によりこれまでよりも個人的な自由が手に入りやすくなったからである。

3：アメリカでは，独身女性は今や4700万人となり，結婚率は1970年以来50％に落ち込んでいるため，保守的な人々の心配が高まっている。

4：今日の女性は社会的圧力にあまり影響を受けずに自分の道を選択することができ，他の人と給料を分ける必要がないことに喜びを見いだしている。

5：結婚率が急激に落ち込んで以来，独身女性を対象としたセルフ・ヘルプ本は全国的に大変良く売れている。

OUTPUT

実践 **問題 149** **の解説**

〈要旨把握〉

出典　LECオリジナル

1 ○ 第1パラグラフに独身女性が増えている現状が述べられ，第2パラグラフ 2〜3行目に自分の道を選択することができること，4行目に財政面での 自立，5〜6行目に独身生活がもたらす個人的な自由について述べられて いる。よって，本肢は要旨として妥当である。

2 × 第2パラグラフ冒頭に多くの女性が結婚を嫌がる理由の1つに職業がある ことが述べられ，4行目に財政面での自立，5〜6行目に個人的な自由に ついて述べられているが，第1パラグラフに述べられている独身女性の割 合が増えている現状については触れられていない。

3 × 第1パラグラフ2〜5行目に述べられているが，要旨とするには部分的すぎる。

4 × 第2パラグラフ1〜3行目，4〜5行目に述べられているが，要旨とする には部分的すぎる。

5 × 第1パラグラフで結婚率が1970年以来落ち込んでいること，また，独身女 性を対象とした本の売れ行きが好調であることが述べられているが，要旨 とするには部分的すぎる。

【全訳】

本当にすべての女性は夫を必要とするのだろうか。独身を選択する女性の数や，結婚自体を避ける人が急増している。アメリカでは，独身女性は今や4,700万人（そのうち2,200万人は25歳から44歳まで）で人口比率の中で最も増えている分野である。結婚率は1970年以来50％以上落ち込んでいる。教会や保守的な人々は愕然としている。一方，独身女性を対象としたセルフ・ヘルプ本は全国的に大変よく売れている（「後悔するよりは独身がまし」や「マイペースを謳歌しよう」などのタイトルがある）。

なぜこのように多くの女性が結婚を嫌がるのだろうか。理由の1つに職業がある。今日の女性は社会的圧力にあまり影響を受けなくなり，自分で会社を経営するのか，あるいはアメリカの雑誌「フォーチュン」にランキングされるような企業を率いるか，自分の道を選択することができる。関連した理由として，財政面での自立が挙げられる。女性の多くは単に，他の人と給料を分ける必要がないことに喜びを見いだしている。しかし，もう1つの理由は独身生活がもたらす個人的な自由である。「顔面に美容の泥パックをしてパジャマのままいつでも家の中で自由に振舞えるし，くだらないテレビ番組を見ても，誰にも言い訳をしなくていい状態が好きです」と，42歳になるマイアミ在住の弁護士，クレアは語っている。

正答 **1**

実践 問題 150 基本レベル

頻出度	地上★★★	国家一般職★	東京都★	特別区★
	裁判所職員★	国税・財務・労基★		国家総合職★

問 次の文の要旨として妥当なのはどれか。　　　　（オリジナル）

　Any scientist will tell you that there are no "magic bullets" in the fight against cancer. This is because it is unlike any other disease. Normally, when a cell becomes sick or deformed, it "commits suicide" by shutting itself down. But cancerous cells don't "know" they are sick, and continue to grow and copy themselves. Soon, nearby cells become infected too, and the disease spreads.

　But a team of researchers at the University of Alberta noticed that a very simple chemical named DCA (which is similar to vinegar) can actually "remind" cancerous cells to shut themselves down. As more and more cancer cells start dying, the disease quickly disappears, leaving healthy cells undamaged. Doctors and patients are buzzing about the drug, but so far it has only been tested in test tubes and rats, and not in living humans. In fact, DCA is already used to treat other diseases, and that is the problem: drug companies normally make money only from developing new products, not redeveloping old ones. It is unlikely that anyone wants to spend a billion dollars or more to test a cancer drug that will earn them no profit. No profit, no testing, no cure.

—— Copyright© 2009 by TOKYO LEGAL MIND K.K.

1：がんは他の病気と発生や進行のメカニズムが違うため，「魔法の薬」などというものは考えられないというのが通説である。

2：がん細胞は本来，自滅してしまう性質を持っているので，安静にしていれば薬に頼らず完治するのだが，薬の乱用でそれが不可能となっている。

3：酢から作った薬によって，がん細胞を死滅させることが可能となったが，あまりに単純な薬であるため，製薬会社は利益が上がらないと考えて実用化には消極的である。

4：これまで他の病気に使っていた薬が，がん治療に有効であることがわかったが，新薬開発と違って利益が上がらないので，製薬会社は治験には消極的である。

5：がん治療に有効な薬は，患者が周囲の人との接触を断ち，引きこもってしまうという，副作用を持っている。

OUTPUT

実践 ▶ 問題 **150** ▶ の解説

〈要旨把握〉

第2章 英文

出典　ＬＥＣオリジナル

1 ✕ 本文は第１パラグラフと第２パラグラフが逆接関係となっている。この場合，２つのパラグラフのうち，第２パラグラフのほうが重要度が高くなる。このため，第１パラグラフの内容をまとめている本肢は要旨とはならない。

2 ✕ がんが安静にしていれば完治する病気であるとは，本文にはまったく述べられていない。

3 ✕ 本文第２パラグラフの下から４行目以降に，製薬会社が利益を見込めないために消極的ということが述べられているが，この理由は新薬開発でなければ利益が上がらない制度にあるわけであって，薬の単純さによるものではない。

4 ◯ 本肢は第２パラグラフの内容を過不足なくまとめており，要旨として妥当である。

5 ✕ 本文には，がんの特効薬の副作用については何も述べられていない。

【全訳】

　科学者であれば誰でも，がんを征服する「魔法の薬」はないと言うであろう。というのも，がんは他の病気とは違うからだ。通常，細胞が病気になったり変形したりすると，他の細胞との関係を絶つことで「自滅」してしまう。ところが，がん細胞の場合は自らが病気になっていることを「知る」ことなく，増殖し続ける。やがて周囲の細胞もがん化し，病気が広がっていくのである。

　しかし，アルバータ大学の研究チームは，ＤＣＡという酢に似た非常に単純な化学物質が実はがん細胞に他の細胞との関係を絶つように「気づかせる」ということを発見した。がん細胞が死んでいくにつれて，病も急速に消えていき，健康な細胞は無傷で残される。医師も患者もこの薬の話題で騒然となっているが，これまでのところ，試験管やラットでの実験が行われたにすぎず，臨床での治験は行われていない。実は，ＤＣＡはすでに他の病気に使用されており，そこに問題がある。製薬会社は通常，新薬開発でのみ利益を上げ，古い薬の再開発で利益を上げるのではない。利益に結びつかない薬の実験のために，10億ドル以上の費用を掛けたいと思う人はいないであろう。利益が上がらなければ，実験も行われないし，治療法にもつながらないのだ。

正答 **4**

実践 問題 **151** 基本レベル

頻出度	地上★★★	国家一般職★	東京都★	特別区★
	裁判所職員★	国税・財務・労基★		国家総合職★

問 次の英文の要旨として正しいのはどれか。　　　　　　（オリジナル）

　　While these are all good reasons to stay single, some experts (such as Elina Furman, author of Kiss and Run) say that many of today's women are simply afraid of commitment. "A year ago, I finally met Mr. Right," says Jennifer, a 37-year old teacher in Chicago. "He was everything I wanted: good-looking, secure, caring, and funny. But when he proposed marriage, I panicked and ran. I missed being single. I guess I'm not ready to commit yet." When it comes to the fear of settling down, perhaps men and women are not so different after all.
　　　　　　　　　　　　　　——Copyright© 2009 by TOKYO LEGAL MIND K.K.

1：多くの女性は理想の結婚相手にめぐり会えずに，結婚に躊躇している。
2：最近は，結婚を申し込まれてパニックになる女性が増えている。
3：結婚したくない理由は，男性と女性では全く異なっている。
4：相手がいても，結婚して落ち着きたくないために独身を貫く女性がいる。
5：パニックになって，自分の気持ちを男性に伝えられない女性が多い。

OUTPUT

実践 ▶問題 **151** ▶の解説

〈要旨把握〉

出典　LECオリジナル

1 ✕ 本文3行目以降に挙げられているジェニファーの証言では，理想の男性に
めぐり会えたにもかかわらず，結婚に踏み切れないとあり，本肢のように
理想の相手がいないというわけではない。

2 ✕ 本文3行目以降に挙げられているジェニファーの証言では，プロポーズさ
れてパニックになったとあるが，これが女性一般に見られる傾向なのかど
うかは本文中からは判断できない。

3 ✕ 本文最終文で，「落ち着くことへの恐怖ということでは，結局それほど男女
差はないのではないだろうか」と述べられており，男性と女性ではまった
く異なっているというのは明確に誤りである。

4 ◯ 本文1～3行目の内容と合致する。本文は3行目以降で具体例としてジェ
ニファーの証言が取り上げられており，冒頭3行の内容から要旨を得る必
要がある。したがって，本肢は要旨として妥当であるといえる。

5 ✕ パニックになって，自分の気持ちを男性に伝えられない女性が多いかどう
かは，本文中には述べられていない。

【全訳】

　独身でいる理由にはさまざまなものがあるが,Kiss and Runの著者であるエリナ・
ファーマンなど，一部の専門家は，現代の女性の多くはただ結婚という約束に尻込
みしているのだと指摘している。37歳，シカゴ在住の教師，ジェニファーは，「1
年前，ついに理想の人と出会ったの。彼は私の理想をすべて満たしていたわ。かっ
こいいし，包容力があるし，やさしいし，おもしろいし。でも彼からプロポーズさ
れたとき，私は気が動転して逃げ出しちゃったの。独身の身分が惜しくなったの。
まだ心の準備ができていないんだと思っているわ」と話している。落ち着くことへ
の恐怖ということでは，結局それほど男女差はないのではないだろうか。

正答 **4**

実践 問題 152 基本レベル

頻出度	地上★★★	国家一般職★	東京都★	特別区★
	裁判所職員★	国税・財務・労基★		国家総合職★

問 次の英文の要旨として妥当なのはどれか。 (オリジナル)

Spectators at Tampa Zoo were taken by surprise yesterday when 38-year old Melvin Springer leapt over the barrier surrounding the bear pit. Several eyewitnesses said that Springer then crawled on all fours to the feeding area, unnoticed and untouched, where the zoo's favorite bear "Winnie" was enjoying her mid-day snack. As Springer approached the trough of apples and bananas, the normally placid bear took notice of the intruder and drastically changed moods. The 250-kilogram beast stood on her hind legs to reach an impressive height of 2.5 meters before letting out a chilling roar, said witnesses.

Springer, apparently coming to his senses, turned and fled. However, his escape was unsuccessful as the powerful Klondike Grizzly tackled the intruder to the ground. Fortunately, a number of zookeepers rushed to the scene and controlled the bear by spraying water with the pit's cleaning hose. Paramedics arrived minutes later and immediately rushed Mr. Springer to Tampa Bay Hospital where he was treated for a number of injuries to the abdomen. Doctors have since listed him in stable condition, but are keeping him sedated.

Investigating police officer Harold Brown told reporters that he had spoken with Springer. "When I asked him why he entered the bear pit, he simply replied that the bear had asked him to come over and have a bite with her." Mr. Springer reportedly has no history of mental illness; however, if he is charged by the zoo, it is likely that he will be ordered to receive psychiatric care.

——Copyright© 2009 by TOKYO LEGAL MIND K.K.

1：昨日，タンパ動物園で動物園の係員がフェンスを跳び越えてクマ穴に入ったとき，クマに攻撃されてしまった。

2：昨日タンパ動物園では，クマが穴から飛び出てきて近くで弁当を食べていた男性を攻撃した。

3：昨日タンパ動物園では，クマに呼ばれたと思った男性がクマ穴に柵を跳び越えて入り，クマに攻撃されてしまった。

4：昨日タンパ動物園では，男性がクマ穴にジャンプして入り込んだが，クマの昼食を取り上げてクマに気付かれないようにうまく逃げた。

5：昨日タンパ動物園では，警察官がクマ穴に入った男性を救おうとしている間にクマに攻撃された。

OUTPUT

実践 問題 **152** の解説 ─────────────

〈要旨把握〉

出典　LECオリジナル

1 × 本文第3パラグラフに述べられているように騒動を起こしたことで動物園から訴えられる可能性があることから，フェンスを跳び越えてクマの穴に入ったのは一般の男性であって，動物園の係員ではない。

2 × クマが穴から飛び出てきて近くで弁当を食べていた男性を攻撃したとは，本文には述べられていない。

3 ○ 男性がクマの穴に入った理由については，第3パラグラフの「彼は，クマがこっちに来ていっしょにえさを食べてほしいと頼んできたからだと返答しただけでした」という供述から，そしてクマに攻撃されたことについては第2パラグラフの内容から，本肢と本文の内容が合致するとわかる。こうした出来事を述べている文章での要旨把握問題では，中心となる出来事が読み取れればよいので，本肢が要旨として妥当であるといえる。

4 × 本文第2パラグラフに述べられているように，男性はクマに襲われており，うまく逃げ出せたのではない。

5 × 本文第3パラグラフからわかるように，クマに攻撃されたのは一般の男性であって，警察官ではない。

【全訳】

　38歳のメルビン・スプリンガーさんが昨日クマ穴のまわりの柵を飛び越えたとき，タンパ動物園の観衆は驚いた。数人の目撃者によれば，その後スプリンガーさんは両手両足を地面について，そうっとえさやり場に行ったという。そこでは動物園の人気者のクマ「ウィニー」が昼食を楽しんでいた。スプリンガーさんがリンゴとバナナの入ったえさ入れに近づいたとき，普段はおとなしいクマが侵入者に気づき，様子が急に変わった。250キロの野獣は二本足で立ち，堂々とした2.5メートルに達する身長で立ちはだかると，恐ろしい咆哮をあげたと目撃者は言った。

　スプリンガーさんは正気に戻ったようで，向きを変えて逃げた。しかし彼はうまく逃げ切れず，強力なクマは侵入者に体当たりし，地面に叩き付けた。幸い，大勢の飼育係が現場に急行し，穴の掃除用に使うホースで水を吹き付けることでクマを制御した。救急医療師は数分後に到着し，直ちにスプリンガーさんをタンパベイ病院に搬送し，そこで腹部に受けた多くの傷を治療した。医師は，その後の彼の容態は安定しているとしているが，鎮静剤の投与は続けている。

　調査をする警察官のハロルド・ブラウンはスプリンガーさんと面会したと記者に語った。「私が，なぜクマ穴に入ったかを彼に尋ねると，彼は，クマがこっちに来ていっしょにえさを食べてほしいと頼んできたからだと返答しただけでした。」スプリンガーさんは，伝えられるところによれば，精神病の病歴がまったくないという。だが，動物園に起訴されれば彼は精神科医療を受けるよう命令されることになるだろう。

正答 3

実践 問題 **153** 〈 応用レベル 〉

頻出度	地上★★★	国家一般職★	東京都★	特別区★
	裁判所職員★	国税・財務・労基★		国家総合職★

問 次の文の要旨として最も妥当なのはどれか。 （オリジナル）

　Mobile electronics have advanced at a lightning pace. Notebook computers are now as small and light as a book or magazine, with nearly the processing power of a desktop. Mobile phones can connect us to anyone nearly anywhere, and feature a dizzying range of functions and applications. Hand-held cameras record hi-grade digital audio and video, and the living room game consoles of five years ago now fit in your pocket. And yet all of these 21st-century devices remain crippled by an old 19th-century technology — the electric battery.

　"Batteries are still far behind other technologies, such as microchips," says Dr. Rajeet Singh of MIT. "That amazing cell phone of yours is completely useless once the battery drains." Longer battery life, of course, means more bulk. "In some devices, up to 30% of the weight is in the battery," says Singh. Recently there have been serious reliability problems too, with millions of brand-name gadgets being recalled due to batteries that overheat, explode, or catch fire. And it's not just hand-held devices. "If someone could make a good electric car, then maybe we could stop importing foreign oil and polluting the air," says Singh. "But today's batteries are still far too weak, heavy, and unreliable."

　Indeed, many of the world's top research laboratories are now racing to develop next-generation batteries. "Eventually someone will come up with a big breakthrough in battery technology," says Singh. "But I think it's going to take many, many years."

　　　——Copyright© 2009 by TOKYO LEGAL MIND K.K.

1：ノートパソコン，携帯電話，ハンディカメラ，携帯ゲーム機などモバイルエレクトロニクスは急速に発展しており，世界の研究所は熾烈な開発競争をしている。

2：21世紀の科学技術はすべて19世紀の技術である充電池に呪縛されており，充電池を使わない方法が模索されている。

3：何百万もの器具が発熱，爆発，発火する充電池のせいで回収された事件もあり，現在のところ，充電池は十分信用できるとはいえない。

4：モバイルエレクトロニクスなど他の技術に比べて充電地の開発は遅れており，次世代の充電池の開発はまだまだ先であろう。

5：電気自動車を作ることができれば，外国の石油を輸入し大気を汚すことをやめることができるので，電気自動車の開発が環境問題対策として急務である。

実践 ▶ 問題 **153** ▶ の解説 ―――――――――――――――

〈要旨把握〉

第2章 英文

出典　LECオリジナル

1✕　「ノートパソコン，携帯電話，ハンディカメラ，携帯ゲーム機などモバイル
エレクトロニクスは急速に発展しており」という点は第1パラグラフの内
容に合致しているが，充電池に触れていないので要旨とすることはできな
い。

2✕　「21世紀の科学技術はすべて19世紀の技術である充電池に呪縛されており」
という内容は第1パラグラフで述べられており，第3パラグラフで「実際，
世界のトップにある研究所の多くは次世代の充電池を開発する競争をして
いる」と述べられているが，「充電池を使わない方法」とまでは述べられて
いない。

3✕　第2パラグラフで「最近では深刻な信頼性の問題もあった。有名な製品が
何百万台も発熱，爆発，発火する充電池のせいで回収された」と述べられ
ているが，要旨とするには部分的すぎる。

4◯　「モバイルエレクトロニクスなど他の技術に比べて充電池の開発は遅れてお
り」という点は第1，2パラグラフで，「次世代の充電池の開発はまだまだ
先であろう」という点は第3パラグラフで述べられており，全体のまとめ（要
旨）として最も妥当である。

5✕　第2パラグラフで「誰かが良い電気自動車を作ることができれば，外国の
石油を輸入し大気を汚すことをやめることができるだろう」と述べられて
いるが，「電気自動車の開発が環境問題対策として急務である」といったこ
とは述べられていない。

【全訳】

　モバイルエレクトロニクスは光のような速さで発展した。ノート型コンピュータ
は今や本や雑誌ぐらいの大きさで軽いのに，ほとんどデスクトップと同じ処理能力
を持つ。携帯電話は我々をほぼどこにいる人にもつなぐことができ，くらくらする
ほど多くの機能とアプリケーションが特徴だ。ハンディカメラはハイグレードの音
声と映像を記録し，5年前の家庭用ゲーム機は今やポケットに入る大きさになって
いる。しかし，これら21世紀の装置はすべて19世紀の技術，すなわち充電池にとら
われたままである。

　マサチューセッツ工科大学のラジェト・シン博士は「充電池はマイクロチップの

ような他の科学技術に比べてずっと遅れている」と言う。「あなたのその驚くべき携帯電話も充電池がなくなれば完全に役に立たなくなる。」もちろん，充電池の寿命を延ばそうとすればそれに応じて大きくなる。「その重さのうちの30％も充電池により占められるような機器もある」とシンは言う。最近では深刻な信頼性の問題もあった。有名な製品が何百万台も発熱，爆発，発火する充電池のせいで回収された。そしてそれは携帯端末だけにとどまらなかった。「誰かが良い電気自動車を作ることができれば，外国の石油を輸入し大気を汚すことをやめることができるだろう」とシンは言う。「しかし，今ある充電池はまだ弱すぎ，重すぎ，信頼性も低すぎる。」

実際，世界のトップにある研究所の多くは次世代の充電池を開発する競争をしている。「ゆくゆくは充電池技術の大きな突破口を見つける人が現れるだろう」とシンは言う。「しかし，まだまだ時間がかかりそうだ。」

正答 4

memo

実践 問題 **154** 〈応用レベル〉

頻出度	地上★★★	国家一般職★	東京都★	特別区★
	裁判所職員★	国税・財務・労基★		国家総合職

問 次の文の要旨として最も妥当なのはどれか。　　　　（オリジナル）

For more than a century the world's most precious resources have been fossil fuels. In the 1970s, the OPEC crisis brought massive oil shortages, soaring prices, and widespread confusion; the last two decades have seen two Persian Gulf wars fought over Iraqi oil reserves. Natural gas resources in the Northern ocean areas have been the cause of recent bickering between nations such as Russia, Japan, Canada, and Finland.

However recent reports by the UN and by the environmental group Worldwatch indicate that the 21st century will be marked by a new kind of conflict over a basic resource that all humans need every day — plain old water. "In countries like Canada where we have massive amounts of fresh water, we take it for granted," says Dr. Susan Modesto, an ecologist at the University of Toronto. "But on drier continents such as Africa, India and Australia, there simply is not enough water to sustain everyone — and populations are quickly rising." According to the United Nations, there are already 13 African nations suffering from water stress, and 12 more will join the list within the next fifteen years. For this reason the UN points to Africa as the world's first hotspot for deadly water conflicts, with other continents soon to follow.

So what can be done to prevent water wars? "Many of us assume that rich countries like Canada and the United States are the biggest water consumers, but actually this isn't true," says Dr. Modesto. "The world's top four water users are Turkmenistan, Uzbekistan, Kyrgyz, and Kazakhstan — countries where water is piped into the desert to grow 'cash crops' such as cotton." She says that humans need to understand the realities of our natural environment. "Farms don't belong in the desert, just as giant hotel fountains don't belong in Las Vegas. We all need to be smarter about how we use the planet's limited water resources."

——Copyright© 2009 by TOKYO LEGAL MIND K.K.

OUTPUT

1：世界で最も貴重な資源は化石燃料であり，石油や天然ガス資源を巡って紛争が起こっている。

2：21世紀にはアフリカをはじめとして水を巡る争いが起こると予想されており，水資源の利用についてもっと賢くなることが求められる。

3：最大の水消費国は砂漠で綿花栽培をしているトルクメニスタン，ウズベキスタン，キルギスタン，カザフスタンである。

4：13のアフリカ諸国が現在水問題に悩まされており，水不足による紛争が予想されるのはアフリカ諸国に限られる。

5：水を巡る紛争を避けるためには，カナダやアメリカのような水消費量の多い国が節水する必要がある。

実践 問題 **154** の解説

〈要旨把握〉

出典　ＬＥＣオリジナル

1 ✕ 第1パラグラフで「1世紀以上にわたって世界で最も貴重な資源は化石燃料だった。……北海の天然ガス資源はロシア，日本，カナダ，フィンランドなどの国の間で近年のいさかいの原因となっている」と述べられており，内容的には正しいが，21世紀に予想される水不足という問題に触れていないので要旨としては部分的すぎる。

2 ○ 本肢は本文全体の内容をまとめたものであり，要旨として妥当である。

3 ✕ 第3パラグラフで「世界で4本の指に入る水消費国はトルクメニスタン，ウズベキスタン，キルギスタン，カザフスタンであり，これらの国は水を砂漠にひいて綿などの『換金用作物』を栽培している」と述べられており，内容的には正しいが，要旨とするには部分的すぎる。

4 ✕ 第2パラグラフで「すでに13のアフリカ諸国が水問題に悩まされており」と述べられており，肢前半は内容的に正しいが，その後本文で「国連はアフリカを世界初の深刻な水紛争の地域に指定する。他の大陸もこれにすぐ続くであろう」と述べられているので，「水不足による紛争が予想されるのはアフリカ諸国に限られる」とはいえない。

5 ✕ このような内容は本文で述べられていない。

【全訳】

　1世紀以上にわたって世界で最も貴重な資源は化石燃料だった。1970年代にOPEC危機が深刻な石油不足と価格上昇をもたらし，混乱を広げた。ここ20年で，2つのペルシア湾岸戦争がイラクの石油備蓄をめぐって起こった。北海の天然ガス資源はロシア，日本，カナダ，フィンランドなどの国の間で近年のいさかいの原因となっている。

　しかしながら，国連と環境保護団体ワールドウォッチによる最近の報告によれば，21世紀はすべての人間が毎日必要とする基本的な資源をめぐって新しい種類の争いが生じるという。その資源とは生水である。「新鮮な水が多量にあるカナダのような国では，水があることが当然だと思われているが，アフリカやインドやオーストラリアなどの乾燥した国では，端的にいえばすべての人間を支えるのに十分な水がない。そして人口は急激に増加している」とトロント大学のエコロジスト，スーザン・モデスト博士は述べる。国連によれば，すでに13のアフリカ諸国が水問題に

悩まされており，12以上の国が今後15年でこのリストに加わるであろう。このため，国連はアフリカを世界初の深刻な水紛争の地域に指定する。他の大陸もこれにすぐ続くであろう。

　では，水戦争を避けるのに何がなされるべきか。「カナダやアメリカのような豊かな国は最大級の水消費国であると我々は思っているが，実際にはこれは正しくない」とモデスト博士は述べる。「世界最大の水消費国はトルクメニスタン，ウズベキスタン，キルギス，カザフスタンの４カ国であり，これらの国は水を砂漠にひいて綿などの『換金用作物』を栽培している。人類は我々の自然環境の現状について理解する必要がある」と彼女は述べる。「農場は砂漠にふさわしくない。それは巨大なホテルの噴水がラスベガスにふさわしくないのと同じである。我々は地球の限られた水資源の使い方について，もっと賢くなる必要がある。」

正答 2

セクションテーマを代表する問題に挑戦!

空欄補充は,他の形式に比べて単語力や文法力が解答力に直結する場合が多いです。自分の語彙レベルの確認も兼ねて挑戦してみましょう。

問 次の英文の空所A,Bに該当する語の組合せとして,最も妥当なのはどれか。 (オリジナル)

With record snowstorms blanketing Eastern Canada yesterday, police in several cities are reporting numerous violent disagreements between drivers and residents — a phenomenon that is being dubbed "snow rage."

Gunfire erupted in downtown Montreal yesterday as two residents (A) over a parking space. Both men were taken to hospital with minor injuries. Police in Toronto have reported several incidents between residents disagreeing over snow removal. In one such incident, one man suffered a broken arm after being struck by a snow shovel. His attacker, a next door neighbor, has been charged with aggravated assault. Elsewhere in Ottawa, a man was arrested for pointing a shotgun at a city worker after her truck dumped snow on his driveway.

"We know people are frustrated by blocked streets and lanes," said Toronto Police Chief Julio Santino. "But let's all be (B). As Canadians, we shouldn't get too worried over a little bit of the white stuff."

The Weather Ministry expects another 5-10 centimeters of snow to fall across the area tonight.

——Copyright© 2009 by TOKYO LEGAL MIND K.K.

	A	B
1 :	agreed	reasonable
2 :	argued	reasonable
3 :	agreed	understandable
4 :	argued	understandable
5 :	talked	understandable

頻出度	地上★	国家一般職★	東京都	特別区★
	裁判所職員★	国税・財務・労基★		国家総合職★

必修問題 の解説

〈空欄補充〉

出典　ＬＥＣオリジナル

空欄Aに着目すると「モントリオールの中心街で，駐車場所をめぐり２人の住民が…，突然銃声が鳴り響いた」のas two residents … over a parking spaceの空所に入る語としてはarguedが適切である。argue overで「言い争う」の意味である。talk overは「十分に話し合う」の意味なので，発砲事件の誘因にはならない。agreeは「意見が一致する」の意味で，通常agree withあるいはagree toを用いる。

空欄Bは「しかし，みな…になりましょう。カナダ人として，我々は雪にあまりに神経質にならないようにすべきです」の文脈を考える。reasonableは「分別のある」「道理をわきまえる」の意味である。一方，understandableは「（物事が）理解できる」「予想された」「わかりやすい」などの意味である。Let's all be reasonableで「物事を冷静に判断しましょう」の意味となる。

よって，A欄にはargued，B欄にはreasonableが入ることになり，肢２が正解となる。

【全訳】

昨日記録的な雪がカナダ東部を覆ったため，いくつかの都市では，警察から，ドライバーと住民間の多くの激しいけんかの報告が挙がっている。これは，「雪騒動」とよばれる現象である。

モントリオールの中心街で，駐車場所をめぐり２人の住民が言い争い，突然銃声が鳴り響いた。両者とも軽傷を負い病院に搬送された。トロントの警察は，除雪をめぐり住民間の争いが数件あったと報じた。そうした事例の１つにおいて，１人の男性は雪用シャベルで殴られ腕を骨折した。彼を攻撃した隣家の住民は，加重暴行で訴えられている。オタワの別の場所では男性が，自宅前の私道にトラックで雪を捨てた市の職員に銃を向けたために逮捕された。

「通りや路地が通行止めになり，いらつく気持ちはわかります」とトロント警察の署長ジュリオ・サンチノ氏は述べた。「しかし，みな冷静になりましょう。カナダ人として，雪にあまりに神経質にならないようにすべきです」。

気象庁は今晩，この地域に５～10センチの降雪があると予想している。

正答 **2**

1 英文における空欄補充問題とは

　第3章の「出題傾向の分析と対策」において，英文問題の学習法として，「単語力でも文法力でもない長文読解力を身につける」ということを述べました。しかし，空欄補充だけは，例外的に，単語力や文法力が第一に求められる形式といってもよいでしょう。

　空欄補充問題には，①：語句を補充する問題，②：一文を補充する問題の2つがあり，①の出題頻度がやや高いです。①の場合，空欄に当てはめるべき単語は，1語の単語，あるいは前置詞や関係代名詞であることが多いです。空欄の前の文と後の文を和訳し，どういう接続語が適切か，どういう言い換えがなされているかという点に注意してください。

　②の場合は，現代文の空欄補充と解法に大きな差はありません。空欄が置かれている文章が，文中でどういう位置づけにあるのかを，接続語などを参考にして判断し，文章の要旨となる言葉や適切な言い換えがなされている言葉を見つけ出す必要があります。

2 選択肢の吟味方法

　1語の単語を補充する問題の場合，複数の空欄が設けられていて，適切な組合せを問う形式をとったものが多く見受けられます。このような場合，わからない単語はいったん飛ばして，わかる単語だけを参考に前後の文脈に合致するか，文法として適切かを判断するとよいです。

　一文を補充する場合は，空欄前後の文章を訳することができれば適切な言葉が判断できる場合が多いです。英文の場合，冒頭か末尾に結論となる記述がはっきりと述べられている場合が普通です。本文全体の意味を大雑把につかみとってから，空欄の前後を丁寧に読解すれば正解にたどり着けるでしょう。

　次ページに空欄補充問題の解答の検討方法を簡単に図示しました。参考にしてください。

INPUT

●**必修問題の検討方法**（解説はP521）

　With record snowstorms blanketing Eastern Canada yesterday, police in several cities are reporting numerous violent disagreements between drivers and residents — a phenomenon that is being dubbed "snow rage."

　Gunfire erupted in downtown Montreal yesterday as two residents （　A　） over a parking space. Both men were taken to hospital with minor injuries. Police in Toronto have reported several incidents between residents disagreeing over snow removal. In one such incident, one man suffered a broken arm after being struck by a snow shovel. His attacker, a next door neighbor, has been charged with aggravated assault. Elsewhere in Ottawa, a man was arrested for pointing a shotgun at a city worker after her truck dumped snow on his driveway.

　"We know people are frustrated by blocked streets and lanes," said Toronto Police Chief Julio Santino. "But let's all be （　B　）. As Canadians, we shouldn't get too worried over a little bit of the white stuff."

　The Weather Ministry expects another 5-10 centimeters of snow to fall across the area tonight.

	A	B
1：	agreed	reasonable
②：	argued	reasonable
3：	agreed	understandable
4：	argued	understandable
5：	talked	understandable

実践 問題 **155** 基本レベル

頻出度	地上★	国家一般職★	東京都★	特別区★
	裁判所職員★	国税・財務・労基★		国家総合職★

問 次の英文中のA～Cの空欄に入る語句の組合せとして最も妥当なものはどれか。 （裁判所職員2023）

The first Wednesday in every month was a Perfectly Awful Day — a day to be awaited with dread, endured with courage, and forgotten with haste. Every floor must be spotless, every chair （　A　）, and every bed without a wrinkle. Ninety-seven squirming little orphans must be scrubbed and combed and buttoned into freshly starched ginghams; and all ninety-seven reminded of their manners, and told to say 'Yes, sir,' 'No, sir,' whenever a trustee spoke.

It was a distressing time; and poor Jerusha Abbott, being the oldest orphan, had to bear the brunt of it. But this particular first Wednesday, like its predecessors, finally dragged itself to a close. Jerusha escaped from the （　B　） where she had been making sandwiches for the asylum's guests, and turned upstairs to accomplish her regular work. Her special care was room F, where eleven little tots, from four to seven, occupied eleven little cots set in a row. Jerusha assembled her charges, straightened their rumpled frocks, wiped their noses, and started them in an orderly and willing line toward the dining room to engage themselves for a blessed half hour with bread and milk and prune pudding.

Then she dropped down on the window seat and leaned throbbing temples against the cool glass. She had been on her （　C　） since five that morning doing everybody's bidding, scolded and hurried by a nervous matron. Mrs Lippett, behind the scenes, did not always maintain that calm and pompous dignity with which she faced an audience of trustees and lady visitors. Jerusha gazed out across a broad stretch of frozen lawn, beyond the tall iron paling that marked the confines of the asylum, down undulating ridges sprinkled with country estates, to the spires of the village rising from the midst of bare trees.

（Jean Webster, 『Daddy-Long-Legs』 より）

	A	B	C
1 :	aimless	chemistry	teeth
2 :	breathless	entry	way
3 :	careless	country	face
4 :	dustless	pantry	feet
5 :	useless	ministry	business

OUTPUT

実践 ▶ 問題 **155** ▶ の解説 ─────────

〈空欄補充〉

出典　Jean Webster『Daddy-Long-Legs』IBCパブリッシング

　空欄Aを含む文は「床という床は一点の曇りなく磨き上げ，椅子という椅子は〜，そしてあらゆるベッドを少しの皺もなく整えなければならなかった」である。完璧に整える必要があることが読み取れるので，空欄Aは肢4 dustless「ほこりのない」が妥当である。他の語は肢1「目的のない」，肢2「息苦しい」，肢3「不注意な」，肢5「役に立たない」である。

　空欄Bを含む文は「ジェルーシャは孤児院のお客様にサンドウィッチを作っていた〜から飛び出して」である。与えられている語は肢1「化学」，肢2「入場」，肢3「国」，肢4「パントリー」，肢5「省」である。肢4 pantry「パントリー」が妥当である。パントリーとは，食料を貯蔵したり配膳を行ったりするための小部屋のことを指す。肢4は語彙レベルが高いが，他の肢が明らかに誤りであることから，消去法で肢4にたどり着きたい。

　空欄Cを含む文は「彼女は今朝の5時から〜，言いつけられた用事をこなしたり，神経質な院長に叱られたり急かされていた」である。空欄Cに肢4 feetを入れるとon her feetで「立っている状態で」を意味することになり，文脈上妥当である。したがって肢4が正解となる。

【全訳】

　毎月第一水曜日は非常に悪い日だった。恐怖の思いを抱いてその日を待ち，勇気を出して耐え，素早く忘れる。床という床は一点の曇りなく磨き上げ，椅子という椅子は一つの汚れもなくきれいにし，そしてあらゆるベッドを少しの皺もなく整えなければならなかった。97人のじっとしていない小さな孤児たちは風呂でよく洗ってもらい，髪をとかし，洗い立ての糊のきいたギンガムの服を着てボタンをはめなければならなかった。97人の孤児たちは行儀の注意を受けて，評議員から話しかけられたら「はい，そうです」「いいえ，ちがいます」と答えるよう言い聞かされた。

　本当につらい時間だった。かわいそうなジェルーシャ・アボットは孤児の中で最年長だったので，その矢面に立たねばならなかった。しかしこの特別な第一水曜日も，これまでと同様にようやく終わりに近づいていた。ジェルーシャは孤児院のお客様にサンドウィッチを作っていたパントリーから飛び出して，いつもの仕事をするため上の階に行った。彼女の担当はF室で，そこには4歳から7歳までの11人の子供たちが，並んだ11台の小さなベッドで寝ていた。ジェルーシャは担当の子供た

ちを集めて，服装を正して，鼻を拭いてやり，並んでダイニングルームに向かう列をパンとミルクのプリンの楽しい30分へと誘導した。

　そこで，彼女は窓際の席に腰を下ろすと，ずきずきするこめかみを冷たいガラスに押し当てた。彼女は今朝の5時から立ちっぱなしで，言いつけられた用事をこなしたり，神経質な院長に叱られたり急かされていた。ミセス・リペットは，評議員のグループや女性の訪問者に会うときは落ち着いて誇らしげな威厳があるが，裏では必ずしもそうではなかった。ジェルーシャは広がる凍った草地を見つめ，孤児院の敷地を囲む高い鉄柵の向こうを見つめ，屋敷が点在しているでこぼこした尾根や落葉した木々の間からそびえたつ村の尖塔を眺めた。

正答 4

memo

SECTION ③ 英文 空欄補充

実践 問題 **156** 〈基本レベル〉

頻出度	地上★ 裁判所職員★	国家一般職★ 国税・財務・労基★	東京都★	特別区★ 国家総合職★

問 次の英文中のA～Dの空欄に入る語句の組合せとして最も妥当なものはどれか。 （裁判所職員2022）

We're living in an age when many activities that used to occur only during the day, like shopping and banking, now take （ A ） at any time of the day or night. But the technological advances that have made such a 24-7* society possible, have also deprived us （ B ） what we really need: a good night's sleep. And that really hurts young people.

Since the Industrial Revolution and the invention of the light bulb, modern society has experienced increasingly （ C ） hours of continuous wakefulness. According to sleep and alertness expert Mark Rosekind, that affects how well people can think and act.

Rosekind：

"2 hours （ D ） sleep than you need is enough to impair your performance as if you've been drinking 2 to 3 beers and had .05 blood alcohol level. So not getting enough sleep can impair your performance. At the other end, we know that getting the optimal sleep you need could boost your performance by as much as 30%."

（DHC出版事業部編集部編
『サイエンスレポートのリスニング　VOA科学ニュースの英語』より）

*24-7……いつも，四六時中

	A	B	C	D
1 ：	part	of	short	little
2 ：	part	from	long	less
3 ：	place	at	short	more
4 ：	place	of	long	less
5 ：	care	from	every	little

実践 **問題 156** **の解説**

第2章　英文

〈空欄補充〉

出典　『ＶＯＡ科学ニュースの英語：サイエンスリポートのリスニング』ＤＨＣ出版事業部編集部編

A　place

　熟語の知識を問う問題である。take part「参加する」，take place「行われる」，take care「注意する」の３つの中から文脈に合うものを選ぶ。「参加する」や「注意する」は文脈に合わないので，Aにはplaceが入る。

B　of

　動詞の語法を問う問題である。deprive A of Bで「AからBを奪う」という意味になる。

C　long

　本文は，不眠についての文である。よって，眠れない時間は長くなるという内容が妥当なので，longが正解肢となる。

D　less

　空欄直後のimpairは健康を損なうという意味の動詞である。睡眠は短くなると健康を損なうという主旨の文であるので，空欄にはless「より少ない」が妥当である。

　以上から，肢４が正解となる。

【全訳】

　ショッピングや銀行の用事など，かつては日中にしかやらなかったさまざまなことが，今や昼夜を問わずあらゆる時間に行われる時代に私たちは生きている。しかし，社会をこのように四六時中活動可能にしてきたテクノロジーの進歩は，本当に必要なものを私たちから奪ってしまった。夜の良い眠りである。そして，そのことが実は若い人たちの害になっている。

　産業革命と白熱電球の発明以来，現代社会は起きている時間がだんだんと長くなってきているのを経験している。睡眠と覚醒の専門家であるMark Rosekind氏によると，それが我々がどれだけよく考えて行動できるかに影響を与えているという。

　Rosekind氏「睡眠時間が必要な時間よりも２時間短くなると，まるでビールを２〜３杯飲んで，血中アルコール濃度が0.05になってしまったかのように，パフォーマンスが下がる。だから，十分な睡眠を取らなければ，パフォーマンスが悪くなる可能性があるのだ。反対に，必要とする最適な睡眠はパフォーマンスを30パーセント程度も良くしてくれる可能性があるのだ。」

正答 **4**

頻出度	地上★	国家一般職★	東京都★	特別区★
	裁判所職員★	国税・財務・労基★		国家総合職★

問 次の英文の空所ア，イに該当する語の組合せとして，最も妥当なのはどれか。
(特別区2022)

Boys and girls often ask me (particularly when their teachers are present) if I don't think it a bad thing for them to be compelled to learn poetry by heart in school. The answer is — Yes, and No. If you've got into the way of thinking that poetry is stupid stuff, or ⬚ ア ⬚ , or beneath your dignity, then you certainly won't get much out of learning it by heart. But remember that it is a good thing to train your memory, and learning a poem is at least a much pleasanter way of training it than learning, say, twenty lines out of the telephone directory. What is more important, to learn poetry is to learn a respect for words; and without this respect for words, you will never be able to think clearly or express yourself properly: and until you can do that, you'll never fully grow up — not though you live to be a hundred. A third good reason for learning poetry by heart is that, by doing so, you are sowing a harvest in yourself. It may seem to you at the time a dull, laborious business, with nothing to show for it: but, as you get a bit older, you'll find passages of poetry you learnt at school, and thought you had forgotten, thrusting up out of your memory, making life ⬚ イ ⬚ and more interesting.

C. Day Lewis：加納秀夫・早乙女忠「対訳C・デイ・ルイス」南雲堂

	ア	イ
1	correct	happier
2	correct	harder
3	precious	nastier
4	useless	happier
5	useless	harder

実践 問題 **157** の解説 ―――――――――

〈空欄補充〉

出典　C.Day Lewis：加納秀夫・早乙女忠『対訳C・デイ・ルイス』南雲堂

ア　useless

　前後に列挙されている単語，詩に対する良くない評価を表すものなので，空欄にもそれに類する語を入れる。correct「正確な」や，precious「価値がある」では文脈に合わない。

イ　happier

　空欄のある文のbutに注目する。but以前で，詩の暗記の良くない点が述べられており，but以後は良い点が述べられている。選択肢の中で，良い評価につながる単語はhappyの比較級，happierのみである。nasty「不快な」やhard「厳しい」の比較級では文脈に合わない。

　以上から，肢4が正解となる。

【全訳】

　学校で詩の暗記を強制するのは良くないこととは思わないのかと，若い人たちはよく（特に彼らの教師がいるときに）私に尋ねる。答えは，Yesであり，Noだ。もしあなたが，詩なんてくだらないばかげたもので，使えない，自分の品格にふさわしくないものだという考え方に慣れてしまっているなら，確かに詩の暗記から多くを得ることにはならないだろう。しかし，記憶の訓練には良いことだし，少なくとも詩を学ぶことは電話名簿の20行を暗唱して学ぶよりは楽しいことだということは覚えておこう。そして，より重要なのは，詩を学ぶことが言葉への敬意を学ぶことになるということだ。言葉に対するこの敬意がなければ，決して物事をはっきりと考えることができるようにはならないし，自身のことを適切に表現することもできるようにならない。それができるようになるまでは，たとえ100歳になったとしても，決してきちんと大人になったとはいえない。詩を暗記する良い理由の3つ目は，それをすることで，自分自身に収穫物の種をまくことになるということだ。つまらない時間，おもしろくない作業で，わかりやすい成果がないと思うかもしれない。しかし，少しだけ成長すると，学校で学び，その後忘れ去ってしまったと思っていた詩の一節が記憶から出てきて，生活をより幸せに，より楽しくしてくれるのだ。

正答 **4**

第2章　英文

実践 問題 **158** 〈 基本レベル 〉

頻出度	地上	国家一般職★	東京都★	特別区★
	裁判所職員★★	国税・財務・労基★		国家総合職★

問 次の英文の空所ア，イに該当する語の組合せとして，最も妥当なのはどれか。

(特別区2020)

Jomon pottery* was once thought to look primitive and even grotesque; though an object of archeological* interest, it was not appreciated for its artistic value. Thanks in no small part to **Okamoto Taro**'s paean* to their ⬚ア⬚, however, Jomon works now grace the opening pages of any history of Japanese art. While the art of subsequent eras reflected the influence of China or the West, these earliest ceramics bear designs not found anywhere else in the world.

Another hallmark of the Jomon era is the *dogu*. These extremely deformed human figures, made of clay, are known for their exaggerated hips and goggle-like eyes. Indeed, they bear an uncanny resemblance to modern abstract sculpture.

Theories abound as to the original function of the dogu. They may have been images of gods, or talismans* to ward off evil or illness, or figurines* used in rituals to ensure good harvests or fertility*. And then there are those who ⬚イ⬚ they are effigies* of visiting space aliens.

(三浦史子：Alan Gleason「英語で日本文化の本」による)

*Jomon pottery ……… 縄文土器   *archeological ……… 考古学の
*paean ……… 賛辞   *talisman ……… 護符，お守り
*figurine ……… 小立像，人形   *fertility ……… 多産
*effigy ……… 肖像，彫像

	ア	イ
1 :	beauty	believe
2 :	beauty	reject
3 :	importance	reject
4 :	safety	wish
5 :	safety	believe

OUTPUT

実践 ▶ **問題 158** ▶ **の解説**

〈空欄補充（単語）〉

出典　三浦史子著　Alan Gleason訳『英語で日本文化の本』ジャパンタイムズ出版社

ア　beauty

空欄アの直後のhoweverに注目する。これは「しかし」という逆接の意味であり，空欄アの直前では，縄文土器に芸術的な価値は認められていなかったと述べられている。したがって，空欄アには芸術的価値が認められる語句を入れる必要がある。また，冒頭文の「縄文土器は～グロテスクにさえ見えると思われていた」に着目すると，importance「重要性」やsafety「安全性」ではなく，beauty「美しさ」が最も妥当である。

イ　believe

believe「信じる」が最も文脈に合う。reject「拒絶する」では，土偶が宇宙人をかたどった像であることが前提になってしまうため，文脈に合わない。wish「～であればよかったと思う」については，本来wish以下が仮定法となるため，文法上，直後のareと合わなくなってしまう。

以上から，肢1が正解となる。

【全訳】

縄文土器は，かつては原始的で，グロテスクにさえ見えると思われていた。考古学的な興味の対象と考えられていたが，芸術的な価値は認められないとされていた。しかし，少なからず岡本太郎がそれらの美しさに賛辞を呈したおかげで，縄文の作品は今や日本の美術史の最初のページを飾っている。その後に続く時代の芸術は中国や西方の影響を反映しているのに対して，これら最古の陶芸品は世界のどこにも見られないデザインを有している。

縄文時代のもう1つの特徴は土偶である。これら極端にデフォルメされた人型は粘土で作られており，誇張されたお尻やゴーグルのような目で知られている。実際，それらは現代の抽象的な彫刻と不気味なほどの類似点がある。

土偶のもともとの役割について学説は多々ある。それらは神をイメージしたものだったかもしれないし，悪魔や病気を追い払うお守りだったのかもしれない。または，神に収穫や多産を願う儀式に使われていた人形だったのかもしれない。そして，地球にやってきた宇宙人の像だと信じる人もいるのだ。

正答　1

第2章　英文

S ECTION ③ 英文 空欄補充

実践 問題 **159** 〈基本レベル〉

頻出度	地上★	国家一般職★★	東京都	特別区★
	裁判所職員★	国税・財務・労基★★		国家総合職★★

問 次の文の〔　　　〕に当てはまるものとして最も妥当なのはどれか。

（国家一般職2020）

The idea that there were once "pure" populations of ancestral Europeans, there since the days of woolly mammoths, has inspired ideologues since well before the Nazis. It has long nourished white racism, and in recent years it has stoked fears about the impact of immigrants: fears that have threatened to rip apart the European Union and roiled politics in the United States.

Now scientists are delivering new answers to the question of 〔　　　　　　〕. Their findings suggest that the continent has been a melting pot since the Ice Age. Europeans living today, in whatever country, are a varying mix of ancient bloodlines hailing from Africa, the Middle East, and the Russian steppe.

The evidence comes from archaeological artifacts, from the analysis of ancient teeth and bones, and from linguistics. But above all it comes from the new field of paleogenetics*. During the past decade it has become possible to sequence the entire genome of humans who lived tens of millennia ago. Technical advances in just the past few years have made it cheap and efficient to do so; a well-preserved bit of skeleton can now be sequenced for around $500.

（注）＊ paleogenetics：古遺伝学

1：who Europeans really are and where they came from

2：why woolly mammoths went extinct

3：why ancient Europeans migrated repeatedly

4：what causes the new discrimination

5：how far "pure" Europeans have traveled

OUTPUT

実践 ▶ 問題 **159** ▶ の解説 ────────────────

〈空欄補充（文章）〉

　出典　Andrew Curry "The first Europeans weren't who you might think"
NATIONAL GEOGRAPHIC

1○　「ヨーロッパ人とは本当は何であるか，そしてどこからやって来たのか」
　　　第1パラグラフでヨーロッパ人に対する偏った見解を述べ，それを第2パ
　　　ラグラフで訂正しており，ヨーロッパ人はもともと混血であり，アフリカ，
　　　中東，ロシアのステップから来たことが述べられている。話題とそれに対
　　　する答えという形で本文が構成されており，文脈上，本肢は正しい。

2×　「なぜマンモスは絶滅したのか」
　　　第2パラグラフでマンモスに関する内容がないことから，文脈上不適切だ
　　　と判断できる。

3×　「なぜ古代のヨーロッパ人が，移住を繰り返していたのか」
　　　本文で，移住の繰り返しについて述べられていないので誤りである。

4×　「新しい差別の原因は何か」
　　　空欄以降，差別の原因について述べられていないので誤りである。また，
　　　差別の新旧について本文では述べられていない点も誤りである。

5×　「『純血の』ヨーロッパ人がどれほど遠くへ移動をしたのか」
　　　「純血の」ヨーロッパ人について，本文はその存在自体に対して否定的な立
　　　場をとっているので誤りである。アフリカなどから来たとは述べられてい
　　　るが，距離についての言及はなく，また，その移動を成したのが「純血の」
　　　ヨーロッパ人だとも述べられていない。

【全訳】

　かつてマンモスがいた頃から「純血の」先祖代々のヨーロッパ人がいたという考
えは，ナチスよりずっと以前から，ある特定のイデオロギー信奉者を触発してきた。
それは，長く白人主義を育て，近年では移民に対する恐れを煽り立てた。EUを分
断させ，合衆国で政治を混乱させるという恐怖だ。

　現在では，科学者たちは「ヨーロッパ人とは本当は何であるか，そしてどこから
やって来たのか」という問いに対して新しい答えを述べている。大陸は，氷河期か
ら人種の坩堝（るつぼ）であったというものだ。現在生活をしているヨーロッパ人はどの国に
住んでいても，アフリカ，中東，ロシアの草原出身の古代の血統の様々な混血であ
る。

　証拠は考古学的な人工物，古代の歯や骨の分析，言語学にある。しかし，それら以上に，古遺伝学の新しい分野からいえるのだ。ここ10年間で，数万年前の人間のゲノム全体の解析が可能になった。過去数年で進んだ技術によって，それが効率的かつ安価になった。保存状態の良い骨の欠片なら，いまや500ドル程度で解析できるのだ。

【単語サポート】

ancestral	(形) 先祖代々の，祖先の	continent	(名) 大陸
inspire	(動) 触発する	melting pot	(名) 人種のるつぼ
ideologue	(名) イデオロギーに染まりやすい人	vary	(動) 変化する
well before	(熟) ずっと前	hail	(動) 受け入れる
nourish	(動) 育てる	archaeological	(形) 考古学的な
white racism	(名) 白人主義	artifact	(名) 人工物
stoke	(動) 煽り立てる	analysis	(名) 分析
immigrant	(名) 移民	linguistics	(名) 言語学
threaten	(動) 脅威を与える，おどす	decade	(名) 10年間
rip apart	(熟) 分断する	sequence	(動) 配列を確定する，並べる
roil	(動) かき乱す	efficient	(形) 効率的な
extinct	(動) 絶滅する	bit	(名) 欠片
migrate	(動) 移住する，移動する	skeleton	(名) 骨
discrimination	(名) 差別		

正答 1

memo

実践 問題 **160** 〈基本レベル〉

頻出度	地上★	国家一般職★	東京都	特別区★
	裁判所職員★	国税・財務・労基★		国家総合職★

問 次の英文の空所ア，イに該当する語の組合せとして，最も妥当なのはどれか。

(特別区2019)

Giri is a deep-rooted* concept of Japanese ethics which implies the give-and-take principle in social interaction. It is a concept which drives a person to fulfill one of life's duties as a Japanese. One feels obligated to do a favor of those who have been thoughtful or helpful in some way. If A treats B, B must host the next party for A. Thus, restaurants [ア] as meeting places to fulfill host-guest roles. Gifts should be periodically given to such people as one's boss, parents-in-law, go-between, or children's tutor, so year-round, department stores are crowded with people concerned with gift-giving. Furthermore, *giri* applies in times of crisis, as well. Neighbors feel obligated to help each other in the event of a crisis such as a fire, flood, or funeral. Consequently, people may [イ] in such a way with the hope of not only of maintaining their respectability* but also of benefiting from reciprocity* on the other's part. Today young people tend to undervalue social obligations. However, they learn to conform to the traditional *giri* as they mature. People are bound by various social principles of mutual obligations. In short, *giri* is a key social force which holds Japanese society together.

（橋内武：本名信行・Bates Hoffer「日本文化を英語で説明する辞典」による）

* deep-rooted‥‥深く根ざした　　* respectability‥‥体面
* reciprocity‥‥相互利益

	ア	イ
1 :	affect	act
2 :	affect	tire
3 :	flourish	avoid
4 :	flourish	act
5 :	refuse	tire

OUTPUT

実践 問題 **160** の解説 ─────────────

〈空欄補充〉

出典　橋内武：本名信行・Bates Hoffer『日本文化を英語で説明する辞典』有斐閣

ア　flourish

空欄アの直前部分で，「もしAがBにごちそうしたら，次はBがAをもてなさなければならない」と，待遇されたものは待遇しなくてはならないという義理について述べられている。thusは「それゆえに」という因果関係を表す語なので，空欄にはレストランに人が絶え間なく訪れるという主旨の動詞を入れる。以上を踏まえて肢を検討するとflourish「繁栄，繁盛する」という語が適切である。なお，affect「影響を与える」やrefuse「拒絶する」は文脈上入りえない。

イ　act

空欄イの直前部分では上司などに贈り物を贈ることや火事などの際に助け合うことについて述べられており，また空欄後はそのことについて体面維持だけでなく，相互利益も望んでいると述べられている。act「行動する」，tire「疲れさせる」，avoid「避ける」，の中で，前後の文脈に合うのはactだけである。

以上から，肢4が正解となる。

【全訳】

義理は社会的な交流においてギブアンドテイクを原則とする日本人の倫理に深く根ざしている。それは日本人として人生における義務の1つを果たそう，いち個人に促す考え方である。人は思いやりがあって親切な人にはなんらかの方法で尽くす義務があると感じる。もしAがBにごちそうしたら，次はBがAをもてなさなければならない。それゆえ，レストランは主催者や客の役目を果たすための歓待の場として繁盛するのだ。上司や義理の両親や仲人や家庭教師には定期的に贈り物を贈るべきである。だから，一年中デパートは贈り物について考えている人で混雑しているのだ。さらに，危機的状況に対しても義理は同様に適用される。火事や洪水や葬式などのいたましい出来事に際して隣人同士は互いに助け合う義務があると感じるのだ。その結果，人は体面を維持するためだけでなく他者との相互利益の恩恵を望んで，このような行動をとるのかもしれない。今日，若い人たちは社会的義務を軽視する傾向にある。しかしながら，彼らは成熟していくなかで，伝統的な義理に従うことを学ぶのだ。人は相互的な義務であるさまざまな社会的原則によって縛られている。端的に言えば，義理は日本社会をまとめる社会的な強制力の鍵なのだ。

正答 **4**

実践 問題 **161** 基本レベル

頻出度	地上★	国家一般職★	東京都	特別区★
	裁判所職員★	国税・財務・労基★		国家総合職★

問 次の英文中のA～Dの空欄に入る語句の組合せとして最も適当なものはどれか。 （裁判所職員2017）

For a long time Japanese have had a reputation for living in small 'rabbit hutches,' and although the （　A　） of the average home is increasing year by year, the image remains.

When compared with North American homes, Japanese still have only about （　B　） the amount of space. The difference in the amount of space in Japanese and North American homes is partly related to the （　A　） of the land.

As North America has 50 times more land than Japan, but only just over twice the population, the （　C　） of land in North America is lower, so people can afford larger houses.

However, there are other reasons why the （　C　） of land is much higher in Japan than North America. It is common in Japan to see small farms and vacant land inside the city. This is related to the very high （　D　） charged by the government on a family when the owner dies.

If an owner has a farm on the land and decides to stop farming and build a house, the （　D　） increases greatly. Therefore, owners often maintain their farms in the city. This means that some of the land in the city is not available for urban use, and this contributes to the high price of residential land. In addition, earthquake regulations, and having a right to see the sky in the city often prevent very tall buildings from being built, which also keeps the price of land high. The average height of buildings in Tokyo is two and a （　B　） stories. As the safest buildings in Japan are the new skyscrapers, there is less need to have regulations against tall buildings.

（Paul Stapleton, 『Exploring Hidden Culture 日本とアメリカ─深層文化へのアプローチ』より）

	A	B	C	D
1 :	size	half	price	tax
2 :	big	twice	size	price
3 :	price	second	height	expense
4 :	big	half	size	price
5 :	size	twice	price	tax

実践 問題 161 の解説

〈空欄補充〉

出典　Paul Stapleton：伊藤章『Exploring Hidden Culture 日本とアメリカ―深層文化へのアプローチ』金星堂

A　size

theの直後であること，空欄の直後に名詞がないことから，空欄には名詞が入るとわかる。意味から判断すると文の前半部で日本人がウサギ小屋のように狭い家に住んでいるという評判について書かれており，空欄には家の大きさ・広さを意味する単語が入るはずなのでAのsizeが入ることがわかる。なお，Aは後でもう一度出てくるが，そこにsizeを入れても意味が通る。

B　half

日本と北アメリカの家の大きさを比較して述べている部分であり，halfを入れると「日本の家はまだだいたい北アメリカの家の半分の大きさしかない」という意味になり意味が通る。実際，直後の文の主語であるThe difference in the amount of space in Japanese and North American homesは，日本の家屋の広さと北米の家屋の広さの差という意味であり，当該文の内容を踏まえた表現である。

C　price

北アメリカは日本の50倍の広さを持ちつつ2倍を超える程度の人口しかないことを述べた後に続く部分なので，priceを入れると，北アメリカでは人口密度が低いために地価が安いという内容になり意味が通る。実際，so（だから）以下の内容は大きな家を買う余裕があるという意味なので，土地の値段ということでやはりpriceが妥当する。

D　tax

国が課すものが空欄に入るので，taxが適当である。

以上から，肢1が正解となる。

【全訳】

　長い間，日本人は小さなウサギ小屋に住んでいるという評判を受けてきた。そして平均的な家の（A：大きさ）は年々増しているが，その印象は残っている。

　北アメリカの家と比べたとき，日本の家はまだだいたい（B：半分）の広さしかない。日本の家と北アメリカの家の広さの違いは国土の（A：大きさ）に一部関係がある。

　北アメリカが日本の50倍の土地を有する一方で2倍を超える程度の人口しか持

たないので，北アメリカの土地の（C：価格）は低く，だから人々は大きな家を持つことができる。

しかしながら，北アメリカに比べて日本の土地の（C：価格）のほうがはるかに高いのには他の理由がある。

日本では都市の中で小さな農地や空き地を見ることはよくあることだ。このことは所有者が死んだときに家族が政府にとても高い（D：税金）を課されることと関係がある。もしも所有者がその土地に農地を持ち，農業をやめて家を建てようと決めたとすると，（D：税金）が大きく増す。そのため，所有者は都市の中の農地をそのままにすることが多いのである。このことは都市の中の土地の一部が，都市利用のために使えないことを意味しており，また，これは住居地の価格を高騰させているのだ。加えて，地震の制約，都市で空を見る権利の存在が高層ビルの建設を妨げ，そしてそのこともまた土地の価格を高く維持する。東京の建物の高さの平均は2.5階程度だ。東京で最も安全な建物は新しい超高層ビルなのだから，高層ビルに対する制限はあまり必要性がないだろう。

【単語サポート】

reputation	(名) 評判	maintain	(動) そのままにする，維持する
hutch	(名) 小屋	urban	(形) 都市の
compare	(動) 比較する	contribute	(動) 一因となる，寄与する，(意見などを) 述べる
partly	(副) 一部分は	residential	(形) 住む，居住している
afford	(動) 〜を持つ余裕がある	regulation	(名) 制約
common	(形) よくある，一般的な	prevent	(動) 妨げる
vacant land	(名) 空き地	skyscraper	(名) 超高層ビル

正答 1

LEC東京リーガルマインド　2024-2025年合格目標 公務員試験 本気で合格！過去問解きまくり！　543
③文章理解

実践 問題 **162** 〈 基本レベル 〉

頻出度	地上★	国家一般職★	東京都	特別区★
	裁判所職員★	国税・財務・労基★		国家総合職★

問 次の英文中のA～Dの空欄に入る語句の組合せとして最も適当なものはどれか。 (裁判所職員2015)

Mathieu, a thirty-eight-year-old businessman working in Japan, frequently uses the Shinkansen on business. In his early days in Japan, he remembers his surprise at the (A) of announcements with which Shinkansen passengers are bombarded. On the platform, announcements would say, "Please stand behind the yellow line while waiting for the train" and "We apologize for the three-minute delay of arrival." (B) once on board, more announcements would inform and instruct passengers, such as, "The train has left the station on schedule," "Do not leave your baggage unattended," "A beautiful view of Mt. Fuji can be seen on the right," "The train has passed the station on schedule," "The train will arrive on schedule," et cetera, et cetera. Although he was satisfied with the speed and comfort of service, he found the frequent announcements to be (C).

Since then, Mathieu has grown accustomed to those announcements, and has even started to appreciate them as a sign of the "Japanese attitude to do accurate work, their high level of execution, and their kindness. No other advanced railway country has a high-speed railway system supported by these characteristics."

For forty-six years since its debut, the Japanese high-speed railway system known as the Shinkansen has been improved and perfected into one of the world's leading railway systems. It is fast, safe, energy-efficient, and punctual. Perhaps what really surprised Mathieu was that the Shinkansen system (D) not only transportation hardware, but also integrates a wide spectrum of passenger-friendly service features.

OUTPUT

	A	B	C	D
1 :	frequency	Then	annoying	comprises
2 :	reality	But	funny	develops
3 :	importance	Thus	surprising	improves
4 :	rareness	Also	tiring	decreases
5 :	wonder	So	exciting	deteriorates

実践 問題 **162** の解説 ────────────────────

〈空欄補充（単語）〉

出典　The Japan Journal, Vol.7, No.6, October 2010

A frequency

　空欄Aの候補は，順に「頻繁さ」「現実性」「重要性」「珍しさ」「驚き」であるが，その後では「アナウンスの多さ」が話題となっているので，「頻繁さ」が正しい。

B Then

　空欄Bの候補は，順に「それから」「しかし」「かくして」「その上」「それゆえ」であるが，プラットホームから次に列車に乗り込んでいるので「それから」が正しい。

C annoying

　空欄Cの候補は，順に「うっとうしい」「面白い」「驚くべき」「退屈な」「興奮させる」であるが，「スピードとサービスの良さには満足した」ということと対比になっているので「うっとうしい」が正しい。アナウンスの内容は多岐にわたるので，「退屈」であるとは考えにくい。

D comprises

　空欄Dの候補は順に「を含む」「を開発する」「を改善する」「を減じる」「低下する」であるが，「ハード面だけの良さではなくソフト面の良さも持っている」という内容になるので，「を含む」が正しい。

　以上から，肢1が正解となる。

【全訳】

　日本で働く38歳のビジネスマン，マシューはしばしば仕事で新幹線を利用する。日本に来たばかりのとき，新幹線の乗客を襲うアナウンスが（頻繁なこと）に驚いたことを彼は覚えている。プラットホームでは「列車を待つ際には黄色い線の内側にお立ちください」というアナウンスや「３分遅れで申し訳ございません」というアナウンスが聞こえてきた。（それから）ひとたび乗り込むと，もっと多くのアナウンスが乗客にいろいろと教え出したのである。たとえば「列車は定時に出発しました」「荷物の放置にご注意ください」「右手に富士山の美しい姿が見られます」「列車は定時に駅を通過しました」「列車は定時に到着予定です」などなど。彼はスピードとサービスの良さには満足していたが，頻繁なアナウンスには（辟易）していた。

　それ以来，マシューはこうしたアナウンスに慣れてきて，さらには正確な仕事をしようという日本人の姿勢，高いレベルの目的遂行，そして親切さの印としてそう

したアナウンスを認め始めた。こうした特徴に支えられた高速鉄道システムを有する鉄道先進国は日本をおいて他にない。

　導入から46年で，新幹線という名の日本の高速鉄道システムは改善され，世界中で最も先進的なシステムの1つとして完成された。速く，安全で，省エネ，そして時間に正確だ。おそらく実際にマシューを驚かせたことは，新幹線という鉄道システムが輸送ハードのみで完結しているのではなく，乗客の目線に立ったサービスも幅広く（含んでいる）ということであっただろう。

正答　1

実践 問題 **163** 〈 **基本レベル** 〉

頻出度	地上★	国家一般職★	東京都	特別区★
	裁判所職員★	国税・財務・労基★		国家総合職★

問 次の英文中のＡ～Ｄの空欄に入る語句の組合せとして最も適当なものはどれか。
(裁判所職員2016)

Two brothers worked together on the family farm. One was married and had a large family. The （ A ） was single. At the end of each day, the brothers shared all of their produce and profit equally.

One day the single brother said to himself, "It's not right that we share the produce and the profit equally. I'm （ B ） and my needs are simple." So each night he took one of his sacks of wheat and quietly walked across the field between their houses, and left it outside his brother's house.

At the same time, the married brother said to himself, "It's not right that we share everything equally. After all, I'm married and I have a wife and children to look （ C ） me in years to come. My brother has no one to take care of him in the future." So each night, he took a sack of wheat and left it for his single brother.

For years, both men were puzzled that their supply of wheat never seemed to （ D ）. Then one dark night, the two brothers ran into each other. Slowly it became clear to them what was happening. They dropped their sacks and put their arms around each other tightly.

（株式会社アルク『英語で心いやされるちょっといい話』より）

	A	B	C	D
1：	another	alone	after	decrease
2：	another	happy	at	increase
3：	other	alone	after	decrease
4：	other	happy	after	increase
5：	others	alone	for	decrease

実践 ▶ 問題 **163** ▶ の解説 ────────────

〈空欄補充〉

出典 『英語で心いやされるちょっといい話』アルク

A other

anotherは,【不定冠詞an】+【形容詞other（それ以外の）】なので,定冠詞the を取ると冠詞が重複してしまう。othersは,「ほかのものたち」という複数名詞なので,単数のwasの前には不適切。the otherは,「残りの1つ」,「もう片方」を明確に指す際に使われる。

B alone

文法的にはどちらの形容詞も正しいが,第2パラグラフと3パラグラフの対照的な内容に注意したい。第3パラグラフの兄弟は"結婚していること"を理由に,「なにもかも等分に分け合うなんておかしい」と考える。つまり,第2パラグラフの兄弟が「なにもかも等分に分け合うなんておかしい」と考える理由としては,既婚と対照的な「独身」が当てはまる。よって,aloneが正しい。

C after

look afterは「～の面倒をみる」,look atは「～を見る」の意味。空欄がある箇所には,「なにもかも等分に分け合うなんておかしい」ことの理由が述べられているので,"妻とこどもたちが私を見る"と続くとは考えられない。文脈から考えてlook afterが妥当。また,次の文章のtake care of（世話をする）は,look afterの言い換えなので,こちらをヒントにして考えることもできる。

D decrease

increaseは「増加する」,decreaseは「減少する」の意味。兄弟はどちらも自分の小麦の袋を相手の家に届けているので,文脈的に"小麦が減る様子がないことを不思議に思う"となるのが自然である。よって,decreaseが正しい。increase⇔decreaseのように,dやdeの接頭語がつくと逆の意味になることが多い。

以上から,肢3が正解となる。

【全訳】

ふたりの兄弟が家族経営の農場で一緒に働いていた。ひとりは結婚してたくさんの家族を抱えていた。もうひとりは独身だった。毎日,一日の終わりになると,ふたりは収穫したものと利益を等分に分け合った。

ある日,独身のほうが,ひとりつぶやいた。「収穫したものと利益を等分に分け合うなんておかしい。私は独り暮らしだし,必要なものはささやかだ」。そこで毎日,

夜になると，彼は小麦の袋をひとつ持って，ふたりの家のあいだの野原を静かに歩いていき，兄弟の家の外に置いた。

　同じ頃，既婚のほうが，ひとりつぶやいた。「なにもかも等分に分け合うなんておかしい。なんといっても，私は結婚していて，数年後には妻と子どもたちが面倒をみてくれる。弟には，将来面倒をみてくれる人がだれもいない」。そこで毎日，夜になると，彼は小麦の袋をひとつ持って，独身の弟が受け取れるように置いた。

　何年ものあいだ，兄弟はふたりとも，小麦のたくわえがまったく減る様子のないことに困惑していた。やがて，ある暗い夜，ふたりの兄弟はばったり鉢合わせをした。少しずつ，事の次第が飲み込めてきた。ふたりは小麦の袋を地面に落とし，かたく抱きしめあった。

正答 3

memo

第2章 SECTION ③ 英文 空欄補充

実践 問題 **164** 〈基本レベル〉

頻出度	地上★ 裁判所職員★	国家一般職★ 国税・財務・労基★	東京都 	特別区★ 国家総合職★

[問] 次の英文中のＡ～Ｃの空欄に入る語句の組合せとして最も妥当なものはどれか。 (裁判所職員2018)

When I was in elementary school, handwriting was not my strongest subject. We practiced and practiced the letters, but my cursive[*1] never looked beautiful like the teacher's writing. It still doesn't, but it works, and it's mine. Our handwriting reflects our personality, as the study of graphology[*2] shows, so we can't expect every kid to write the same way. What shocks me though is that many American schools are (　Ａ　) teaching cursive writing.

The debate over whether or not to teach cursive heated up in 2010 when the Common Core State Standards for education came out. The Standards focus on skills considered "relevant to the real world" for "success in college and careers."

So, instead of using class time to teach cursive, they say, teachers should focus on technology skills, including keyboarding. States don't have to follow the Standards, but as of July 2012, only four, including Texas, have chosen not to.

I can't help but wonder how Japanese people will see this news. Just the other day, I attended a Japanese language study group and was reminded once again of how important *kanji* practice is in Japanese schools. One of the students brought a textbook that discouraged learning *kanji* by writing it over and over. The teacher, a young Japanese woman who now lives in Austin, laughed and recalled her own school days when she did exactly that. It certainly worked for her.

Cursive writing is not tied to our culture the way *kanji* is in Japan. Roman letters are just a simple writing system (　Ｂ　) the complex and numerous pictographs[*3] that make up *kanji* and contribute to the poetic tradition, among other arts. But some of the reasons for keeping cursive in the schools and the culture may be the same as those for practicing *kanji*.

For one thing, writing by hand is good for your brain. It's exercise, and we need all the brain exercise we can get at every age. A lot of people also learn better when they write something down. Of course, kids who never learn cursive will not be able to read it either, including old letters from grandparents or great grandparents. Or possibly even their mom's grocery list. We will have generations that can't "read" each other.

Computer literacy is crucial now and for the future. But computers are not everything. We need to (　C　) cursive writing in the curriculum.

(Kay Hetherly『ケイ・ヘザリのTea Time Talk』アルクより)

cursive[1]‥‥筆記体　graphology[2]‥‥筆跡学　pictographs[3]‥‥象形文字

	A	B	C
1	still	compared to	quit
2	still	similar to	save
3	no longer	compared to	keep
4	no longer	similar to	remove
5	no more	compared to	delete

実践 **問題 164** **の解説**

〈空欄補充〉

出典　Kay Hetherly『ケイ・ヘザリのTea Time Talk』アルク

本文全体を通じて，筆者は筆記体を学習する機会を子どもに与えるべきだと主張している。

A　no longer

第2パラグラフは，多くの州ではもう筆記体を教えていないことが述べられている。この話につながるのが空欄Aを含む一文である。「私が驚いたこと」は「多くの州ではもう筆記体を教えていないこと」なので，肢3，4のno longer（もはや〜ない）が最も適当である。肢1，2のstill（いまだに），肢5no more（2度と〜しない）では第2パラグラフの内容につながらない。

B　compared to

空欄Bを含む一文では，「漢字を構成し，芸術の中でもとりわけ詩の伝統に貢献している複雑でおびただしい数の象形文字」と「単純な書記システムにすぎないローマ字」とが対比されている。したがって肢1，3，5のcompared to（比べて）が最も適当である。肢2，4similar to（似ている）では対比にならず，意味をなさない。

C　keep

空欄Cを含む一文の前では「コンピューターがすべてではない」と述べられている。したがって，「カリキュラムで筆記体を書くこと」を推奨するような内容が空欄Cに入ることがわかる。肢1quit（やめる），肢4remove（取り除く），肢5delete（消し去る）では推奨する内容にならない。推奨する内容になると考えられるのは肢2save（保存する）と肢3keep（維持する）であるが，空欄A，Bの候補との組合せからkeepで考えて文脈が通じるので，肢3が正解だと判断できる。

以上から，肢3が正解となる。

【全訳】

私が小学生だったとき，書き取りは私の最も得意な科目ではなかった。私は何度も字の練習をしたが，私の筆記体は先生の筆跡のように美しく見えることはなかった。いまでも私の筆記体は美しくはないが，それでも読めるし，それに私自身のものだ。筆跡学の研究が示すように，私の筆跡は私の個性を反映しており，だからどの子にも同じように書くことなど期待できないのだ。だが私が驚いたのは，アメリカの学校の多くが，もう筆記体を教えていないということである。

OUTPUT

筆記体を教えるべきかどうかを巡る論争は，教育に関する各州共通基礎基準が広まった2010年に盛んになった。この基準は「大学や仕事での成功」のために「現実世界で重要となる」と考えられる技能に照準を当てている。したがって，授業時間を筆記体を教える時間に使う代わりに，教師はキーボード入力などの技術技能に注目すべきたと言うのだ。州はこの基準に従う必要はないが，2012年7月現在，テキサスを含む4州だけが従わないことを選択している。

日本人がこのニュースをどのように見たか，私はぜひとも知りたいものだ。まさに先日，私は日本語研究のグループに参加し，日本の学校ではいかに漢字の練習が重要かを，いま一度思い起こしたのだ。生徒の一人が，何度も書き取りをさせられて漢字を学ぶ気力が失せてしまった教科書を持参した。若い日本人女性教師は，いまオースティンで暮らしているのだが，笑って自分がまさにそうだった生徒の頃を思い出した。確かに彼女にはそれが役立ったのだ。

筆記体は，日本の漢字のようには，我々の文化に結びついていない。ローマ字は，漢字を構成し，芸術の中でもとりわけ詩の伝統に貢献している複雑でおびただしい数の象形文字に比べて，単純な書記体系にすぎない。だが，学校や文化の中で筆記体を維持する理由の中には，漢字を練習する理由と同じものがあるかもしれないのだ。

まず第1に，手で書くことは脳によい。それは訓練であり，我々にはどの年代でもできるような脳の訓練が必要だ。書き留めるとさらに身につくという人は多い。もちろん，筆記体を学んだことのない子どもは，祖父母や曽祖父母の古い手紙などの筆記体を読むこともできないだろう。おそらく母親の食品買い出しリストすら読めないだろう。互いに「読む」ことができない世代を持つことになってしまう。

コンピューターリテラシーは今後重要だ。しかし，コンピューターがすべてではない。カリキュラムに筆記体を残しておく必要があるのだ。

正答 **3**

頻出度	地上★　　　国家一般職★　　　東京都　　　　特別区★
	裁判所職員★　　国税・財務・労基★　　国家総合職★

問 次の文章の空欄に入る語句の組合せとして最適なのはどれか。

(オリジナル)

　The celebrity is enjoying some quiet time alone in the sand. Suddenly, a noisy crowd appears, yelling and snapping photos of him. He quickly grows irritated and reaches behind him for a pile of stones he keeps secretly stashed for exactly this situation. He throws the stones at the crowd of paparazzi until they are all driven away. (　A　), the star is able to relax again in privacy.

　This particular "bad boy celebrity" is of unique interest to scientists, because he is a chimpanzee at the Furuvik Zoo in Sweden. "Sometimes when Santino is annoyed, he will pull out a hidden cache of stones and start throwing them at zoo visitors," says Perr Gelt, director of the ape exhibit. "We are constantly removing secret piles of stones from his cage area, but somehow he always gathers more and hides them." The clever chimpanzee has even learned to make new ammunition by chipping away at weak points in the concrete floor. (　B　) stones aren't all that Santino likes to throw. "He particularly dislikes flash photographers," says Gelt, with a smile. "For them, he carefully saves his poop."

　Dr. David Northey, an animal researcher at Cambridge University, is closely studying Santino's behavior. "This is very exciting proof that chimps can plan ahead," he says. "Far beyond animal instinct, this is real strategy." Northey believes that dolphins and even some birds may also be capable of such planning. "Animals are much more intelligent than we once believed."

——Copyright© 2009 by TOKYO LEGAL MIND K.K.

	A	B
1 :	For example	And
2 :	At last	But
3 :	At first	For
4 :	At large	So
5 :	In other words	Then

実践 問題 **165** の解説

〈空欄補充〉

第2章 英文

出典　LECオリジナル

空欄Aには，パパラッチを追い払った後の状況を導く語句が必要であるため，与えられた語句の中ではAt last（ついに）が最もふさわしい。

空欄Bは，空欄の前の文で石か石に代わるものを武器として集めていたと述べられているのに対して，後ろの文では石以外の物も投げるということをほのめかす言い方になっている。この点を踏まえると逆接の接続詞であるButが妥当であると考えられる。

よって，肢2が正解となる。

【全訳】

　有名人が砂場で一人で静かなひとときを楽しんでいる。突然騒々しい群衆が現れ，大声を上げ，彼の写真を撮る。彼は急にいらいらしてきて，背後に手を伸ばしまさにこの状況のために秘かに山積みしておいた石に手を伸ばした。彼は，そのパパラッチが皆退散するまで石を投げつける。ついに，そのスターは，再びプライバシーを得てリラックスできる。

　この特別な「ガラの悪い有名人」は科学者の興味を一身に集めている。というのは，彼がスウェーデンのフルビック動物園のチンパンジーだからだ。「ときどき，サンティーノがいらいらしているとき，彼は，隠しておいた石を取り出して，動物園を訪問した人たちに投げ始めます。私たちが彼の檻から秘密の石の山をいつも撤去しているのですが，彼はどうにかして，さらに多くの石を集めて隠すのです」と，サル展示のディレクターであるペール・ゲルトは言う。この賢いチンパンジーは，コンクリートの床の弱いところを少しずつ削ることで新しい弾丸を作ることまで知っている。しかし，サンティーノが好んで投げるのは石だけではない。「彼は特にフラッシュを点けて写真を撮る人が嫌なのです。彼らに投げつけるために，自分の糞を大事に取ってあります」と，笑いながらゲルトは言う。

　ケンブリッジ大学の動物研究者であるデヴィッド・ノーシー博士は，詳細にサンティーノの行動を研究している。「これは，チンパンジーが未来のことを計画できるという非常におもしろい証拠です」と，彼は言う。「動物的本能をはるかに超えた，正真正銘の戦略です。」ノーシーは，また，イルカといくつかの種類の鳥にもそのような計画立てができるかもしれないと考えている。「動物は私たちがかつて信じていたよりはるかに知能が高いのです。」

正答 **2**

頻出度	地上★	国家一般職★	東京都	特別区★
	裁判所職員★	国税・財務・労基★		国家総合職★

問 次の英文の空所ア，イに該当する語の組合せとして，最も妥当なのはどれか。

(特別区2017)

Monsieur* Madeleine was so popular as an employer and a citizen that everyone in the town gradually came to respect and love him, all except one man. His name was Javert, and he was a police inspector. There is in some men the ability to recognize a beast, and he watched Madeleine with　ア　eyes always.

One day, in Montreuil-sur-Mer*, a working man was caught under the wheels of his cart. It was old Fauchelevent, the gardener. Monsieur Madeleine was nearby as a crowd gathered. Seeing the old man under the cart, Monsieur Madeleine cried out, "I will give twenty luis* to anyone who can lift this cart!"

Nobody stepped forward.

"Come, he is hurt! He may die! Thirty luis, then. Anyone?"

Javert, who was also among the crowd, was watching Madeleine with narrowed eyes.

"I only knew of one man who was strong enough to lift such a cart," said Javert. "He was a convict at Toulons*."

Monsieur Madeleine looked at Javert with startled eyes and seemed to　イ　at this statement. But when he looked at the man suffering under the cart, he took off his coat. Madeleine put his broad back under the cart, and, straining with all his might, began to lift it. Others joined to help. They were finally able to get the cart off of Fauchelevent and saved his life. Throughout it all, Javert continued to stare at Madeleine with narrowed eyes.

（Victor Hugo：Nina Wegner・平湊音「英語で読むレ・ミゼラブル」による）

* Monsieur ………… 英語のMr., Sirにあたる敬称
* Montreuil-sur-Mer ………… モントルイユ＝シュル＝メール（地名）
* lui ………… ルイ（通貨の単位）　　* Toulons ………… ツーロン（地名）

直前復習

OUTPUT

	ア	イ
1 :	gentle	shiver
2 :	gentle	smile
3 :	resentful	rejoice
4 :	suspicious	rejoice
5 :	suspicious	shiver

実践 問題 **166** の解説 ――――――――――――――――――――

〈空欄補充〉

出典　Victor Hugo：Nina Wegner・平湊音『英語で読むレ・ミゼラブル』IBC パブリッシング

ア　suspicious

空欄アの前の部分は，Madeleine氏は評判のいい人物で誰もに愛されていたが，Javertただひとりがそうではなかったという内容であり，空欄アにsuspiciousを入れると「疑いの目」で見ていたとなり意味が通る。なお，gentleは「穏やかな」，resentfulは「憤慨した」という意味である。

イ　shiver

人ごみのなか，Madeleine氏がJavertから，「私はこのようなカートを持ち上げることができるほど強い力の持ち主をひとりだけ知っていた。彼はツーロンの犯罪者だった」と声をかけられた場面であり，それに対してMadeleine氏は「Javertを驚いた目で見つめ，この発言に＿＿＿イ＿＿＿したように見えた」とある。shiver「震える」を入れると自然な流れになる。自分に不利な展開が予想外に起こったことに驚き，不安や恐怖に震えたというわけである。なお，smileは「ほほ笑む」，rejoiceは「喜ぶ」という意味であり，どちらも文脈に合わない。また，直後に逆接の接続詞butがあることも参考になる。butの前後では反対の内容が入るはずだが，butの後には「カートの下で苦しんでいる男を見て，Madeleine氏が助けに行く決意を固める」といった内容があり，butの前には，助けに行くことがためらわれる事情が書かれているはずであり，その意味でもsmileやrejoiceは不適であり，shiver「（恐怖などで）震える」が適切だとわかる。

以上から，肢5が正解となる。

【全訳】

マドレーヌ氏は雇い主として，また市民として，とても人気だったので，町の人々は次第に彼を尊敬し愛するようになった，一人を除いて。彼の名前はジャヴェールで，警部だった。ある種の人々は獣を認識する能力を持っていて，彼はマドレーヌをいつも疑わしい目で見ていた。

ある日，モントルイユ＝シュル＝メールで，一人の労働者が荷車の車輪の下に轢かれてしまった。それは年取った庭師のフォーシュルヴァントだった。群集が集まったとき，マドレーヌ氏は近くにいた。荷車の下の年老いた男を見て，マドレーヌ氏は「誰でもこの荷車を持ち上げられる者に20ルイ払おう」と叫んだ。

誰も前に出なかった。

「ほら，彼は傷ついている。彼は死んでしまうかもしれない。それなら30ルイだ。誰かいないか」

ジャヴェールは，彼もまた群集の中にいたが，マドレーヌを細めた目で見ていた。

「私はこのようなカートを持ち上げることができるほどの力持ちに一人だけ心当たりがある。彼はツーロンの犯罪者だった」とジャヴェールは言った。

マドレーヌ氏はジャヴェールを驚いた目で見つめ，この言葉に震えたようだった。しかし荷車の下で苦しんでいる男を見ると，彼はコートを脱いだ。マドレーヌは広い背中を荷車の下に置き，全力で力をこめて，荷車を持ち上げ始めた。他の人々も助けに加わった。彼らは最終的に，フォーシュルヴァントから荷車を引き離し，彼の命を救った。その間ずっと，ジャヴェールはマドレーヌ氏を細めた目で見つめていた。

正答 5

実践 問題 **167** 応用レベル

頻出度	地上★ 裁判所職員★	国家一般職★ 国税・財務・労基★	東京都	特別区★ 国家総合職★

問 次の文章の空欄 A ～ D に入る語句の組合せとして，妥当なのはどれか。 (国税 専門・商業英語2016)

Globalization has opened up opportunities for multinational enterprises(MNEs) to greatly reduce the taxes they pay. The use of legal arrangements that make profits disappear for tax purposes or allow profits to be artificially shifted to low or no-tax locations is referred to as Base Erosion and Profit Shifting (BEPS).

International tax rules have not always____A____developments in the world economy, and globalization has increased the need for countries to cooperate to protect their____B____on tax matters. The OECD/G20 BEPS Project began when OECD and G20 countries agreed on the need for multilateral efforts to improve tax rules, with the aim of ensuring that MNEs report profits where economic activities are____C____and value is created.

OECD tax work has always sought to eliminate double taxation. An international tax system that aims to____D____double taxation is not sustainable if the same system generates double non-taxation. This is the driving principle that led OECD and G20 countries to embark on the ambitious BEPS Project.

	A	B	C	D
1 :	added up to	sovereignty	carried out	prevent
2 :	added up to	dignity	moving out	prevent
3 :	kept up with	sovereignty	moving out	generate
4 :	kept up with	dignity	moving out	generate
5 :	kept up with	sovereignty	carried out	prevent

OUTPUT

実践 問題 **167** **の解説**

〈空欄補充〉

第2章 英文

出典　経済協力開発機構HP記載のBEPSについての政策概要抜粋より

A kept up with

add up toは「合計で〜になる」，keep up withは「〜に遅れずについていく」。文脈からkeep up withが当てはまるが，同時に，目的語development（発展する）や，andのあとのhas increased（〜を高める）からも，時間の経過を表す言葉が適切だと判断できる。ここで，肢3・4・5に絞られる。

B sovereignty

sovereigntyは「主権」，dignityは「尊厳」。この文章はあくまでも税制の改善を扱った内容なので，dignityは当てはまらない。sovereigntyは難易度の高い単語だが，消去法で選択するためdignityの意味は押さえておきたい。

C carried out

move outは「転出する」，carry outは「実行する」。文意でも判断できるが，直後のvalue is createdは受動態なので，同形のcarried outが選択できる。もしare moving outと進行形になるのなら，直後も同様にis being createdとなるはずである。

D prevent

preventは「阻止する」，generateは「作り出す」。後半のthe same system generates double non-tazationという表現と，空欄のあるdouble tazationの対比からも，generateと対照的な意味のpreventが選択できる。空欄Cと同様，andやorの等位接続詞はヒントとして活用したい。

以上から，肢5が正解となる。

【全訳】

　グローバル化は，多国籍企業（MNEs）が支払う税を大幅に削減する機会を拡大してきた。税金対策のために利益を隠したり，税率の低い地域や非課税の地域に人為的に利益を移したりする法的措置は，「税源浸食と利益移転（BEPS）」とよばれている。

　国際課税制度は世界経済の発展に常に対応してきたわけではなく，グローバル化は，各国が協力して自国の税金問題における主権を保持する必要性を高めてきた。OECD/G20の税源浸食と利益移転（BEPS）がはじまったのは，OECDおよびG20諸国が，多国間の尽力によって税制を改善する必要があると合意したから

である。その目的は，経済活動が行われ，価値が創出されるところで，ＭＮＥｓが利益を報告することを確実にするためだ。

　ＯＥＣＤの税制度は，常に二重課税の撤廃を目指してきた。二重課税を阻止するための国際課税制度は，それが"二重非課税"の状態を引き起こしてしまうのなら，持続させることはできない。この確固たる指針に則り，ＯＥＣＤとＧ２０はＢＥＰＳプロジェクトに着手する。

正答 5

memo

実践 問題 **168** 〈 応用レベル 〉

頻出度	地上★	国家一般職★	東京都	特別区★
	裁判所職員★	国税・財務・労基★		国家総合職★

問 次の文の [＿＿＿] に入るものとして最も妥当なのはどれか。　　　（オリジナル）

In the mid-1990s, electric cars could be seen on highways across California. They were fast, quiet, and required no gasoline. But within ten years such designs had almost completely disappeared. By then, gas-hungry SUVs (sport utility vehicles) were the most popular cars and trucks on American roads, and the government had begun another costly war to stabilize the Iraqi oil supply. Many people wondered what happened to these energy-efficient vehicles, and in 2006 a popular documentary film even suggested there was a secret plan to "kill" the electric car.

Soon came the "hybrid" cars that run on both gasoline and electricity. With fuel prices rocketing up higher than ever before, such hybrid vehicles quickly became popular. "But actually, hybrid cars are only half a solution," says Thomas Kindle of the Energy Institute, "because they still need gasoline to run." Ethanol — a cheap fuel made from crops such as corn and sugar cane — was seen another way for America to become energy-independent. "But ethanol consumes a lot of water, and its production produces greenhouse gases as well," says Kindle.

Now as people grow concerned about global warming and the deadly costs of war in the Middle East, the electric car [＿＿＿]. With President Obama pushing American firms to make energy-efficient cars, General Motors has introduced its new electric "Volt" economy car. Tesla, a new brand from California, is now offering a line of high-performance electric sports cars. However these American designs face tough competition from global electric carmakers such as Japan's Nissan, France's Smart, and Canada's Zenn. "Whichever company wins the sales war," says Kindle, "hopefully the real winner will be our warmed-up, war-torn planet."

——Copyright© 2009 by TOKYO LEGAL MIND K.K.

1： is ready to make a big comeback

2： is expected to disappear again

3： is fast, quiet, and requires no gasoline

4： is popular in the Middle East

5： stabilizes energy supply

実践 ▶ 問題 **168** ▶ の解説 ─────────────

〈空欄補充〉

第2章　英文

出典　LECオリジナル

1 ○ 空欄前後の内容は，「いまや人々は地球温暖化と中東戦争での莫大な費用を懸念するようになっているので，…オバマ大統領はアメリカの企業にエネルギー効率の良い車の開発を促しており，ゼネラルモーターズは新しく『ボルト』という経済的な電気自動車を導入した」なので，**電気自動車がまた見直されているという内容が空欄に入る**と考えられる。したがって，「大復活しそうだ」という本肢で正しい。

2 ×「再び消え去ることが予測される」という内容なので，前後の内容につながる肢としてふさわしくない。

3 ×「速く，静かでガソリンがいらない」という内容で，内容的には電気自動車の説明として正しいが，前後の文脈から見た場合にふさわしくない。

4 ×「中東で人気がある」という内容であるが，前後の内容からこのような肢が続くことは読み取れない。

5 ×「エネルギー供給を安定化する」という内容であるが，電気自動車がエネルギー供給を安定化するということはここでは直接話題になっていないので，ふさわしい肢とはいえない。

【全訳】

　1990年代中頃には，電気自動車はカリフォルニアのハイウェイで見ることができた。これらは速く，静かで，ガソリンがいらなかった。しかし，10年でそうした設計はほぼ完全に消滅していた。そのときまでには，燃料を食うスポーツ多目的車がアメリカでは最も人気のある車種であり，政府はイラクの石油供給を安定させるために費用のかかる戦争をまた始めた。多くの人はこれらのエネルギー効率の良い自動車に何が起こったのかといぶかり，2006年には人気のドキュメントフィルムが電気自動車を「抹殺する」秘密計画があったことを示すまでに至った。

　ガソリンと電気の両方を使う「ハイブリッド」車がすぐに登場した。石油価格がこれまでになく高騰したことを受けて，こうしたハイブリッド車はすぐ人気となった。「しかし実際には，ハイブリッド車では解決に不十分である。なぜなら，まだガソリンが必要であることに変わりはないからだ」とエナジー・インスティテュートのトーマス・キンドルは述べる。トウモロコシやサトウキビのような穀物から作られる安価な燃料であるエタノールはアメリカがエネルギーを自給するもう1つの

方法だとみられていた。「しかしエタノールは多量の水を消費し，その生産は温室効果ガスも生む」とキンドルは述べる。

　いまや人々は地球温暖化と中東戦争での莫大な費用を懸念するようになっているので，電気自動車が大復活しそうである。オバマ大統領はアメリカの企業にエネルギー効率の良い車の開発を促しており，ゼネラルモーターズは新しく「ボルト」という経済的な電気自動車を導入した。カリフォルニアの新しいブランドであるテスラは，一連のハイパフォーマンスの電気スポーツ車を新たに提供している。しかし，こうしたアメリカの計画は日本の日産，フランスのスマート，カナダのゼンのような世界規模の電気自動車メーカーとの厳しい競争にさらされる。「どの企業が販売戦争に勝つのであれ，真の勝者は，温暖化し戦争で疲弊した我々の地球であることが望ましい」とキンドルは述べる。

正答 1

memo

頻出度	地上★	国家一般職★	東京都	特別区★
	裁判所職員★	国税・財務・労基★		国家総合職★

問 次は，2015年５月に書かれた記事の一部であるが，次の文のア，イに当てはまるものの組合せとして最も妥当なのはどれか。　（国税・財務・労基2016）

　The market will resume trading Thursday after the Golden Week holiday. If history is any guide, this month may not be ［　ア　］. Though Japanese stocks typically rise in the December-April period, the market becomes unpredictable in May. In the past 65 years, stock prices in May climbed 32 times and declined 33 times. The average performance for that month comes to a gain of just 0.02% .

　Investors tend to face fatigue after chasing gains from December to April. May is also when many listed Japanese companies release business results for the previous fiscal year. "Sell in May and go away" is a famous investment tip on Wall Street.

　As if to warn market players of what may be in store in May, the Nikkei Stock Average plunged[*1] 538 points April 30 in its biggest fall this year. The index made an anemic recovery the next day of 11 points to ring in May at 19,531.

　The weak performance came as the Bank of Japan decided to leave its monetary policy unchanged, which prompted dumping of megabank shares. But creeping pessimism about the U.S. economy was also a factor. American economic growth for the January-March quarter, coming in at an annualized 0.2% , undershot the market consensus of 1 % .

　［　イ　］, the Federal Reserve Board[*2] appears intent on raising rates this year, as a statement issued at the end of April indicates. The market is growing nervous at the possibility that the Federal Reserve Board will ignore warning signs and go ahead with rate hikes.

　（注）[*1] plunge：急落する　　[*2] Federal Reserve Board：連邦準備制度理事会

	ア	イ
1	a rosy one for investors	Despite signs of an economic slowdown
2	a rosy one for investors	Because of the American economic growth
3	a gloomy one for employee	Despite signs of an economic slowdown
4	a gloomy one for employees	Because of the American economic growth
5	a lucky one for employees	Because of a stock market slowdown

OUTPUT

実践 ▶ 問題 **169** ▶ の解説 ─────────────

〈空欄補充〉

出典 〈NIKKEY ASIAN REVIEW〉, Worries about US, Japan build for investors, May 6, 2015

ア a rosy one for investors

a rosy one for investorsは「投資家たちにとってバラ色の（成功が約束されている）月）」という意味である。rosyは「rose（バラ）」が形容詞に転じて「バラ色の」というような意味である。oneは直前のmonthを受けて月を意味する。第2パラグラフ1行目にinvestorsという単語があるとおり，本文で述べられているのは株式市場と投資家についてであり，肢3・4・5のemployees（従業員）は，ここでは関係ない。各パラグラフの1行目には，記事の要点となる文章が来ることが多いので注意したい。なお，gloomyは「停滞気味の」という意味の形容詞である。また，employeeやintervieweeのように，eeという接尾語が付くと「ある行為を受ける者」という意味になる。

イ Despite signs of an economic slowdown

空欄イを含むパラグラフの2行目以降を見ると，「市場には，連邦準備制度理事会が危険な兆候を無視し，金利の引き上げに取り掛かる可能性を危惧する声が高まっている」とある。つまり，最終パラグラフ1行目の主節（空欄の次の部分）で示される連邦準備制度理事会の行動が現状に即したものではなく，それによって市場が不安になっているということが読み取れる。まず，肢2・4のAmerican economic growthは直前のパラグラフ最終行と逆のことが書いてあるので内容的に誤り。肢5のBecause of a stock market slowdownは「株式市況の低迷を受けて」という意味になり，Because of以外の部分は正しいが，Because ofでは "株式市況が低迷しているから（理由），利上げを進める（結論）" となってしまい意味が通らない。ここは "景気・株式市況が低迷しているにもかかわらず（譲歩），利上げを進める（結論）" と続くのが最も自然である。

以上から，肢1が正解となる。

【全訳】

株式市場は，ゴールデンウィーク明けに取引を再開するだろう。歴史に鑑みるなら，今月は ₇投資家たちが楽観的になれる時期 とはいえないのかもしれない。日本の株価が12月から4月のあいだに上昇するのは通常のことだが，5月の市場は予測不能だ。過去65年，5月の株価は32回上昇し，33回下落した。この時期の株価の

動きを平均すると，たった0.02％の伸びを示している。

　投資家たちは，12月から４月のあいだに利益を伸ばそうとしてきたあとで，この時期は疲れていることが多い。５月はまた，多くの上場日本企業が前年度の決算報告書を報告する月でもある。「５月に売って市場を去れ」とは，投資家たちに向けたウォールストリートの有名な格言である。

　５月にどんなことが起ころうとしているのか市場関係者たちに警告しているのかのように，日経平均株価は，４月30日に538円急落し，今年最大の下落をみせた。株式指数は翌日わずかに回復して11円プラスになり，５月１日に19,531円を報告した。

　一週間の株価の動向により，日銀は，金融政策を変更せず大手銀行株の売却を推し進めるという決定を下した。徐々に増しつつある米国経済についての悲観論もまた，１つの要因である。１月から３月の四半期における米国経済の伸び率は，年率0.2％を記録し，市場コンセンサスの１％に達しなかった。

　景気後退の予兆があるにもかかわらず，連邦準備制度理事会は，４月末に発表された報告書が示すとおり，今年の金利引き上げに余念がないようだ。市場には，連邦準備制度理事会が危険な兆候を無視し，金利の引き上げに取り掛かる可能性を危惧する声が高まっている。

正答 **1**

memo

第2章 SECTION 4 英文 文章整序

直前復習

必修問題 セクションテーマを代表する問題に挑戦！

英文の文章整序の解法は基本的に現代文と同じです。

問題文にあるすべての情報を駆使して，まずは１問解いてみましょう。

問 次の◯◯◯で囲まれた文と文との間に，ア～キを並べ替えて続けると意味の通った文章になるが，その順序として最も妥当なのはどれか。 （オリジナル）

At the Hat Creek Space Observatory, in a remote desert area of Northern California, a grid of more than one hundred 6-meter-wide radio dishes is being tested. Eventually there will be 350 dishes installed here, and they will then begin their daily task of listening to the skies for signs of life among the stars.

ア So what happens if someday E.T. really does call?

イ The observatory was paid for by SETI — the Search for Extra-Terrestrial Intelligence.

ウ "In most places, if you say 'I'm looking for aliens', people just think you are crazy," says operator James Smith, with a laugh. "But here, it's our job."

エ Before, SETI was funded by the US government, but now it receives its money from private donors around the world.

オ The satellite dishes are designed to listen for any sounds from space that seem 'unnatural', such as radio signals or coded messages.

カ The group's goal is to find proof of alien life.

キ "We answer back of course," says Smith.

But not everyone thinks it would be a good idea to answer that call. In his book A Brief History of Time, well-known astrophysicist Stephen Hawking noted that throughout human history, technological cultures have always acted cruelly toward those who are less advanced.

——Copyright© 2009 by TOKYO LEGAL MIND K.K.

1：イ→ア→キ→エ→カ→オ→ウ
2：イ→エ→カ→オ→ウ→ア→キ
3：イ→ウ→カ→キ→ア→エ→オ
4：オ→ウ→イ→エ→ア→キ→カ
5：オ→ウ→ア→キ→イ→カ→エ

必修問題の解説 ─────────

〈文章整序〉

出典　　ＬＥＣオリジナル

　選択肢を見ると，イかオで始まることがわかる。オで始めることもできそうだが，オの後に続くことになるウやカはＳＥＴＩについての文であり，オのあとに続けるのは不自然である。このためイで始まると考え，肢１〜３に絞られる。

　イに続くものとしてア，エ，ウの３つが考えられる。アではSoが示すはずの因果関係が明確でない。ウは悪くないが，エの主語はSETIであり，こちらのほうがより自然である。このため，イ→エという流れになり，この段階で肢２が正解となる。

　カのThe groupはSETIを指しているので，エの後につながるのに十分な結束性がある。オはカのto find proof of alien lifeの具体的方法を示す文である。この文の主語であるThe satellite dishesは第１パラグラフのa grid of more than one hundred 6 -meter-wide radio dishesを指している。その後は技師とのやりとりがウ→ア→キと続く。

【全訳】

> 　北カリフォルニアの遠く離れた砂漠地帯にあるハットクリーク宇宙天文台では，格子状に配置された100基以上の幅６メーターのパラボラアンテナが運用試験中である。最終的には，350基ものアンテナが設置され，星にいる生命の兆候を求めて空に耳を傾ける毎日の仕事を始めることになるだろう。

イ　この天文台はＳＥＴＩ（地球外文明探査計画）が出資していた。

エ　以前，ＳＥＴＩは米国政府による資金供給を受けていたが，現在は世界中の個人の寄付を受けている。

カ　この計画の目標は，地球外生命体の証拠を見つけることである。

オ　衛星通信用のアンテナは宇宙からの無線信号や暗号化されたメッセージなどの「不自然」と思われるどんな音も聞くことができるように設計されている。

ウ　「ほとんどの場所では，もし，あなたが『私は異星人を探しています』と言ったら，人は気が狂っていると思うでしょう。しかし，ここではそれが私たちの仕事です」と，技師のジェームズ・スミスが笑いながら言う。

ア　ならばE.T.がいつか本当に通信してきたら，どうなるのだろうか。

キ　「私たちはもちろん応答します」と，スミスは言う。

> 　しかし，通信に応答するのが名案であると皆が考えているというわけではない。著名な天体物理学者スティーブン・Ｗ・ホーキングは，著書『ホーキング，宇宙を語る』の中で，人類の歴史のなかで科学技術の文化がつねに発達程度の劣る人々に対して残酷に振る舞ってきたと指摘している。

正答　2

1 英文における文章整序問題とは

　文章整序問題が言葉によるパズルのようなものであると，現代文の必修問題の部分ですでに述べましたが，英文の文章整序問題も基本は変わりません。文章中で目につくキーワードを見つけ，接続語に着目することで，正解を導くことができます。

2 文章整序問題の攻略法

　英文の文章整序の場合，接続語から判断するのが最も容易な解答方法といえます。英文は，日本語の文章に比べて一般的に論理構造がはっきりしており，文章のニュアンスに応じた語句の省略などがなされることが少ないです。したがって，分割された各文章の接続関係を判断する際に，接続語と，その直後に続く文章を検討することで，直前で述べられている文章が何かを判断することが容易になります。

　なお，問題肢の並び順を検討材料に使ったり，文中のキーワードを端的に見つけ出してグループ分けしたりする手法も，もちろん有効です。

　実際の問題を前にした検討方法は，次のページを参考にしてください。

INPUT

●必修問題の検討方法（解説はP575）

At the Hat Creek Space Observatory, in a remote desert area of Northern California, a grid of more than one hundred 6-meter-wide radio dishes is being tested. Eventually there will be 350 dishes installed here, and they will then begin their daily task of listening to the skies for signs of life among the stars.

ア：So what happens if someday E.T. really does call?

イ：The observatory was paid for by SETI — the Search for Extra-Terrestrial Intelligence.

ア→キ　　ウ→ア

ウ："In most places, if you say 'I'm looking for aliens', people just think you are crazy," says operator James Smith, with a laugh. "But here, it's our job."

エ：Before, SETI was funded by the US government, but now it receives its money from private donors around the world.

オ：The satellite dishes are designed to listen for any sounds from space that seem 'unnatural', such as radio signals or coded messages.

カ：The group's goal is to find proof of alien life.

キ："We answer back of course," says Smith.

But not everyone thinks it would be a good idea to answer that call. In his book A Brief History of Time, well-known astrophysicist Stephen Hawking noted that throughout human history, technological cultures have always acted cruelly toward those who are less advanced.

1：イ→ア→キ→エ→カ→オ→ウ
2：イ→エ→カ→オ→ウ→ア→キ
3：イ→ウ→カ→キ→ア→エ→オ
4：オ→ウ→イ→エ→ア→キ→カ
5：オ→ウ→ア→キ→イ→カ→エ

第2章　英文

実践 問題 **170** ＜ 基本レベル ＞

頻出度	地上	国家一般職★★	東京都★	特別区★
	裁判所職員★★	国税・財務・労基★★		国家総合職★★

問 次の文章Ａと文章Ｇの間に，Ｂ～Ｆの文章を並べ替えてつなげると意味の通る文章となる。その順序として最も妥当なものはどれか。（裁判所職員2021）

A : When you want to let someone know he has dropped something, or you want him to notice that you want to talk to him, or when you're meeting someone and approaching him from behind, tap the person on his shoulder two or three times to make him aware of your presence or to request his attention.

B : Here is a joke that was once popular.

C : As he does so your finger touches his cheeks.

D : You tap a person's shoulder with your index finger pointing towards his cheek; he turns his face towards you.

E : The same thing is done when you want to point something out to him, for example, "Look over there!".

F : You would tap the person on his shoulder before saying what you have to say.

G : "Ouch!" he says, and you both chuckle over it.

（ハミル・アキ『日本人のしぐさ』IBCパブリッシングより）

1 : D→E→C→B→F
2 : E→F→B→D→C
3 : E→B→F→C→D
4 : F→E→D→C→B
5 : F→D→E→B→C

OUTPUT

実践 問題 **170** の解説

〈文章整序〉

出典　ハミル・アキ『日本人のしぐさ』IBCパブリッシング

まず，EのThe same thingに注目する。Eの直前には，「向こうを見て」と言うときに行う内容が来ることがわかる。これに該当するのはAの注意を引くために肩を叩くという行為である。ここから，A→Eのつながりが確定する。

次に，CのAs he does soに注目する。これは直訳すると，「そのようにすると」である。直前に，指が頬に当たるような行為が来ることがわかる。ここから，D→Cのつながりが確定する。

以上の条件を満たしている選択肢は肢2のみなので，正解は肢2となる。

【全訳】

A：あなたが誰かに何か落としたと知ってもらいたいとき，あるいは誰かに話しかけたいとき，誰かに会うのに後ろから近づくとき，自分がいると気づいてもらうため，または注意を引くために肩を2〜3度叩く。

E：同じことが，誰かに何か指し示すときにも行われる。たとえば，「向こうを見て」と言うときだ。

F：言うべきことを言う前に肩を叩くこともあった。

B：これは昔人気だった冗談だ。

D：人差し指で頬を指さしながら肩を叩く。彼は振り向く。

C：すると，指が頬に当たる。

G：彼は「痛っ」と言って，二人で笑いあうのだ。

【単語サポート】

drop	(動) 落とす	presence	(名) 存在
notice	(動) 気づく	cheek	(名) 頬, ほっぺた
approach	(動) 近づく	index finger	(名) 人差し指
tap	(動) たたく	point	(動) 指差す
aware	(形) 気がついている	towards	(前) 〜のほうへ towardと同じ意味

正答 2

実践 問題 **171** 〈基本レベル〉

頻出度	地上★★★ 国家一般職★★★ 東京都★★★ 特別区★★★
	裁判所職員★★★ 国税・財務・労基★★★ 国家総合職★★★

問 次の英文ア～キの配列順序として，最も妥当なのはどれか。　（特別区2022）

ア：One of the most popular school lunch menu items for many Japanese elementary school students is *curry rice*.

イ：Of course, there are extra spicy curries in Japan, but there are also mild types of curry, which may seem contradictory.

ウ：However, Japanese curry is slightly different from the spicier Indian varieties.

エ：Most Japanese, both young and old, absolutely love this dish.

オ：Japanese curry isn't made just to be spicy — it's also made to go well with white rice, which is a staple in Japanese cuisine.

カ：This might explain its unique characteristic texture and flavor.

キ：You might even call *curry rice* one of Japan's national dishes or even Japanese comfort food.

David A. Thayne「英語サンドイッチメソッド」アスコム刊

1：ア－イ－ウ－エ－オ－カ－キ
2：ア－ウ－オ－キ－イ－エ－カ
3：ア－エ－キ－ウ－イ－オ－カ
4：ア－カ－オ－エ－ウ－イ－キ
5：ア－キ－カ－イ－ウ－オ－エ

直前復習

OUTPUT

実践 ▶ 問題 **171** ▶ の解説 ─────────────

〈文章整序〉

第2章 英文

出典　David A.Thayne『英語サンドイッチメソッド』アスコム

　カのthisに注目する。直前で，日本のカレーの風味が独特である理由が述べられていることがわかる。カレーの風味が独特である理由となりうるのは，イ，ウ，オの３つであるが，選択肢を見ると，イとウはカと直接つながっていない。したがってオ－カのつながりが確定する。

　オ－カのつながりがある選択肢は肢１と３である。そこで，アとつながるのはイなのか，エなのかを判断する。アの直後にイを入れると，スパイスの話に脈絡がなくなるので，不適切である。一方，エであれば，カレーの人気についての話題で関連性がある。したがってア－エのつながりは妥当であるといえる。

　ア－エのつながりとオ－カのつながりを持つ肢は３だけなので，正解は肢３である。

【全訳】

ア：多くの小学生にとって一番人気のある給食メニューの１つはカレーライスだ。

エ：ほとんどの日本人は，年齢にかかわらず，実にこの料理が好きだ。

キ：カレーライスは日本の国民的な料理，もしくは子どものころを思い出させる懐かしい食べ物の１つだといえるかもしれない。

ウ：しかし，日本のカレーはスパイスの効いたさまざまなインドのものとはいささか異なっている。

イ：もちろん，日本にも特別スパイシーなカレーはあるが，矛盾ともとれるマイルドなカレーもある。

オ：日本のカレーはスパイシーなだけではない。日本料理に欠かせない白米と良く合うようにできている。

カ：このことが，独特な特徴の舌触りや香りの説明となるのかもしれない。

正答 **3**

実践 問題 172 基本レベル

頻出度	地上★	国家一般職★	東京都★	特別区★
	裁判所職員★	国税・財務・労基★★		国家総合職★★

問 次の英文ア〜オの配列順序として，最も妥当なのはどれか。　　(特別区2020)

ア：The old man was thin and gaunt with deep wrinkles in the back of his neck.

イ：The blotchesr* ran well down the sides of his face and his hands had the deep-creased scars from handling heavy fish on the cords.

ウ：They were as old as erosions in a fishless desert.

エ：The brown blotches of the benevolent skin cancer the sun brings from its reflection on the tropic sea were on his cheeks.

オ：But none of these scars were fresh.

　　(Ernest Hemingway：林原耕三・坂本和男「対訳ヘミングウェイ2」による)

　*blotch ……… 大きなしみ

1：ア－ウ－オ－イ－エ
2：ア－エ－イ－オ－ウ
3：ア－オ－ウ－エ－イ
4：イ－ウ－オ－エ－ア
5：イ－エ－オ－ア－ウ

OUTPUT

実践 問題 **172** の解説 ─────────────

〈文章整序〉

出典　Ernest Hemigway：林原耕三・坂本和男『対訳ヘミングウェイ2』南雲堂

　まず，アの「the old man」とイの「his」に注目する。「his」は「the old man」を指すと考えられるので，イより先にアが来ることがわかる。この時点で，解答候補を肢1・2・3のどれかに絞り込む。

　次に，イの「scars」とオの「these scars」に注目する。theseは指示語なので，オより先にイが来ることがわかる。この条件を満たす肢は2・4・5である。

　したがって，肢2が正解となる。

【全訳】

ア：その男は痩せていて陰うつで，首の後ろに深いしわがあった。

エ：熱帯の海の照り返しによって皮膚にできた良性腫瘍の茶色い大きなしみが頬にあった。

イ：顔の両側に沿ってそのしみがあり，手には網にかかった大きな魚をつかんだときに深く刻まれた傷があった。

オ：しかし，どの傷も新しいものではなかった。

ウ：それらは魚もいない砂漠の侵食のように古いものだった。

【コメント】

　文章整序問題は，意味で考えるよりも，まずは指示語を手がかりに確実に前後が確定する部分に注目して，選択肢から解答候補を絞っていきたい。

【単語サポート】

gaunt	（形）陰うつ	cords	（名）網
wrinkle	（名）しわ	erosion	（名）侵食
deep-creased	（形）深く刻まれた	benevolent	（形）良性の
scar	（名）傷	cancer	（名）腫瘍
handling	（動名詞）手につかんだこと		

正答 **2**

実践　問題 **173**　基本レベル

頻出度	地上★	国家一般職★	東京都★	特別区★
	裁判所職員★	国税・財務・労基★★		国家総合職★★

問 次の文の後に，A〜Eを並べ替えて続けると意味の通った文章になるが，その順序として最も妥当なのはどれか。　　　　（オリジナル）

> Margery Pritt has been chosen as the new union leader at the annual congress. The union, which boasts a membership of 400,000 workers predominantly in the manufacturing sector, chose the new leader following the unexpected death of Richard Freeman, 48, from a heart attack in the spring of this year.

A：However, the appointment is not without controversy with some members clearly indignant at the decision. One elderly delegate told us, "It is ridiculous. She has never put a foot on a factory floor in her life."

B：Ms. Pritt easily beat her closest contender, taking some 52 percent of the vote. As one member put it, "We felt with the death of Richard that it was time for a change. The world is moving on and at heart she believes in what we do, that is the championing the rights of working people."

C：The decision to choose a woman, arrived at by a universal closed ballot of the membership, represents a new departure for the union which has been seen as a bastion of working-class values.

D：Ms. Pritt, who worked for the Labor Party for many years before joining the union, spoke of her vision for the future in her address to the membership, declaring, "Manufacturing as a percentage of the economy has been in decline for many years and the union has been losing strength. But I believe our manufacturing to still be the best in the world."

E：Her immediate priorities, she went on to say, will be to turn around the decline in membership and deal with the union's financial problems.

——Copyright© 2009 by TOKYO LEGAL MIND K.K.

1：A→E→B→C→D
2：A→C→D→B→E
3：C→E→D→B→A
4：C→B→A→D→E
5：E→A→C→B→D

OUTPUT

実践 ▶ 問題 **173** ▶ の解説 ────

〈文章整序〉

　出典　ＬＥＣオリジナル

　冒頭の文章には，この春死去した前任の指導者に代わって，組合の新たな指導者が選出されたことが述べられている。与えられた選択肢から，パラグラフA，C，Eに着目する。Aは逆接語のHoweverで始まり，リーダー指名のときに決定に不満を持った組合員がいたことが述べられている。冒頭文の後に続く文章としては，逆接の使い方が唐突であり適切でない。Cは，全組合員の投票により指導者に女性が選出されたことは，組合の新たな門出を象徴していると述べている。よってCは冒頭文につながる可能性が大きい。EはHer immediate priorities, she went on to sayと，「続けて，彼女の当面の課題の優先順位は」と示されているので，この文章までに，すでに彼女の決意表明が述べられている必要がある。よってEは冒頭文の直後には適さない。ここで，肢１・２・５が消去される。

　Cに後続するパラグラフとしてはE（肢３）とB（肢４）が考えられる。しかし，Eのwent on to sayは「続けて言った」という意味なので，直前にプリット氏の発言が必要になることから，C→Eは不適切である。Bはプリット氏が簡単にライバルを下したこと，および，ある組合員が「リチャードの死を受けて，我々は変革の時期が来たことを実感した。世界が変化し続ける中，プリット氏は我々がなすべきこと，すなわち労働者階級の権利のための戦いを心から信じているのだ」と評していることを述べている。つまりBの文には，プリット氏への高い評価が示されている。文脈の流れを考えると，Cの後にはBが適切である。つまり肢４のC→Bの流れが適している。

　ここで他の文章の流れを確認していく。Dには「経済の一角を担うものとして製造業は，長年衰退してきているうえ，組合は力を失ってきています。しかし，我々の製造業はなお世界中で最も優れていると私は信じます」というプリット氏の主張が述べられている。続いてEでは当面の課題の優先順位を示し，財政問題に取り組むことの必要性を述べている。つまりD→Eの流れが適切であると判断でき，肢４のC→B→A→D→Eの順序が正解となる。

【全訳】

　組合の定例会議でマージェリー・プリット女史が新指導者に選出された。主に製造業種労働者を40万人抱えるこの組合は，今春，リチャード・フリーマン氏が心臓麻痺のため48歳で急死したことから，新たな指導者を選出したといういきさつである。

C：全組合員限定の無記名投票により女性を選出したという結果は，労働者階級の主義主張を死守するものと見られてきた組合の新たな門出を象徴している。

B：プリット女史は，総得票数の52%を得て，一番のライバルにも大勝した。ある組合員は「リチャードの死を受けて，我々は変革の時期が来たことを実感した。世界が変化し続ける中，プリット氏は我々がなすべきこと，すなわち労働者階級の権利のための戦いを心から信じているのだ」と評した。

A：しかしながら，リーダー指名の際には，明らかにこの決定に不満を持った何人かの組合員との軋轢は避けられない。ある年配の役員が我々に語ったところによれば「本当にばかげている。彼女はこれまで一度として，工場に足を踏み入れたことはないのだ。」

D：組合に参加するまでは，長年にわたり労働党で活動していたプリット女史は，組合員に向けた演説の中で，将来の展望について主張している。「経済の一角を担うものとして製造業は，長年衰退してきているうえ，組合は力を失ってきています。しかし，我々の製造業はなお世界中で最も優れていると私は信じます」と。

E：続けて，彼女の当面の課題の優先順位は，組合員の減少を食い止めるとともに好転させ，組合の財政問題に取り組むことだと述べている。

正答 4

memo

実践 問題 **174** 基本レベル

頻出度	地上★	国家一般職★	東京都★	特別区★
	裁判所職員★	国税・財務・労基★★		国家総合職★★

問 次の文の後に，A～Eを並べ替えて続けると意味の通った文章になるが，その順序として最も妥当なのはどれか。 （オリジナル）

At a global summit, Venezuelan President Hugo Chavez called former Spanish Prime Minister Jose Maria Aznar a "fascist," further adding, "a snake is more human than a fascist." President Chavez's verbal attack on the Spanish Prime Minister was widely seen as a criticism of Spanish investments in Venezuela.

A：Such companies often describe their activities using grandiose terms such as "international markets," "globalization," and "multinational corporations."

B：On the other side are the Third-World workers, often working for minimum wage for long hours under extremely poor conditions, with no health or accident insurance.

C：Indeed, soon after the summit, Mr. Chavez announced that he was going to review business ties with Spain, implying that Venezuela no longer needed foreign investments. In his view, it is not fair for rich Spanish companies to make huge profits on the backs of cheap Venezuelan labor.

D：Hearing these expressions, we imagine rich executives happily flying from one country to another. But this is just one aspect of the global economy.

E：The Spanish-Venezuelan squabble is hardly unique. In the past few decades, companies in developed countries — those in North America and Europe, and Japan — have been increasingly shifting their operations to developing countries in Latin America and Asia, looking for cheaper labor and larger markets.

——Copyright© 2009 by TOKYO LEGAL MIND K.K.

1：C→A→B→E→D
2：C→B→E→A→D
3：C→E→A→D→B
4：E→D→A→C→B
5：E→C→B→A→D

直前復習

OUTPUT

実践 ▶ **問題 174** **の解説** ─────────

〈文章整序〉

第2章
英文

出典　ＬＥＣオリジナル

　冒頭の文章は，ベネズエラの大統領がスペイン首相に対して行った批判について述べている。与えられた選択肢から，冒頭の文章に接続できるのはＣかＥである。

　Ｃには，サミット後，ベネズエラの大統領がスペインとのビジネス関係を再検討することが示されている。Ｃの冒頭でIndeed, soon after the summit, と強調した表現を用いており，冒頭文でAt a global summit「地球サミットで」と述べているので，冒頭文の直後につなげるパラグラフとして適している。

　一方，Ｅにはスペインとベネズエラとの関係や，過去数十年にわたって欧米や日本企業がラテンアメリカなどとどのような関係を築いてきたかが示されており，冒頭文に続くよりも，Ｃの後に続き，より具体的な経済背景を示すほうが適している。ここでＥから始まる肢４・５は消去され，Ｃから始まる肢１・２・３が残る。

　Ｃに続く候補としてはＡ，Ｂ，Ｅであるが，それぞれのポイントとなる語句に着目すると，ＡはSuch companies often describe，ＢはOn the other side are the Third-World workers，ＥはThe Spanish-Venezuelan squabble is hardly unique. In the past few decades, companies in developed countriesである。つまりＥで言及しているcompanies in developed countries「先進国の企業」がＡのSuch companies「そのような企業」に続くので，Ｅ→Ａという関係が成り立つ。また，ＥにおけるThe Spanish-Venezuelan squabble「このスペイン―ベネズエラ間の小競り合い」とは，Ｃの内容を受けたものと考えられるので，順序としては，Ｃ→Ｅ→Ａとなる。

　よって，肢３が正解となる。

【全訳】

　地球サミットで，ベネズエラのウゴ・チャベス大統領は先のスペイン首相ホセ・マリア・アズナル氏を「ファシスト」と呼び，さらに付け加えて，「蛇のほうがファシストよりは人間味がある」と述べた。チャベス大統領のスペイン首相に対する言葉による攻撃は，ベネズエラにおけるスペイン人の投資を批判するものとして広く受け止められた。

Ｃ：確かに，サミット後まもなく，チャベス大統領はスペインとのビジネス関係を再検討するつもりであると発表し，ベネズエラがもはや外国投資を必要としていないことをほのめかした。彼の見解によると，豊かなスペイン企業が，ベネ

ズエラの安い労働力を背景に多額の利益を得るのは公平ではないとのことである。

E：このスペイン一ベネズエラ間の小競り合いは珍しいものではない。過去数十年にわたり，先進国の企業，つまり北米，ヨーロッパや日本の企業は，より安い労働力や大きな市場を求めて，ラテンアメリカやアジアの発展途上国に，さらに多くの工場を進出させてきた。

A：そのような企業はしばしばその活動を「国際市場」「グローバル化」そして「多国籍企業」といった大げさな言葉を用いて説明している。

D：これらの表現を聞くと，裕福な重役が楽しげに国から国へと飛行機で移動するのを想像してしまう。しかしこれは，グローバル経済のほんの1つの側面でしかない。

B：もう一方で発展途上国の労働者たちは，大抵の場合，健康保険や傷害保険もない劣悪な環境のもと，最低賃金で長時間労働をしているのだ。

正答 3

memo

実践 問題 175 基本レベル

頻出度	地上★	国家一般職★	東京都★	特別区★
	裁判所職員★	国税・財務・労基★★		国家総合職★★

問 次の [   ] の文の後に，ア〜オを並べ替えて続けると意味の通った文章になるが，その順序として最も妥当なのはどれか。 （国税・財務・労基2018）

> They're all overworked individuals, so I know that there's not a lot of time in their lives to squeeze in English learning on top of everything else. However, it only takes me a few hours with a new student to know if they will improve naturally and in a way that won't feel like extra work to them. These students are the ones that show curiosity.

ア：When you work out, your muscles get strained and sore.

イ：And then they try breaking them. As they get comfortable making and breaking patterns, they start to ask "Can I say …?" As they get more advanced, they ask "What's the difference between X and Y?" or "Is that the same as Z?"

ウ：But then they repair and get stronger. It's a shame many of my students are so dedicated to the gym for their body, but neglect to work out their language too. Like muscles, it's a case of "use it, or lose it."

エ：There's no real reason for them to follow patterns, break patterns or ask questions. But when they do, their brain is making connections and associations with related vocabulary. When they have time to review outside of class, it's these students who grasp information the fastest and retain it the longest. It's similar to physical exercise.

オ：They are the ones who, at any level, take something — a new word, phrase or expression — and just try it out. They see patterns and follow them.

1：イ→ア→ウ→エ→オ
2：エ→イ→ア→オ→ウ
3：エ→オ→ア→ウ→イ
4：オ→イ→エ→ア→ウ
5：オ→ウ→ア→エ→イ

OUTPUT

実践 ▶ **問題 175** **の解説** ──────────

〈文章整序〉

出典　Samantha Loong "Curiosity" The Japan Times ST, March 10, 2017

冒頭の文は「好奇心を示す生徒」という話題で終わっている。冒頭文に続く文として，選択肢で示されているのはイ，エ，オである。

イの文はAnd then they try breaking them.で始まるが，themの指す言葉が冒頭文には見当たらない。エの文はThere's no real reason for them to follow patterns, break patterns…とあり，冒頭文では扱われていないpatterns「パターン」という言葉が唐突に使われている。オの文はThey are the ones who, at any level, take something ― と始まり，このTheyは冒頭文の最終文に示されたThese students are the ones that show curiosityのthese studentsを指すことが読み取れる。したがって冒頭文に続くのはオの文が妥当であり，肢1・2・3の選択肢は消去される。

次の文はイの文か，ウの文が続くことになる。オの文の最後They see patterns and follow themでpatterns について触れ「そしてそれから，彼らはそうしたパターンを壊そうとし始める」と同じ話題を展開しているイの文が適切である。

イの「パターンを壊し，問いを発する」という内容をさらに展開しているのは，エの文「彼らがパターンに従い，パターンを壊す，ないし問いを発することに現実的な理由はない。しかし，彼らがそうするとき，脳は関連する語彙と接続し結び合わせる」である。

エの最後の「肉体的なエクササイズに似ている」をさらに説明しているのは，アの「運動すると，筋肉は緊張し，痛む」である。そして言語学習も筋肉と同様「使わなければダメになる」ことに言及しているウの文が続く。

以上から，正解は肢4である。

【全訳】

彼らはみな働きすぎなので，さらにそのうえ，英語の学習に費やす多くの時間など彼らの生活には残されていないことは私でもわかっている。しかし，新しい生徒が自然に，彼らにとって負担に感じられない仕方で上達するかどうか私がわかるのに数時間しかかからない。こうした生徒は好奇心を示す生徒だ。

オ：彼らはどのレベルでも，何か（新しい語，句や表現）を獲得し，それを試してみるのである。彼らはパターンを識別し，それに従う。

イ：そしてそれから，彼らはそうしたパターンを壊そうとし始める。彼らがパターンを作り，壊すことに慣れてくるにつれ，彼らは「私は～と言うことができる

だろうか」と問い始める。さらに進むにつれ，彼らは「XとYとの違いは何か？」や「それはZと同じなのか？」と問う。

エ： 彼らがパターンに従い，パターンを壊す，ないし問いを発することに現実的な理由はない。しかし，彼らがそうするとき，脳は関連する語彙と接続し結び合わせる。授業の外で復習する時間があるとき，最も素早く情報を把握し，最も長期にわたってそれを保持するのはこうした生徒なのだ。これは肉体的なエクササイズに似ている。

ア： 運動すると，筋肉は緊張し，痛む。

ウ： しかしそれからその筋肉は修復され，より強くなる。私の生徒の多くが自分の体のためにジムに身を捧げているが，自分の言語の練習はおろそかにしているのは，恥ずべきことである。筋肉と同様，「使わなければダメになる」のだ。

正答 **4**

memo

頻出度	地上★	国家一般職★	東京都★	特別区★
	裁判所職員★	国税・財務・労基★★		国家総合職★★

問 Which of the following sequences of letters shows the most logical order for the paragraphs in this passage? （国税　専門英語2010）

This fall, as in past years, numerous salmon made their way up the rivers of Hokkaido to spawn. The fish roam the oceans for several years looking for food, then return to their birthplace with uncanny accuracy to produce the next generation. So where does their keen sense of direction come from? And how are they able to pick out the river where they hatched? No one knows; the salmon's internal Global Positioning System remains shrouded in mystery.

A How are salmon able to return to their birth river without losing their way over such vast distances? One prominent theory is the "map and compass theory," which suggests that they calculate their own position based on the direction of the sunrise and sunset as well as on geomagnetism. Salmon heads contain iron, and the thinking is that this content plays the role of a magnetic sensor.

B It has also been learned that smell plays a major role in helping salmon find the river of their birth. A salmon's nose is over 1 million times as sensitive as a human nose and is able to detect even extremely small traces of substances.

C In 2000, researchers successfully fitted a salmon with gauges that measured such things as speed and depth, let it free, later caught it and discovered that it had swum 2,760 km in 67 days.

D However, there are also experimental results that appear to refute this theory. In one, Hokkaido University Prof. Hiroshi Ueda and his colleagues attached magnets to salmon in Lake Toya to see if they could still return to the place where they had hatched. They did, proving that even confused magnetic sensibilities do not present a problem. In experiments where salmon were rendered blind, some returned, while others lost their way. Sight is one thing used in determining direction, then, but no conclusion could be drawn as to what constitutes decisive information.

E | Another theory holds that salmon have extremely accurate biological clocks and remember how long it will take them to return to their birth river. A different theory is that they understand direction by sensing ocean currents, but no definitive answers have yet emerged.

1：A→C→D→E→B
2：A→D→E→C→B
3：C→A→E→B→D
4：C→A→D→E→B
5：C→D→A→B→E

第2章

英文

実践 問題 **176** の解説 ─────────────

〈文章整序〉

出典　Yoshio Nagata "Do salmon have their own propriotary GPS" Nikkei Weekly 2009/11/30

　まず，Ａ～Ｅの第1文を読み，並び替えのヒントになる言葉（Ａ「そんな（such）」，Ｂ「～もまた（also）」，Ｄ「この説（this theory）」，Ｅ「もう1つの説（another theory）」のように前のパラグラフとのつながりを示す言葉），を確認する。なお，Ｃの第1文の「such」は直後の「things as speed and depth」にかかっているので，Ａの「such」とは別物。

　次に，各選択肢を確認すると，冒頭はＡかＣしかないので，どちらが適切か検討する。もしＡが最初だとすると，「そんな（such）途方もない道のり」に対応する語句が見つからない。そこで，前のパラグラフにつながる言葉のないＣが最初だと判断できる。

　上記で正解は選択肢3・4・5に絞られたので，次に，Ｃに続く可能性のあるＡとＤを検討する。ここで，Ａの「そんな途方もない道のり」がＣの「2,760km」と結びつくのがわかる。一応，Ｄを確認してみると，「この説（this theory）」とあるが，第1パラグラフおよびＣでは「説（theory）」についてはまだ述べられていないので，肢5は不正解と考えられる。

　ここまでで，正解は肢3（Ａ→Ｅ）か肢4（Ａ→Ｄ）に絞られる。まず，Ａの内容を再確認すると，「地図とコンパス説」について述べられている。単にＡとＥだけを読むと，Ａの直後に，「もう1つの説（another theory）」を提示しているＥを続けられなくはない。しかし，Ｄで例示されている実験結果が「覆している（refute）」のは，明らかにＡの「地図とコンパス説」である。つまり，Ｄの「この説（this theory）」が指すのはＡの説であり，選択肢3のようにＡとＤの間にＥとＢが入ると，「この説（this theory）」がうまく結びつかなくなってしまう。

　以上より，全体として，（Ｃ）サケが長距離を迷わず回遊する事実を述べ，（Ａ）そのメカニズムを説明する1つの説を提示した後，（Ｄ）その説を覆す実験結果を示して，結論はまだ得られていないことを確認し，（Ｅ，Ｂ）他の説を例示する，という流れが論理的である。

　したがって，Ｃ→Ａ→Ｄ→Ｅ→Ｂとなり，正解は肢4である。

【全訳】

　この秋，例年どおりに，数多くのサケが産卵のために北海道の河川をさかのぼっ

て行きました。サケは数年の間，食料を求めて海を回遊します。そして，次の世代を産み落とすために，神秘的な正確さで自分の出生地へと戻ってきます。いったい，彼らの鋭い方向感覚はどこからくるのでしょう。また，どうやって自分が生まれた川を見いだすことができるのでしょうか。答えは誰も知りません。サケの体内にあるＧＰＳ（全地球位置把握システム）は神秘に包まれたままなのです。

C 　2000年に，ある研究者たちは，首尾よく，速さや深さを測る計器をあるサケに取り付けて，そのサケを放した後，捕獲して，そのサケが67日間で2,760km泳いだことを発見しました。

A 　どうやってサケは，そんな途方もない道のりを，迷うことなく，自分の生まれた川に戻ってくることができるのでしょう。有力説の１つは「地図とコンパス説」です。その説によれば，サケは自身の位置を日の出と日の入りの方向，さらに地磁気に基づいて算出しているのです。サケの頭には鉄が含まれていて，その見解によれば，この鉄が磁気センサーの役割を果たすということです。

D 　しかし，この説を覆すような実験結果もあります。そのうちの１つに，北海道大学の上田宏教授と彼の同僚が，洞爺湖のサケに磁石をくっつけて，彼らが自分の生まれた場所に戻ってこられるかどうかを試した実験があります。結果，サケは戻ってきました。これは，たとえ磁気の感知能力に混乱が生じるような場合であっても何ら問題はない，ということを証明しています。他の実験では，サケの目を見えないようにしたところ，一部のサケは戻ってきたのに，他は戻ってきませんでした。視界は進路決定に一役買っているのでしょうが，そうではあっても，何が決定的な情報となっているのかということに関して，結論が引き出せたわけではありません。

E 　他に，サケは非常に正確な体内時計を持っており，自分の生まれた川に戻るまでどのくらい時間がかかるのか覚えている，という説もあります。また別の説に，サケは海流を感知することで方向を理解しているというものもありますが，未だ決定的な答えは出ていません。

B 　サケが自分の生まれた川を見つけるうえで，嗅覚が主要な役割を果たしている，ということも明らかにされています。サケの鼻は人間の鼻に比べて100万倍以上敏感なので，極めて小さな物質の痕跡であっても感じ取ることができるのです。

正答 **4**

頻出度	地上★	国家一般職★	東京都★	特別区★
	裁判所職員★	国税・財務・労基★★		国家総合職★★

問 次の文の後にア〜オを並べ替えて続けると意味の通った文章になるが，その順序として最も妥当なのはどれか。 （オリジナル）

The containment of the fiscal and financial crisis in the eurozone has become ever more uncertain. The eurozone countries must make up for lost time in dealing with the sovereign debt crisis and accelerate their efforts to resolve it.

ア： The credit uncertainty that originated in Greece, which has had lax fiscal management, spread to other countries, including Italy.

イ： The U.S. credit rating agency Standard & Poor's on Friday downgraded the credit ratings of nine eurozone countries.

ウ： But Greece has not yet implemented debt-reduction measures. It is also problematic that the expansion of the financial foundations of the European Financial Stability Facility (EFSF), which was set up to serve as a safety net to prevent the crisis from spreading, has been delayed.

エ： The credit ratings of long-term government bonds of France and Austria were downgraded by one notch--from AAA status to AA plus--while those of more heavily indebted Italy and Spain were slashed by two notches.

オ： The European policymakers worked out an additional rescue package for Greece and a proposal to impose tougher budget discipline on other countries late last year.

（本文は2012年1月に書かれたものである）

1： イ→ウ→オ→ア→エ
2： イ→エ→ア→オ→ウ
3： エ→ア→ウ→オ→イ
4： エ→イ→オ→ア→ウ
5： エ→ウ→ア→イ→オ

OUTPUT

実践 **問題 177** **の解説** ──────────

〈文章整序〉

出典　Editorial：The Daily Yomiuri, 2012/ 1 /16

　　冒頭の文章は，ユーロ圏の財政，金融危機の今後が不確実なものであり，ユーロ圏は速やかな解決への対応が必要であることが述べられている。

　　選択肢を見ると，続くパラグラフはイかエである。イは「米国の格付け会社スタンダード・アンド・プアーズは金曜日，ユーロ圏の9カ国の国債格付けを引き下げた」と具体的に最近の格付け状況を示している。エでは「フランスとオーストリアの長期国債をAAAから1段階格下げしてAAプラスとした，一方さらに深刻な財政不安にあるイタリアやスペインは2段階下げられた」と記されている。イで格付け会社が9カ国の国債格付けを引き下げたことを受けて，エで具体的に国ごとの格付けが示されている順序が適切である。したがって，冒頭の文章の直後にはイが続く。

　　選択肢からイにはウ（肢1）かエ（肢2）が続くことになる。ウは「しかし，ギリシャはいまだに債務削減策を実施していない。また，危機拡大を防ぐためにセーフティネットとして用意されたEFSF欧州金融安定基金の財政基盤の拡充が遅れているのも問題である」となり，格付けについては触れていない。エは前述のとおり，具体的な格付けが示されているので，イ→エの順序が妥当である。

　　イ→エの後は，ア→オ→ウとギリシャの信用不安に伴う記述が続いているので，文脈上意味が通る。したがって肢2が正解となる。

【全訳】

　　ユーロ圏の財政および金融危機の封じ込めはさらに不確実なものになってきた。ユーロ圏内の国は，遅れを挽回して，容赦ない国債危機に取り組み，解決に向けて急ぐ必要がある。

　　米国の格付け会社スタンダード・アンド・プアーズは金曜日，ユーロ圏の9カ国の国債格付けを引き下げた。フランスとオーストリアの長期国債をAAAから1段階格下げしてAAプラスとした，一方さらに深刻な財政不安にあるイタリアやスペインは2段階下げられた。

　　緩慢な財政管理のギリシャから始まった信用不安は，イタリアなど他の国々に拡がった。

　　ヨーロッパの政策担当者は昨年末，ギリシャへの追加支援策や他の国への財政規律の引き締め策を提案した。

　　しかしギリシャはいまだに債務削減策を実施していない。また危機拡大を防ぐためにセーフティネットとして用意されたEFSF欧州金融安定基金の財政基盤の拡充が遅れているのも問題である。

正答 2

実践 問題 **178** 〈 応用レベル 〉

頻出度	地上★	国家一般職★	東京都★	特別区★
	裁判所職員★	国税・財務・労基★★	国家総合職★★	

問 次の ☐☐☐☐☐ の文の後にア～オを並べ替えて続けると意味の通った文章になるが，その順序として最も妥当なのはどれか。　　　（国家総合職2016）

In life, we learn to work upwards; to climb mountains and to reach peaks. Learning to snowboard is probably one of the few times where you're working on achieving the opposite — where you want to go down. And thanks to my amazing friends, I learned how to achieve some moments of stability as I slid, rolled and crashed my way down the mountain. Oh how I tumbled. There is no graceful way to fall, and it goes against human nature to enjoy falling. It's not surprising that we fear it. The word "fall" sounds and looks like "fail."

ア：But after my snowboarding trip, I think that everyone needs to experience one time where they need to get good at failing. I'd encourage anyone learning a language or trying a new sport to do it in an environment where you feel safe to experiment, to mess up and to have a laugh while you're doing it.

イ：Maybe life's not about conquering mountains. Instead, maybe it's about finding the best way to fall safely if you do lose your footing, slip or just get exhausted.

ウ：It took a little getting used to, but after the first few falls, I began to hit the snow with as much drama as possible, landing into the soft powder like a well-insulated starfish.

エ：But with snowboarding, I learned that it was actually possible to fall and fail in a successful and even enjoyable way. I was told to fling my arms back with wild abandon to avoid falling on my elbows, which could lead to injury.

オ：Fail, bail and wipe out. Screw up, mess up and flub. We spend most of our lives trying to avoid doing any of these things.

1：イ→ア→エ→オ→ウ
2：イ→ウ→ア→エ→オ
3：エ→イ→ウ→オ→ア
4：エ→ウ→オ→ア→イ
5：エ→オ→イ→ア→ウ

OUTPUT

実践 ▶ 問題 **178** の解説 ──────

〈文章整序〉

出典 Samantha Loong "Learning to fall" Japan Times, February 27, 2015

冒頭パラグラフの前半2文と後半2文を読むと，冒頭パラグラフの内容が「人生とは反対に，スノーボードでは転ぶことと失敗することを学ぶ」だとわかる。次に与えられた選択肢からイとエに着目する。

まず，イを見る。「主語＋be動詞＋about」という表現は「〔主語〕の目的はabout以下である」という意味になり結論を述べる際によく使われる。また，第1パラグラフ1行目のlifeとイの主語Lifeは対応していると考えるのが自然である。2つの理由から，イは結論に近いパラグラフと考えるのが妥当である。次にエを見る。冒頭パラグラフ最後の内容を受け，同箇所に出てきたfallとfailを使って，「しかし，スノーボードでは楽しく転ぶことができる」と続いている。よって，冒頭パラグラフのあとにはエが続く。

上記に書いたとおりイは結論近くに来ると判断できるため，イが2番目に来ている肢3はひとまず保留にし，肢を4番か5番の2つに絞る。考えるべきはエ→〔ウorオ〕→〔オorイ〕→ア→〔イorウ〕となり，エのあとにウかオのどちらが続くかわかれば正解に辿りつくことができる。

この場合，ウの主語Itの指す内容が大きなヒントになる。Itは直前の文章の内容を説明するため，前の文章であるエとアを当てはめてみる。エでは，Itが指す内容は「転んだときにひじを突いてしまわないよう両腕を思い切りうしろに投げ出すこと」となり，文脈が自然につながる。だが，アは"なにか新しいことをはじめる者に対する筆者からのエール"であるため，文脈上，ウの主語Itでこの内容を受けることはできない。エ→ウの流れは4番のみなので，肢4が正解となる。

念のため保留にした肢3を確認すると，ウの主語Itに対応する部分が直前のイに見当たらない。よって誤肢と判断できる。

【全訳】

人生において，私たちは努力して上を目指す。つまり，山を登って頂上を目指す。スノーボードができるようになることは，おそらく，その逆を達成しようと努める数少ない機会の1つだ。スノーボードをするとき，人は下を目指す。すばらしい友人のおかげで，私は，すべり，転がり，ぶつかりながら山をおりていくあいだも，僅かな時間うまくバランスを取る方法を覚えた。何回転んだことか。優雅な転び方などはない。また，転ぶのを楽しむなどということは，人間の感覚に反する。当然

私たちは，転ぶのを怖がる。"fall（転ぶ）"という単語は，"fail（失敗する）"という単語に語感が似ている。

だが，スノーボードに関していえば，思いどおりに楽しく，転び，そして失敗することが実際に可能だとわかった。私は教えられたとおり，ひじを突いて転んでしまうと，怪我につながりかねないので，そうならないように，両腕を思いっきり後ろに投げ出すように言われた。

慣れるまでには少しかかったが，何度か転ぶと，できるだけ派手に転べるようになった。やわらかい粉雪の上に倒れた私の姿は，防寒着を厚く着込んだヒトデのようだった。

失敗して，逃げ出して，なかったことにする。大失敗をして，しくじって，どじを踏む。人生のほとんどは，こうしたことを避けようと努める時間だ。

ところが，スノーボード旅行をしてみて，私はこう考えるようになった。だれでも一度は，転び方を上達させる経験が必要なのだ。言語を学習している人や新しいスポーツに挑戦している人の誰もに，安心して試行錯誤し，大いに失敗し，やりながら笑える環境で語学やスポーツをすることを勧めたい。

たぶん，人生において大切なのは，山を征服することではない。たぶん，人生で大切なのは，足を踏み外したり，へとへとにくたびれたりした場合に安全に転ぶ一番上手な方法を見つけることだ。

正答 4

付　録

SECTION

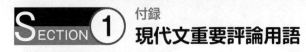
SECTION ① 付録
現代文重要評論用語

重 要 語 ◇◇◇◇◇◇

逆説： 一見矛盾しているように見えて，実は真理をついたもの。
（ex）「急がば回れ」（急ぐときには，危険な近道を通るよりも，遠くても安全な本道を選ぶほうが結果として早い。急いでいるときほど，安全で着実な方法をとるべき）

対象： ① 目標となるものや相手。
② 意識・感覚・行動などが向かうもの。動作・作用が向けられるもの。＝客体（⇔主体）

形象： かたち。
＊イメージ・表象と近い意味を持つ。
＊絵画や彫刻において，表現が視覚的な形で表されているときに「形象」と表現することもある。

表象： 頭の中で思い浮かべたイメージ。
＊芸術論・社会文化論では「作品」「表現」の同義語として使われる。

唯物論： 精神的・観念的なものよりも，物質的なものの見方を物事の本質であるとみなす立場。

弁証法： 互いに対立する存在や思考様式が，その対立を調停されることによって，より高い次元の新しいものへと発展していくこと（ヘーゲルの考え方）。

> 1 ある見解が提示される（テーゼ）
> 2 テーゼに対立する見解（アンチテーゼ）がテーゼを否定する
> 3 別の新しい見解によって，アンチテーゼが否定された結果，両者が統合されてジンテーゼというまったく新しい見解が生まれる。
> → 1＋2から3への跳躍＝止揚（アウフヘーベン）

＊我々の生が，個々の事物の単なる寄せ集めではなく，対立するさまざまな物事のせめぎあいの中から，その都度その都度，次元の高いものへと進んでいくことを明らかにした点に，ヘーゲルの弁証法の意義の1つが存在する。

観念 ： 具体的事実に基づかず，頭の中でだけ生み出された考え。 ⇔ 現実・実在・実践

　　＊実在との対比で覚えると，捉えやすい。

　（cf） 観念論 ： 現存の実在よりも，それについての人間の意識のあり方を重視する考え方。

実証 ： 経験的事実からのみ論証を進め，それらの間の法則性を厳密に記述しようとする立場。

形而上 ： 形がなく，感覚によってその存在を知ることのできないもの。形のない領域，精神・神・霊魂などと関連する。

形而下 ： 時間・空間のうちに形をとって現れ，感覚によって知ることのできるもの。

具体的 ： 体・形をそなえていること，個別・それぞれの性質を持っていること。
　　　　→　明確なものなのでわかりやすい。

抽象的 ： 多くの物や事柄から，それらの範囲の全部に共通する属性を抜き出すことで，一般的な概念（個別の物事を抽象して得られた考え，概括的な意味内容）として捉えること。

普遍(的) ： いつでも（どの時代でも），どこでも（どの国，地域でも）通用する。あらゆるものに共通し，例外を認めない。

特殊 ： 一部の時代，一部の地域にしか通用しない。部分的にだけ通用する。

相対的 ： 唯一絶対ではなく，他のものとの関係や比較で成り立ち，存在すること。
　　　（ ⇔絶対的 ）
　　　（cf） 全体的 ： まとまりのあるものとしての全範囲。

相対化 ： 一面的なものの見方（絶対的なものであるとの見解）に対し，それが唯一絶対なものではないと，他との関係の中で理解しようとすること。

演繹 ： 一般的に正しいと思われる事柄から，個別の事柄を推論すること。

帰納 ： 個別の正しい事柄を総合して共通点を求め，それに基づいて一般的な原理（多くの物事を成り立たせる根本的な法則）を導き出すこと。

| 合理 | ： | 論理，道理（物事の筋道）にあっていること。無駄を省き，効率的であること。 |

合理： 論理，道理（物事の筋道）にあっていること。無駄を省き，効率的であること。

非合理： 理性，論理では捉えられない。

不合理： 道理や理屈に合わない。

＊「非合理」と同義ではないので注意！

有機： 全体がつながりを持ち，調和統一があること。

＊人間のような「生命体」は「有機体」でもある。

→ 「生命（感）」と関連して使われることも。

無機： つながりを持っていないこと。無機的。

＊「機械」には無機的なイメージが強く，人間と対されて使われることが多い。

言葉・言語： 基本意義は「音声や言語によって意味を伝達するもの」。

＊言語論で使われる際には，次のような意味を示すこともあるので注意。

(1) 記号の一種。

(2) 世界を分節するために人間が勝手に定めたものである。

→文化によって言語が示す意味の範囲は一致しない。

(3) ((2)から派生して) 言語は人間の認識を縛っている。

(4) 言語は何かを明確に指示しているのではなく，多義的であり，指示範囲も曖昧である。

(5) 「絵」「装飾」のような一見言語と関連しないことでも，何らかの意味を伝達していれば「言語」という使われ方をすることがある。

アイデンティティ（自己同一性，自我同一性）： 自分が自分自身であり，他者と異なる一貫した存在だという人格的同一性を自覚すること。自己の存在証明。

＊(1) 「何があるから自分は自分であるか？」「何によって他と区別されるのか」といった問題にかかわる言葉。

(ex) 「現代人はアイデンティティが希薄化している。」

(2) 「存在する意味・理由」という使い方も。

(ex) 「○○のアイデンティティ」

ア・プリオリ： 先天的，生得的，先験的。
経験に依存せず，人間が生まれながらにそなえている理性による認識。

汎神論(パンティズム)： 神は万物に内在するものであり，この世のいっさいが神の現れであるとする考え方。

一神論(モノティズム)： ただ1つの神だけを信仰するもの。

ヒロイック： 勇ましく雄雄しいさま。

センチメンタル： 弱弱しく，感情に走りやすいさま。

パテティック： 悲愴に。

邂逅： 思いがけなく会うこと。めぐりあい。

パラダイム： ある時代のものの見方や考え方を支配する認識の枠組みのこと。

具象化： ものごとを具体的な形で表すこと。

トートロジー： 特に繰り返したからといって何ら新しい意味が付け加わらないような同じ言葉の繰り返し。

エートス： 民族や社会，文化などに見られる特徴的な気風，慣習や習俗。または，芸術作品に含まれる特性。

Section ② 付録 英文重要単語集

① 動　詞

□ **affect**：影響を及ぼす，作用する，感動させる

Rising elderly crime has also <u>affected</u> Japanese prisons, forcing them to renovate their facilities, modify forced labor and provide nursing care.
高齢者の犯罪が増えたことは，日本の刑務所にも影響を与えている，施設の改装や，体力労働の修正，看護ケアの供給を強いているのだ。

□ **appreciate**：価値を認める

It was not <u>appreciated</u> for its artistic value.
芸術的な価値は認められなかった。

□ **arrest**：逮捕する

The clerk called the police and he was <u>arrested</u>.
牧師は警察官をよび，彼は逮捕された。

□ **assume**：仮定する，想定する

The medium variant projection <u>assumes</u> that fertility will fall from 4.7 children per woman in 2010-2015 to 3.1 in 2045-2050, reaching 2.2 by 2095-2100.
中位推計は，出生率は2010年から2015年の女性１人あたり4.7人から，2045年から2050年の１人あたり3.1人に減少し，2095年から2100年までには2.2人までに落ち込むと推定している。

□ **avoid**：避ける

I was told to fling my arms back with wild abandon to <u>avoid</u> falling on my elbows, which could lead to injury.
ひじを突いて転んでしまうと，怪我につながりかねないので，そうならないように，両腕を思いっきり後ろに投げ出すように言われた。

□ **blame**：非難する，とがめる

The government cannot escape <u>blame</u> for the state of the economy.
政府は，経済の状況に関して非難を免れない。

□ **choose**：選択する

It is important to <u>choose</u> the right equipment.
適切な装備を選ぶことは重要である。

□ **compete**：競争する

The company has to <u>compete</u> in the international marketplace.
その会社は，国際市場で競争しなければならない。

□ consider：考慮する

Why don't you <u>consider</u> revising your plan ?

計画の見直しを考えてはどうでしょうか。

□ decrease：減少する，減少させる

In sharp contrast, the populations of 48 countries or areas in the world are expected to <u>decrease</u> between 2015 and 2050.

非常に対照的だが，世界48の国や地域の人口は，2015年から2050年のあいだに減少する見込みだ。

□ describe：記述する，説明する

It was a foreigner who came to Japan and <u>described</u> the seasonal flowers as "a timeless calendar."

日本に来て季節の花を「不滅のカレンダー」であると表現したのは，とある外国人であった。

□ desire：希望する，欲する

Pages of a digitalized textbook can be displayed on an electronic blackboard, and its characters, sentences and photos can be moved, shrunk or enlarged as <u>desired</u>.

電子教科書のページは，電子黒板で表示することが可能で，好きなようにページ上の文字，文，写真を移動したり，縮小・拡大したりすることもできる。

□ determine：決意する，裁定する

These are usually <u>determined</u> by the leader.

これらは，いつも，リーダーによって決定されている。

□ develop：発達する，発展する

Population growth remains especially high in the group of 48 countries designated by the United Nations as the least <u>developed</u> countries（LDCs）.

人口増加は，国際連合が後発開発途上国（ＬＤＣ）に指定した48カ国で，特に高い数値を維持している。

□ encourage：勇気づける，促進する

I'd <u>encourage</u> anyone learning a language or trying a new sport to do it in an environment where you feel safe to experiment, to mess up and to have a laugh while you're doing it.

言語を学習している人や新しいスポーツに挑戦している人の誰もに，安心して試行錯誤し，大いに失敗し，やりながら笑える環境で語学やスポーツをすることを勧めたい。

☐ **estimate**：推測する，推計する

It's been estimated that cars drive on the right in about 65 percent of the world's nations and on the left in about 35 percent.

自動車が右側を走る国は世界のおよそ65％を占め，左側通行の国は35％を占めると推定されている。

☐ **express**：表現する

There is a fundamental limit to expressing one's thoughts in words that is imposed by the tool of language itself.

自分の考えを言葉で表現することには手段としての言語それ自体に起因する根本的な限界がある。

☐ **extend**：広げる，拡張する

The straight path connecting them extended for over a mile.

まっすぐに伸びる小道がそれらをつなぎ合わせながら1マイル以上続いていた。

☐ **happen**：起こる，生じる

Many people wondered what happened to these energy-efficient vehicles.

多くの人はこれらのエネルギー効率の良い自動車に何が起こったのかといぶかった。

☐ **identify**：一致させる，特定する

We must devise a means of identifying potential weaknesses.

私たちは，潜在的弱点を特定する手段を見いださなければならない。

☐ **improve**：向上させる，改善する

Digital textbooks — whose content can be displayed on an electronic blackboard — are expected to improve students' academic ability.

デジタル教科書は，内容を電子黒板に表示することが可能で，児童の学力向上につながると期待されている。

☐ **include**：含む

Regions where traffic keeps to the right include North America, South America and Europe.

右側通行の地域には，北アメリカ，南アメリカ，ヨーロッパが含まれる。

☐ **increase**：増加する

Fertility for Europe as a whole is projected to increase from 1.6 children per woman in 2010-2015 to 1.8 in 2045-2050.

ヨーロッパ全体の出生率は，2010年から2015年の女性1人あたり1.6人から，2045年から2050年の1.8人に増加すると予測されている。

- [ ] **occupy**：占める，占領する

  All of the areas are <u>occupied</u> by aboriginal people speaking diverse languages, but in decreasing numbers.

  すべての地域は，さまざまな言葉を話す先住民に占められているが，その数は減ってきている。

- [ ] **overwhelm**：打倒する，打ちのめす

  He was apparently <u>overwhelmed</u> by the abundance of young trees.

  彼はどうやら，生い茂る若い木々に圧倒されたようだ。

- [ ] **participate**：参加する

  More and more people <u>participate</u> in that convention.

  ますます多くの人が，その大会に参加している。

- [ ] **produce**：生産する，産出する

  The fish roam the oceans for several years looking for food, then return to their birthplace with uncanny accuracy to <u>produce</u> the next generation.

  魚は数年の間，食料を求めて海を回遊します。そして，次の世代を産み落とすために，驚異的な正確さで自分の出生地へと戻ってきます。

- [ ] **provide**：供給する，規定する

  The end result is that these large predators bring valuable marine-derived nutrients, in the form of salmon tissue, to the streamside woodlands, where the uneaten fish <u>provide</u> sustenance for an array of animals and plants.

  結果的にこれらの大型の肉食動物は，海洋物から生成された貴重な栄養素を，鮭の組織という形で，川のほとりの森林地帯に運んでいる。そこで，食べかけの鮭がさらに多くの動植物の養分となるわけである。

- [ ] **reduce**：減らす

  Three governments agree to <u>reduce</u> the armaments.

  ３カ国が軍備の縮小に同意している。

- [ ] **reject**：拒絶する

  I had been <u>rejected</u>, but I was still in love.

  私は拒絶されたものの，いまだ愛していた。

- [ ] **require**：要求する，必要となる

  Like most animals, we <u>require</u> connection with other members of our species to prosper.

  たいていの動物と同様，私たちは繁栄のために同じ種の仲間とのつながりを必要としている。

☐ **resume** ：再開する，再び用いる

The market will <u>resume</u> trading Thursday after the Golden Week holiday.
株式市場は，ゴールデンウィーク明けに取引を再開するだろう。

☐ **treat** ：扱う，治療する，処理する

In fact, DCA is already used to <u>treat</u> other diseases, and that is the problem.
実は，ＤＣＡはすでに他の病気に使用されており，そこに問題がある。

2 名 詞

☐ **agreement** ：協定

They signed an <u>agreement</u> to cooperate in technological fields.
科学技術の分野で協力する協定に調印した。

☐ **association** ：組合，協会

The <u>association</u> surveyed its 45 member companies.
協会は加盟する教科書会社45社を対象に調査を行った。

☐ **attention** ：注意，配慮

The hungry bears have long attracted <u>attention</u>.
腹をすかせた熊たちは，以前から注目を集めてきた。

☐ **attitude** ：態度

Parental effort and <u>attitude</u> count tremendously.
親の努力と態度が非常に重要なのだ。

☐ **average** ：平均

Those whose parents have an annual income between ¥12 million and ¥15 million scored nearly 20 percent higher on <u>average</u> than children whose parents' annual income is less than ¥2 million.
両親の年収が1,200～1,500万円の生徒は，両親の収入が200万円未満の生徒よりも，平均するとほぼ20％成績が高かった。

☐ **billion** ：10億

The population of this group is projected to double in size from 954 million inhabitants in 2015 to 1.9 billion in 2050 and further increase to 3.2 <u>billion</u> in 2100.
このグループの人口は2015年の９億5,400万人から，2050年には倍の19億人に増加し，さらに2100年には32億人まで増えると考えられている。

☐ **business** ：事業，商売

May is also when many listed Japanese companies release <u>business</u>

results for the previous fiscal year.

5月はまた，多くの上場日本企業が前会計年度の業績を報告する月でもある。

□ **case**：場合，事例

There has been awkwardness, embarrassment, and in the <u>case</u> of the sports, a few bruises and a new scar.

ぎこちなさが出たり，気恥ずかしい思いもしたりした。スポーツの場合には，あざや新しい傷もできた。

□ **cause**：原因

Natural gas resources in the Northern ocean areas have been the <u>cause</u> of recent bickering between nations such as Russia, Japan, Canada, and Finland.

北海の天然ガス資源はロシア，日本，カナダ，フィンランドなどの国の間で近年のいさかいの原因となっている。

□ **century**：世紀，100年

Although samurai were dominant in Edo society, by this time, it had been nearly a <u>century</u> since there was any warfare for warriors to prove themselves.

侍は江戸社会で支配的だったが，この時点で，侍が戦士としての自分自身を示す戦いに明け暮れていた時代から，100年近くも経過していた。

□ **character**：文字，人格，性格

Pages of a digitalized textbook can be displayed on an electronic blackboard, and its <u>characters</u>, sentences and photos can be moved, shrunk or enlarged as desired.

電子教科書のページは電子黒板で表示することが可能で，好きなようにページ上の文字，文，写真は移動したり，縮小・拡大することも自由にできる。

□ **colleague**：同僚

In one, Hokkaido University Prof. Hiroshi Ueda and his <u>colleagues</u> attached magnets to salmon in Lake Toya to see if they could still return to the place where they had hatched.

そうした実験の中には，北海道大学の上田宏教授と彼の同僚が，洞爺湖のサケに磁石をくっつけて，彼らが自分の生まれた場所に戻ってこられるかどうかを試したというものがある。

□ **community**：共同体

Politicians and marketers are finally realizing the growing political and

economic power of the world's fifth-largest Spanish-speaking <u>community</u>.
政治家や市場で売買する人は世界で 5 番目に大きなスペイン語圏共同体の
政治的・経済的な力が増していることをようやく認識し始めている。

☐ compensation ：補償，代償，報酬

A doctor in Japan ended the life of a patient because he was dissatisfied
with his financial <u>compensation</u>.
金銭的な報酬に不満だったので，ひとりの日本の医者が患者の命を絶った。

☐ competition ：競争

However these American designs face tough <u>competition</u> from global
electric carmakers such as Japan's Nissan, France's Smart, and Canada's
Zenn.
しかし，こうしたアメリカの計画は日本の日産，フランスのスマート，カナダ
のゼンのような世界規模の電気自動車メーカーとの厳しい競争にさらされる。

☐ consequence ：結果

The depletion of the ozone layer brings serious <u>consequences</u> to human
beings.
オゾン層の破壊は人類に深刻な影響を及ぼす。

☐ continent ：大陸

But on drier <u>continents</u> such as Africa, India and Australia, there simply
is not enough water to sustain everyone — and populations are quickly
rising.
しかし，アフリカ，インド，オーストラリアのような乾燥した大陸では，単
純にすべての人間を支えるのに十分な水がない。そして人口は急激に増加
している。

☐ conversation ：会話，対話

Then why is it so much harder to strike up a <u>conversation</u> with a
stranger in a Seattle pub than at New York's Metropolitan Opera?
それでは，なぜ見知らぬ人とシアトルのパブで会話を始めることはニューヨー
クのメトロポリタンオペラでそうすることよりもずっと困難なのだろうか。

☐ crime ：犯罪

The term 'whistle blower' comes from British policemen who used to
blow a whistle to alert other policemen or the general public of the
commission of a <u>crime</u> and any inherent dangers.
「笛を吹く者（不正の告発者）」という言葉は，かつてイギリスの警官が，笛

を吹いて，ほかの警官か市民に，犯罪およびそれに付随する危険を知らせて警告したことに由来する。

□ **decade**：10年間

Our own contributions to this work have spanned more than a decade.
私たちはこの調査を10年以上続けてきた。

□ **decision**：決定

However, the appointment is not without controversy with some members clearly indignant at the decision.
しかし，指名は，決定に明らかに腹を立てている一部のメンバーとの軋轢なしにすますことはできない。

□ **demand**：需要

In countries where welfare programs leave much to be desired and few men do the household chores and nurse their parents, it is easy to see a collapse in the supply and demand balance of nursing care within the family.
福祉プログラムが十分に整っておらず，男性のほとんどが家事や両親の介護をしない国では，家庭内介護の需給バランスが崩れているのが容易にわかる。

□ **destruction**：破壊，滅亡

Coming to consciousness after the double earthquake of the collapse, lighting their headlamps, the men in each cave were staggered by the extent of the destruction.
倒壊の2つの地震の後に意識が戻り，ヘッドランプを灯して，それぞれの洞窟の中の男たちは破壊の度合いに圧倒された。

□ **development**：発展，進化，開発

According to a recent study by the Organization for Economic Cooperation and Development, kids in Shanghai top the global study league with an average of 13.8 hours per week.
経済協力開発機構（OECD）による最近の研究では，上海の児童が平均週13.8時間で世界的な学習競争のトップである。

□ **direction**：方向，指揮，指図

Of course, this holds true in the opposite direction as well.
もちろん，これは方向を反対にしても正しい。

□ **effect**：効果，影響

The phenomenon even has a nickname the Sunday effct.

その現象にはニックネームさえついていて，日曜日効果という。

□ **election**：選挙，選択

Bachelet won 62 percent of the vote, the most decisive victory in eight decades of Chilean elections.

バチェレは投票数の62％を得た。これは80年にわたるチリの選挙の歴史の中でも最も圧倒的な勝利だった。

□ **experience**：経験，体験

Economy Class similarly offers a much more relaxing experience than ever before.

エコノミークラスもまた同様に，これまでよりはるかにリラックスできる癒しの体験を与えてくれる。

□ **facility**：施設，機関

It is also problematic that the expansion of the financial foundations of the European Financial Stability Facility (EFSF), which was set up to serve as a safety net to prevent the crisis from spreading, has been delayed.

また危機拡大を防ぐためにセーフティネットとして用意された欧州金融安定基金（ＥＦＳＦ）の財政基盤の拡充が遅れているのも問題である。

□ **factor**：要因

However, money was not the only causal factor in student performance on national tests.

しかしながら，お金は生徒の全国テストにおける成績を決める唯一の要因ではなかった。

□ **grammar**：文法

Don't try to tackle your pronunciation, intonation and grammar all at once.

発音，イントネーション，文法について，一度に取り組もうとしてはいけない。

□ **growth**：成長

The number of nursing care workers and household workers from Romania and Ukraine increased rapidly in the 1990s, and growth has been accelerating this century.

ルーマニアとウクライナから来た介護福祉士と家事労働者の数は1990年代に急速に増加し，その増加速度は今世紀に入ってさらに加速している。

☐ **household** ：世帯，家族，家庭

About 800,000 foreign nursing care workers and <u>household</u> workers — mostly women — are employed in Asian countries.

約80万の外国人介護福祉士や家事労働者はほとんどが女性なのだが，アジア諸国で雇用されている。

☐ **immigrant** ：移民

That country has a lot of <u>immigrants</u> from Asia.

その国にはアジアからの移民が多い。

☐ **individual** ：個人の

Respecting an <u>individual</u>'s right to refuse treatment is a key aspect of death with dignity.

治療を拒否する個人の権利の尊重は，尊厳死に対する重要な側面ではある。

☐ **institution** ：制度，設立，制定

For the survey, the Japan Foundation sent questionnaire sheets to about 27,000 educational <u>institutions</u> worldwide, of which 75 percent responded.

調査に際して，国際交流基金は，アンケート用紙を世界中で約27,000の教育機関に送り，そのうち75%から回答があった。

☐ **intelligence** ：知性，情報

I have heard Christians say red symbolizes love and blue signifies <u>intelligence</u>.

私は，キリスト教徒が，赤は愛を象徴し，青は知性を表す，というのを聞いたことがあります。

☐ **isolation** ：隔離，分離

The Edo Period (1603-1867) is known as the period of Japan's self-imposed national <u>isolation</u>.

江戸時代は日本が自ら鎖国を課した時代として知られている。

☐ **loss** ：損失，喪失

Financial institutions were facing huge <u>losses</u> and these "zombie banks" were kept on artificial life support by governments.

金融機関は甚大な損失を抱えており，それらの"ゾンビ銀行"は，政府の支援を受けて人工的に延命させられている。

☐ **ministry** ：省

Commissioned by the Education, Science and Technology <u>Ministry</u>, the survey results released last month show a clear link between parental

income and test results.
先月発表された文部科学省の委託によって行われた同調査の結果は，親の収入とテスト結果の間にはっきりと関連があることを示している。

☐ neighbor：隣人，隣国

Australian students ranked 17th in maths, 10th in reading and eight in science, falling further behind its Asian neighbors.
オーストラリアの生徒は，数学で17位，読解で10位，科学で8位であり，アジアの隣国に遠く及ばない。

☐ organization：機関，組織

The organization, one of whose main duties is to promote Japanese-language education overseas, last week released the data from its latest survey, conducted between November last year and March this year.
その機関は，海外における日本語教育の振興を図ることを主な業務の1つとしており，昨年11月から今年3月にかけて実施された最新の調査のデータを先週発表した。

☐ performance：業績，成績

Japan ranked first in reading and science and second in mathematics performance, continuing its strong record.
日本は読解と科学で1位，数学の成績は2位であり，好記録を続けていた。

☐ phenomenon：現象，事象

"This is a new phenomenon that is occurring," said a Japan Foundation official who led the survey.
「これが現在発生している新しい現象です」と，この調査を指揮した国際交流基金の部長は述べた。

☐ population：人口

Most well-off nations have long since slipped below the fertility rate needed simply to maintain a stable population, an average of 2.1 children per woman.
ほとんどの豊かな国が，安定した人口を単に維持するために必要な，女性1人あたり平均2.1人の子どもという出生率を下回ってから久しい。

☐ position：地位，立場

Japan's highest position was in 1999, when it was fourth.
日本は1999年の第4位がこれまでの最高位である。

☐ **process**：過程

People may feel uncomfortable when they hear that even such a personal unit as the family is no exception to the ongoing process of globalization.

家族のように私的な単位でさえも，進行中のグローバル化の過程から除外されはしない，と聞いたとしたら，人々はきっと不安を感じることだろう。

☐ **production**：生産

Economics are the study of the production, distribution, and consumption of goods and services.

経済は財・サービスの生産・配分・消費を研究する学問である。

☐ **progress**：進行，進展

At the various stations of their progress, the envoys would hold large gatherings with local men of letters at which they practised written exchange through Chinese characters and mutual composition and recital of verse and prose.

彼らの立ち寄るさまざまな土地では，使節団は地元の文人たちと集い，漢字を用いて筆談でやりとりを行い，相互の作品，韻文や散文の朗読など盛んに披露しあった。

☐ **purpose**：目的

The use of legal arrangements that make profits disappear for tax purposes or allow profits to be artificially shifted to low or no-tax locations is referred to as Base Erosion and Profit Shifting（BEPS）.

税金対策のために利益を隠したり，税率の低い地域や非課税の地域に人為的に利益を移したりする法的措置は，「税源浸食と利益移転（ＢＥＰＳ）」とよばれている。

☐ **region**：地域

Regions where traffic keeps to the right include North America, South America and Europe.

右側通行の地域は，北アメリカ，南アメリカ，ヨーロッパなどだ。

☐ **relationship**：関係

Recently, however, researchers have discovered a new facet of this relationship.

ところが最近になって，研究者たちは，この関係の新たな側面を発見した。

☐ **resource**：資源

The flow of nutrients from ocean to streams to woodlands is an unexpected, even unprecedented, uphill direction for <u>resources</u> to travel.

海から川，川から森への栄養素の移動は，思いもかけないどころか前例がない，天然資源が高所に向かう移動なのだ。

☐ **result**：結果，決算報告書

May is also when many listed Japanese companies release business <u>results</u> for the previous fiscal year.

5月はまた，多くの日本の上場企業が，前会計年度の決算報告書を報告する月でもある。

☐ **security**：安全，保障

Many of them get across the idea of trust and <u>security</u> — which is why you put your money in the bank in the first place.

そのような表現のほとんどは，信用と安全というイメージから生まれた。だからこそ人々は，自分の財産を真っ先に銀行に預けるのだ。

☐ **supply**：供給，備蓄

For years, both men were puzzled that their <u>supply</u> of wheat never seemed to decrease.

何年ものあいだ，ふたりとも，小麦のたくわえがまったく減る様子のないことに困惑していた。

3 形容詞・副詞

☐ **average**：平均的な

Fertility in all European countries is now below the level required for full replacement of the population in the long run (around 2.1 children per woman, on <u>average</u>).

ヨーロッパ全土の出生率は，長期的な人口置換水準で望ましいとされるレベル（平均して女性1人あたり2.1）に達していない。

☐ **carefully**：慎重に

Afterward, the number of traffic accidents actually dropped as people drove more <u>carefully</u> until they got used to the new system.

その後，自動車事故の件数は目に見えて減った。運転手たちが新しいシステムに慣れるまで注意して運転するようになったからだ。

☐ **certainly**：確かに，疑いなく，実に，まったく

I <u>certainly</u> didn't have to open any windows or worry that it would use up too much of my memory!

窓（window）を開ける必要はなかったし，記憶（memory）がいっぱいになる心配なんてしていなかった。

☐ **completely**：完全に，まったく

Asano's motives are completely unknown and explanations range from bullying and insulting behavior by Kira, if perhaps Asano did not bribe him sufficiently, to a burst of insanity.

浅野の動機はまったく不明だ。おそらく浅野は吉良に十分に賄賂を送っておらず，それにより吉良によるいじめや侮辱的な行動があったのではないかということか，急に気がふれたのではないかということなど，さまざまな説明がある。

☐ **corporate**：企業の

corporate taxes

法人税

☐ **currently**：現在のところ

Currently, only one textbook series for Japanese has an e-textbook for primary school teachers.

現在，小学校教師が利用できる電子教科書は，国語の教科書にしかない。

☐ **domestic**：国内の

The survey covers 177 countries and regions, measuring average life expectancy, education, literacy, the gross domestic product per capita and other factors, to calculate the Human Development Index.

この調査は177の国と地域が対象であり，平均寿命，教育，識字率，1人あたりの国内総生産，その他の要因について測り，人間開発指数を計算している。

☐ **environmental**：環境の

However recent reports by the UN and by the environmental group Worldwatch indicate that the 21st century will be marked by a new kind of conflict over a basic resource that all humans need every day – plain old water.

しかしながら，国連と環境保護団体ワールドウォッチによる最近の報告によれば，21世紀はすべての人間が毎日必要とする基本的な資源をめぐって新しい種類の争いが生じるという―その資源とはごく普通の水である。

☐ **especially**：特に

Sadly, the bank holiday is one of only a few things we have to be grateful for when it comes to the banks, <u>especially</u> in Ireland where people are still counting the cost of the near-collapse of our banking system in 2008.

残念ながら，私たちが銀行に感謝することといえば，バンクホリデーくらいしかない。特にアイルランドでは，2008年に起こった金融危機による損失が一体いくらになったのか，国民はいまも計算を続けている。

☐ **eventually** ：ついに，結局は，ゆくゆくは

"<u>Eventually</u> someone will come up with a big breakthrough in battery technology," says Singh.

「ゆくゆくは，充電池技術の大きな突破口を見つける人が現れるだろう」とシンは言う。

☐ **female** ：女性の

However, in terms of women's advancement, Japan ranked 42nd, with the percentage of <u>female</u> lawmakers at only 10.7 percent.

しかしながら，女性進出に関して言えば，日本は42位であり，女性議員はたった10.7％にすぎない。

☐ **financial** ：財政上の，金融の

The containment of the fiscal and <u>financial</u> crisis in the euro zone has become ever more uncertain.

ユーロ圏の財政および金融危機の封じ込めはさらに不確実なものになってきた。

☐ **former** ：旧，前の

Regions where cars keep to the left include Southeast Asia and <u>former</u> British colonies such as India, Pakistan, Jamaica, Australia and New Zealand.

左側通行の地域は，東南アジアや，インド，パキスタン，ジャマイカ，オーストラリア，ニュージーランドのようなイギリスの旧植民地が含まれる。

☐ **frequently** ：しばしば

Mathieu, a thirty-eight-year-old businessman working in Japan, <u>frequently</u> uses the Shinkansen on business.

日本で働く38歳のビジネスマン，マシューはしばしば仕事で新幹線を利用する。

☐ **global** ：地球規模の，世界の

Tiny Switzerland, with its four official tongues, is a <u>global</u> business hub.

スイスは小国だが，４つの公用語を持ち，世界経済の中心である。

□ **illegal**：違法な

Active euthanasia, or taking the life of a dying patient to prevent further suffering, remains <u>illegal</u> in the U.S.

積極的な安楽死，つまり，死を目前にした患者がそれ以上苦しまないようにするために生命を奪うことは，アメリカでは依然，違法である。

□ **immediately**：直ちに，すぐに

Paramedics arrived minutes later and <u>immediately</u> rushed Mr. Springer to Tampa Bay Hospital where he was treated for a number of injuries to the abdomen.

救急医療師は数分後に到着し，スプリンガーさんをタンパベイ病院に搬送し，そこで腹部に受けた多くの傷を治療した。

□ **independent**：依存しない，独立した

Ethanol – a cheap fuel made from crops such as corn and sugar cane – was seen another way of America to become energy – <u>independent</u>.

エタノールは，トウモロコシやサトウキビなどのような穀物からつくられる安価な燃料であるが，これはアメリカがエネルギーで自立するもう1つの方法だとみられている。

□ **local**：地元の，地方の

Susuki are among the most common <u>local</u> roadside weeds.

すすきは田舎の道端に生えている中で最も一般的な雑草だ。

□ **major**：主要な

It has also been learned that smell plays a <u>major</u> role in helping salmon find the river of their birth.

サケが自分の生まれた川を見つけるうえで，嗅覚が主要な役割を果たしている，ということも明らかにされています。

□ **medical**：医学の

In America, to write a document explaining what <u>medical</u> decisions someone should make if a person becomes so ill that he or she cannot make those decisions is prohibited.

アメリカでは，患者が医療にかかわる決断を自分で下せないほどの病状である場合に，どのような決断を第三者が下すべきかを説明する文書を作成することは禁じられている。

□ **military**：軍の，軍事上の

His successor in power, Tokugawa Ieyasu, who refrained from <u>military</u>

missions to Korea, reestablished diplomatic relations through negotiations with Songun Daesa Yuchong.

彼の権力上の継承者である徳川家康は，朝鮮への軍事的派遣は取りやめ，松雲大師惟政との交渉を通して外交関係を再び樹立した。

☐ **nearly** : 約，おおよそ

<u>Nearly</u> 3 million people were studying the Japanese language in 133 countries and territories worldwide as of 2006, up more than 25 percent from three years earlier.

2006年現在，世界中で133の国と地域で約300万人の人たちが日本語を勉強していて，3年前と比べて25％以上増加している。

☐ **overseas** : 海外で，海外に

When traveling <u>overseas</u>, don't forget! Look both ways when you cross the street and don't forget which side of the road the cars drive on.

海外を旅行するときには，どうか忘れないでほしい！　道を渡るときは左右をたしかめて，車が道路のどちら側を走っているかを忘れないでほしい。

☐ **physical** : 肉体的な，物理的な

Researchers advise parents to spend time on <u>physical</u> activity with their kids, to ensure children lead healthy lifestyles.

研究者は，親に，子どもが健康な生活を送れるよう，子どもたちと運動する時間をつくるよう勧めている。

☐ **political** : 政治的な，政治上の

Politicians and marketers are finally realizing the growing <u>political</u> and economic power of the world's fifth-largest Spanish-speaking community.

政治家や市場で売買する人は世界で5番目に大きなスペイン語圏共同体の政治的・経済的な力が増していることをようやく認識し始めている。

☐ **positive** : 積極的に，肯定的に

The determining factor was not so much emphasis on test-taking strategies or drill practice as on such basic daily behaviors as active participation, friendly greetings and a <u>positive</u> atmosphere at schools.

決定的な要因は，受験対策やドリルの日常的な実践よりも，積極的な参加や好意的な挨拶，学校での前向きな雰囲気のような，基本的な日常の行動であった。

☐ **public** : 公の

I sit writing this on a bank holiday, one of nine such <u>public</u> holidays we have in Ireland every year.

この記事を書いている今日はバンクホリデーだ。バンクホリデーとはアイルランドの祝日のことで，毎年９日間定められていて，今日はそのうちの１日というわけだ。

☐ **recent**：最近の

Some researchers in Philadelphia analyzed <u>recent</u> data from most of the world's nations to see if any new trends had emerged.

一部のフィラデルフィアの研究者らが，全世界のほとんどの国の最新データを分析し，新しい傾向が現れているか否かを調べた。

☐ **serious**：深刻な，重大な

Recently there have been <u>serious</u> reliability problems too, with millions of brand-name gadgets being recalled due to batteries that overheat, explode, or catch fire.

最近では深刻な信頼性の問題もあった。有名な製品が何百万も発熱，爆発，発火する充電池のせいで回収された。

☐ **sufficiently**：十分に

Asano's motives are completely unknown and explanations range from bullying and insulting behavior by Kira, if perhaps Asano did not bribe him <u>sufficiently</u>, to a burst of insanity.

浅野の動機はまったく不明だ。おそらく浅野は吉良に十分に賄賂を送っておらず，それにより吉良によるいじめや侮辱的な行動があったのではないかということか，急に気がふれたのではないかということなど，さまざまな説明がある。

☐ **traditional**：伝統的な，従来の

Nowadays, there is a greater variety of available methods for learning languages other than attending <u>traditional</u> classroom lessons, such as using the Internet, but the survey could not cover such individuals.

今日では，インターネットの活用など，従来の教室での授業に出席する以外の言語を習得する方法が多様化しているが，今回の調査ではそのような個々の方法を対象に含めることができなかった。

SECTION ③ 付録 英文文法問題・重要項目

Point 1

I (　　　) her since she was a little child.

1	know	2	knew	3	have known
4	have been known	5	have been knowing			

【解説】

　時を表す接続詞sinceは「〜以来，〜のときからずっと」の意味であり，過去のある時点から現在までの継続を意味する。sinceに導かれる副詞節は過去形を用いる。問題文のsince以下は「彼女が子どものとき以来ずっと」の意味となる。このとき主節は継続を表す時制である現在完了形を用いるので，肢3のI have known her 〜が正解となる。

　現在までの継続を表すときには現在完了進行形も用いることができるが，本問の場合，動詞knowは状態を表す動詞なので，進行形は用いない。したがって肢5は誤りである。

正答 3 「私は彼女が子どものころから知っている」

Point 2

I left home at eight. I (　　　) for you for an hour till then.

1	have been waiting	2	had been waiting	3	was waiting
4	have waited	5	waited			

【解説】

　till 〜は，「〜までずっと」という意味の〈期限〉を表す前置詞である。till thenは「そのときまで」を表し，具体的には，「私が8時に家を出るときまで」を意味する。「家を出た」のは過去のことであり，その過去の時点までずっと待っていたことになるので，過去よりも前に起こった事柄を表す過去完了形を用いる。

　本問では，動作を表す動詞waitが用いられているので，そのときまで継続して「ずっと待っていた」ことを表す過去完了進行形が適切である。

正答 2 「私は8時に家を出た。それまで君を1時間待っていた」

Point 3

We（　　）here for twenty years at the end of this month.

1 live 　　　　 2 have lived 　　　 3 have been living

4 will live 　　 5 will have lived

【解説】

文中に，at the end of this month「今月の末」とあり，未来を表している。したがって，「そのときまでに～することになるだろう」と未来の一時点まで継続するであろう状態を表す場合は未来完了形を用いる。

未来完了形の用法

① 未来のあるときまでの動作の完了・結果

I will have finished my homework by tomorrow.

「明日までには宿題を終えてしまっているだろう」

② 未来のあるときまでの経験・状態の継続（本問の場合）

If he fails next time, he will have failed three times.

「今度失敗すれば，3回失敗したことになる」

正答 5 「今月の末で20年間ここに住んだことになる」

Point 4

I'll do it, even if it（　　）me a whole day.

1 will take 　　　 2 takes 　　　　 3 took

4 is taking 　　 5 was taking

【解説】

本問の主節では「私がしましょう」と意志未来で表され，続く副詞節にはeven ifが用いられ「たとえ1日がかりになっても」と述べられている。even ifは基本的には条件のifを強めたものと考えられる。「時」や「条件」を表す副詞節の中では，未来のことであっても現在形を用いるので正解は肢2となる。

正答 2 「たとえ1日がかりになっても，私がしましょう」

SECTION ③ 付録 英文文法問題・重要項目

Point 5

I'm tired out because I (　　　) all day.

1　am shopping
2　have been shopping
3　was shopping
4　will have been shopping
5　had been shopping

【解説】

　文中の主節では「私はぐったりです」と現在のことについて述べている。それは，「一日中，買物をしていたから」である。過去から現在までの継続は現在完了を用いるが，特に「現在までずっと〜し続けている」というように，動作そのものの継続を強調する場合は現在完了進行形を用いる。tired outのoutは副詞で「すっかり，完全に」を意味している。

　　現在完了進行形の用法：現在の時点で動作が続いている場合と終わっている場合がある。

① 　現在も継続していて，その動作は未来にまで及ぶと考えられる場合

　　He has been sleeping for ten hours now, but he isn't likely to wake up for a while.

　　「彼はもう10時間寝ているが，しばらくは起きなそうだ」

② 　少し前に動作は終わって，その影響だけ残っている場合

　　I've been working in the garden all day, so I'd like to have a rest.

　　「一日中，庭仕事をしていたので，休みたい（もう庭仕事は終わっているが，疲れが残っている）」

　本問は②の用法になる。

正答 2　「一日中，買物をしていたのでぐったりです」

Point 6

Hurry up, or you (　　) late for school.

1	will be	2	are	3	were
4	will have been	5	have been		

【解説】

命令文に等位接続詞orをつなげる構文は，「命令文…，or ～」の場合には「…しなさい，さもないと～するでしょう（～します）」という意味を表し接続詞の後はwill＋原形を用いる。本文は，「急ぎなさい，さもないと学校に遅れますよ」の意味。

「命令文…，and ～」の場合は「…しなさい，そうすれば～です」の意味を表す。このときも接続詞の後は未来形である。

Hurry up, and you'll be in time for school.

「急ぎなさい，そうすれば学校に間に合います」

正答 1 「急ぎなさい，さもないと学校に遅れますよ」

Point 7

Jane (　　) at home. I've just heard her voice.

1	can be	2	cannot be	3	must be
4	must have been	5	may be		

【解説】

第2文の「ちょうど彼女の声が聞こえた」をヒントに空欄に入る語句を探すと，肢3 must beが正解となる。「彼女は家にいるに違いない」と推量を表す助動詞として適切であり，第2文へつながる。

肢1 can beは可能性を表す助動詞である。「～しうる」となり，「家にいる可能性がある」とやや消極的な見解となる。彼女の声がしたのだから，家にいることは確実である。肢2のcannot beは「家にいるはずがない」。肢4 must have beenは過去のことに対して，「今から考えてみると～だったに違いない」と推量することになるので，適切でない。肢5のmay beは「いるかもしれない」と遠まわしな推量となる。

正答 3 「ジェーンは家にいるに違いない。ちょうど彼女の声が聞こえた」

Point 8

Takehiro said that Eriko (　　　) love him.

1　will　　　2　shall　　　3　can　　　4　may　　　5　must

【解説】

肢1 will→「エリコは自分のことを好きになるであろう」

肢2 shall→「エリコに自分のことを好きにさせよう」

肢3 can，4 may→「エリコは自分のことが好きかもしれない」

肢5 must→「エリコは自分のことが好きに違いない」

どの助動詞を入れても，一応文章としての意味は成り立つが，主節の動詞の時制に着目すると，時制の一致に従い従属節も過去にする必要がある。1～4までは，will→would，shall→should，can→could，may→mightとなるが，mustは過去時制になってもそのままでよい。したがって，正解は肢5となる。

正答 5　「タケヒロは，エリコは自分のことが好きに違いない，と言った」

Point 9

You (　　　) that car with the brakes out of order.　You might have had a car accident.

1　won't have driven　　　　2　cannot have driven

3　will be able to drive　　　4　shouldn't have driven

5　may have driven

【解説】

本文2文目は「交通事故になったかもしれない」という意味であるので，この文に内容的に適切に続く語句を選ぶ。

肢4はshould have＋過去分詞は，過去のことに対して，「今考えてみると～すべきだったのに」という気持ちを表す。shouldn't have＋過去分詞は「～すべきでなかった」の意味があり，「交通事故になったかもしれなかった」に続くので適切である。

肢1は「まだ運転していないだろう」の意味の未来完了である。肢2は「運転したはずがない」。肢3は「～することができるだろう」という未来形。

肢5は「あなたは運転したかもしれない」という推量を表している。いずれも2文目の「交通事故になったかもしれなかった」へのつながりが適切ではない。

正答 4　「ブレーキが故障している車を運転すべきでなかった。交通事故になったかもしれないよ」

Point 10

When I was in college, I (　　　) often sit up all night.

1　should　　2　would　　3　used to　　4　might　　5　must

【解説】

大学の頃の習慣について述べているので，過去の習慣「よく～したものだ」の意味になる肢2 wouldが正解となる。wouldは副詞のoften, sometimesなどを伴うことが多い。

肢1は「徹夜すべきである」，肢3はwouldと同じように習慣を表すが，used to oftenとはいえない。肢4は可能性の薄い推量を表す助動詞mightで，「もしかしたら徹夜するかもしれない」，肢5は「徹夜しなければならない」と義務を表すので適さない。

またwouldは否定語notとともに用いると，過去の強い意志を表し「どうしても～しなかった」の意味となる。He would not tell me the truth.「彼はどうしても真実を言おうとしなかった」

正答 **2** 「大学の頃，よく徹夜したものだった」

Point 11

It was stupid (　　　) the paper without reading it.

1　for me signing　　　　2　for me to sign　　　　3　for me of signing

4　of me for signing　　5　of me to sign

【解説】

この文は〈人〉を主語にした文に書き換えることができる。

→I was stupid to sign the paper without reading it.

このように〈人〉を主語にして，You are stupid, you are kind …と書き換えることのできる形容詞を含む「It … to～」に用いる前置詞はofになる。

このパターンをとる形容詞：stupid, kind, good, nice, careless

似たパターンの文だが，It is difficult for me to learn English.のように前置詞forを用いるときは，人間を主語にして書き換えることはできない。ただし，difficultやeasyなどの〈難易〉を表す形容詞では，不定詞の目的語を文の主語に移動させた文に書き換えることができる。

→English is difficult for me to learn.

正答 **5** 「読まないで書類に署名するなんて，私はばかでした」

Point 12

Mary whistled to her dog and it came (　　).

1　to run	2　running	3　for running
4　run	5　on running	

【解説】

come, sit, standなどの動詞が用いられるとき, その後に補語として置かれる現在分詞は「〜しながら, …する」の意味で用いられ, 同時に2つの動作が行われていることを表している。

The dog came. It was running.

上の2文をまとめると「主語＋動詞＋補語（分詞）」の文型を作り, The dog came running.「犬は走ってやって来た」となる。

肢1のようにcome to run「come to 不定詞」という形は, 「〜するために来る, 〜しに来る」という意味になる。肢3・4・5は文法的に間違い。

正答 **2**　「メリーが口笛をふくと, 犬は走ってやって来た」

Point 13

(　　) what to say to her, I remained silent for a long time.

1　Knowing not	2　Known not	3　Not knowing
4　Not known	5　Not to know	

【解説】

接続詞を用いて副詞節に書き換えると,

As I did not know what to say to her, I remained silent for a long time.である。

分詞構文にするときは, 副詞節の文頭にある接続詞を取り除く。副詞節と主節の動詞の時制が同じなので, 副詞節のknowを分詞にする。そのとき, 否定語notは分詞の直前に置かれ, Not knowing what to say to her, 〜となる。

正答 **3**　「彼女に何と言ってよいかわからなかったので, 長い間黙ったままだった」

Point 14

Can you walk here (　　) ?

1　with closed your eyes　　　　2　with your eyes closing

3　with your eyes closed　　　　4　your eyes closing

5　your eyes closed

【解説】

　前置詞withを用いた用法である。この場合のwithは，ある状況が他の状況に伴っているときに使われ，付帯状況を表す。

with＋（代）名詞＋過去分詞　→　〜がされる（されている）状態で

with＋（代）名詞＋現在分詞　→　〜がしている状態で

　本文の，「あなたはここを歩けますか。〜したまま」に適切な語句を選ぶ。

　肢1・4・5は間違いである。

　肢2・3が上記の用法に当てはまるが，内容を考えると「目を閉じた状態で→目が閉じられた状態で」を表す選択肢は過去分詞を含む肢3となる。

正答　3　「ここを目を閉じたまま歩けますか」

Point 15

I remember (　　) the man three years ago, but I forget his name.

1　to see　　　　2　to have seen　　　　3　seen

4　seeing　　　　5　for seeing

【解説】

　rememberは「〜を思い出す，覚えている」という意味で目的語にto不定詞や〜ingをとることができる。to不定詞は，「これからしようとすること」を〜ingは「実際にやっていること」をそれぞれ表すため，rememberとの組合せでは次のような意味の差が生じる。

remember＋to不定詞　→　（未来に）忘れずに〜する

remember＋〜ing　→　（過去に）したことを覚えている

　本文は「3年前にその人に会ったこと」つまり「過去にしたことを覚えている」ことを述べるので，remember＋〜ingを用いる。したがって，肢4が正解となる。

正答　4　「その人には3年前に会ったのを覚えているが，名前が思い出せない」

Point 16

The room is messy. Someone (　) the house.

1	seemed to enter	2	seemed to have entered
3	seems to enter	4	seems to have entered
5	seems entering		

【解説】

to不定詞のうち，「to＋原形」は述語動詞と同時かそれ以降のことを表し，「to＋have＋過去分詞」は述語動詞の時点よりも以前のことを表す。

①　John seems to be a doctor.（→It seems that John is a doctor.）

②　John seems to have been a doctor.（→It seems that John was a doctor.）

③　John seemed to be a doctor.（→It seemed that John was a doctor.）

④　John seemed to have been a doctor.（→It seemed that John had been a doctor.）

本問では現在散らかっている状況から過去のことを推測しているので，②のパターンにする必要がある。

正答 4　「部屋が散らかっている。誰かが家に入ったようだ」

Point 17

If I ( ) be born again, I would become a musician.

1 will 　　　　　2 shall 　　　　　3 can

4 will be able to 　　5 were to

【解説】

「もし～なら，…だろう」と，未来に対する条件・仮定を述べる方法の１つにwere toがある。

この仮定法は「もし仮に…なら」というように可能性が極めて少ないときに用いる。

本問の場合，「もう一度生まれる」ことは不可能な事柄なので，肢１・２・３・４は適切でない。

If … were to …, … ［would, should, could, might］＋動詞の原形

帰結部に使用される助動詞は過去形となる。

他に「未来」に対する条件の表現方法として，

① If … 現在形, … ［will, shall, can, may］＋動詞の原形 → 単に条件を表すIf節

　　If it rains tomorrow, I won't go.「あす雨が降れば，行きません」

② If … should …, … ［will, would, shall, should, can, could, may, might］＋動詞の原形

If it should rain tomorrow, I won't ［wouldn't］ go.「（雨は降らないと思いますが）万一あした雨が降れば，私は行きません」 万一という可能性の少ないことへの仮定。可能性が低いときは主節はwouldn't，可能性が高いときはwon'tを用いる。

正答 5 「もう一度，生まれ変われたら音楽家になるだろう」

SECTION ③ 付録 英文文法問題・重要項目

Point 18

Akira talks as if he （　　　） everything.

1	will know	2	may know	3	knows
4	knew	5	has known		

【解説】

　この文は，仮定法の慣用表現as ifに着目する。as ifやas thoughを用いるとき，意味は「まるで～であるかのように」である。「as if＋仮定法過去…」は，as if以下が主節と同じ時を示す場合は，仮定法過去を使う。

　He <u>talks</u> as if he <u>knew</u> everything.「知っ<u>ている</u>かのように<u>話す</u>」

　He <u>talked</u> as if he <u>knew</u> everything.「知っ<u>ている</u>かのように<u>話した</u>」

　as if以下が，主節の動詞が示すときよりも前の事柄を指す場合は，仮定法過去完了を用いる。

　この場合の意味は，「まるで～であったかのように」である。

　He <u>talks</u> as if he <u>had known</u> everything.「知って<u>いた</u>かのように<u>話す</u>」

　He <u>talked</u> as if he <u>had known</u> everything.「知って<u>いた</u>かのように<u>話した</u>」

正答 4　「あきらは何でも知っているかのような口ぶりだ」

Point 19

The position was filled by a man (　　　) he thought was thoroughly competent.

1　of which　2　which　3　who　4　whose　5　whom

【解説】

　名詞の後ろに文をつなげて情報を付け加える場合，つなげる文の先頭にwh-語やthatをつける。このwh-語やthatのことを「関係詞」といい，つなげる文のことを「関係詞節」という。また，文をつなげる名詞のことを「先行詞」という。

　関係詞にwh-語を使う場合，関係詞節の中でのwh-語の働きによって使い分けることになっている。問題のようにa manのような〈人〉が先行詞である場合，wh-語が節の中で主語であればwho，目的語であればwhomを使う。先行詞が〈モノ〉である場合はwhichを使う。

　この問題では一見，wh-語が動詞thoughtの目的語になるように思えるが，thoughtの後に別の動詞wasがある。thinkはHe thought the man was thoroughly competentのように文を目的語にできる動詞である。このため，ここではwh-語がthoughtに続く文の主語になっていると判断しwhoを選ぶ。

正答　3　「その地位には彼がすごく有能だと思っていた男性がついていた」

SECTION ③ 付録 英文文法問題・重要項目

Point 20

I live in the suburbs of Yokohama, (　　　) is Japan's second largest city.

1　where　　2　that　　3　what　　4　as　　5　which

【解説】

　関係詞には，関係詞節の中で名詞として働く「関係代名詞」と，副詞として働く「関係副詞」がある。関係副詞の場合，先行詞の意味によって使い分けが行われ，〈場所〉を表すときはwhere，〈時〉を表すときはwhen，〈理由〉を表すときはwhyを使う。

　問題文は先行詞がYokohamaであり，〈場所〉を表している。しかし，空欄の右側は動詞isであり，動詞の左側に主語になるべき名詞が見当たらない。このため空欄に入る語が主語として働くものでなければならないため，whichを選ぶ。thatも関係代名詞として使えるが，先行詞とのあいだにコンマや前置詞がはさまっているときには使えない。

正答 5　「私は日本で2番目の大都市である横浜の郊外に住んでいる」

Point 21

She was a perfect hostess (　　　) duty was to make her party successful.

1　whatever　2　whose　3　such　4　as　　5　while

【解説】

　関係代名詞はwho，whom，whichの3つのwh-語，およびthatが最も基本的なものである。しかし，関係詞節の語順が，

　①名詞＋S＋Vまたは，②名詞＋V

で，名詞に本来つくべき冠詞など（a，the，this，that，my，yourなど）がついていない場合には，whoseを用いる。このwhoseは先行詞が〈人〉でも〈モノ〉でも構わない。

正答 2　「彼女のもてなしは完璧で，パーティーを成功させることが彼女のつとめだった」

Point 22

Isaac was (　　　) interested in mathematics and various mechanical hobbies than in farming.

1　so　　　　2　more　　　3　such　　　4　very　　　5　much

【解説】

この文にthanが使われていることに着目する。thanがあるときは，thanよりも左側のどこかで必ず比較級が使われている。比較級は2つのモノや人を比較するときに使う形容詞や副詞の活用形で，もとの形（＝原級）の語尾に-erをつけるか，「more＋原級」の語順で表す。

この問題で空欄の右側にあるinterestedは動詞に-edをつけて生まれた形容詞であるため，これにさらに-erをつけることはできない。このため空欄の位置にmoreをつけて比較級にする。

正答 2　「アイザックは農作業よりも数学や機械いじりに興味があった」

Point 23

Even the brightest of the chimpanzees can no (　　　) speak than they can fly.

| 1 | less | 2 | least | 3 | so | 4 | more | 5 | most |

【解説】

① He is older than she is.

② He is three years older than she is.

③ He is much older than she is.

④ He is no older than she is.

①は「彼は彼女より年上だ」という意味である。②は「彼は彼女より3歳年上だ」という意味で，年の差を表すthree yearsが比較級の左側に置かれている。③では年の差がmuch，すなわち「たくさん」ということだから「彼は彼女よりはるかに年上だ」という意味になる。さらに④になると，年の差がゼロになる。これは話す相手が「年上だろう」と予想しているときに「実は同い年なんだ」という指摘をするための表現である。

問題では「賢いチンパンジーなら話ができそう」という予想に反した指摘で，絶対にありえない「チンパンジーが飛べること」と比較して「同じくらいできる＝どちらもできない」ということを表す文にする。

正答 4　「最も賢いチンパンジーでも言葉は話せない。飛べないのと同様である」

Point 24

Peter is a couch potato. He thinks that nothing is (　　　) interesting as watching TV all day long.

| 1 | more | 2 | less | 3 | so | 4 | such | 5 | very |

【解説】

　空欄の後ろにasがあることに着目する。asは「～ほど」「～くらい」という意味で使われる。この場合，asの前で使われるのは次の3パターンである。

① 　as＋形容詞／副詞

② 　so＋形容詞／副詞

③ 　such＋（a/an）＋（形容詞）＋名詞

　したがって，ここでは肢3のsoが入ることになる。

正答 3　「ピーターはカウチポテトで，一日中テレビを見ているほど楽しいことはないと思っている」

Point 25

The cloth is far inferior (　　　) what I ordered.

| 1 | than | 2 | under | 3 | as | 4 | to | 5 | below |

【解説】

　通常の形容詞の比較級と異なり，-iorの語尾の「ラテン比較級」というラテン語由来の形容詞がある。重要なのは次の4語である。

junior to：～より若い，後輩の／senior to：～より年上の，先輩の

superior to：～より優れた／inferior to：～より劣った

　したがって，inferiorの右側にある空欄にはtoが入る。

正答 4　「この布は私が注文したのよりもかなり質が悪い」

SECTION ③ 付録 英文文法問題・重要項目

Point 26

The final game made me so (　　　) that I could not keep sitting on the seat.

1　excite　　　　　2　excited　　　　　3　exciting

4　to excite　　　5　be excited

【解説】

形容詞の中には，語尾が-edのものや-ingのものがある。これはこれらの形容詞がもともと動詞の過去分詞や現在分詞であったためである。この種の動詞は基本的に次のようなパターンをとる。

X　＋　V　＋　Y

〈原因〉〈～させる〉〈～する人〉

したがって人を主語にした構文は受動態の形をとる。

Y＋BE＋-ed＋前置詞＋X

問題ではmadeの目的語であるmeが空欄部の意味上の主語となる。このため-edの語尾を持つ肢2を選ぶ。

正答 **2**　「決勝戦は興奮して，席に座っていられないほどだった」

Point 27

I'm very disappointed (　　　) him.

1　at　　　2　of　　　3　on　　　4　to　　　5　with

【解説】

感情を表す動詞を受動態にした場合の前置詞はby以外で表されることが多く，その-ed形によって異なるので注意が必要である。ただし全体として，次のような傾向がある。

瞬間的な気持ちの変化の原因：at（surprised, shockedなど）

ある程度持続する感情の原因：with（pleased, satisfiedなど）

「のめりこむ」「ハマる」対象：in（interested, absorbedなど）

この文では常日頃からhimの言動に失望していると考え，withを選ぶ。

正答 **5**　「彼には非常に失望している」

Point 28

Parents should provide their children （　　　） decent food and clothing.

1　by　　　2　for　　　3　to　　　4　with　　　5　on

【解説】

provideやsupplyなどの「供給する」という意味の動詞では，次のようなパターンをとる。

X　　　　＋provide＋Y＋with＋Z
〈供給する人〉　　　　　〈相手〉　〈モノ〉

YとZの順序を入れ替えると次のようなパターンになる。

X＋provide＋Z＋to＋Y

このため前置詞の選択には，空欄前後の名詞の意味に着目する。左側はtheir childrenという〈人〉であり，右側がdecent food and clothingという〈モノ〉であるからwithを選ぶ。

正答 4　「親は子どもにちゃんとした食事と衣服と与えるべきである」

Point 29

When Henry is angry, the expression on his face （　　　） me of his grandfather.

1　recalls　　　　2　recollects　　　　3　reflects

4　remembers　　　5　reminds

【解説】

まず，空欄の左側，すなわち主語の位置にある名詞が〈人〉ではないことに着目する。通常，「思う」「わかる」という意味の動詞は主語が〈人〉になる。肢2～4の動詞はすべて〈人〉を主語にして「思い出す」「振り返る」という意味になる。

これに対してremindは，「思い出す人」が目的語の位置，すなわち右側に現れ，主語の位置には「思い出すきっかけ」を表す名詞を置く。したがって，この文ではremindsを選ぶのが正しい。また，肢1のrecallは，「思い出す物」が目的語の位置，主語の位置に「思い出すきっかけ」が来るため，誤りである。

正答 5　「ヘンリーが怒ると，彼の表情で彼のおじいさんのことを思い出す」

SECTION ③ 付録 英文文法問題・重要項目

Point 30

A moment's hesitation may (　　　) a pilot his life.

1　deprive　　2　cost　　　3　take　　　4　rob　　　5　lose

【解説】

costという語はThis book cost me 1,000 yen.のように，主語に「買ったモノ」，目的語に「買った人」と「買った金額」が続くのが基本的なパターンである。しかし，「金額」としての「代価」からさらに意味が広がり「代償」を表すこともできる。この場合，主語の位置は「過ち」「ミス」のような行為を表す名詞が置かれる。

正答 2　「一瞬のためらいがパイロットの命を奪いうる」

Point 31

He didn't want to peel potatoes, but the cook (　　　) him to.

1　made　　2　let　　　3　had　　　4　told　　　5　did

【解説】

空欄の後にtoがあることに着目する。このtoはto不定詞のtoであり，空欄に入る動詞はto不定詞を続けられるものでなければならない。

make, let, haveはいずれもto不定詞をとることができない。doはto不定詞もtoなし不定詞もとることができない。よって，ここではtellの過去形であるtoldを選ぶ。

正答 4　「彼は芋の皮をむきたくなかったが，料理長が彼にむくように言った」

Point 32

When I mentioned her name, I noticed (　　　).

1	him smiling	2	him to smile	3	he to smile
4	he smile	5	smiling him		

【解説】

　see, hear, feelなどの「見る」「聞く」「感じる」という意味の動詞を「知覚動詞」という。見たり，聞いたり，感じたりできるものは，リアルタイムで行われていることでなければならない。このため，知覚動詞の文ではリアルタイムであることを表すためにtoなし不定詞か-ingを用いたパターンになる。

　I saw him smile.

　I saw him smiling.

　noticeもこのグループに属す動詞なので，同じパターンで使う。したがって，肢1を選ぶ。

正答 1　「私が彼女の名前を言ったとき，彼がにっこり笑ったのに気づいた」

Point 33

It is very difficult for me to (　　　) this matter.

1	discuss about	2	say	3	speak about
4	talk	5	tell on		

【解説】

　「話す」「言う」という意味の「発話動詞」はすべて「話し手」が主語となる。しかし，動詞の右側に来る情報はさまざまである。

　say＋〈言葉〉，speak＋to〈相手〉／about〈話題〉，talk＋to/with〈相手〉／about〈話題〉，tell＋〈相手〉＋〈内容〉

　このように，基本となる4つの発話動詞には〈話題〉を目的語にできるものはない。aboutが必要なのである。また，discussは〈話題〉を目的語にとるのでaboutが不要である。

正答 3　「私がこの問題について話すのは難しい」

Section 3 付録 英文文法問題・重要項目

Point 34

She <u>travels</u> quite a lot, working for an international company.

1	gets around	2	gets away	3	gets off
4	gets over	5	gets through		

【解説】

aroundは「回る」という意味の前置詞・副詞である。awayは「離れて」という意味の副詞である。offは「分離」という意味の前置詞・副詞であるが，離れ具合はawayのほうが大きい。overは「～の上で弧を描く」という意味で，そこから「超える」「越える」「覆う」という意味に分かれていく。throughは何か筒状のものの中を「貫通する」という意味である。

travelは「旅行する」という意味だから「あちこち回る」という意味を持つgets aroundが最も意味が近いことになる。

正答 1 「彼女は多国籍企業で働きながら，あちこち飛び回っていた」

Point 35

I'm afraid the accident will <u>give rise to</u> a political problem.

1	make up for	2	get up	3	bring about
4	come up to	5	go ahead with		

【解説】

give rise toはgiveの意味に照らし合わせて考えれば「～にriseを与える」という意味になる。riseとは「上がること」「生じること」である。つまりgive rise toで「～を生じさせる」という意味になる。

選択肢のうち，bringは「持ってくる」という意味で，aboutは「身の回りに」という意味である。ここから「身の回りに持ってくる→もたらす，引き起こす」という意味になる。これがcome aboutになると，「身の回りにやってくる」ということから「起こる」という意味になる。

正答 3 「事故が政治問題に発展するのではないかと思う」

Point 36

I cannot <u>make out</u> what this paragraph means.

1　explain　　　　　2　prepare　　　　　3　inform

4　understand　　　5　remember

【解説】

「いろいろ考えて結論・解答を頭からひねり<u>出す</u>」という意味のイディオムではoutが用いられる。outを使うイディオムとしてfind out，make out，figure outなどがあり，carry outなどもこの延長線上で捉えることができる。

正答　4　「私はこの段落の意味がわからない」

Point 37

He <u>takes on</u> too much work.

1　performs　　　　2　continues　　　　3　provides

4　accepts　　　　　5　endeavors

【解説】

takeの基本的意味は「取り入れる」である。したがって，takeした結果，haveすることになる。onも「接触」を表す前置詞であるから，ここからtake onが「引き受ける」という意味であることがわかる。

正答　4　「彼は仕事を引き受けすぎる」

Point 38

He couldn't <u>keep away from</u> that situation any longer.

1	avoid	2	conceal	3	condemn
4	escape	5	understand			

【解説】

keepは「見張って守る」という意味の動詞である。awayは「離れて」という意味の副詞である。fromは「～から」という出所を表す前置詞である。この3語をまとめると「～から離れた状態を保つ」, つまり「近づかないようにする」という意味になることがわかる。

正答 1 「彼はあの状況をそれ以上避けているわけにはいかなかった」

Point 39

Select the appropriate combination of prepositions to fill in the blanks of the following passage. （国家一般職　専門英語基礎2014）

Susuki are （　A　） the most common local roadside weeds. Susuki seeds fall on any newly opened area, and quickly develop （　B　） dense, extensive plant communities called susukinohara, or susuki grassfields. （　C　） natural conditions, susuki grassfields quickly form in areas where a forest has been destroyed （　D　） wind or fire. However, the susuki communities usually last （　E　） only a decade or so.

	A	B	C	D	E
1	in	into	Under	throughout	for
2	among	into	Under	by	until
3	in	to	Beneath	by	until
4	in	to	Beneath	throughout	until
5	among	into	Under	by	for

【解説】

A　among

雑草という分類の中で, すすきが一般的という意味合いになるようにする。inは物体の内側という意味合いで「～の中」と翻訳する。一方, amongは集合の一部と

いう意味合いでの「～の中」である。（類似の使い方be popular amongがある。）

B into

　develop intoで「～になる」なので，ここではintoが来る。denseは密集するという意味なので，develop into denseは，ここでは「群生する」となる。

C Under

　状況のunderが適当。beneathは「（物理的な意味合いで）下に」という意味。underは「（判断・考慮）のもとで」という意味で使うことができる。よってUnderが適当。（類似の表現で，under considerationがある。underの後に冠詞が来ない点に注意。）

D by

　手段のbyが適当。throughoutは「～を通過して」という意味合い。ここでは風や火災という手段によって森がなくなるという意味合いなので，手段byが適当。類似の表現で，open the door by keyがある。byの後に冠詞が来ない点に注意。

E for

　期間を表現するforが適当。untilは「（期日）までずっと」という意味で，untilの後には期間の終了時期が明記される必要があるので不適。

【全訳】

　すすきは田舎の道端に生えている中で最も一般的な雑草だ。すすきの種はどんな新たに開けた場所にでも飛散し，すぐに群生する。広く平野を覆いつくすと，すすきの原やすすき草原とよばれる。自然の中では，すすきの原は風や火災によって森が破壊された場所ですばやく形成される。ただ，すすきの原は，十年くらいで姿を消すのが通常である。

正答 5

Point 40

Select the sentence which is grammatically correct.

(国家一般職　専門英語基礎2014)

1　Economics are the study of the production, distribution, and consumption of goods and services.
2　Paul helped carry my three baggages up to the fourth floor.
3　We must devise a means of identifying potential weaknesses.
4　My living room has too many furnitures so it is hard to walk around.
5　The office requested that I itemize much equipments we purchased.

【解説】

1　×　「Economics are the study of the production, distribution, and consumption of goods and services.」は，経済は財・サービスの生産・配分・消費を研究する学問である，という意味である。ただし，Economicsは単数なので，areは誤りで，正しくはisとする。

2　×　「Paul helped carry my three baggages up to the fourth floor.」は，ポールは，私が３つの荷物を４階まで運ぶのを手伝ってくれた，という意味である。ただし，helpedの目的語がないので，helpedの後に目的語meを追加する必要がある。

3　○　「We must devise a means of identifying potential weaknesses.」は，私たちは，潜在的弱点を特定する手段を見いださなければならない，という意味である。

4　×　「My living room has too many furnitures so it is hard to walk around.」は，私の居間は，家具が多すぎて，歩き回るのが難しい，という意味である。ただし，so-that構文であり，tooをsoに，soをthatに直す必要がある。

5　×　「The office requested that I itemize much equipments we purchased.」は，私は事務所から，購入した大量の備品を箇条書きにすることを求められた，という意味である。ただし，equipmentは，単数扱い。equipmentsは誤りで，正しくはequipmentである。

正答 3

memo

1 現代文

2012年から2023年までの公務員本試験問題のうち，2回以上使用された著者と本試験で使用された著作物一覧です。

回数	出典元著者	出典
6回	内田樹	『寝ながら学べる構造主義』『大人のいない国』『ためらいの倫理学：戦争・性・物語』『下流志向：学ばない子どもたち働かない若者たち』『疲れすぎて眠れぬ夜のために』
	阿部謹也	『学問と「世間」』『「教養」とは何か』『社会史とは何か』『日本人の歴史意識』『「世間」とは何か』
5回	養老孟司	『いちばん大事なこと』『バカの壁』『自分の壁』『毒にも薬にもなる話』『唯脳論』
4回	中島義道	『悪について』『私の秘密：哲学的自我論への誘い』『時間論』『非社交的社交性：大人になるということ』
3回	外山滋比古	『アイディアのレッスン』『古典論』『新エディターシップ』
	池上嘉彦	『記号論への招待』
	湯川秀樹	『目に見えないもの：思想の結晶』
	野矢茂樹	『子どもの難問：哲学者の先生，教えてください！』『哲学な日々：考えさせない時代に抗して』
	山崎正和	『水の東西(混沌からの表現より)』『社交する人間』『神話と舞踊：文明史概論(アステイオン70)』
	三木清	『哲学はどう学んでいくか』『人生論ノート』
	茂木健一郎	『思考の補助線』『本番に強い脳をつくる』
	白波瀬佐和子	『生き方の不平等：お互いさまの社会に向けて』
	今井むつみ	『学びとは何か：〈探求人〉になるために』
	原研哉	『デザインのデザイン』『日本のデザイン：美意識がつくる未来』
	高階秀爾	『日本人にとって美しさとは何か』『西洋の眼日本の眼』
	森博嗣	『科学的とはどういう意味か』『面白いとは何か？面白く生きるには？』
2回	安藤忠雄	『建築に夢をみた』『連戦連敗』
	宇沢弘文	『経済学は人々を幸福にできるか』『経済と人間の旅』

	加藤尚武	『「かたち」の哲学』『技術と人間の倫理』
	河合隼雄	『こころの処方箋』『子どもと悪（今，ここに生きる子ども）』
	岩崎武雄	『哲学のすすめ』
	岩田靖夫	『よく生きる』『レヴィナス哲学における「苦しみ」の意味』
	今道友信	『美について』
	山田昌弘	『こころ動かす経済学』
		『「家族」難民：生涯未婚率25％社会の衝撃2014』
	小坂井敏晶	『社会心理学講義：＜閉ざされた社会＞と＜開かれた社会＞』
		『責任という虚構』
	小林秀雄	『モオツァルト・無常といふ事』『徒然草・無常といふ事』
	小林傳司編	『公共のための科学技術』
	松井孝典	『我関わる，ゆえに我あり：地球システム論と文明』
		『宇宙誌』
	上田紀行	『生きる意味』
	森田邦久	『科学哲学講義』
	神野直彦	『「分かち合い」の経済学』『経済を見る眼』
2回	西垣通	『こころの情報学』
		『集合知とは何か：ネット時代の知のゆくえ』
	前野隆司	『幸せの日本論：日本人という謎を解く』『錯覚する脳』
	大澤真幸	『戦後の思想空間』『不可能性の時代』
	池内了	『科学の限界』
	田中克彦	『名前と人間』
	堂目卓生	『アダム・スミス』『日本の復興と未来』
	梅棹忠夫	『情報論ノート』『生態学入門』
	鈴木孝夫	『ことばと文化』
	鷲田清一	『「待つ」ということ』『大人のいない国』
	國分功一郎	『スピノザの方法』『中動態の世界：意志と責任の考古学』
	齋藤孝	『教育力』『すぐれたリーダーに学ぶ言葉の力』
	齋藤純一	『不平等を考える：政治理論入門』
		『公共性（思考のフロンティア）』
	矢田部英正	『たたずまいの美学：日本人の身体技法』
	港千尋	『芸術回帰論：イメージは世界をつなぐ』
	梶谷真司	『考えるとはどういうことか：0歳から100歳までの哲学入門』

2 英文

2012年以降の専門試験で，出典が明らかになったもののうち，2回以上使用された出典元をまとめました。

9割の記事は試験の前年のもので，中でも8月～10月の記事がよく選ばれています。どの媒体もレベルは中－高度と難しめです。高級紙の英語は，「ひとつの文章が関係詞や従属接続詞を用いて長くなっている」ことが特徴です。長い文章を一定量読み，ネイティブの文体に慣れておきましょう。

回数	出典媒体	特徴
18回	the Guardian	国家一般(基礎)12　国家一般(一般)5 国税・財務1
11回	The New York Times	国家一般(基礎)2　国家一般(一般)5 国税・財務4
10回	the Economist	国家一般(基礎)2　国家一般(一般)6 国税・財務2
5回	BBC news	国家一般(基礎)2　国家一般(一般)3
	Foreign Affairs	国家一般(一般)5
4回	NATIONAL GEOGRAPHIC	国家一般(基礎)1　国家一般(一般)1 国税・財務2 ＊基礎能力での出題も4回
	The Washington Post	国家一般(基礎)1　国家一般(一般)3
	The Wall Street Journal	国家一般(基礎)1　国家一般(一般)1 国税・財務2
3回	the New Yorker	国家一般(一般)3
2回	CBC News	国家一般(一般)2
	FINANCIAL TIMES	国家一般(基礎)1　国税・財務1
	The Sydney Morning Herald	国家一般(一般)2
	The Telegraph	国税・財務2
	TIME	国家一般(基礎)1　国家一般(一般)1
	REUTERS	国税・財務2

2024-2025年合格目標
公務員試験 本気で合格！ 過去問解きまくり！
③文章理解

2020年1月10日　第1版　第1刷発行
2023年12月20日　第5版　第1刷発行

編著者●株式会社　東京リーガルマインド
　　　LEC総合研究所　公務員試験部

発行所●株式会社　東京リーガルマインド
　　　〒164-0001　東京都中野区中野4-11-10
　　　アーバンネット中野ビル
　　LECコールセンター　　✉ 0570-064-464
　　　　　受付時間　平日9：30〜20：00/土・祝10：00〜19：00/日10：00〜18：00
　　　　　※このナビダイヤルは通話料お客様ご負担となります。
　　書店様専用受注センター　TEL 048-999-7581 / FAX 048-999-7591
　　　　　受付時間　平日9：00〜17：00/土・日・祝休み
　　www.lec-jp.com/

カバーイラスト●ざしきわらし
印刷・製本●情報印刷株式会社

LEC Webサイト ▷▷▷ **www.lec-jp.com/**

情報盛りだくさん！

 資格を選ぶときも，
講座を選ぶときも，
最新情報でサポートします！

≫最新情報
各試験の試験日程や法改正情報，対策講座，模擬試験の最新情報を日々更新しています。

≫資料請求
講座案内など無料でお届けいたします。

≫受講・受験相談
メールでのご質問を随時受付けております。

≫よくある質問
LECのシステムから，資格試験についてまで，よくある質問をまとめました。疑問を今すぐ解決したいなら，まずチェック！

≫書籍・問題集（LEC書籍部）
LECが出版している書籍・問題集・レジュメをこちらで紹介しています。

充実の動画コンテンツ！

 ガイダンスや講演会動画，
講義の無料試聴まで
Webで今すぐCheck！

≫動画視聴OK
パンフレットやWebサイトを見てもわかりづらいところを動画で説明。いつでもすぐに問題解決！

≫Web無料試聴
講座の第1回目を動画で無料試聴！気になる講義内容をすぐに確認できます。

LEC 全国学校案内

*講座のお問合せ，受講相談は最寄りのLEC各校へ

LEC本校

■ 北海道・東北

札 幌本校 ☎011(210)5002
〒060-0004 北海道札幌市中央区北4条西5-1 アスティ45ビル

仙 台本校 ☎022(380)7001
〒980-0022 宮城県仙台市青葉区五橋1-1-10 第二河北ビル

■ 関東

渋谷駅前本校 ☎03(3464)5001
〒150-0043 東京都渋谷区道玄坂2-6-17 渋東シネタワー

池 袋本校 ☎03(3984)5001
〒171-0022 東京都豊島区南池袋1-25-11 第15野萩ビル

水道橋本校 ☎03(3265)5001
〒101-0061 東京都千代田区神田三崎町2-2-15 Daiwa三崎町ビル

新宿エルタワー本校 ☎03(5325)6001
〒163-1518 東京都新宿区西新宿1-6-1 新宿エルタワー

早稲田本校 ☎03(5155)5501
〒162-0045 東京都新宿区馬場下町62 三朝庵ビル

中 野本校 ☎03(5913)6005
〒164-0001 東京都中野区中野4-11-10 アーバンネット中野ビル

立 川本校 ☎042(524)5001
〒190-0012 東京都立川市曙町1-14-13 立川MKビル

町 田本校 ☎042(709)0581
〒194-0013 東京都町田市原町田4-5-8 MIキューブ町田イースト

横 浜本校 ☎045(311)5001
〒220-0004 神奈川県横浜市西区北幸2-4-3 北幸GM21ビル

千 葉本校 ☎043(222)5009
〒260-0015 千葉県千葉市中央区富士見2-3-1 塚本大千葉ビル

大 宮本校 ☎048(740)5501
〒330-0802 埼玉県さいたま市大宮区宮町1-24 大宮GSビル

■ 東海

名古屋駅前本校 ☎052(586)5001
〒450-0002 愛知県名古屋市中村区名駅4-6-23 第三堀内ビル

静 岡本校 ☎054(255)5001
〒420-0857 静岡県静岡市葵区御幸町3-21 ペガサート

■ 北陸

富 山本校 ☎076(443)5810
〒930-0002 富山県富山市新富町2-4-25 カーニープレイス富山

■ 関西

梅田駅前本校 ☎06(6374)5001
〒530-0013 大阪府大阪市北区茶屋町1-27 ABC-MART梅田ビル

難波駅前本校 ☎06(6646)6911
〒556−0017 大阪府大阪市浪速区湊町1-4-1
大阪シティエアターミナルビル

京都駅前本校 ☎075(353)9531
〒600-8216 京都府京都市下京区東洞院通七条下ル2丁目
東塩小路町680-2 木村食品ビル

四条烏丸本校 ☎075(353)2531
〒600-8413 京都府京都市下京区烏丸通仏光寺下ル
大政所町680-1 第八長谷ビル

神 戸本校 ☎078(325)0511
〒650-0021 兵庫県神戸市中央区三宮町1-1-2 三宮セントラルビル

■ 中国・四国

岡 山本校 ☎086(227)5001
〒700-0901 岡山県岡山市北区本町10-22 本町ビル

広 島本校 ☎082(511)7001
〒730-0011 広島県広島市中区基町11-13 合人社広島紙屋町アネクス

山 口本校 ☎083(921)8911
〒753-0814 山口県山口市吉敷下東 3-4-7 リアライズⅢ

高 松本校 ☎087(851)3411
〒760-0023 香川県高松市寿町2-4-20 高松センタービル

松 山本校 ☎089(961)1333
〒790-0003 愛媛県松山市三番町7-13-13 ミツネビルディング

■ 九州・沖縄

福 岡本校 ☎092(715)5001
〒810-0001 福岡県福岡市中央区天神4-4-11 天神ショッパーズ
福岡

那 覇本校 ☎098(867)5001
〒902-0067 沖縄県那覇市安里2-9-10 丸姫産業第2ビル

■ EYE関西

EYE 大阪本校 ☎06(7222)3655
〒530-0013 大阪府大阪市北区茶屋町1-27 ABC-MART梅田ビル

EYE 京都本校 ☎075(353)2531
〒600-8413 京都府京都市下京区烏丸通仏光寺下ル
大政所町680-1 第八長谷ビル

LEC提携校

＊提携校はLECとは別の経営母体が運営をしております。
＊提携校は実施講座およびサービスにおいてLECと異なる部分がございます。

■ 北海道・東北

八戸中央校【提携校】　　　　☎0178(47)5011
〒031-0035　青森県八戸市寺横町13　第1朋友ビル　新教育センター内

弘前校【提携校】　　　　☎0172(55)8831
〒036-8093　青森県弘前市城東中央1-5-2
まなびの森　弘前城東予備校内

秋田校【提携校】　　　　☎018(863)9341
〒010-0964　秋田県秋田市八橋鯲沼町1-60
株式会社アキタシステムマネジメント内

■ 関東

水戸校【提携校】　　　　☎029(297)6611
〒310-0912　茨城県水戸市見川2-3092-3

所沢校【提携校】　　　　☎050(6865)6996
〒359-0037　埼玉県所沢市くすのき台3-18-4　所沢K・Sビル
合同会社LPエデュケーション内

東京駅八重洲口校【提携校】　　　　☎03(3527)9304
〒103-0027　東京都中央区日本橋3-7-7　日本橋アーバンビル
グランデスク内

日本橋校【提携校】　　　　☎03(6661)1188
〒103-0025　東京都中央区日本橋茅場町2-5-6　日本橋大江戸ビル
株式会社大江戸コンサルタント内

■ 東海

沼津校【提携校】　　　　☎055(928)4621
〒410-0048　静岡県沼津市新宿町3-15　萩原ビル
M-netパソコンスクール沼津校内

■ 北陸

新潟校【提携校】　　　　☎025(240)7781
〒950-0901　新潟県新潟市中央区弁天3-2-20　弁天501ビル
株式会社大江戸コンサルタント内

金沢校【提携校】　　　　☎076(237)3925
〒920-8217　石川県金沢市近岡町845-1　株式会社アイ・アイ・ピー金沢内

福井南校【提携校】　　　　☎0776(35)8230
〒918-8114　福井県福井市羽水2-701　株式会社ヒューマン・デザイン内

■ 関西

和歌山駅前校【提携校】　　　　☎073(402)2888
〒640-8342　和歌山県和歌山市友田町2-145
KEG教育センタービル　株式会社KEGキャリア・アカデミー内

■ 中国・四国

松江殿町校【提携校】　　　　☎0852(31)1661
〒690-0887　島根県松江市殿町517　アルファステイツ殿町
山路イングリッシュスクール内

岩国駅前校【提携校】　　　　☎0827(23)7424
〒740-0018　山口県岩国市麻里布町1-3-3　岡村ビル　英光学院内

新居浜駅前校【提携校】　　　　☎0897(32)5356
〒792-0812　愛媛県新居浜市坂井町2-3-8　パルティフジ新居浜駅前商店内

■ 九州・沖縄

佐世保駅前校【提携校】　　　　☎0956(22)8623
〒857-0862　長崎県佐世保市白南風町5-15　智翔館内

日野校【提携校】　　　　☎0956(48)2239
〒858-0925　長崎県佐世保市椎木町336-1　智翔館日野校内

長崎駅前校【提携校】　　　　☎095(895)5917
〒850-0057　長崎県長崎市大黒町10-10　KoKoRoビル
minatoコワーキングスペース内

沖縄プラザハウス校【提携校】　　　　☎098(989)5909
〒904-0023　沖縄県沖縄市久保田3-1-11
プラザハウス　フェアモール　有限会社スキップヒューマンワーク内

※上記は2023年11月1日現在のものです。

書籍の訂正情報について

このたびは，弊社発行書籍をご購入いただき，誠にありがとうございます。
万が一誤りの箇所がございましたら，以下の方法にてご確認ください。

1 訂正情報の確認方法

書籍発行後に判明した訂正情報を順次掲載しております。
下記Webサイトよりご確認ください。

www.lec-jp.com/system/correct/

2 ご連絡方法

上記Webサイトに訂正情報の掲載がない場合は，下記Webサイトの
入力フォームよりご連絡ください。

lec.jp/system/soudan/web.html

フォームのご入力にあたりましては，「Web教材・サービスのご利用について」の
最下部の「ご質問内容」に下記事項をご記載ください。

> ・対象書籍名（○○年版，第○版の記載がある書籍は併せてご記載ください）
>
> ・ご指摘箇所（具体的にページ数と内容の記載をお願いいたします）

ご連絡期限は，次の改訂版の発行日までとさせていただきます。
また，改訂版を発行しない書籍は，販売終了日までとさせていただきます。

※上記「2ご連絡方法」のフォームをご利用になれない場合は，①書籍名，②発行年月日，③ご指摘箇所，を記載の上，郵送
にて下記送付先にご送付ください。確認した上で，内容理解の妨げとなる誤りについては，訂正情報として掲載させてい
ただきます。なお，郵送でご連絡いただいた場合は個別に返信しておりません。

　送付先：〒164-0001 東京都中野区中野4-11-10 アーバンネット中野ビル
　　　　　株式会社東京リーガルマインド 出版部 訂正情報係

> ・誤りの箇所のご連絡以外の書籍の内容に関する質問は受け付けておりません。
> 　また，書籍の内容に関する解説，受験指導等は一切行っておりませんので，あらかじめ
> 　ご了承ください。
> ・お電話でのお問合せは受け付けておりません。

講座・資料のお問合せ・お申込み

LECコールセンター ☎ 0570-064-464

受付時間：平日9:30～20:00/土・祝10:00～19:00/日10:00～18:00

※このナビダイヤルの通話料はお客様のご負担となります。
※このナビダイヤルは講座のお申込みや資料のご請求に関するお問合せ専用ですので，書籍の正誤に関
　するご質問をいただいた場合，上記「2ご連絡方法」のフォームをご案内させていただきます。